D1942027

SCHLIMME EHEN

SCHLIMME EHEN

EIN HOCHZEITSBUCH

Aus vielen Quellen
zusammengetragen von MANFRED KOCH
und ANGELIKA OVERATH

EICHBORN VERLAG

Erfolgsausgabe. ISBN 3-8218-4710-7
© Eichborn AG, Frankfurt am Main, 2000
Verlagsverzeichnis schickt gern:
Eichborn AG, Kaiserstraße 66, 60329 Frankfurt am Main
www.eichborn.de

Für
die Maus, den Bär und den Biber.

INHALTSVERZEICHNIS

VI. DER EHELICHE KÖRPER

VII. GEMISCHTES DOPPEL

VIII. STREIT

IX. TÖTUNGEN

SCHLIMME EHEN

EIN VORWORT ZUR GÜTE

I FALLHÖHE, TROTZDEM. Wir haben es gewollt. Wir haben es ersehnt, erhofft, erwartet. Wir haben es vorbereitet und zelebriert. Wir haben es zugelassen.

Daß wir etwas dafür können, gibt dem biographischen Ereignis Hochzeit seine riskante Würde. Niemand sucht sich seine Eltern, seine Geschwister aus. Den frühen intimen Lebenspartnern ist jeder wahllos ausgeliefert. Auch wann und wo er zur Welt kommt, muß er eben hinnehmen. Bei einer Hochzeit aber ist er es, der Stunde und Ort bestimmt: für den Rest seiner Zukunft, die er teilen möchte mit dem einzigen Menschen seiner Wahl. Zu einem solchen Projekt gehört zweifellos Mut.

Freilich, der würdige bürgerliche Lebenskomplex, der einst Liebe, Heirat, Zusammenleben und gemeinsame Kinder umfaßte, ist aufgebrochen. Wer heute liebt, muß nicht heiraten; wer heiratet, muß nicht zusammenleben, wer zusammenlebt, muß noch lange keine Kinder bekommen. Und andersherum: wer Kinder möchte, kann sie auch unverheiratet großziehen, in einer Wohngemeinschaft, mit wechselnden »Lebensabschnittspartnern« oder allein. Selbst in der tiefsten Provinz liegt auf einer ledigen Mutter keine ausgrenzende Schande mehr. Dies zumindest ist ein Verdienst der Mediengesellschaft, die noch unter dem Herrgottswinkel ein Fenster öffnet auf buntere als die tradierten Lebensformen.

Trotz schwindendem Einfluß der Kirchen, trotz Frauenemanzipation und neuer Männlichkeit, all dem zum Trotz, was Soziologen zusammenfassend die »kulturelle Auszehrung des Heiratsmotivs« nennen, gehen eigenverantwortliche Individuen aber immer noch freiwillig die Ehe ein.

Mittlerweile wird jede dritte Ehe geschieden; in Großstädten ist es bereits jede zweite; die Tendenz steigt. In manchen Ländern gibt es Zeitschriften wie die französische *Divorce,* die sich auf die Vermittlung von Scheidungswissen spezialisiert haben. Ein neuer Berufszweig von juristisch und psychologisch geschulten Fachkräften ist entstanden; sie nennen sich Mediatoren und tun ihr Möglichstes, ein Ehepaar vergleichsweise zivilisiert zu trennen. Der aufkommende Scheidungsmarkt und die betrüblichen Scheidungsstatistiken lassen sich paradoxerweise aber auch so verstehen: Unverdrossen heiraten Menschen einander; manche tun es mehrfach. Die Ehe wird in unserer Gesellschaft weiterhin ein Thema bleiben. Und ein Trauma. Und eine eigentümliche Utopie.

Was ist das denn für ein seltsames »Ja«, das auch abgebrühte Naturen noch zu Rührung verführen kann? Warum klingt »mein Mann« so anders als »mein Partner«? Was gibt der schlichten Vokabel »meine Frau« ihre komplizierte Dignität? Mit der Trauung scheint nicht nur ein Rechtsstatus festgeschrieben zu sein, wie etwa beim Eingehen eines Miet- oder Versicherungsverhältnisses. Eine Ehe wirft immer noch, auch in einer aufgeklärten rationalen Gesellschaft, den fernen Schatten eines Sakraments. Sie scheint mit einem tradierten Glücksversprechen belastet. Mit einer Hochzeit kann ein persönlicher Lebensentwurf gemeinschaftlich beglaubigt werden. Sie bietet ein gültiges Ritual, das die Entscheidung eines Einzelnen für einen Einzelnen ehrt, und suggeriert somit die soziale Eingebundenheit des Paares.

Und auch wer – wie scheinbar die meisten – diese Institution im allgemeinen kritisch reflektiert, darf doch maulwurfselig und sicher an die Unverbrüchlichkeit seiner eigenen Ehe glauben.

Erstaunlicherweise werden in einer Gesellschaft, die für ihre hohen Sicherheitsstandards in allen Lebensbereichen bekannt ist, die tatsächlichen Gefahren, die mit der Trauung beginnen, gegenüber Heiratswilligen kaum ernsthaft thematisiert. (Hinterher ist man immer schlauer.) Wer aber bereits im Vorfeld darauf hinweist, daß die Ehe schlicht lebensbedrohlich ist, gerät in den Verdacht, halbseidene Scherze zu machen. Er berührt ein modernes Tabu. Denn kaum eine Braut, kaum ein Bräutigam will wahrhaben, was täglich in den Zeitungen steht. Dabei erhöht der blinde Glaube, es werde schon gutgehen, nur das Risiko.

Die Kriminalstatistiken beweisen, daß Kapitalverbrechen wie grobe Körperverletzung, Vergewaltigung, Totschlag und Mord vornehmlich im häuslichen Bereich von Paaren, mit Kindern oder ohne Kinder, begangen werden. Der gefährlichste Mann für eine Frau – hier ist die Sozialarbeiterin im Frauenhaus mit dem Polizeipsychologen einig – ist ihr Ehemann. Gleichzeitig mehren sich Studien zur Gewalt gegen Männer in heterosexuellen Intimpartnerschaften. Die neuen Mädchen holen auf.

Bevorzugter Tatort bleibt die Kleinfamilie. Nicht das Rotlichtmilieu der Metropolen ist der prekäre Ort menschlicher Entgleisung. Gefährlicher lebt es sich in der gepflegten Reihenhaussiedlung, in einer Unterkunft des sozialen Wohnungsbaus, in der Stadtrandvilla, im idyllischen Schrebergarten. Die Fallhöhe von der Liebesheirat zum zermürbenden Ehealltag, zu psychischer und physischer Bedrohung gehört zur ungeheuerlichen Normalität.

II REIZSCHUTZ. Heiratswillige wollen es nicht wissen. Sie sind – auf dem Weg in einen anderen Zustand Neugeborenen vergleichbar – mit einem gutfunktionierenden Reizschutz ausgestattet. Eingepuppt in einen Kokon von Glück, Erwartung und organisatorischen Aufregungen, sind Braut und Bräutigam kaum störanfällig und reagieren auf Einwände, die über das Design des Hochzeitsbanketts hinausgehen, selig abwehrend mit einem Entspannungslächeln. Dabei läuft das, was sie vorhaben, auf die vielleicht größte Enttäuschung ihres Lebens hinaus. Und die gesellschaftlichen Riten um die Hochzeit geben den Feiernden nur recht. Die einschlägigen Hochglanzmagazine verkünden unisono die Ehe als den Beginn eines großen Festes. Ihre Schwierigkeit scheint sich in der Gestaltung des Hochzeitstages zu erschöpfen. Wer dieser Fachliteratur glaubt, erfährt, daß die Vorbereitungen des großen Tages im Leben eines Paares gut acht bis neun Monate in Anspruch nehmen können. Von den anfallenden Kosten wird eher verhalten gesprochen. Im Unterschied zu Lifestylemagazinen, die vergleichbar aufwendige Extremsportarten vorstellen, unterschlagen Hochzeitsjournale das hohe Risiko des Unternehmens. »Heiraten ohne sich umzubringen« verspricht zwar der Werbeslogan von

»www.alafoli.de«, einer Internet-Firma für Hochzeitsdinge. Enttäuschenderweise ist er jedoch nur metaphorisch gemeint: »Probieren Sie in 2 Stunden mehr als 300 Brautkleider!« und »Besichtigen Sie vom Sofa aus über 500 Locations«. Der Anbieter möchte das Brautpaar bei der Organisation entlasten: Catering, Hochzeitslisten, Flitterwochen werden präsentiert und bedacht. Das alles lenkt ab. Mit Satin und Seide läuft das Brautpaar ins Küchenmesser des Alltags. Nichts wäre in dieser Phase sinnvoller und nichts scheint abwegiger, als vorab einmal vergleichend den Aufwand an Kosten und Zeit zu überschlagen, den das Paar bereit sein würde, für einen erfahrenen Ehetherapeuten auszugeben.

Wer heiraten will, braucht also zuallerletzt Gedichte über Liebe, Glück und Kindersegen. Ebensowenig wie einer, der in die Wüste reist, Preisungen der Stille benötigt und einer, der Gletscher überquert, Elogen auf das Farbenspiel in großen Höhen. Wer sich freiwillig auf Extremes einläßt, folgt bereits dem Sog einer Leidenschaft. Das reicht. Was ihm hilfreich ist, sind nicht Bestätigungen seines Wahns, sondern Karten, die sein Überleben sichern. Der Wüstentrekker sollte wissen, wo die großen Durststrecken beginnen, nur so kann er seinen Trinkwasservorrat sinnvoll planen; die hochalpine Extremkletterin muß mit der Topographie von Gletscherspalten vertraut sein. Und ein Paar, das sich liebt und deshalb heiraten möchte, sollte um die unscheinbaren Irritationen, die beginnenden Entfremdungen, die wachsenden Mißverständnisse, die galoppierenden Zerwürfnisse wissen, die in einer Ehe beim besten Willen der Beteiligten mit Sicherheit: zumindest drohen. Denn was könnte heißer und kälter sein, öder und aufregender als die lebenslange Expedition in die Nähe eines Du? Ein Paar zudem, das leichtsinnig und triebverhaftet genug ist, sich Kinder zu wünschen, muß nicht nur mit der staunenden Bewunderung von Double-income-no-kids-Paaren rechnen, es sollte wissen, daß es vor einem emotionalen und finanziellen Hochseilakt steht.

Wer also entschlossen ist, sich mit der Hochzeit auf eine Reise ins gemeinsame Glück zu machen, müßte dieses Unternehmen als ein existentielles Wagnis ernst nehmen. Er ist nicht allein. Er ist nicht der Erste. Es gibt Ortskundige, die in diesem Gelände unterwegs waren. Manche haben es ziemlich genau beschrieben.

III WARUM EIN BUCH ÜBER SCHLIMME EHEN? »Alle glücklichen Familien gleichen einander, jede unglückliche Familie dagegen ist unglücklich auf ihre besondere Art.« Der schöne Satz, mit dem einer der größten Eheromane der Weltliteratur beginnt, gibt zu denken. Leo Tolstoj war ein zu professioneller Autor, um nicht zu wissen, daß Glück kein tragfähiges Thema ist: eine Textstrecke von über 800 Seiten wie *Anna Karenina* braucht schon den langen Atem unglücklicher Leidenschaft. Aber stimmt es wirklich, daß das Unglück immer spezifisch sein muß? Bei allem Respekt vor dem Nuancenreichtum persönlicher Not lassen sich im Verlauf einer Ehe idealtypische Schreckensstationen aufzeigen. Es gibt Eheprobleme, die die Jahrhunderte und die sozialen Schichten durchschlagen, als wären sie Blaupausen.

Schlimme Ehen ist ein Buch, das ausgewählte kritische Phasen während eines Ehelebens vorstellt. Seine Absicht ist nicht die Abschreckung, sondern die Schadensbegrenzung. Es bietet denjenigen Begleitschutz, die sich auf den verheißungsvollen Wahnsinn einlassen. Der Leser hat die Chance, unvoreingenommen, in kühler Distanz beim Scheitern von Ehen zuzusehen. Liest er genau, sieht er manches erschütternd deutlich. Er erhält einen unmittelbaren Einblick in Küchen und Schlafzimmer, er ist bei Hochzeitsnächten und Geburten dabei. Er beobachtet, wie sich die Dramaturgie eines ganz normalen Ehestreits entfaltet; er erfährt, wie Ehepartner töten.

Was einer voyeuristischen Fernsehsendung, die Menschen auf engem Raum ununterbrochen filmt, nie gelingt: unverstellten Einblick in fremde Intimität, leistet konkreter und sittlicher immer noch das uralte Medium der Literatur.

Die Geschichten, die hier erzählt werden, argumentieren oder philosophieren kaum; sie stellen minutiös dar. Sie stammen vornehmlich aus der Literatur der letzten zweihundert Jahre – so lange etwa steht die Ehe unter dem gefährlichen Anspruch der Liebe. Texte der Antike öffnen die Perspektive auf uralte mythische Grundmuster. Gleichzeitig erinnern Zeitungsausschnitte der letzten Jahre daran, daß das, was verhandelt wird, eben nicht nur Literatur ist, sondern ein sprachlich destillierter und deshalb intensiver, aber verläßlicher Ausschnitt unserer Wirklichkeit. Märchen, Traumtexte und Auszüge aus der psychoanalytischen Literatur kommentieren sie leise.

IV KRITISCHE STATIONEN EINER EHE. Die Kapitel des Buches folgen dem äußeren Verlauf einer Ehe von der Hochzeit bis zum Tod eines Ehepartners. Sie halten dabei typische Krisenkonstellationen fest. Im chronologischen Aufbau ist eine gewisse Steigerung der Eheschwierigkeiten schon angelegt. Auch die einzelnen Kapitel sind nach dem Prinzip der Steigerung aufgebaut, nehmen von der ersten Verwunderung über die Entfremdung bis zum Bruch der Beziehung an Drastik zu.

1. *Hochzeiten.* Das Kapitel versammelt mehr oder minder freiwillige Trauungen, vollzogene und nicht vollzogene Hochzeitsnächte bis zur geduldeten Vergewaltigung. Am Ende verliebt sich ein Bräutigam ausgerechnet auf seiner Hochzeit in eine andere Frau, und im Märchen kommt die »Hochzeit der Frau Füchsin« einer Scheidung gleich.

2. *Personenstandswechsel.* Luther muß sich an die Zöpfe gewöhnen, die von nun an auf dem Kopfkissen neben ihm liegen. Einem frischverheirateten Simultandolmetscher fällt es schwer, abends seiner Frau in die gemeinsame Wohnung zu folgen (Javier Marías). Die Flitterwochen, die scheinbar schönste Zeit im Leben eines Paares, kennt spezifische Verstörungen und Tränen, die sich von der Enttäuschung über die Kühle (Strindberg), die Impotenz (Brancati) oder die plötzlich erkannte Gewöhnlichkeit des Mannes (Flaubert) bis zur heulenden Verzweiflung über die frühe Untreue der Ehefrau (Nabokov) steigern können.

3. *Kinder.* Wenn ein Nachtschelm und ein Siebenschwein heiraten, kommen erstaunliche Kinder zustande; immerhin hat das Ehepaar bei Morgenstern keine alttestamentarischen Fruchtbarkeitsprobleme. Einst war Kinderreichtum soziale Pflicht, und der Zusammenhang von Eros und Thanatos bestand für die chronisch schwangeren Frauen vor allem darin, mit jeder Empfängnis wieder den Tod bei der Niederkunft zu riskieren. Einer Gattin konnte es deshalb bei der Zeugung schon einmal böse in die Glieder fahren (Magazin zur Erfahrungsseelenkunde). Moderne Ehepaare stehen mit der Geburt des ersten Kindes vor unverhofft existentiellen Fragen (Hacke, Becker): Wer wickelt und wer verwirklicht sich?

Oder auch nur: Wer darf durchschlafen? Das Problem ist älter, wie ein romantisches Paar zeigt, bei dem die Frau ihre Mutterliebe kaum überlebt (Ehepaar Arnim). Manche Eltern erinnern sich an traurige Geburten (Ehepaar Tolstoj). Wenn ihre Kräfte überfordert werden, kann es geschehen, daß Eltern ihre Kinder mißhandeln oder töten (Dubus, Holz).

4. *Ungeheurer Alltag.* Schwer zu sagen, wie es ist, ganz normal verheiratet zu sein; auch hier sagt ein Mann anderes als eine Frau (Williams, Wohmann). Auf einmal muß man das Problem der schmutzigen Wäsche gemeinsam lösen. Wie bewältigt man mit der Zeit die hohen Glückserwartungen des Anfangs (Widmer) und wie die Schlaflosigkeit im Ehebett (Irving)? Manche Paare werden sich phantastisch ähnlich (Szymborska). Alkohol beginnt, eine Rolle zu spielen (Koeppen, Chandler). Der andere wird zum Gegenstand unbarmherziger Beobachtung (Fontane, Dürrenmatt). Scheidung ist möglich und normal (Hildenbrandt). Im Grunde war es am Ende eine Allerweltsgeschichte, die fast aus Versehen tödlich enden kann.

5. *Ehekarrieren.* Schon das Märchen kennt die maßlose Ehefrau. Paare können über den Ehepartner Karriere machen, mit oder ohne den omnipotenten Butt im See (Grimm). Manche Frauen heiraten in eine höhere Schicht (Strauß). Manche Männer heiraten Geld (Balzac). Andere Paare kämpfen um eine Doppelkarriere, unter der die geschlechtliche Attraktivität leiden kann (Bernard/Schlaffer). Es gibt Männer, die den Erwartungen ihrer Frauen nicht gerecht werden (Walser, Albee), oder Frauen, die erst stark werden, je schwächer der Mann erscheint (Dörrie). Manche Männer ertragen ihre erfolgreichen Frauen nur schwer (Schiller).

6. *Der eheliche Körper.* Alltäglich sind sie das Tier mit zwei Rücken. Den einzelnen Körper kennt niemand so gut wie der, von dem er sich löst. Die Fülle einer Schwangeren kann den Mann irritieren (Oates) wie die füllige Weichheit des Mannes die Frau (Sartre). Beide können distinguiert der geschlechtlichen Nähe ausweichen (Gernhardt); oft erträgt die Frau den hilflos bedürftigen Mann (Wellershoff). Etwas Böses schleicht sich ein, wenn die eheliche Lust abrupt endet (Roth).

Dann beginnen sehr verschiedene Spielarten von Ekel, Abscheu und anderen Regungen.

7. Gemischtes Doppel. Neben dem Störfaktor Glück von innen, dem Kind, erscheint in einigen Ehen unerwartet der Störfaktor Glück von außen: die Geliebte, der Liebhaber. Das kann talkshowplaudernd bewältigt werden, in einer schmerzhaften Scheidung (Schmidt) oder in tödlicher Eifersucht (Verga) enden. Die Varianten der fremden Liebe umfaßten schon immer Gleichgeschlechtlichkeit. Die gemischten Trios und Doppel variieren in erstaunlichen Wahlverwandtschaften.

8. Streit. Ehepaare streiten sich. Sie tun sich dabei meist leichter, wenn früh feststeht, wer nachgeben muß. Ist der Ehemann Gott (Homer), ist die Sachlage klar; wenn nicht, kann es ein Ausweg sein, ihn zum Gott zu erklären (Schiller). Die Skala reicht von der noch zivilen Auseinandersetzung (Fitzgerald, Enzensberger) bis hin zu Prügeln (Heine) und Psychoterror (Sternheim). Eine Waffe gegen den Ehepartner ist die Drohung mit Selbstmord (Strauß), eine andere, furchtbare ist das gemeinsame Kind (Euripides).

9. Tötungen. Die schlimmsten Ehen enden erst, wenn einer der Ehepartner vernichtet ist. Oft führt die psychische Zerstörung (Bachmann) zur Selbsttötung (Walser). Manchmal geschieht der Mord im Affekt und wird minutiös, fast staunend rekonstruiert (Tolstoj). Manchmal ist er aus tiefer Not und Verzweiflung geplant (Magazin zur Erfahrungsseelenkunde). Oder er wird als Akt der Rache genossen (Aischylos).

V GEBRAUCHSWERT. Wer *Schlimme Ehen* gelesen hat, kann nicht mehr sagen, er habe es nicht gewußt. Das Buch macht deutlich, womit jeder rechnen muß, der heiraten will. Aber warum geht das, was in Liebe beginnt, so leicht schief?

Alle Paare in diesem Buch haben es ursprünglich nicht so gewollt. Es sind keine überzeugten Zyniker dabei, keine Sadisten. Euphorisch, zumindest gutmeinend sind sie in etwas hineingeraten, das sich unversehens gegen sie gekehrt hat. Die meisten Paare, die sich quälen, hängen aneinander. Viele verletzen sich gerade deshalb, weil sie, insgeheim voll Hoffnung, noch aufeinander bauen.

Einige rutschen aus schlichter Faulheit in die Trübsal. Andere geraten, ohne es zu wissen – aus Müdigkeit, Überreizung, beruflichen Verletzungen – in einen Sog von Gefühlen, die sie nicht mehr steuern können. Reaktionsbeschleuniger ist häufig der Alkohol. Es gibt Männer und Frauen, die schlagen zu, weil sie selbst es versäumt haben, etwas in ihrem Leben zu verändern. Oft ist nicht der Ehepartner schuld an Existenzpanik und finalem Lebensgefühl, sondern eigene Phantasielosigkeit, fehlender Mut und Nachlässigkeit.

Wie in Bernstein eingeschlossene Insekten hält diese Sammlung Eheszenen fest. Es sind Fundstücke des Versagens. Sie lassen sich genau betrachten und bestimmen. Vielleicht haben sie doch etwas mit uns zu tun. Dann wäre *Schlimme Ehen* immerhin eine kleine Schule der Aufmerksamkeit. Haß, Wut und Verzweiflung stehen selten am Anfang, sie sind das Ergebnis einer schleichenden Entwicklung. Daß Ehen scheitern können, begreifen wir spätestens, wenn wir verheiratet sind. Aber je greifbarer das Problem, um so zäher entzieht es sich. Vielleicht gefährdet das Flanellnachthemd über der Unterhose eine Ehe mehr als ein Liebhaber. Vielleicht auch nicht. Das zu klären ist Sache des Paares.

Denkbar wäre die Versuchung, sich einige dieser Geschichten gegenseitig vorzulesen. Das vermehrt den geteilten Zeichenvorrat; es schafft Gemeinsamkeit. Das Unglück der anderen kann vom eigenen entlasten. Man ist in bester Gesellschaft. Zudem mildert das Wissen, daß es dem Nächsten auch nicht besser geht, die Selbstvorwürfe. Unter Umständen wäre zu fragen, an welchem Punkt in der Dramatik eines Kapitels man selbst schon angelangt sein könnte.

Alter Volksglaube kennt den schönen Brauch des Abwehrzaubers; zum Schutz bedient er sich in geringem, oft symbolischem Maße dessen, wovor er schützen soll. Ein blaues Band etwa, in die Wiege des Säuglings gelegt, bewahrt das Kind vor dem bösen blauen Blick. Im besten Fall kann ein solcher Zauber das bannen, wovon er spricht. Über den blassen Trost der Schadenfreude hinaus huldigt unser Buch jenen Ehepaaren, die alle Prüfungen bestehen und alle Fallen meiden, von denen es handelt.

VI RÄTSEL. Odysseus hätte die Chance seines Lebens bekommen. Die schöne Kalypso am Strand findet Gefallen an dem menschlichen Seefahrer und verspricht ihm, wenn er nur für immer bei ihr bliebe, die Unsterblichkeit eines Gottes. Odysseus lehnt ab. Er zieht nach Hause zu seiner alten Ehefrau Penelope.

Warum er das tut, wird nicht erzählt.

Tübingen, März 2000 *Die Herausgeber*

I
HOCHZEITEN

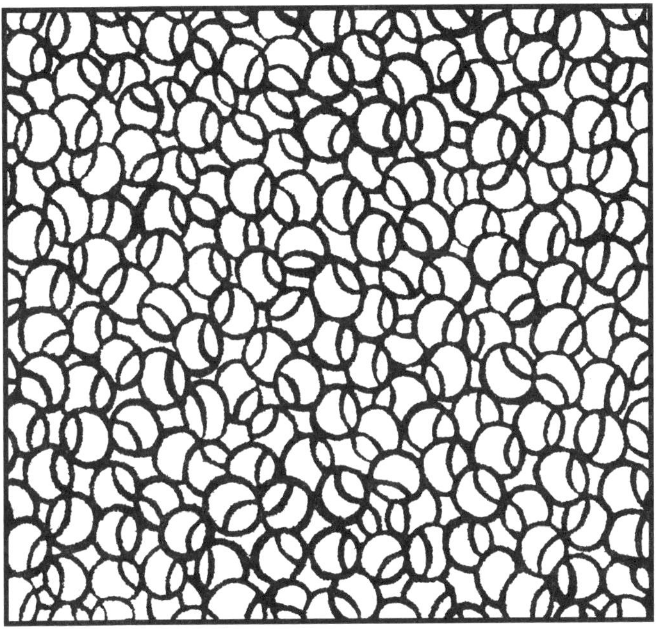

Jurek Becker AMANDAS JA

Die Trauungszeremonie findet in einem Raum statt, der nach Meinung der Standesamtbetreiber wohl festlich ist: Zwei gepolsterte Stühle vor dem Amtstisch, rote Nelken in einer Kristallvase, an der Wand ein Bild des Staatsoberhaupts. Der Standesbeamte ist gutgelaunt wie ein Kanarienvogel, er weiß unsere Namen auswendig, wir fühlen uns in guten Händen. Er stellt seine Frage, die wir beide mit Ja beantworten, dann unterschreiben wir eine Urkunde und sind verheiratet. Amandas Ja klingt ein wenig gepreßt, zumindest bilde ich mir das ein, nicht so vorbehaltlos und freudig wie meines. Sie hat sich schon einmal in die Nesseln gesetzt. Bevor wir gehen dürfen, wird eine Musik in Gang gesetzt. Es ist nicht zu glauben, wie ergriffen ich bin. Kleine Schauer laufen mir den Rücken hinab, ich kann Amanda nicht ohne Rührung in die Augen sehen. Doch, ich kann es, ich halte ihrem Blick stand. Wir führen unter der Musik ein stummes Gespräch. Ich denke: Jetzt fängt also die verrückte Zeit an, bis jetzt war alles Vorgeplänkel. Amanda lächelt. Ich denke: Laß dich nicht davon irritieren, wie andere Ehen dahinkümmern, wir werden alles besser machen. Amanda lächelt. Ich denke: Sei du nur skeptisch, in zwanzig Jahren sprechen wir uns wieder. Amanda denkt: Das nimmt sich jeder vor, im Vornehmen sind sie alle groß, oder so ähnlich. Ich denke: Tu nicht so abgebrüht, dein bißchen Lebenserfahrung ist nicht die Welt. Der Standesbeamte räuspert sich, weil die Musik zu Ende ist und wir uns immer noch anstarren.

Magnus Hirschfeld EINE HERRENHOCHZEIT DES FIN DE SIÈCLE

Es sind jetzt etwa fünf Jahre, daß ich selbst einmal Gelegenheit hatte, einem solchen Vorgang beizuwohnen. Ein Patient von mir, der mein Interesse für dieses noch so wenig erforschte Gebiet menschlichen Lebens kannte, schrieb mir, ob ich der Trauung eines homosexuellen Paares beiwohnen wolle. Ich willigte ein und fand mich zur angegebenen Stunde Sonntag nachmittags in dem bezeichneten Lokal der Friedrichstadt ein. Als ich eintrat, sah ich gegen fünfzig Herren, die offenbar den besseren Ständen angehörten, in Gesellschaftstoilette versammelt; ein Altar, von Blattpflanzen umgeben, war errichtet, zahlreiche Kerzen brannten; nicht lange und es erschien ein älterer bartloser Herr in der Tracht eines Geistlichen und betrat den Altar; auf dem Harmonium wurde ein weihevolles Lied gespielt, in das die Versammelten einstimmten. Unter diesen Klängen zog das Brautpaar, von Brautjungfern, ebenfalls Herren, geführt, ernst und feierlich in den Raum, es waren zwei junge Leute, der eine Ende, der andere Anfang der Zwanziger, beide im Frackanzug, der ältere trug einen Myrtenstrauß im Knopfloch, der jüngere einen

Myrtenkranz und einen lang herabwallenden Schleier. Der Pseudogeistliche hielt eine Rede, in welcher er auf die Innigkeit dieser Freundesliebe, den Entschluß, auch äußerlich den Bund zu besiegeln, hinwies und beide aufforderte, in allen Lagen des Lebens treu zueinander zu halten. Beim Wechseln der Ringe sagte er:

Und nun vereinigt Euch das Sakrament,
Bis Zwietracht oder Tod Euch trennt.

Dann wieder Musik und allgemeines Beglückwünschen. Auf mein Befragen teilte mir der »Kaplan« – so nannten sie den Geistlichen – mit, daß er zum neunten Mal in dieser Weise amtiere.

Italo Svevo AUGUSTA WIRD GEHEIRATET

Zeno Cosini heiratet die sanfte Augusta mit dem Silberblick, obwohl er ihre Schwester Ada liebt. Die aber hat sich bereits für den jungen Stutzer Guido Speier entschieden.

So kam endlich der Tag meiner Hochzeit. Gerade an diesem Tag entstanden meine letzten Zweifel. Um acht Uhr morgens hätte ich bei der Braut sein sollen, statt dessen lag ich ein Viertel vor acht noch im Bett, rauchte wütend eine letzte Zigarette und starrte aus dem Fenster, in dem die erste Wintersonne wie mir zum Hohne glänzte. Ich erwog den Gedanken, Augusta zu verlassen! Die Tollheit dieser Heirat wurde endlich offenbar, da mir doch nichts mehr daran lag, mit Ada verbunden zu bleiben.

»Was wäre denn Besonderes daran, wenn ich nicht hinkäme? Augusta ist ja eine liebenswerte Braut, aber niemand kann wissen, wie sie am Morgen nach der Hochzeit sein wird. Vielleicht wird sie mich sofort einen Esel nennen, weil ich mich auf diese Weise von ihr habe einfangen lassen.«

Zum Glück kam Guido. Anstatt mich gegen eine Verschleppung zu der Hochzeit zu wehren, entschuldigte ich mich noch wegen der Verspätung und gab vor, geglaubt zu haben, daß die Stunde der Trauung abgeändert worden sei. Aber Guido machte mir gar keine Vorwürfe, sondern benützte die Gelegenheit, um ausgiebig von seiner eigenen Zerstreutheit zu erzählen und von den vielen Verabredungen, die er aus diesem Grunde schon verpaßt hatte. Sogar an Zerstreutheit wollte er mir überlegen sein! Da ich rechtzeitig von zu Hause wegkommen wollte, durfte ich ihm gar nicht zuhören. So ging ich am Ende noch im Laufschritt zu meiner Hochzeit.

Trotz alledem kam ich zu spät. Niemand machte mir Vorwürfe. Alle, außer der Braut, waren mit einigen Erklärungen zufrieden, die Guido statt meiner abgab. Aber Augusta war so blaß, daß selbst aus ihren Lippen alle Farbe gewichen schien. Konnte ich auch nicht sagen, daß ich sie liebte, so wollte ich ihr gewiß nicht weh tun. Ich versuchte also, meinen Fehler gutzumachen, und verschlimmerte alles, indem ich für meine Verspätung gleich drei Entschuldigungen vorbrachte. Das war zuviel. Das verriet mit solcher Deutlichkeit, worüber ich in meinem Bett hatte nachdenken müssen, indessen ich die winterliche Sonne betrachtete, daß die Stunde der Trauung tatsächlich abgeändert werden mußte: Augusta brauchte Zeit, um sich zu erholen.

Am Traualtar sagte ich zerstreut: »Ja.« Mein lebhaftes Mitleid für Augusta bewog mich gerade in diesem Augenblick, eine vierte Entschuldigung für meine Verspätung zu erfinden. Sie schien mir die beste von allen zu sein.

Aber als wir aus der Kirche traten, bemerkte ich, daß Augusta ihre Farbe wiedergewonnen hatte. Das ärgerte mich ein wenig. Mein Jawort vor dem Priester hätte ihr doch nicht genügen dürfen, um sie plötzlich wieder an meine Liebe glauben zu lassen. Ich bereitete mich vor, sie äußerst grob zu behandeln, falls sie sich tatsächlich so weit erholen sollte, mich einen Esel zu nennen, weil ich mich in dieser Weise hatte einfangen lassen. Statt dessen benützte sie zu Hause den einzigen Augenblick, den man uns allein ließ, um mir unter Tränen zu sagen:

»Ich werde stets daran denken, daß du mich geheiratet hast, ohne mich zu lieben.«

Clemens Brentano

AUGUSTE SETZT SICH DURCH

Ein Jahr nach dem traurigen Ende seiner ersten Ehe mit der Schriftstellerin Sophie Mereau gerät Clemens Brentano an die 17jährige Auguste Bußmann, Nichte des angesehenen Frankfurter Bankiers Moritz Bethmann. Gegen den Willen der Familien heiraten die beiden Hals über Kopf in Fritzlar.

Auguste dringt nun troz aller Hinderniße mit Gewalt auf mich ein, sie macht mir Vorwürfe sie spricht, man sei auf dem Punckt sie ins Kloster zu sperren, man stößt ihr die grösten Schändlichkeiten gegen mich ins Gesicht, und nach dem ich mich stets gewehrt und immer den Weg der Ausdauer vorgeschlagen, läßt sie mich plötzlich durch eine Magd bescheiden (Abends um 10 Uhr bei Tisch) auf den Paradeplatz an ihr Hauß zu kommen, sie wolle mich nochmals sehen, ich gehe hin, wie ich stehe und gehe, und siehe, das 17jährige Mächen, mit dem Bündelchen unter dem Arm, läuft mit mir, dem es ganz ordinair dabei zu Muthe dem Thor hinaus. Christian der bei mir war, bestellt eine Postschaise die uns an der Wahrte einholt, so fliehen wir nach Kassel, zu Jordis, den ich mit Lulu zu Frankfurt am Tische hatte sitzen lassen. Nach Vielen Drohungen und leeren Impertinenzen, nachdem die ganze dummstolze Familie mich, der sie so oft durch seine Verachtung geneckt, nun alle ihre Gemeinheit hatte empfinden lassen, geschimpft und gehudelt, ein Lump ein Vagabund genannt, durch die Aengstlichkeit meiner Brüder, mit denen Bethmanns brechen wollen, auch von den Meinigen verschmäht, zugleich täglich mehr und mit bitterm Kummer entdeckend, daß ich ein ganz anders Geschöpf entführt hatte, oder viel mehr von ihm war entführt worden, als welches mich einigermaßen interessirte, und alle die starken Handlungen die ich dem Heldenmuth und der liebenden Gewalt zuschrieb aus ungewöhnlichem gewöhnlichem Starrsinn entsprungen sehend, ein Wesen ohne alle ideale Natur, verwöhnt, plump, und heftig mit einer an Blödsinn gränzenden Entschloßenheit, ohne Reiz des Leibes und der Seele neben mir, so war ich als Firnhaber abreißte noch unkopulirt, doch honoris causa dafür erklärt, innerlich aber schon getrennt, endlich ward ich unter der grösten Verfluchung der Familie, mit ihren Consenzen versehen und förmlich in Fft aufgerufen und in Frizlar 7 Stunden von hier im Beisein von Jordis und Lulu, wie die Familie begehrte, von einem katholischen Priester, nachdem ich ihm gebeichtet und comunizirt getraut, die ganze Handlung war so läppisch, so elend, die Kirche schien über mir einzustürzen, und eine innre Trauer vernichtete mich, daß ich ohne Würde ohne Rührung, drei Sakramente empfieng. Gott verzeihe mir meine Schuld. Nun bin ich verheurathet.

Katrin Seebacher ALBA LACHT

Alba, die als Kind Albertina genannt wurde, fühlt sich in ihrer Hochzeitsnacht nicht nur von ihrem Ehemann Amedeo beobachtet, sondern auch von ihren Schwestern.

Und jetzt? Würden sie sich ausziehn und zu Bett gehn. Alba kicherte. Nach einer Weile begann sie zögerlich an ihrer Strumpfspitze zu zupfen.

Legst du dich immer mit allen Kleidern hin? Amedeo stand schon im Hemd und war dabei, seine Manschettenknöpfe abzupulen. Sie klimperten auf der geschliffenen Steinplatte des Waschtischs.

Nein, erwiderte Alba geniert, indem sie den linken Strumpf löste, und langsam ganz herunterstreifte. Dann ließ sie die Zehen tanzen und guckte ihnen zu.

Frierst du noch?

Sie nickte.

Dann komm! Unter der Decke wird uns sicher bald wärmer. Und als sie sich unschlüssig immer noch nicht rührte, fuhr er fort: Schließlich sind wir doch jetzt verheiratet.

Eben, dachte Albertina und merkte einen winzigen Schauer. Sie wartete ab. Amedeo stand, mit dem Oberhemd beschäftigt, hinterm Waschtisch. Seine Hände waren auf halbem Weg in den Ärmelröhren verlorengegangen. Das spärliche Licht schrieb ihm Flecken ins Gesicht, so daß unter den Brauen kein Auge mehr zu wohnen schien. Der Feuermann fiel ihr ein.

Amedeo wiederholte: Wir sind doch verheiratet.

Schon. Und dann fügte sie hinzu: Genau! Wir müssen auch dringend endlich die Karten schreiben, um uns für die Hochzeitsgeschenke zu bedanken.

Aber nicht jetzt. Er kam herum und kniete sich auf die Matratze. Soll ich dir vielleicht beim Auskleiden helfen?

Nein. Ja. Ach nein, das schaff ich schon selber.

Die Kammer sah aus allen ihren Ecken zu, jetzt kam ihr auch noch der gestochen scharfe Mond zu Hilfe, der blau ins Fensterchen rückte. Auf den Bergen friert es sicherlich, sagte sie, obwohl das im Oktober zu den Selbstverständlichkeiten gehörte; und, völlig zusammenhanglos: Wir haben gar keine Vorhänge.

Es wäre, sagte Amedeo, weit und breit kein Neugieriger. Außerdem mußte auch die Kerze nicht die ganze Nacht brennen. Und, fügte er hinzu: du kannst demnächst Gardinen nähen, morgen meinethalben oder übermorgen. Möchtest du, daß ich jetzt weggucke?

Sie nickte. Es half aber nichts. In der Dunkelheit halb versteckt standen die beiden dünnen Mädchen von damals, aus der Zeit der Kartoffelmorgen, und jetzt starrten die beiden ihrerseits voll Genugtuung und Bosheit die faule Schwester Albertina an, die an ihren Kleidern nestelte. Los, zwitscherten sie mit Fledermausstimmchen. Jetzt sind wir diejenigen, die zugucken.

Während Amedeo ihr den Rücken zudrehte, riß Alba sich die Kleider ab, daß es in den Nähten krachte. Alles häufte sich vor ihren Füßen. Zuerst fand sie in der Hast das Nachthemd nicht, und so stand sie solange nackt im Zimmer und sah zwischen ihren eilig räumenden Armen hindurch Amedeo auf der anderen Bettseite sitzen, streifte, als sie sich suchend unters Bett bückte, mit ihrem Blick den eigenen, immer so rundlichen Kinderbauch mit den drei Ringen und sah rasch wieder weg.

Bist du fertig? fragte Amedeo.

Sie schüttelte den Kopf, bis sie merkte, daß ers ja nicht sehen konnte.

Nein.

Immer noch abgewandt, tippte er auf das Bild am Bettpfosten: Ist das Pia als Kind?

Das hat sie uns geschickt, als sie schon in Deutschland war. Hübsch war sie, nicht?

Unterdessen sah Alba endlich den Hohlsaum ihres Nachthemds unter den Bettsachen vorlugen.

Ist sie natürlich immer noch, erwiderte Amedeo zuvorkommend.

Alba rief: Jetzt! – und rief es zu früh, weil sie in den verkehrten Ärmel geglitten war und ihr der Ausschnitt am Kehlkopf ansaß. Wieder sirrten und kicherten die Schwesternschatten. Amedeo ließ Alba jedoch eine geraume Frist. Vorgebeugt, damit ihr der verknäuelte Kittel wenigstens Brust und Oberbauch bedeckte, drehte sie am Stoff, bis schließlich der richtige Eingang vorbeikam. Noch einmal verhakte sich ihr der Ellbogen im Ärmel, dann saß das Nachthemd aber und fiel in leidlich weichem Schwung bis über die Knie ab. Jetzt, sagte sie erleichtert gleich nochmal. Der Mond hatte sich inzwischen ein paar trübe Schleier von der Stirne gewischt und mit kaltem hellen Schein die Schwestern zu einer Versammlung von Brettern aufgelöst, die, wohl von einem abgeschlagenen Schrank stammend, an der Wand lehnten.

Schön, sagte Amedeo, als er sich umgedreht hatte. Fein siehst du aus.

Ein Schweigen brach aus und griff Raum. Sie sahen sich an. Bretter, Bett und Waschtisch und der gelbe Stich an der Wand waren schnell von der Stille befallen. Eine einzige Fledermaus schrie vorbei.

Und genau in dem Moment, Alba wußte nicht wie und warum: da begann es in ihr und ganz ohne ihr Zutun haltlos zu lachen. Es war unbesiegbar wie ein Schluckauf. Nichts konnte sie dagegen unternehmen. Im Gegenteil, es wurde immer nur stärker und schlimmer, so daß sie sich unter Amedeos Augen krümmen und immer weiterlachen mußte, obwohl ihr das Zwerchfell schmerzte. Amedeo stellte bald sein Mitgrinsen ein, das er in freundlicher Erwartung aufgesetzt hatte. Etwas hilflos blieb er einfach liegen, verschränkte die Arme und unterbrach das Zusehen nur ab und zu mit einem: Na, was ist denn? Oder: Alba, nun beruhige dich...

Von Beruhigung konnte aber keine Rede sein. Alba ließ sich vornüber fallen, neben Amedeo mitten in den fedrigen

Wulst, zu dem sie vorher bei ihrer Nachthemdsuche die Betten aufgeworfen hatte. Mit solcher Wucht stieß sie in das aufgeplusterte Weiß, daß sie sich durch die Daunen hindurch die Stirn an der Kante des Bettgrabens schlug. Sie fühlte es kaum. Um das Lachen niederzukämpfen, biß sie fest in die Federn, bis ihr Kiele zwischen den Zähnen knirschten. Nichts half.

Eigentlich und allen Befürchtungen entgegen geschah ihr gar nichts in dieser Nacht. Stattdessen las Amedeo ihr aus einem Reiseführer vor: Wien und Budapest. Da fahren wir dann hin, als Hochzeitsreise, ja?

Ja, sagte sie und lag neben ihm wie ein angefrorenes Insekt.

Guy de Maupassant

ENTJUNGFERUNG DER BRAUT (1)

Jeanne ließ sich in ihrem Zimmer von Rosalie entkleiden. Diese weinte wie eine Quelle. Mit den fahrigen Händen fand sie Litzen und Häkchen nicht mehr, und sie war bestimmt noch mehr erschüttert als ihre Herrin. Aber Jeanne kümmerte sich kaum um die Tränen der Bonne. Ihr war, sie sei in eine andere Welt, auf einen anderen Stern gelangt und von allem getrennt, was sie gekannt und geliebt hatte. In ihrem Leben und ihrem Sinn schien alles aus dem Gleise. Sie kam gar auf den seltsamen Gedanken, ob sie ihren Gatten liebe. Plötzlich erschien er ihr als ein Fremder, den sie kaum kannte. Vor drei Monaten wußte sie nichts von seiner Existenz, und jetzt war sie seine Frau. Warum das? Warum fiel sie unversehens in die Ehe wie in ein Loch, das sich unterwegs vor einem auftut?

Als sie im Nachtgewand war, glitt sie ins Bett, und wie sie unter dem kühlen Laken erschauerte, empfand sie noch mehr die Kälte, die Einsamkeit, die Trauer, die seit zwei Stunden auf ihr lasteten.

Immer noch schluchzend, rannte Rosalie hinaus, und Jeanne wartete. Angstvoll, mit stockendem Herzen wartete sie auf jenes irgendwie Geahnte, vom Vater unklar Angedeutete, die mysteriöse Entschleierung des großen Geheimnisses der Liebe.

Sie hatte kein Treppensteigen gehört, als dreimal leicht an ihre Türe geklopft wurde. Sie zitterte entsetzlich und antwortete nicht. Es klopfte von neuem, und dann knarrte das Schloß. Sie barg den Kopf unter der Decke, als wäre ein Dieb bei ihr eingedrungen. Schuhe knirschten sanft auf dem Parkett, und plötzlich wurde das Bett berührt. Nervös zuckte sie zusammen und stieß einen leisen Schrei aus. Sie hob den Kopf und sah Julien vor sich stehen. Er schaute sie lächelnd an. »Oh, wie haben Sie mich erschreckt!« sagte sie.

»Sie haben mich also nicht erwartet?« erwiderte er. Sie antwortete nicht. Er war im Festanzug, ein schöner Mann mit ernstem Gesicht, und sie schämte sich furchtbar, daß sie vor diesem korrekten Herrn im Bett lag.

Sie fanden kein Wort, wußten nicht was tun und wagten nicht einmal sich anzusehen in dieser wichtigen, entscheidenden Stunde, von der das innere Glück eines ganzen Lebens abhängt. Er mochte unbestimmt empfinden, wie gefährlich dieser Kampf ist und wieviel unauffällige Selbstsicherheit, wieviel wissende Liebe es braucht, um die feine Schamhaftigkeit, das unendliche Zartgefühl eines jungfräulichen, in Träumen befangenen Wesens nicht zu verletzen.

Da ergriff er sorgsam ihre Hand, küßte sie, kniete an ihrem Bett wie vor einem Altar nieder und flüsterte mit kaum hörbarer Stimme: »Wollen Sie mich liebhaben?« Plötzlich beruhigt, hob sie ein wenig den Kopf aus den spitzenumwölkten Kissen und lächelte: »Ich liebe Sie bereits, mein Freund.«

Er nahm die zarten Finger seiner Frau in den Mund, was seine Stimme veränderte, als er fragte: »Wollen Sie mir beweisen, daß Sie mich lieben?«

Aufs neue verwirrt und ohne recht zu verstehen, was er sagte, antwortete sie, sich der Worte des Vaters erinnernd: »Ich gehöre Ihnen, mein Freund.«

Er bedeckte ihr Handgelenk mit feuchten Küssen, erhob sich langsam und näherte sich ihrem Gesicht, das sie wieder verstecken wollte. Plötzlich streckte er einen Arm über das Bett, umschlang seine Frau in den Tüchern, schob den anderen Arm unter das Kissen, hob es mit ihrem Kopf und fragte ganz leise: »Dann wollen Sie mir gewiß ein Plätzchen neben sich machen?«

Sie fürchtete sich instinktiv und stammelte: »Oh, noch nicht, ich bitte Sie.«

Er schien enttäuscht, ein wenig verletzt und erwiderte in immer noch bittendem Tone, doch ungestümer: »Warum später, wo es doch immer auf das hinauskommt?«

Sie nahm ihm dieses Wort übel, wiederholte aber fügsam und ergeben: »Ich gehöre Ihnen, mein Freund.«

Er verschwand ganz schnell im Toilettenzimmer, und sie hörte deutlich seine Bewegungen, das Rascheln ausgezogener Kleider, ein Geräusch von Münzen in der Tasche und das Fallen der Schuhe nacheinander. Plötzlich ging er in Unterhosen und Strümpfen eilig durchs Zimmer, um seine Uhr auf den Kamin zu legen. Dann kehrte er flugs ins Kämmerchen nebenan zurück, wo er sich noch eine Weile zu schaffen machte. Jeanne drehte sich hastig auf die andere Seite und schloß die Augen, als sie merkte, daß er wieder hereinkam.

Sie zuckte, als ihr Bein jäh von einem anderen kalten, behaarten gestreift wurde. Das Gesicht in den Händen, verzweifelt und vor Furcht und Verstörtheit dem Weinen nahe, drückte sie sich ganz auf die andere Bettseite. Er nahm sie in die Arme, obwohl sie ihm den Rücken zukehrte, und küßte sie gierig auf den Hals, die schwankenden Spitzen der Nachtfrisur und den bestickten Kragen ihres Hemdes. Sie rührte sich nicht und erstarrte in schrecklicher Angst, als sie eine feste Hand spürte, die ihre unter den Ellbogen verborgenen Brüste suchte. Entsetzt keuchte sie unter dem brutalen Griff und hätte fliehen, durchs Haus laufen und irgendwo, weg von diesem Manne, sich einschließen mögen.

Er verhielt sich nun ruhig. Sie spürte seine Wärme in ihrem Rücken. Ihr Schrecken ließ nochmals nach, und sie dachte auf einmal, wenn sie sich umdrehte, so könnte sie ihn küssen.

Endlich schien er ungeduldig zu werden und sagte traurig: »Wollen Sie denn gar nicht mein Frauchen sein?« Sie murmelte durch die Finger: »Bin ich es nicht schon?« Er antwortete mit einem Anflug schlechter Laune: »Aber nein, meine Liebe, wirklich, machen Sie sich über mich nicht lustig.«

Vom unzufriedenen Ton seiner Stimme betroffen, wandte sie sich ihm plötzlich zu, um ihn um Verzeihung zu bitten. Wild, wie ausgehungert, packte er sie um den Leib, fuhr mit schnellen, beißenden, tollen Küssen über ihr Gesicht und den Brustansatz und betäubte sie mit Liebkosungen. Sie blieb mit offenen Händen reglos unter seinen Bemühungen, wußte nicht mehr, was sie tat, was er tat, und war so verwirrt, daß sie nichts verstand. Ein scharfer Schmerz zerriß sie plötzlich, und sie wimmerte in seinen pressenden Armen, während er sie ungestüm nahm.

Was geschah nachher? Sie erinnerte sich kaum, denn sie war ganz durcheinander. Es schien ihr, daß er ihre Lippen mit einem Hagel dankbarer Küßchen bedeckte. Dann mußte er gesprochen und sie geantwortet haben. Nachher machte er weitere Versuche, die sie erschreckt abwies, und als sie sich wehrte, geriet sie an seiner Brust an das dichte Haar, das sie schon an ihrem Bein gespürt hatte, und wich schaudernd zurück.

Der erfolglosen Werbung endlich müde, blieb er unbeweglich auf dem Rücken. Nun dachte sie nach, und in der Enttäuschung nach der erträumten, so anders gearteten Trunkenheit, nachdem eine holde Erwartung, eine Glückseligkeit zunichte geworden, sagte sie sich: »Das also heißt für ihn, seine Frau sein. Das ist es, das da!«

So blieb sie lange. Verzweifelt irrten ihre Augen über die Wandteppiche, über die alte Liebeslegende, die ihr Zimmer umrahmte. Da aber Julien nicht mehr sprach und sich nicht regte, so wandte sie ihm langsam den Blick zu. Er schlief. Er schlief mit halboffenem Munde und ruhigem Gesicht. Er schlief! Sie konnte es nicht glauben. Durch seinen Schlaf noch mehr empört, noch mehr geschändet als durch seine Brutalität, fühlte sie sich wie die Erstbeste behandelt. Konnte er in dieser Nacht schlafen? Was zwischen ihnen geschehen, war also für ihn nichts besonderes? Oh, lieber wäre sie geschlagen, nochmals vergewaltigt und unter widerwärtigen Zärtlichkeiten bis zur Bewußtlosigkeit gepreßt worden. Auf einen Ellbogen gestützt, neigte sie sich über ihn und hörte ein leises Blasen zwischen seinen Lippen, das manchmal wie Schnarchen tönte.

Der Tag erschien, zuerst matt, dann klar, dann rosig und dann strahlend. Julien öffnete die Augen, gähnte, reckte die Arme, sah seine Frau an, lächelte und fragte: »Hast du gut geschlafen, Liebste?«

Laura Waco

ENTJUNGFERUNG DER BRAUT (2)

Was war sie schon im Vergleich zu seiner alten Freundin, der geschiedenen Frau mit zwei Kindern?

»Wenn du halb so gut im Bett bist wie Elizabeth …«

Sie zitterte neben ihm im Taxi auf dem Weg zum Hotel am Flughafen.

»Wenn du halb so gut kochen kannst wie Elizabeth …«

Kochen konnte sie auch nicht. Grüner Salat. Pfannkuchen. Wiener Würstchen. Das war alles.

»Die Ehe ist nichts als eine Gewohnheitssache«, hatte die Mutter behauptet.

Vielleicht. Hartgekochte Eier. Rühreier. Steak grillen. Erbsen in Dosen. Es würde schon klappen. Irgendwie. Kochen. Elizabeth. Bett. Das mit dem Bett würde er ihr beibringen, hatte er versprochen. Aber das Kochen! Tausendmal hatte er sie gefragt, ob sie kochen könne. Und wie sehr er sich darauf freute. Die Little Woman. In der Küche! Einmal, als sie im Hause seiner Mutter eine Schürze trug, hatte ihn die Leidenschaft überwältigt. Er hatte heftig geatmet.

Ein erfahrener Mann. Er kannte sich aus in der Welt. Aber neue Unterwäsche hatte die Mutter ihm besorgt. Neue Schuhe. Neue Socken. Sie behauptete, ihr Tatti hätte kein Talent zum Einkaufen. Seine Unterhosen hatten Löcher, die Unterhemden waren zerrissen, die Nylonsocken an den Fersen dünn geworden, die Schuhsohlen abgetreten. Wozu ist eine Mutter da?

Als sie im Hotelzimmer im rosa Negligé vom Bad auf den dicken Plüschteppich trat, sah sie ihn, barfuß, im kurzen, gelben, mit zwei riesigen weißen Knöpfen an der Hüfte geschlossenen Frotteewickelrock, das Whiskyglas auf den gläsernen Stehlampentisch stellen. Er breitete die Arme aus, sie kam zu ihm. Das steife Schießeisen im aufgeblähten Rock zwischen ihnen, als er sie mit kalten Händen vor das rauhe Frottee zog. Das Schießeisen war lang, er schob es zur Seite. Es schnellte zurück wie ein Zweig nach dem Apfelpflücken. Er knipste die Lampe aus. Er geleitete sie zum Bett. Der Rock aus Frottee glitt auf den Teppich. Er drückte sie in die Kissen. Er kniete über ihr. Er schob ihre Knie mit beiden Händen auseinander. Sie spürte ihn. Zuckendes Schwert. Er stieß es in sie hinein wie ein kämpfender Ritter.

Früh am Morgen riß sie das Läuten des Telefons auf dem Nachttisch aus dem Schlaf. Sie erkannte die Stimme ihrer Mutter. Ob ihr Kind die Einweihung ins Weibertum gut überstanden hatte? Und sie wünschte ihr viel Glück. Alles Gute für die Zukunft. Eine schöne Hochzeitsreise.

Sie war eine verheiratete Frau.

Mordecai Richler

HOCHZEIT MIT DER FALSCHEN BRAUT

Der Eishockeyfan Panofsky vermählt sich zum zweiten Mal. Die Hochzeitsfeier mit der »zweiten Mrs. Panofsky« wird, obwohl er ein wichtiges Spiel verpaßt, unversehens zu einer Sternstunde.

Norman Freedman war einer unter den über zweihundert Gästen gewesen, die zu meiner Hochzeit im Ritz-Carlton kamen. Smoking, Abendkleid. Boogie stoned und ich betrunken, meine Stimmung miserabel, weil ich mich danach verzehrte, auf meinem Tribünenplatz im Forum zu sitzen. Verdammt verdammt verdammt. Die Canadiens konnten in meiner Abwesenheit den vierten Stanley Cup in Folge für sich entscheiden. Aber es war nichts zu machen, denn als ich entdeckte, daß ich für diesen Abend doppelt gebucht hatte, war es zu spät, um die Hochzeit noch zu verschieben. Und, nicht zu vergessen, der *Club de hockey canadien* 1959 war eine der besten Mannschaften aller Zeiten. Man bedenke die Aufstellung: Jacques Plante im Tor, Doug Harvey, Tom Johnson und Jean-Guy Talbot verteidigten an der blauen Linie, und vorne stürmten Maurice und Henri Richard, Bernie Geoffrion, Dickie Moore, Phil Goyette, Ab McDonald und Ralph Backstrom. Aber leider traten die Canadiens in der Endrunde ohne ihren besten Spielmacher an. Der große Jean Beliveau war während der Halbfinalrunde im dritten Spiel gegen Chicago böse gestürzt und für den Rest der Saison außer Gefecht gesetzt.

Kaum waren wir zu Mann und Frau erklärt, küßte ich die Braut und stürmte zur Bar. »Wie steht es?«

»Mahovlich mußte vor ein paar Minuten wegen einem Crosscheck raus, und Backstrom hat einen Treffer gelandet. Es steht also eins zu null, aber sie haben ja erst angefangen. Beliveau fehlt«, sagte der Barkeeper.

Zwischen so vielen Freunden fühlte ich mich durch und durch unwohl, und meine Laune war unsäglich, bis sich alles veränderte. Damals und für immer. Am anderen Ende des überfüllten Raums stand die bezauberndste Frau, die ich je gesehen hatte. Langes schwarzes Haar wie die Flügel eines Raben, unglaubliche blaue Augen, elfenbeinfarbene Haut, schlank, in einem Cocktailkleid aus blauem Chiffon. Sie bewegte sich mit hinreißender Anmut. Ach, dieses Gesicht von einzigartiger Schönheit. Diese nackten Schultern. Mein Herz schmerzte bei ihrem Anblick. »Wer ist diese Frau, auf die Myer Cohen einredet?« fragte ich Irv.

»Schande über dich. Sag bloß, daß du Augen für eine andere Frau hast, wo du gerade mal eine Stunde verheiratet bist.«

»Quatsch. Ich bin neugierig, das ist alles.«

»Ihren Namen habe ich vergessen«, sagte Irv, »aber ich weiß, daß Harry Kastner es bei ihr versucht hat, vielleicht vor einer halben Stunde, und was immer sie gesagt hat, er ist erbleicht. Sie hat eine spitze Zunge, diese Frau. Seit ihre Eltern gestorben sind, lebt sie in Toronto.«

Absolut auserlesen, stand sie jetzt alleine, aber wachsam da. Myer Cohen war entlassen worden, ein anderer Verehrer holte ihr ein Glas Champagner. Als sie merkte, daß ich sie anstarrte, wandte sie den Blick der blauen Augen, für die ich hätte sterben können, ab, trat einen Schritt zurück, kehrte mir den Rücken und schloß sich einer Gruppe an, zu der dieser Mistkerl Terry McIver gehörte. Ich war nicht der einzige, der sie beobachtete. Magere, knochendürre und in Hüfthaltern steckende dicke Frauen musterten sie mißbilligend von oben bis unten. Dann war die zweite Mrs. Panofsky, die gerade mit Boogie getanzt hatte, an meiner Seite.

»Dein Freund ist ein so melancholischer Mann, so verletzlich«, sagte sie. »Ich wünschte, wir könnten etwas für ihn tun.«

»Da ist nichts zu machen.«

»Ich glaube, du solltest dich ein bißchen mit deinem Freund McIver unterhalten. Er wirkt verloren.«

»Scheißegal.«

»Psst. *Am Tisch hinter uns sitzt mein Großvater.* Hast du McIver nicht eingeladen?«

»Terry kommt zu allen meinen Hochzeiten.«

»Ach, wie nett. Sehr nett. Warum trinkst du nicht noch etwas? Dein Vater hat schon zuviel intus, und wenn er mit einer seiner Geschichten anfängt, wird meine Mutter vor Scham sterben.«

»Sag mal, wer ist die Frau, der der verfluchte Gordon Lipschitz auf die Pelle rückt?«

»Ach, die. Vergiß es, Mr. Casanova. Du bist nicht gut genug für sie. Bitte, unternimm jetzt etwas wegen deines Vaters. Steck das in deine Tasche.«

»Was ist das?«

»Ein Scheck über fünfhundert Dollar von Lou Singer. Ich nörgle nicht gern, aber ich glaube, du hast bereits genug getrunken.«

»Was soll das heißen, ich bin nicht gut genug für sie?«

»Wenn ich gewußt hätte, daß sie uns die Ehre geben würde, hätte ich einen roten Teppich ausgelegt. Findest du sie etwa attraktiv?«

»Natürlich nicht, Liebling.«

»Ich wette, sie hat Schuhgröße vierzigeinhalb, und trotzdem sind ihre Zehen noch eingequetscht. Sie heißt Miriam Greenberg. Wir waren zusammen an der McGill, sie hatte ein Stipendium, und das war auch gut so, weil sie die Gebühren nur unter Schwierigkeiten hätten aufbringen können. Ihr Vater war Zuschneider in einer Fabrik, und ihre Mutter hat für einen Schneider zu Hause genäht. Sie tritt unerhört großspurig auf, aber sie ist in einer dieser Wohnungen, die nur kaltes Wasser haben, in der Rachel Street aufgewachsen. Meinem Onkel Fred gehörten ein paar von diesen Häusern, und er sagte, daß es einfacher wäre, Wasser aus einem Stein zu pressen, als bei manchen von diesen Typen die Miete zu kassieren. Einige zogen lieber bei Nacht und Nebel aus. Sie anzeigen? Sinnlos. Onkel Fred liebte mich abgöttisch. Ich werde dich entführen, hat er immer gesagt. Die Studenten wollten, daß Miriam Greenberg Karnevalsprinzessin wird.

Mein Gott, so attraktiv ist sie auch wieder nicht, diese Füße, aber sie wäre das erste jüdische Mädchen gewesen. Sie lehnte ab. Miss Amerika war gut genug für Bess Myerson, aber Bess war natürlich, ahem, ahem, keine Intellektuelle. Sie schleppte nicht die *Partisan Review* oder die *New Republic* in die Seminare, damit jeder sah, was sie las. Ja, klar. Ich wette, wenn man in ihrem Zimmer nachgesehen hätte, hätte man auch *Cosmopolitan* gefunden. Irgendein junger Pianist, niemand hatte je von ihm gehört, gab sein Debüt in der Moyse Hall, und sie stand in einem schwarzen Kleid von der Stange, das bei Eaton's nicht mehr als 29,99 gekostet haben kann, auf der Bühne und blätterte die Seiten für ihn um. Tolle Sache. Jetzt ist sie nach Toronto gezogen und sucht Arbeit beim Hörfunk. Nicht hoffnungslos bei ihrer Stimme. Dein Vater steht wieder an der Bar. Er redet mit Dr. Mendelsohn. *Tu etwas.*«

»Miriam wie hast du gesagt?«

»Greenberg. Willst du, daß ich dich vorstelle?«

»Nein. Laß uns tanzen.«

»Der Barkeeper sieht dich verzweifelt an.«

»Ach ja, ich hab ihm gesagt, wenn es Probleme gibt – entschuldige, bin gleich wieder da.«

»Das erste Drittel ist vorbei«, sagte er, »und wir führen drei zu null. Geoffrion und Johnson haben jeweils einen Punkt geholt. Bower sieht etwas erschüttert aus in ihrem Tor.«

»Ja, aber jetzt werden sie sich zurückfallen lassen, und dann werden die Leafs stürmen. Mahovlich oder Duff können immer noch jede Menge Schaden anrichten.«

Auf der Tanzfläche gelang es mir, meine Braut in Richtung Miriam zu steuern, die mit McIver tanzte. Ich kam nahe genug an sie heran, um ihren exquisiten Duft einzuatmen, und prägte ihn mir ein. Ein Hauch von Joy an den Schläfen, in den Kniekehlen und am Saum ihres Rocks, wie ich später erfuhr. Jahre später, als ich mit Miriam im Bett lag, meinen Cognacschwenker auf ihren Brüsten ausleerte und den Cognac aufleckte, sagte ich: »Weißt du, wenn du mich wirklich an meinem Hochzeitstag hättest verführen wollen, du hinterhältiges Stück, hättest du dich nicht mit Joy parfümiert, sondern mit Räucherfleisch-Essenz. Ein unglaubliches Aphrodisiakum aus Gewürzen aus Schwartz's Delicatessen. Ich würde es Nektar aus Judäa nennen und den Namen urheberrechtlich schützen lassen.« Aber am Tag meiner Hochzeit sagte ich »Entschuldigung« zu Miriam, nachdem ich sie angerempelt hatte, und dann sagte die zweite Mrs. Panofsky: »Ich möchte nicht noch einmal hören, daß du dir vom Barkeeper den neuesten Spielstand geben läßt. Es ist unser Hochzeitstag. Und das ist kränkend.«

Weitere Vorwürfe folgten, aber ich hörte nicht mehr zu, denn dort stand Miriam, erneut belagert von Verehrern, und ich ging einfältig strahlend auf sie zu. Als der Saal zu wanken und zu schwanken anfing, riß ich meine wackligen Beine zusammen und segelte auf sie zu, vertrieb ihre Verehrer, indem ich mit einer glühenden Zigarre herumfuchtelte, die beträchtlichen Schaden hätte anrichten können. »Wir wurden einander nicht vorgestellt«, sagte ich.

»Ich war nachlässig. Sie sind der Bräutigam. *Masel tow.*«

»Jaa. Möglich.«

»Ich glaube, Sie sollten sich setzen«, sagte sie und half mir auf den nächsten Stuhl.

»Sie sich auch.«

»Kurz. Es ist spät. Wie ich höre, sind Sie beim Fernsehen.«

»Totally Unnecessary Productions.«

»Das ist hart.«

»So heißt meine Firma.«

»Nein«, sagte sie.

Und – ah! – ich hatte mir ein kleines Lächeln verdient. Ach, das Grübchen an ihrer Wange. Diese blauen Augen, für die ich hätte sterben können. Diese nackten Schultern. »Darf ich Sie etwas Persönliches fragen?«

»Was zum Beispiel?«

»Welche Schuhgröße haben Sie?«

»Neununddreißig. Warum?«

»Ich bin oft in Toronto. Könnten wir mal zusammen zum Abendessen gehen?«

»Wohl kaum.«

»Ich würde aber gern.«

»Das ist keine gute Idee«, sagte sie und versuchte aufzustehen. Aber ich ergriff ihren Ellbogen und hielt sie zurück. »Ich habe zwei Tickets für den morgigen Flug nach Paris in der Jackentasche. Kommen Sie mit.«

»Würden wir Ihrer Braut zum Abschied zuwinken?«

»Sie sind die schönste Frau, die ich jemals gesehen habe.«

»Ihr Schwiegervater starrt uns an.«

»Am Dienstag könnten wir in der Brasserie Lipp zu Mittag essen. Ich leih einen Wagen und wir fahren nach Chartres. Waren Sie schon mal in Madrid?«

»Nein.«

»Wir könnten in den engen Gassen um die Plaza Mayor Tapas essen und *cochinillo asado* in der Casa Botín.«

»Ich werde Ihnen einen Gefallen tun und vergessen, daß dieses Gespräch stattgefunden hat.«

»›Come live with me and be my love.‹ Bitte, Miriam.«

»Wenn ich jetzt nicht gehe, verpasse ich meinen Zug.«

»Ich lasse mich scheiden, sobald wir zurück sind. Alles, was Sie wollen. Sagen Sie einfach nur ja, bitte. Wir nehmen kein Gepäck mit. Wir kaufen alles, was wir brauchen.«

»Entschuldigen Sie mich«, sagte sie und entwand sich mir, Seide raschelte.

Zerknirscht ging ich zum Tisch, an dem mein Vater jetzt Hof hielt, umgeben von faszinierten jungen Paaren. »Ach, Se mein das in der Ontario Street«, sagte er. »Wir saßn genau gegenüber, im viertn Revier. Ab und zu gab's ne Razzia, in den Hurnhäusern. Also, wenn man bei der Sitte arbeitet, und natürlich als junger Kerl, wenn wir ne Razzia machtn, bliebn die höhern Ränge unten, und wir sind raufgeschlichn, versteht ihr, und ham se nich gestört, wißt ihr, wovon ich sprech? Wenn man was sehn will...«

Miriam war noch im Saal, hatte jetzt aber ihren Mantel an, plauderte an der Tür mit Boogie und steckte ihm etwas zu. Dann kam Boogie an unseren Tisch, als mein Vater gerade mit einer neuen Geschichte anfing, und steckte mir ein gefaltetes Blatt Papier zu, das ich sofort auf meinen Schoß legte und im Schutz des Tischtuchs las:

Endstand. Canadiens 5, Toronto 3.

Glückwunsch.

»Boogie«, sagte ich, »ich bin verliebt. Zum erstenmal in meinem Leben bin ich wirklich, ernstlich, unwiderruflich verliebt.«

Selbstverständlich hatte ich nicht bemerkt, daß die zweite Mrs. Panofsky direkt hinter mir stand, und jetzt umarmte sie mich und wiegte meinen Kopf. »Ich auch, Liebling«, sagte sie. »Ich auch.«

Brüder Grimm

DIE HOCHZEIT DER FRAU FÜCHSIN

Es war einmal ein alter Fuchs mit neun Schwänzen, der glaubte, seine Frau wäre ihm nicht treu, und wollte er sie in Versuchung führen. Er streckte sich unter die Bank, regte kein Glied und stellte sich, als wenn er mausetot wäre. Die Frau Füchsin ging auf ihre Kammer, schloß sich ein, und ihre Magd, die Jungfer Katze, saß auf dem Herd und kochte. Als es nun bekannt ward, daß der alte Fuchs gestorben war, so meldeten sich die Freier.

Da hörte die Magd, daß jemand vor der Haustüre stand und anklopfte; sie ging und machte auf, und da war's ein junger Fuchs, der sprach:

»was macht Sie, Jungfer Katze?
Schläft Se, oder wacht Se?«
Sie antwortete:
»ich schlafe nicht, ich wache.
Will er wissen, was ich mache?
Ich koche warm Bier, tue Butter hinein:
will der Herr mein Gast sein?«

»Ich bedanke mich, Jungfer!« sagte der Fuchs, »was macht die Frau Füchsin?« Die Magd antwortete:

»sie sitzt auf ihrer Kammer,
sie beklagt ihren Jammer,
weint ihre Äuglein seidenrot,
weil der alte Herr Fuchs ist tot.«

»Sag' Sie ihr doch, Jungfer, es wäre ein junger Fuchs da, der wollte sie gerne freien.« – »Schon gut, junger Herr.«

Da ging die Katz' die Tripp die Trapp,
da schlug die Tür die Klipp die Klapp.
»Frau Füchsin, sind Sie da?«
»Ach ja, mein Kätzchen, ja.«
»Es ist ein Freier draus.«
»Mein Kind, wie sieht er aus?

Hat er denn auch neun so schöne Zeiselschwänze wie der selige Herr Fuchs?« – »Ach nein«, antwortete die Katze, »er hat nur einen.« – »So will ich ihn nicht haben.«

Die Jungfer Katze ging hinab und schickte den Freier fort. Bald darauf klopfte es wieder an, und war ein anderer Fuchs vor der Türe, der wollte die Frau Füchsin freien; er hatte zwei Schwänze, aber es ging ihm nicht besser als dem ersten. Danach kamen noch andere immer mit einem Schwanz mehr, die alle abgewiesen wurden, bis zuletzt einer kam, der neun Schwänze hatte wie der alte Herr Fuchs. Als die Witwe das hörte, sprach sie voll Freude zu der Katze:

»nun macht mir Tor und Türe auf
und kehrt den alten Herrn Fuchs hinaus.«

Als aber eben die Hochzeit sollte gefeiert werden, da regte sich der alte Herr Fuchs unter der Bank, prügelte das ganze Gesindel durch und jagte es mit der Frau Füchsin zum Haus hinaus.

II
PERSONENSTANDS-WECHSEL

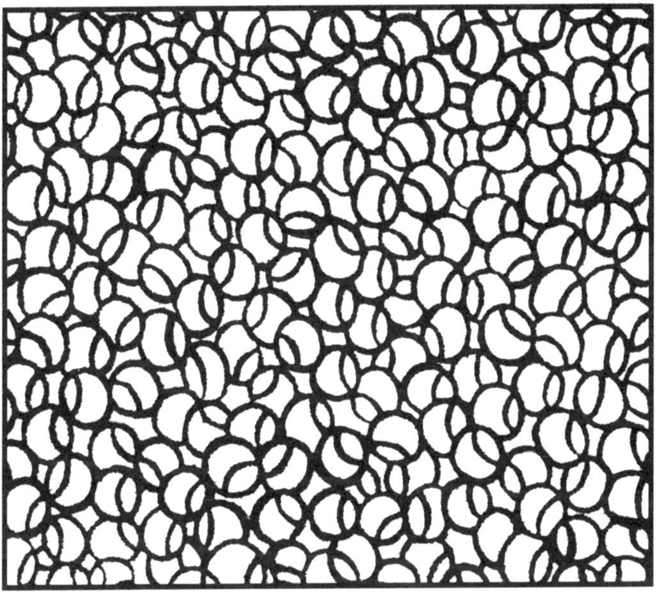

Martin Luther JUNGE EHE

Das erste Jahr der Ehe machte einem seltsame Gedanken. Denn wenn er am Tische sitzt, denkt er: Vorher war ich allein, nun bin ich zu zweit. Wenn er im Bette erwacht, sieht er ein Paar Zöpfe neben sich liegen, welche er früher nicht sah. Ebenso verursachen die Frauen ihren Männern, wenn diese auch noch so sehr beschäftigt sind, viele unnötige Störungen. So fragte meine Katharina mich zuerst, da sie bei mir saß, als ich ernstlich studierte und sie spann: Herr Doktor, ist der Hochmeister (des Deutschen Ritterordens) des Markgrafen (Albrecht) Bruder?

Javier Marías BEGINN DER EHE ZWEIER SIMULTANDOLMETSCHER

Diese *Personenstandsänderung* ist ebenso unberechenbar wie eine mögliche Krankheit und unterbricht alles oder erlaubt zumindest nicht, daß alles wie bisher weitergeht: sie erlaubt zum Beispiel nicht, daß nach dem Abendessen im Restaurant oder nach dem Kino jeder zu sich nach Hause geht und wir uns trennen und ich Luisa mit dem Wagen oder mit einem Taxi vor ihre Haustüre bringe und dann allein durch die halbleeren und stets gesprengten Straßen fahre, allein zu mir nach Hause, während ich sicher an sie denke und an die Zukunft. Ist man verheiratet, dann wenden sich die Schritte nach dem Kino gemeinsam demselben Ort zu (und erklingen zur Unzeit, denn es sind jetzt vier Füße, die gehen), aber nicht, weil ich beschlossen hätte, sie zu begleiten, nicht einmal, weil es meiner Gewohnheit entspräche, es zu tun und ich es für richtig und höflich hielte, sondern weil jetzt die Füße nicht zögern auf dem nassen Pflaster, noch überlegen, noch ihre Meinung ändern, noch Reue empfinden oder überhaupt eine Wahl treffen können: jetzt besteht kein Zweifel daran, daß wir uns an denselben Ort begeben, ob wir es heute abend wollen oder nicht, oder vielleicht war es gestern nacht, als ich es nicht wollte.

Diese Änderung führt also zwingend dazu, daß nichts weitergeht wie bisher, um so mehr, wenn die Änderung, wie allgemein üblich, durch eine gemeinsame Anstrengung eingeleitet und angekündigt wurde, deren hauptsächliche sichtbare Äußerung die künstliche Vorbereitung einer gemeinsamen Wohnung ist, einer Wohnung, die weder für den einen noch für den anderen existierte, sondern von beiden in künstlicher Weise eingeweiht werden muß. Eben diese meines Wissens sehr verbreitete Gewohnheit oder Praxis liefert den Beweis, daß die beiden Eheschließenden bei ihrem Zusammenschluß in Wirklichkeit eine gegenseitige Aufhebung oder Vernichtung voneinander fordern, nämlich die Aufhebung der Person, die jeder war und in die jeder sich verliebt oder deren Vorteile er gesehen hatte, denn nicht immer existiert ein vorheriges Verliebtsein, manchmal existiert es erst im nachhinein, und manchmal findet es weder vorher noch nachher statt. Kann es nicht stattfinden. Die Vernichtung des anderen, die Vernichtung dessen, den man kennengelernt und mit dem man sich getroffen und den man geliebt hat, geht mit dem Verschwinden der jeweiligen Wohnungen einher oder wird dadurch symbolisiert. So daß also zwei Personen, die gewohnt waren, jeweils für sich zu sein und sich jeweils an einem Ort zu befinden und allein aufzuwachen und oft auch allein ins Bett zu gehen, sich plötzlich künstlich vereint finden in ihrem Schlaf und ihrem Erwachen und ihren Schritten durch die halbleeren Straßen in ein und dieselbe Richtung oder beim gemeinsamen Betreten des Fahrstuhls, wobei der eine nicht mehr Besuch und der andere Gastgeber ist, der eine nicht mehr den anderen abholt oder dieser zu jenem herunterkommt, der im Wagen oder in einem Taxi auf ihn wartet, sondern beide keine Wahl haben, mit Zimmern und einem Fahrstuhl und einer Haustür, die keinem gehörten und nun beiden gehören, mit einem gemeinsamen Kopfkissen, um das sie im Schlaf werden kämpfen müssen und von dem aus sie, genau wie der Kranke, am Ende die Welt sehen werden.

August Strindberg

BEGINN EINER SCHRIFTSTELLEREHE

Und so waren sie verheiratet. Einen Monat. Zwei Monate. Und er war so glücklich. An den Abenden saßen sie zusammen, und er sang wieder von der »Rose im Walde«; das war ihr Lieblingslied. Und er sprach über Theater und Religion, und sie saß andächtig da und hörte zu. Aber sie sagte nichts, sie war immer seiner Meinung und häkelte Decken.

Im dritten Monat nahm er die alte Gewohnheit des Mittagsschlafes wieder auf. Seine Frau wollte neben ihm sitzen, denn sie konnte nicht allein sein. Das genierte ihn, denn er hatte ein großes Bedürfnis, mit seinen Gedanken allein zu sein.

Zuweilen ging sie ihm mittags entgegen; dann war sie so stolz, wenn er seine Kameraden verließ und zu ihr hinüberkam. Und dann brachte sie ihn im Triumph nach Haus: es war *ihr* Mann!

Im vierten Monat begann er müde zu werden, ihr Lieblingslied zu singen. Das war so verbraucht! Und er nahm ein Buch, und beide saßen still da.

Eines Abends mußte er auf eine Sitzung, der ein Schmaus folgte. Es war der erste Abend, an dem er nicht zu Hause war. Seine Frau mußte sich eine Freundin einladen und sollte früh zu Bett gehen, denn er würde erst spät nach Hause kommen.

Die Freundin kam; um neun Uhr ging sie wieder. Die junge Frau setzte sich in den Salon, um zu warten, denn sie wollte sich bestimmt nicht früher niederlegen, bis ihr Mann nach Haus gekommen. Sie hatte keine Ruhe zum Schlafen.

So saß sie allein in der Wohnung. Was sollte sie tun? Das Mädchen war schlafen gegangen, und im Haus wurde es still. Die Wanduhr tickte und tickte. Aber es war erst zehn, als sie müde die Decke, an der sie häkelte, fortlegte. Sie ging umher, räumte etwas auf, war nervös.

– So ist es also, verheiratet zu sein! Man wird aus seiner Umgebung gerissen und in drei leere Zimmer gesetzt, bis der Mann halbberauscht nach Haus kommt. Aber er liebt mich doch, und er muß ja heute abend in Geschäften von zuhause fort sein. Ich bin eine Närrin, daß ich das nicht verstehe. Aber liebt er mich noch? Hat er sich dieser Tage nicht geweigert, mir das Garn zu halten, wie er früher so gern getan – ehe wir verheiratet waren. Sah er gestern mittag nicht etwas mißvergnügt aus, als ich kam und ihn holte! Und wenn er heute abend auch eine geschäftliche Sitzung hat, so braucht er doch den Schmaus nicht mitzumachen!

Die Uhr war halb elf, als sie mit diesem Examen zu Ende kam. Sie war erstaunt, daß ihr diese Gedanken nicht früher gekommen waren. Und sie stellte die dunklen Gedanken noch ein Mal auf, und sie defilierten wieder an ihr vorbei. Jetzt aber war Verstärkung angelangt. Er sprach ja nie mehr mit ihr. Er sang nie, und das Klavier war geschlossen. Er hatte gelogen, als er sagte, er müsse Mittagsschlaf halten, denn er las dabei einen französischen Roman.

Er hatte sie belogen!

Die Uhr war erst halb zwölf. Das Schweigen wurde nun schauerlich. Sie öffnete das Fenster und sah auf die Straße hinaus. Dort unten standen zwei Herren und verhandelten mit zwei Frauenzimmern. Ja, so sind die Männer! Wenn er das auch täte! Dann ginge sie ins Wasser!

Sie schloß das Fenster und steckte die Krone in der Schlafstube an. Man muß sehen, was man macht, hatte er bei einer intimen Gelegenheit gesagt. Noch war alles so blank, so fein. Die grüne Bettdecke sah wie eine gemähte Wiese aus, und die kleinen weißen Kissen lagen wie junge Katzen im Grase. Die Politur ihres Toilettentisches leuchtete: das Glas hatte noch nicht diese häßlichen Flecken, die es vom spritzenden Wasser bekommt; das Silber auf der Haarbürste, auf der Puderschachtel, der Zahnbürste, alles war noch blank. Ihre Pantoffeln dort unter dem Bett waren noch so schön und neu, als würden sie niemals niedergetreten werden. Alles war frisch, aber doch schon alt. Sie kannte alle seine Lieder, alle seine Salonstücke, alle seine Worte, alle seine Gedanken. Sie wußte genau, was er sagen würde, wenn er sich mittags zu Tisch setzte; alles, was er sagen würde, wenn sie abends allein waren.

Sie war des allen müde. Hatte sie ihn geliebt? Oh ja! Gewiß, das hatte sie! Aber war das alles, waren das alle Träume ihrer Jugend? Sollte das ganze Leben so werden? Ja! Aber, aber, aber, sie würden doch wohl ein Kind bekommen. Ja, aber noch waren keine Anzeichen da! Dann wäre sie nicht mehr allein! Dann könnte er so oft fortgehen, wie er wollte, denn dann hätte sie ja stets jemand, mit dem sie sprechen, mit dem sie sich beschäftigen konnte. Vielleicht war es ein Kind, das fehlte. Vielleicht war die Ehe wirklich für etwas anderes geschaffen, als dafür, daß sich ein Herr eine Geliebte hält, die das Gesetz ihm schützt. Jawohl! Aber er mußte sie doch lieben, und das tat er nicht! Und sie weinte!

Als der Mann um ein Uhr nach Haus kam, war er durchaus nicht berauscht. Aber er wurde beinahe böse, als er seine Frau noch aufsitzen sah.

– Warum hast du dich nicht schlafen gelegt? war sein erster Gruß.

– Wie kann ich Ruhe finden, wenn ich auf dich warte?

– Das kann ja schön werden! Dann darf ich ja nie wieder fortgehen! Ich glaube, du hast auch geweint!

– Ja, ich habe geweint, und das muß ich wohl, wenn du – mich – nicht – mehr – liebst!

– Liebe ich dich nicht mehr, weil ich in Geschäften fort sein muß?

– Ein Schmaus ist kein Geschäft.

– Sieh da! Nun kann man nicht einmal mehr ausgehen! Die Frauen sind doch wirklich gar zu aufdringlich!

– Aufdringlich? Ja, ich habe es gestern Mittag gesehen, als ich dir entgegenkam. Aber ich werde dir nie mehr entgegenkommen.

– Aber, Kind, wenn ich mit meinem Chef gehe ...

– Huhuhu!

Sie brach in Tränen aus, und ihr Körper zuckte.

Er mußte das Mädchen wecken, um ihr eine Wärmflasche heiß machen zu lassen.

Er weinte, er auch! Heiße Tränen! Über sich selbst, seine Härte, seine Schlechtigkeit, über die Illusionen, über alles!

Aber es war doch mehr als Illusionen! Er liebte sie ja! Tat er das nicht? Und sie sagte ja, sie liebe ihn wieder, als er jetzt beim Sofa auf den Knien lag und ihre Augen küßte. Ja, sie liebten einander! Nur eine Wolke war vorübergezogen! Garstige Gedanken, die einem in der Einsamkeit kommen. Sie wollte niemals, niemals mehr allein bleiben. Und sie schliefen umarmt ein, und sie lächelte wieder.

Sigmund Freud DIE SPRACHE DER EHERINGE

Die Zufalls- oder Symptomhandlungen, die sich in Ehesachen ereignen, haben oft die ernsteste Bedeutung und könnten den, der sich um die Psychologie des Unbewußten nicht bekümmern will, zum Glauben an Vorzeichen nötigen. Es ist kein guter Anfang, wenn eine junge Frau auf der Hochzeitsreise ihren Ehering verliert, doch war er meist nur verlegt und wird bald wiedergefunden. – Ich kenne eine jetzt von ihrem Manne geschiedene Dame, die bei der Verwaltung ihres Vermögens Dokumente häufig mit ihrem Mädchennamen unterzeichnet hat, viele Jahre vorher, ehe sie diesen wirklich wieder annahm. – Einst war ich als Gast bei einem jung verheirateten Paar, und hörte die junge Frau lachend ihr letztes Erlebnis erzählen, wie sie am Tage nach der Rückkehr von der Reise wieder ihre ledige Schwester aufgesucht hätte, um mit ihr, wie in früheren Zeiten, Einkäufe zu machen, während der Ehemann seinen Geschäften nachging. Plötzlich sei ihr ein Herr auf der anderen Seite der Straße aufgefallen, und sie habe ihre Schwester anstoßend gerufen: Schau, dort geht ja der Herr L. Sie hatte vergessen, daß dieser Herr seit einigen Wochen ihr Ehegemahl war. Mich überlief es kalt bei dieser Erzählung, aber ich getraute mich der Folgerung nicht. Die kleine Geschichte fiel mir erst Jahre später wieder ein, nachdem diese Ehe den unglücklichsten Ausgang genommen hatte.

Von der großen Schauspielerin Eleonora Duse erzählte mir ein Freund, der auf Zeichen achten gelernt hat, sie bringe in einer ihrer Rollen eine Symptomhandlung an, die so recht zeige, aus welcher Tiefe sie ihr Spiel heraufhole. Es ist ein Ehebruchsdrama; sie hat eben eine Auseinandersetzung mit ihrem Manne gehabt und steht nun in Gedanken abseits, ehe sich ihr der Versucher nähert. In diesem kurzen Intervall spielt sie mit dem Ehering an ihrem Finger, zieht ihn ab, um ihn wieder anzustecken, und zieht ihn wieder ab. Sie ist nun reif für den anderen.

Hier schließt an, was Th. Reik von anderen Symptomhandlungen mit Ringen erzählt:

»Wir kennen die Symptomhandlungen, welche Eheleute ausführen, indem sie den Trauring abziehen und wieder anstecken. Eine Reihe ähnlicher Symptomhandlungen produzierte mein Kollege M. Er hatte von einem von ihm geliebten Mädchen einen Ring zum Geschenk erhalten, mit dem Bemerken, er dürfe ihn nicht verlieren, sonst wisse sie, daß er sie nicht mehr lieb habe. Er entfaltete in der Folgezeit eine erhöhte Besorgnis, er könnte den Ring verlieren. Hatte er ihn zeitweilig, z. B. beim Waschen abgelegt, so war er regelmäßig verlegt, so daß es oft langen Suchens bedurfte, um ihn wieder zu erlangen. Wenn er einen Brief in den Postkasten warf, konnte er die leise Angst nicht unterdrücken, der Ring könnte von den Rändern des Briefkastens abgezogen werden. Einmal hantierte er wirklich so ungeschickt, daß der Ring in den Kasten fiel. Der Brief, den er bei dieser Gelegenheit absandte, war ein Abschiedsschreiben an eine frühere Geliebte von ihm gewesen, und er fühlte sich ihr gegenüber schuldig. Gleichzeitig erwachte in ihm Sehnsucht nach dieser Frau, welche mit seiner Neigung zu seinem jetzigen Liebesobjekt in Konflikt kam.«

An dem Thema des »Ringes« kann man sich wieder einmal den Eindruck holen, wie schwer es für den Psychoanalytiker ist, etwas Neues zu finden, was nicht ein Dichter vor ihm gewußt hätte. In Fontanes Roman *Vor dem Sturm* sagt Justizrat Turgany während eines Pfänderspieles: »Wollen Sie es glauben, meine Damen, daß sich die tiefsten Geheimnisse der Natur in der Abgabe der Pfänder offenbaren.« Unter den Beispielen, mit denen er seine Behauptung erhärtet, verdient eines unser besonderes Interesse: »Ich entsinne mich einer im Embonpointalter stehenden Professorenfrau, die mal auf mal ihren Trauring als Pfand vom Finger zog. Erlassen Sie mir, Ihnen das eheliche Glück des Hauses zu schildern.« Er setzt dann fort: »In derselben Gesellschaft befand sich ein Herr, der nicht müde wurde, sein englisches Taschenmesser, zehn Klingen mit Korkzieher und Feuerstahl, in den Schoß der Damen zu deponieren, bis das Klingenmonstrum, nach Zerreißung mehrerer Seidenkleider, endlich vor dem allgemeinen Entrüstungsschrei verschwand.«

Vitaliano Brancati

DIE NOT DES SCHÖNEN ANTONIO

Der junge Antonio Magnano ist der schönste Mann Siziliens; wegen wiederkehrender Impotenz profitiert er indessen wenig davon. Schließlich heiratet er die hübsche Barbara, die dank einer streng katholischen Erziehung zunächst nicht merkt, daß zur Vollendung ihrer Ehe etwas fehlt. Bis das Dienstmädchen sie aufklärt ... Antonio erzählt seinem Onkel die Geschichte ihrer Verwirrungen:

Barbara ist das schönste Mädchen auf Erden.« – »Meinst du das wirklich?«

»Barbara ist das schönste Mädchen auf Erden.«

»Wenn du das meinst ...«

»Als wir heirateten und ich ihre Arme und einen Teil ihrer Knie sah und weitere Schönheit die Spitzen ihres Nachthemdes belebte, als ich die unaussprechlichen Reflexe sah, die ihr die Röte über jene erste Intimität mit einem Mann ins Gesicht, ja in die Augen trieb, sah ich, wie sich in ihrem strengen Kopf die Gedanken eines kleinen Mädchens regten, die um so naiver waren, je mehr wir uns selbst überlassen waren... Du weiß nicht, Onkel, wie erregend eine Seele sein kann...«

»Vorzüglich, erregend. Nur Mut. Und dann?«

»Und dann, Onkel, geschah, was mir fünf Jahre zuvor mit Ingeborg widerfahren war.«

»Mich trifft der Schlag!«

»So war es, Onkel.«

»Genauso wie fünf Jahre zuvor?«

»Nicht genauso. Diesmal war es nicht eisige Kälte, die in meinen Körper drang, es war vielmehr, als ob alles auf dem Höhepunkt verdampfte und verrauchte –, als ob mein Fleisch mitsamt Blut und Nerven beim heißesten Kochen sich in Schweiß und Nebel auflöste.«

»Oh, was für Launen der Herrgott sich doch leistet. Was für Launen er sich leistet. Und dann, mein armer Junge, auch diesmal?«

Antonio starrte auf die gegenüberliegende Wand, ohne die Augenlider zu bewegen.

»Aber sag mir, Lieber, warum sannst du nicht sogleich auf Abhilfe?«

»Wie, Abhilfe?«

»Dich sofort von deiner Frau zu trennen, ehe sie noch etwas merkte. Du mußtest doch die Initiative ergreifen, Lieber.«

»Wie?«

»Du hättest zum Beispiel mit einer Bäuerin durchbrennen müssen oder mit einer Frau, die du in einem öffentlichen Haus aufgefischt hättest.«

»Das wäre meiner Ansicht nach nicht korrekt gewesen.«

»Durchaus nicht. Es wäre das Betragen eines Taugenichts gewesen, eines geborenen und ausgewachsenen Taugenichts.«

»Siehst du wohl? Aber abgesehen davon lebte ich doch gut mit Barbara. Ich war voller Hoffnungen und sehr wunderlicher Freuden.«

»Auch danach?«

»Ja, auch danach.«

»Das verstehe ich nicht.«

»Barbara war nicht Ingeborg. Für jene empfand ich, nachdem geschehen war, was geschehen war, so etwas wie Furcht, und wenn ich sie wiedergetroffen hätte, wäre ich sicher ohnmächtig geworden, wie beim Anblick meiner Leiche, die vor mir mit geschlossenen Augen einhergewandelt wäre. Bei Barbara war das nicht so. Ihre Moralität erschien mir geradezu majestätisch, sie impfte mir den Respekt vor allen Kirchen ein, die sie vor ihrer Ehe besucht hatte, aber auf dem Gebiet der Beziehungen mit Männern war sie ein unbeschriebenes Blatt. Sie wußte nichts, fragte nichts, errötete andauernd, und wenn ich sie umarmte, drückte sie sich ganz fest an meinen Hals, damit gerade ich sie vor dem beschützte, was ich ihr zu enthüllen im Begriffe stand. Wie ein trotziges Kind kehrte sie immer weiter der Wahrheit, die sie nie gesehen hatte, den Rücken. Onkel, diese Wahrheit konnte ich ihr nicht enthüllen, aber ich bildete mir ein, mich so zu betragen, weil Barbara es von mir forderte. Andererseits war ich in ihrer Nähe weder kalt noch erschrocken und noch weniger voller Ekel. Eine tiefe Erregung ließ mein Blut pulsen, mein Gehirn kochen, aber am Ende verdampfte sie durch meine Haut und verlor sich im Leeren und hinterließ eine vage, jeder Kraft entbehrende Lust in mir, die derjenigen glich, von der die Kinder träumen, kurz bevor sie ihre Unschuld verlieren.«

»Schön und lustvoll, ja gewiß, schön und lustvoll ... aber für einen Tag, eine Woche, einen Monat! Nicht für drei Jahre!«

»Onkel, ich hoffte immer, es werde etwas geschehen. Meine Erregung wuchs, wuchs ständig, sie glich einem Auto, das ein immer lauteres Geräusch von sich gibt, sich aber nicht von der Stelle rührt.«

»Und dann? Du hättest alles hinwerfen sollen und aufwiedersehen!«

»O nein, mit meiner Erregung wuchs auch meine Seligkeit. Schon fühlte ich die ersten Vermutungen, die erste wirkliche Verwirrung in Barbaras Gedanken. Und dieses Mädchen, das keinerlei Sünde beging, das ehrenhaft und untadelig blieb, nahm ganz allmählich neben den heiligen Bildern, die ihren Sinn erfüllten, das erste Bild der Sünde auf; dieses Mädchen, das jeden Abend röter wurde, wenn sie mit mir ins Bett kam und Stunde um Stunde mit glühendem Gesicht dalag...

Onkel, was kann ich daran ändern? Angesichts dieses Mädchens schwindelte mir, tatsächlich«, fügte er sofort hinzu, »wurde ihre Verwirrung so offenbar, nachdem das Stubenmädchen, eine törichte Person, die zu entlassen wir gezwungen waren, ihr einiges erklärt hatte.«

»Aber wie?« rief der Onkel, »du wußtest, daß Barbara schon Bescheid wußte?«

»Nach der Unterredung mit dem Stubenmädchen faßte ich meinen Mut mit beiden Händen und gestand ihr alles in allen Einzelheiten wie dir, Onkel; dann fragte ich sie, ob sie weiter mit mir leben oder sich von mir trennen wolle.«

»Und sie?«

»Sie warf mir die Arme um den Hals und küßte mich auf eine Weise, die ich nie vergessen werde. Sie sagte mir, wir müßten eng umschlungen wie zwei Engel weiterleben. Aber abends im Bett war sie scharlachrot, und ich sah ihr Herz unter den Schleifen auf ihrer Brust klopfen.«

Magnus Hirschfeld

EHEWÜNSCHE EINES HOMOSEXUELLEN

Sie wünschen zu wissen, wie ich dazu kam, mich zu verheiraten und dann, welche Erfahrungen ich in der Ehe gemacht habe.

Bevor ich mich dazu entschloß, mich zu verheiraten, war ich ja in einer höchst traurigen sozialen Lage. Wie Sie wissen, lebe ich in einer großen Stadt. Ich war meinem unglücklichen Triebe, der mich Umgang mit dem eigenen Geschlecht suchen ließ, häufiger gefolgt. Dies mußte bekannt geworden sein, wenigstens hatte ich stets das Gefühl, in manchen Fällen vielleicht unberechtigt, daß man meinen Umgang zu meiden suchte. Zu feinfühlend, um in der Lage zu sein, irgend Jemanden meinen Umgang aufdrängen zu können, zog ich mich immer mehr von Geselligkeit und freundschaftlichem Verkehr zurück.

Ich verbrachte Tage und Nächte in Verzweiflung hin, die besten Lebensjahre verstrichen im einförmigsten Einerlei.

Dieser traurigen Lage wollte ich ein Ende machen. Meine Altersgenossen waren verheiratet, Familie und einige Bekannte rieten ebenfalls dazu. Aber den Grund, warum ich nicht heiraten wollte, durfte ich Niemandem sagen. Dies gehört auch zu den traurigen Seiten unseres Schicksals, daß wir ein Geheimnis, das unser Innerstes aufs tiefste bewegt, Niemand, nicht einmal den nächsten Anverwandten, anvertrauen können. Ich sah andere Menschen glücklich und zufrieden und *wollte* auch glücklich werden.

Wenn mir auch der innere Drang zur Ehe fehlte, so hoffte ich doch innere Ruhe und Zufriedenheit in derselben zu finden.

Um mein Gewissen zu beruhigen und mich zu vergewissern, ob ich meinen ehelichen Pflichten nachkommen könne, wandte ich mich an einen Arzt. Derselbe sagte mir, ich möge einmal zu einer *puella* gehen, um mich zu überzeugen, ob ich im Stande sei, den *coitus* auszuführen. Wenn mir nun auch der *coitus* nicht den geringsten oder nur sehr wenig Genuß, ja eher Widerwillen bereitete, so war ich doch im Stande ihn auszuführen. Ich sagte dies meinem Arzte und er riet mir in Folge dessen zur Heirat. Da ich mich aber noch mehr vergewissern wollte, um meine Zweifel zu beruhigen, wandte ich mich noch an einen auswärtigen bekannten Arzt, dem ich meinen Zustand und mein Anliegen ausführlich berichtete. Derselbe antwortete mir Folgendes:

»Da Sie Erektionen haben, können Sie unbedingt ruhig heiraten, ich bin der Meinung, daß dadurch allmälig Ihre konträren Empfindungen sich calmieren werden.«

Ich wandte mich schließlich an Professor K., der mir schrieb:

»Heirat ist möglich, da Potenz besteht. Ich kenne manchen verheirateten Urning, der Familienvater ist. *Eine prekäre Sache ist immerhin die Heirat eines Urnings.*«

Schon auf der Hochzeitsreise machte ich die Bemerkung, daß mir die Ausführung des *coitus* viel eher eine lästige Verpflichtung war, denn ein Vergnügen. Dabei blieb aber mein Hang zum eignen Geschlecht bestehen. Ich gab mir die denkbar größte Mühe, mich auch innerlich und geistig von dieser Neigung unabhängig zu machen, aber vergeblich.

Wie war und ist nun das Verhältnis zu meiner Frau?

Ich liebe und schätze meine Frau ihrer vielen ausgezeichneten Eigenschaften willen; wegen der Tiefe ihres Gemüts, wegen ihrer Pflichttreue, auch finde ich sie körperlich hübsch, aber trotz alledem ist diese Liebe mehr einem innigen Freundschaftsverhältnis ähnlich wie einer Liebe, wie sie zwischen Eheleuten besteht und die nach meiner Empfindung außer in der moralischen Wertschätzung auch auf einer in sinnlichem und körperlichem Gefallen beruhenden Grundlage aufgebaut sein muß.

Bei diesem Mangel an sinnlicher Liebe zu meiner Frau, geht nebenher die sinnliche Liebe zum eignen Geschlecht. Meine Frau fühlt diesen Mangel an sinnlicher Liebe zu ihr wohl heraus, indem sie mir zuweilen den Vorwurf des Mangels innerer Seelengemeinschaft macht.

Wir würden aber ganz glücklich zusammen leben, wenn nicht ein Umstand wäre, der mir das Leben zur Qual macht.

Ich lebe in beständiger Furcht vor Entdeckung und Ausstoßung aus der Familie, sowie in dem Bewußtsein, von meinen Mitmenschen verachtet zu sein. Daß ein derartiges Leben mehr eine Qual denn ein Glück ist, werden Sie verstehen.

Gustave Flaubert DER GATTE, DER NICHTS WUSSTE UND WÜNSCHTE

Manchmal ging ihr durch den Kopf, das seien immerhin die schönsten Tage ihres Lebens, der Honigmond, wie man zu sagen pflegte. Um aber ihre Wonne so recht auszukosten, hätte man freilich in jene Länder mit klangvollen Namen reisen müssen, wo die Tage nach der Hochzeit in wohligem Müßiggang verträumt werden. In einer Postkutsche unter blauseidenen Vorhängen fährt man im Schritt über steile Straßen aufwärts, lauscht dem Lied des Postillons, das mit den Glöckchen der Ziegen und dem dumpfen Tosen der Wasserfälle von den Bergen widerhallt. Wenn die Sonne untergeht, atmet man am Ufer einer Meeresbucht den Wohlgeruch der Zitronenbäume, und abends sitzt man ganz allein miteinander auf der Terrasse einer Villa, hält sich mit verschlungenen Fingern bei den Händen, schaut in die Sterne empor und schmiedet Pläne. Es kam ihr vor, als müßten gewisse Orte auf Erden Glück bringen, wie eine Pflanze nur auf einem bestimmten Erdreich gedeiht und anderswo verkümmert. Warum war es ihr nicht vergönnt, sich auf den Balkonsims eines Schweizer Chalets zu lehnen oder sich mit ihrer Traurigkeit in einem schottischen Landhäuschen zu vergraben, an der Seite eines Gatten, der einen schwarzen Samtrock mit langen Schößen, weiche Stiefel, einen spitzen Hut und Manschetten trug?

Vielleicht hätte sie irgendwem ihr Herz ausschütten und ihm all dies erzählen mögen. Wie aber konnte sie einem so unfaßbaren Unbehagen Ausdruck verleihen, einem Gefühl, das sich wie die Wolken dauernd veränderte und gleich dem Wind unaufhörlich in Bewegung war? Es fehlten ihr die Worte, auch die Gelegenheit und der Mut dazu.

Hätte Charles indessen nur gewollt, hätte er etwas geahnt, wäre sein Blick nur ein einziges Mal ihren Gedanken entgegengekommen, dann – so glaubte sie – hätte sie sich sogleich all das, was sie bedrückte, vom übervollen Herzen reden können, wie die Früchte von einem Spalier abfallen, wenn man mit der Hand daran rührt. So aber tat sich, je enger sich ihr Zusammenleben äußerlich gestaltete, eine innere Kluft zwischen ihnen auf, die sie einander immer mehr entfremdete.

Alles, was Charles sagte, war platt wie ein Straßentrottoir, und Gemeinplätze und Binsenwahrheiten zogen darauf vorbei, in ihrem alltäglichen Gewand, ohne zum Aufbegehren, zum Lachen oder zum Nachdenken zu reizen. Solange er in Rouen lebte, erzählte er ihr, habe er nie den Drang verspürt, ein Pariser Gastspiel im Theater zu besuchen. Er konnte weder schwimmen noch fechten noch mit Pistolen umgehen, und als sie ihn eines Tages nach einem Ausdruck aus der Reitkunst fragte, auf den sie in einem Roman gestoßen war, konnte er ihn nicht erklären.

Mußte ein Mann aber nicht alles kennen, sich auf möglichst vielen Gebieten hervortun, seine Frau in die treibenden Kräfte der Leidenschaft, in die verfeinerten Genüsse des Lebens, in alle Geheimnisse einweihen? Doch der da lehrte sie nichts, er wußte nichts und wünschte auch nichts.

Bei alledem verstand es Emma, ihren Haushalt zu führen. Sie schickte den Patienten die Rechnungen in so nett abgefaßten Briefen, daß sie gar nichts Geschäftsmäßiges mehr hatten. War sonntags ein Nachbar bei ihnen zu Tisch, wußte sie immer eine besonders nett angerichtete Platte aufzutischen. Sie hatte ein eigenartiges Geschick, die Reineclauden pyramidenförmig auf einem Rebenblatt aufzubauen, stellte die Konfitüren auf einen Teller umgestürzt auf den Tisch und sprach sogar davon, Mundspülgläser für den Nachtisch anzuschaffen. Von all dem fiel auch ein Abglanz auf Bovary, und sein Ansehen stieg beträchtlich.

Schließlich bekam Charles eine höhere Meinung von sich selber, weil er eine solche Frau besaß. Voll Stolz zeigte er im Eßzimmer zwei kleine Bleistiftzeichnungen von ihr, die er in sehr breite Rahmen hatte fassen lassen und an langen grünen Kordeln an der Wand aufgehängt hatte. Wenn die Messe aus war, sah man ihn in schönen gestickten Pantoffeln unter der Tür stehen.

Abends kam er spät heim, um zehn Uhr, zuweilen erst um Mitternacht. Dann verlangte er zu essen, und da das Mädchen schon zu Bett gegangen war, bediente ihn Emma. Er machte es sich bequem, zog den Gehrock aus und zählte sämtliche Leute auf, denen er begegnet war, nannte die Dörfer, in denen er zu tun gehabt, und die Rezepte, die er verschrieben hatte. Mit sich und der Welt zufrieden, verspeiste er, was noch von den Rindfleischschnitten mit Zwiebeln da war, schabte seinen Käse säuberlich ab, verzehrte einen Apfel, trank die Weinkaraffe leer, ging dann zu Bett, legte sich auf den Rücken und schnarchte.

Da er bisher seit langem gewohnt war, eine Zipfelmütze zu tragen, rutschte ihm das seidene Kopftuch dauernd über die Ohren herunter, und so hingen ihm am Morgen seine Haare wirr und unordentlich ins Gesicht und waren ganz weiß von den Daunenfedern des Kopfkissens, dessen Schnüre sich während der Nacht lösten. Er trug immer derbe Stiefel, die über dem Spann zwei dicke, schräg zu den Knöcheln verlaufende Falten aufwiesen, während sonst das Oberleder steif und gerade stand, als stäke ein hölzerner Spanner darin. Er pflegte zu sagen, *fürs Land sei das gut genug.*

Seine Mutter bestärkte ihn in dieser Sparsamkeit; denn sie kam wie früher zu Besuch, wenn es zu Hause wieder einmal zu einem heftigen Zusammenstoß gekommen war. Und doch war die alte Madame Bovary sichtlich gegen ihre Schwiegertochter eingenommen. Sie fand sie *für ihre Verhältnisse zu anspruchsvoll.* Mit Holz, Zucker und Kerzen *werde ein Aufwand getrieben wie in einem großen Haus*, und die Kohlen, die in der Küche verfeuert würden, hätten für fünfundzwanzig Gerichte ausgereicht! Sie schaffte Ordnung in ihrem Wäscheschrank und brachte Emma bei, wie man dem Metzger auf die Finger sehen müsse, wenn er das Fleisch bringe. Emma nahm diese schwiegermütterlichen Lehren hin; Madame Bovary geizte nicht damit, und den lieben langen Tag hörte man *liebes Kind* und *liebe Mutter*, mit zuckenden Lippen gesprochen, und beide Frauen sagten einander mit zornbebender Stimme Freundlichkeiten.

Elias Canetti DIE UNERMÜDLICHE WÄCHTERIN

Auch Theresens Sicherheit wuchs mit den Wochen. Von ihren drei Zimmern hatte nur eines Möbel, das Speisezimmer. Die beiden andern waren leider noch leer. Gerade in diesen hielt sie sich auf, um die Möbel im Speisezimmer nicht abzunützen. Gewöhnlich stand sie hinter der Tür, die zu seinem Schreibtisch führte, und horchte. Stunden und halbe Tage blieb sie da, den Kopf an einer Ritze, durch die man gar nichts sah, die Ellbogen spitz auf ihn gerichtet, ohne Stuhl als Stütze, auf sich und ihren Rock gestellt, und wartete, sie wußte genau worauf. Sie ermüdete nie. Sie erwischte ihn, wenn er plötzlich zu reden anfing, obwohl er allein war. Die Frau war ihm zu schlecht, da redete er mit der Luft, eine gerechte Strafe. Vor dem Mittag- und Abendessen verzog sie sich in die Küche.

Er fühlte sich bei der Arbeit, so weit von ihr weg, zufrieden und wohl. Sie war, die meiste Zeit über, genau zwei Schritte von ihm entfernt.

Zwar stieg zuweilen der Gedanke in ihm auf, daß sie eine Rede gegen ihn im Schilde führe. Aber sie schwieg und schwieg. Er beschloß, einmal im Monat den Bestand der Bücher in ihren Räumen zu kontrollieren. Vor Bücherdiebstählen war niemand geschützt.

Eines Tages um zehn, eben horchte sie so schön, stieß er voller Inspektionslust die Türe auf. Sie prallte zurück; beinahe fiel sie hin.

»Ist das eine Art?« rief sie, frech vor Entsetzen. »Man klopft, bevor man hereinkommt. Man könnte glauben, ich horche, in *meinen* Zimmern. Was hab' ich vom Horchen? Ein Mann erlaubt sich alles, weil er verheiratet ist. Da sagt man pfui, wie ungezogen, pfui!«

Was, soll er anklopfen, bevor er zu seinen Büchern darf? Unverschämtheit! Lächerlich! Grotesk! Sie hat den Verstand verloren. Er wird ihr lieber eine Ohrfeige herunterhauen. Vielleicht kommt sie zur Besinnung.

Er malte sich die Spuren seiner Finger auf ihrer feisten, gemästeten, glänzenden Wange aus. Ungerecht wäre es, die eine Backe zu bevorzugen. Man müßte mit beiden Händen zugleich schlagen. Trifft man schlecht, so liegen die roten Linien der einen Seite höher als die der anderen. Das wäre häßlich. Die Beschäftigung mit chinesischer Kunst hatte einen leidenschaftlichen Sinn für Symmetrie in ihm gezüchtet.

Therese merkte, daß er ihre Wangen prüfte. Sie vergaß das Anklopfen, drehte sich weg und sagte einladend: »Es muß nicht sein.« So hatte er auch ohne Ohrfeigen gesiegt. Sein Interesse für ihre Wangen erlosch. Voller Genugtuung wandte er sich den Regalen zu. Sie verharrte wartend. Warum sagte er nichts? Vorsichtig schielend entdeckte sie die Veränderung auf seinem Gesicht. Da ging sie lieber gleich in die Küche. Ihre Rätsel pflegte sie hier zu lösen.

Vladimir Nabokov DIE MITLEIDIGE MARTHE

Der zum Tode verurteilte Cincinnatus C. blickt auf sein mißratenes Leben zurück. Sowohl bei der Wahl des Lehrerberufs wie bei der Wahl der Ehefrau hat er Pech gehabt: seine Jugendliebe Marthe kann, wie sich bald nach der Hochzeit herausstellt, einfach nicht treu sein.

Inzwischen begann Marthe, ihn schon in ihrem ersten Ehejahr zu betrügen; überall und mit jedem. Wenn Cincinnatus nach Hause kam, hatte sie gewöhnlich ein gewisses übersättigtes halbes Lächeln auf dem Gesicht, während sie das rundliche Kinn auf den Hals drückte, als mache sie sich Vorwürfe, und mit ihren haselnußbraunen Augen ohne Falsch aufblickend, sagte sie mit sanfter, girrender Stimme: »Die kleine Marthe hat es heute wieder gemacht.« Er sah sie ein paar Sekunden lang an, drückte wie eine Frau die Handfläche an die Wange, ging lautlos jammernd durch alle Zimmer, die voll waren von ihren Verwandten, und schloß sich im Badezimmer ein, wo er mit den Füßen aufstampfte, das Wasser laufen ließ und hustete, um das Geräusch seines Weinens zu übertönen. Um sich zu rechtfertigen, erklärte sie ihm manchmal: »Du weißt doch, was für ein mitleidiges Wesen ich bin; es ist etwas so Winziges, und für einen Mann ist es solch eine Erleichterung.«

Bald wurde sie schwanger, aber nicht von ihm. Sie brachte einen Sohn zur Welt, wurde gleich darauf wieder schwanger – und wieder nicht von ihm – und gebar ein Mädchen. Der Junge war lahm und bösartig, das Mädchen schwer von Begriff, fett und fast blind.

III
KINDER

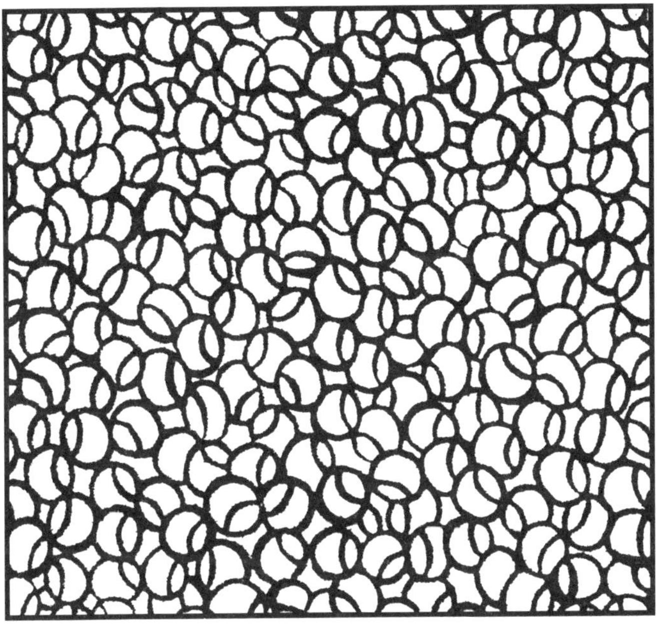

Christian Morgenstern DER NACHTSCHELM UND DAS SIEBENSCHWEIN ODER EINE GLÜCKLICHE EHE

Der Nachtschelm und das Siebenschwein
die gingen eine Ehe ein,
o wehe!
Sie hatten dreizehn Kinder, und
davon war eins der Schluchtenhund,
zwei andre waren Rehe.

Das vierte war die Rabenmaus,
das fünfte war ein Schneck samt Haus,
o Wunder!

Das sechste war ein Käuzelein,
das siebte war ein Siebenschwein
und lebte in Burgunder.

Acht war ein Gürteltier nebst Gurt,
neun starb sofort nach der Geburt,
o wehe!
Von zehn bis dreizehn ist nicht klar; –
doch wie dem auch gewesen war,
es war eine glückliche Ehe!

Das Alte Testament JACOBS KINDER

Da Rahel sahe / das sie dem Jacob nichts gebar / neidet sie
jre schwester / vnd sprach zu Jacob / Schaffe mir Kin-
der / Wo nicht / so sterbe ich. [2]Jacob aber ward seer zornig
auff Rahel / vnd sprach / Bin ich doch nicht Gott / der dir
deines Leibes früchte nicht geben wil. [3]Sie aber sprach / sihe
/ Da ist meine magd Bilha / Lege dich zu jr / das sie auff mei-
nen Schos gebere / vnd ich doch durch sie erbawet werde.
[4]Vnd sie gab jm also Bilha jre magd zum Weibe.

Vnd Jacob leget sich zu jr / [5]Also ward Bilha schwanger /
vnd gebar Jacob einen Son. [6]Da sprach Rahel / Gott hat
meine sache gerichtet / vnd meine stim erhöret. / vnd mir
einen Son gegeben / Darumb hies sie jn Dan. [7]Abermal ward
Bilha Rahels magd schwanger / vnd gebar Jacob den andern
son. [8]Da sprach Rahel / Gott hat es gewand mit mir vnd mei-
ner Schwester / vnd ich werds jr zuuor thun / Vnd hies jn
Naphtali.

[9]Da nun Lea sahe / das sie auff gehöret hatte zu geberen /
nam sie jre magd Silpa / vnd gab sie Jacob zum weibe.
[10]Also gebar Silpa Lea magd / Jacob einen Son. [11]Da sprach
Lea / Rüstig / Vnd hies jn Gad. [12]Darnach gebar Silpa Lea
magd / Jacob den andern Son. [13]Da sprach Lea / Wol mir /
Denn mich werden selig preisen die Töchter / Vnd hies jn
Asser.

[14]Rvben gieng aus zur zeit der Weitzenernd / vnd fand
Dudaim auff dem felde / vnd bracht sie heim seiner mutter

Lea. Da sprach Rahel zu Lea / Gib mir der Dudaim deines Sons ein teil. [15]Sie antwortet / Hastu nicht gnug / das du mir meinen Man genomen hast / vnd wilt auch die Dudaim meines Sons nehmen? Rahel sprach / Wolan / las jn diese nacht bey dir schlaffen vmb die Dudaim deines Sons.

[16]Da nu Jacob des abends vom felde kam / gieng jm Lea hinaus entgegen vnd sprach / Bey mir soltu ligen / Denn ich habe dich erkaufft vmb die Dudaim meines Sons. Vnd er schlieff die nacht bey jr / [17]Vnd Gott erhöret Lea / vnd sie ward schwanger / vnd gebar Jacob den fünfften Son / [18]vnd sprach / Gott hat mir gelohnet / das ich meine magd meinem Manne gegeben habe / Vnd hies jn Jsaschar. [19]Abermal ward Lea schwanger / vnd gebar Jacob den sechsten Son / [20]vnd sprach / Gott hat mich wol beraten / Nu wird mein Man wider bey mir wonen / Denn ich habe jm sechs Söne geboren / Vnd hies jn Sebulon. [21]Darnach gebar sie eine Tochter / die hies sie Dina.

[22]Der Herr gedacht aber an Rahel / vnd erhöret sie / vnd macht sie fruchtbar. [23]Da ward sie schwanger / vnd gebar einen Son / vnd sprach / Gott hat meine schmach von mir genomen / [24]Vnd hies jn Joseph / Vnd sprach / Der HERR wollte mir noch einen Son dazu geben.

Kammerrat Tiemann, Karl Philipp Moritz

EIN PHYSIOLOGISCH-PSYCHOLOGISCHES EHEPROBLEM

Die Frau, von welcher ich reden will, ist aus der Herrlichkeit Rheda gebürtig, und wohnet seit ihrer Ehe im Kirchsprengel Harsewinkel hiesigen Hochstifts als Eigenbehörige dieses Klosters Marienfeld, eine halbe Stunde von hier. Am Sonnabend den 9ten Julii ging ich wieder zu ihr. Sie erzählte mir alles wieder so und mit den nämlichen Umständen, als sie es schon vorhin zu drei verschiedenenmalen gethan hatte.

Sie sagte, drei oder auch vier Wochen nach einem fruchtbaren (empfänglichen) Beischlaf empfinde ich einen *Schuß* am ersten Glied eines Fingers; dann sage ich zu meinem Mann: *nun ist es wieder ins reine*, (das ist, ich bin ganz gewiß wiederum in gesegneten Umständen) das Glied des Fingers fängt an zu schwären, mit unausstehlicher Hitze zu brennen, allgemach verwandelt sich das Geschwür in eine mit hellem Wasser angefüllte Blase; nachdem ich diese mit einer Nadel durchgestochen, scheint das Fleisch um den Knochen in Fäulniß überzugehen: endlich fällt der Knochen des beschädigten ersten Gliedes heraus, und alsdann ist in Zeit von vierundzwanzig Stunden der verstümmelte Finger ganz wieder zugeheilet. Das Herausfallen des Knochens folget vier oder fünf Wochen nach dem ersten Schwären des Fingers. Die Glieder sind in folgender Ordnung abgefallen. Bei der ersten Schwangerschaft fiel an der linken Hand das erste Glied des Mittelfingers – bei der zweiten das erste Glied am Zeigefinger – bei der dritten das am kleinen oder Ohrfinger – bei der vierten am Daumen – bei der fünften an der rechten Hand das erste Glied des Zeigefingers – bei der sechsten am kleinen oder Ohrfinger – bei der siebenten am Daumen.

Die Frau hatte zwar die herausgefallenen Knochen aufbewahrt, und versprach mir schon voriges Jahr dieselben zu geben; allein nach allem möglichen Durchsuchen konnte sie keinen finden, welches ich sehr bedauerte.

Ich zweifele sehr, ob sie noch ein Glied verlieren wird, denn wenn sie mir gleich ihr Alter nicht sagen konnte, so ist sie doch schon achtzehn Jahr im Ehestande, und dem Ansehen nach näher an funfzig als fünfundvierzig. Die sieben Kinder sind noch alle frisch und munter. Einmahl war ich gegenwärtig, als mein Freund die Frau befrug, wie viel Kinder sie habe? statt der Antwort hob die Frau beide Hände in die Höhe und zeigte meinem Freund, daß sie nur noch drei ganze Finger, nämlich in der rechten Hand den Ring- und Mittelfinger, in der linken Hand den Ringfinger unverletzt übrig hätte.

Minden den 13ten September 1785.

Tiemann,
Kammerrath bei der Mindeschen
Kr. und D. Kammer.

Sollte die Einbildungskraft solche erstaunliche Wirkungen hervorbringen können, daß diese Frau, weil ein und eben dasselbe sich etwa zweimal zufälliger Weise ereignete, nun die Wiederkehr eben desselben Zufalls bei dem, was sie für die

Ursach davon hielt, *so gewiß* erwartete, daß diese Erwartung auch wirklich eintraf? Und also nun etwas als Wirkung und Ursach aufeinander zu folgen schien, oder wirklich aufeinander folgte, wovon vorher ein jedes für sich, ohne das andre, erfolgt seyn würde? Ein physiologischer Grund möchte doch hier wohl schwerlich aufzufinden seyn.

Karl Philipp Moritz

Martin Luther UNLUST UND BESCHWERUNG IM EHESTANDE

Am neuen Jahrstag weinete und schrie uberaus sehr Doctor Mart. Luthers Kindlin, also daß es Niemand stillen konnte. Da war der Doctor mit seiner Hausfrauen eine ganze Stunde traurig und bekümmert; darnach sprach er: »Das ist die Unlust und Beschwerung im Ehestande, um welcher willen Jedermann sich dafür scheuet, entsetzt und will nicht ehelich werden. Wir fürchten uns allzumal fur der Weiber wunderlichem Sinn, der Kinder Heulen und Schreien, Sorge fur großer Unkost und bösen Nachbarn etc. Darum wollen wir frey und ungebunden seyn, daß wir freie Herrn bleiben und thun mögen, wie es uns gelüstet, mit Huren, müßig gehen etc. Daher auch keiner von den Vätern etwas merklichs und sonderlich Gutes vom Ehestand geschrieben hat.«

Axel Hacke JUNGE EHE MIT ERSTEM KIND (1)

Seit einigen Monaten sitzt morgens ein kleines Kind am Frühstückstisch, welches noch nicht allein essen kann, gelegentlich, insbesondere wenn man drei oder vier Gläschen Erdbeer in Apfelmus in seinen breiten, zahnlosen Mund hineingelöffelt hat, einen schwernassen Rülpser über den Tisch schickt, mit rudernden Armbewegungen Kaffeetassen vom Tisch fegt und karmesinroten Kopfes Windeln füllt, während die anderen Marmeladentoast essen.

»Du bist ekelhaft und bösartig«, sagte Antje leise. »Wie kannst du so widerwärtig über ein kleines Kind schreiben!?«

»Ich liebe alle Kinder. Aber ich liebe auch meinen Schlaf.«

»Schlaf?« fragt Antje und wendet den Blick ihrer rotgeränderten Augen nach innen. »Was ist Schlaf?«

Ich gehe zum Regal und entnehme ihm ein Lexikon. »Schlaf, Johannes«, lese ich, »dt. Schriftsteller, geboren in Querfurt, 1882, gestorben 1941, auch in Querfurt. Hat mit A. Holz unter dem gemeinsamen Pseudonym Bjarne Peter Holmsen den konsequenten Naturalismus begründet. War nervenkrank, Aufenthalt in verschiedenen Heilanstalten.« Mit letzter Kraft versuche ich, das Lexikon ins Regal zurückzustellen.

»Nervenkrank, Heilanstalt«, wiederholt Antje, »holmsen, eine ganze Nacht lang holmsen, nicht aufwachen, 24 Stunden lang nichts hören und durchholmsen, nicht aufwachen.«

»Warumschläftdaskindnichtschläftnichtschläftnicht?«

Schnuller aus dem Mund gefallen? Gier nach Fencheltee? Oder ist es hochintelligent? Hochintelligente Kinder schlafen besonders wenig, bloß zweidreiviertel Stunden pro Nacht, sie brauchen einfach nicht mehr, stand mal in der Zeitung. So machen sie ihre Eltern fertig.

Ich bin blöd, ich muß viel schlafen: Antje ist auch blöd, muß auch viel schlafen. Wahrscheinlich weiß das Kind längst, daß es entsetzlich dumme Eltern hat, und quält sie nun in seiner Wut: Menschen immer wieder aufwecken, sobald sie gerade in Tiefschlaf gefallen sind und den ersten Traum träumen. Irgendwann wird man nie mehr schlafen können, es einfach verlernt haben.

Oder, falls man schläft, Alpträume haben von ewiger Schlaflosigkeit.

Morgens beim Frühstück Streit mit Antje, wer noch müder ist. Ich: Bin um elf und um Mitternacht und um zwei und um drei aufgestanden, schrecklich. Sie: Ja, aber gehört hast du nicht, was um halb elf, halb zwölf, halb zwei, halb vier war. Noch viel schrecklicher! Ich (manchmal lüge ich und sage, ich hätte überhaupt nicht geschlafen, obwohl ich doch geschlafen habe, bloß um nicht so schlecht dazustehen): Aber ich hatte gestern so viel zu arbeiten und war deshalb schon vorher müde. Sie: Du verwirklichst dich den ganzen Tag selbst, während ich mich um Kinder kümmern muß, das macht noch viel müder. Ich: Selbstverwirklichen macht auch sehr müde, das unterschätzt du. Sie, höhnisch lächelnd: Wollen wir tauschen?

Jurek Becker JUNGE EHE MIT ERSTEM KIND (2)

Dann geschah eine kleine Katastrophe, die alles wieder verdarb. Ich mußte auf das Kind aufpassen, das auf dem Sofa lag und schlief, während Amanda in der Küche beschäftigt war; der Fernseher lief, ich vertiefte mich in eine Sportübertragung, und wie es das Unglück will – Sebastian wacht auf, dreht sich zur falschen Seite und fällt vom Sofa. Natürlich war es meine Schuld, keine Frage. Er schrie wie wahnsinnig, Amanda kam gelaufen und schrie auch wie wahnsinnig, wir hatten Angst, es könnte ein Schädelbruch sein. Wir fuhren ins Krankenhaus, es war nichts, nur eine Beule auf der Stirn. Doch Amandas Entgegenkommen war von diesem Moment an wieder dahin.

Stellen Sie sich vor, ich durfte tagelang meinen Sohn nicht anfassen. Sie tat, als müßte er vor mir geschützt werden. Sie verstieg sich zu der irren Behauptung, es habe sich nicht um einen Unfall gehandelt, sondern um die zwangsläufige Folge meiner Gleichgültigkeit, die wiederum Teil meiner allumfassenden Gleichgültigkeit sei. Mir fehle jede Aufmerksamkeit fürs Kind, ich würde ihm nie zusehen, beim Spielen nicht und beim Essen nicht und beim Schlafen nicht, wahrscheinlich könnte ich nicht einmal seine Augenfarbe nennen. Solche Vorwürfe prägen sich ein. Plötzlich rief sie, los, sag seine Augenfarbe, und ich sagte, ich lasse mich nicht wie ein dummer Junge examinieren, und sie schrie, los, sag sie, und ich ging wieder einmal aus der Wohnung. Als ich zurückkam, folgte die nächste Beschimpfung: Ein Kind großzuziehen bedeute mehr, als es bis zur Volljährigkeit irgendwie am Leben zu erhalten. Nur wisse sie nicht, ob es vernünftig sei zu wünschen, daß ich mich intensiver um Sebastian kümmere; dann wachse schließlich die Gefahr, daß er ein ähnlich gefühlsarmer, seelisch zweitklassiger Mensch wie ich würde, das könne keine Mutter wollen.

Ich geben Ihnen mein Wort, daß ich mich selten im Leben so auf etwas gefreut habe wie auf die Geburt Sebastians. Wahr ist, daß ich lieber ein Mädchen gehabt hätte, doch hielt sich die Enttäuschung keine zwei Tage. Sie können jeden fragen, ich war verrückt nach dem Baby. Ich habe ihm stundenlang vorgesungen, ich habe es gefüttert und mir alle Hemden mit Spinat vollsabbern lassen, ich habe in seinem ersten Sommer einen Gazerahmen gebaut, damit es bei offenem Fenster schlafen konnte. In der Redaktion stand sein Bild auf meinem Schreibtisch, und manchmal stellte ich mich nach der Arbeit in eine endlose Schlange, um ein Kilo Bananen zu ergattern.

Amanda war das alles zu wenig. Auch wenn sie es nie ausdrücklich verlangte, hätte ich nach ihrer Überzeugung der Hauptverantwortliche sein sollen, und *das* war ich nicht. Ich finde nichts Mittelalterliches an der Forderung, daß eine Mutter sich mehr um ihr Kind zu kümmern hat als der Vater. Vor allem dann, wenn an ihm die ganze Last des Lebensunterhalts hängt. Und weil das so offenkundig ist, hat Amanda nie direkte Forderungen gestellt, nur verschlüsselte. Zum Beispiel gab es, wenn wir zerstritten waren, keinen geraderen Weg, ihre Geneigtheit zurückzuerobern, als mich mit Sebastian zu beschäftigen. Oft konnte ich das aus Zeitmangel nicht. Aber ich hatte noch mit einer zweiten Schwierigkeit zu kämpfen, über die man leicht die Nase rümpfen kann, so wie Amanda es getan hat: Ich wußte nichts mit Sebastian anzufangen.

Vergessen Sie nicht, daß wir über einen Jungen sprechen, der heute zwei Jahre alt ist. Was sollte ich mit ihm tun, wenn ich mich *kümmerte*? Ich trug ihn herum, ich warf ihn in die Luft, ich hob auf, was er immer wieder fallen ließ, ich zischte und fauchte, bis er endlich gelangweilt lächelte, ich machte ihm hundertmal etwas vor, das er doch nie lernte. Ich beklage mich nicht darüber, verstehen Sie das nicht falsch, ich will nur andeuten, daß die vielen Stunden, die wir zusammen verbrachten, nicht zu den abwechslungsreichsten zählen. Anders wäre es gewesen, wenn ich die Nerven gehabt hätte, mich sozusagen in abgeschaltetem Zustand zur Verfügung zu stellen, ohne eigene Erwartungen, so wie Amanda es konnte. *Ich* bin nicht der Mensch dafür. Wenn ich im Zimmer saß und Zeitung las, und Sebastian unzufrieden im Gitter meckerte, kam sie garantiert herein und fragte, warum ich ihn sich selbst überlasse; wenn ich dann sagte, das sehe nur so aus, in Wirklichkeit bringe ich ihm bei, sich selbst zu beschäftigen, hob sie das mißhandelte Kind auf, küßte es zum Trost, und die nächste Verstimmung war da. Ich habe noch nie eine Frau gesehen, die so verächtliche Blicke werfen kann wie Amanda.

Bettina und Achim v. Arnim

EIN ROMANTISCHER BRIEFWECHSEL

Da Achim von Arnim und seine Frau Bettina (geb. Brentano) sich nicht auf ein gemeinsames Leben in der Stadt (ihr Wunsch) oder auf dem Land (sein Wunsch) einigen konnten, lebten sie von 1817 an die meiste Zeit getrennt: sie in Berlin, er auf dem Familiengut Wiepersdorf.

Bettina an Arnim.

Berlin, 24. Juli 1817

Lieber Arnim!

Ein Brief vom 14. mit dem Kurier und einer vom 18. mit der Post sind am 23. gestern an mich gekommen, daß Du von mir noch keinen Brief hast ist mir zu verwundern, denn dies ist mein dritter Brief nach Karlsbad in welchem ich Dich zum 3ten Mal versichern kann, daß Kinder und Mutter gesund sind, letztere aber sehr gequält ist; in diesem Augenblick stehen sie um mich her und schreien, daß mir Hören und Sehen vergeht; der Feine hat ein paar große Unarten ausgehen lassen, die aber meisterhaft fein waren. Heut ist die Reihe an Siegmund, der schreit als ob er am Spieß stäke; ich gestehe daß es eine große Schwäche von mir ist, aber wenn ich manchmal so 24 Stunden habe Geduld haben müssen, wenn das Kleine [Kühnemund] denn noch an der Brust liegt, wenn das Essen noch verbrennt oder verdorben ist, wo ich denn keine Milch für das Kind habe, dann denk ich auch an die Zeit, wo man schläft und nicht wieder aufwacht.

Arnim an Bettina.

Karlsbad, den 31. Juli 1817

Liebe Bettine!

Ein Blättchen von Dir mit vieler Geschäftskorrespondenz und einen Brief von Dir 24. Juli, der gar trübsinnig über die Kinder klagt, habe ich erhalten, und ob er gleich traurig ist, so tut er mir doch wohl, denn Ihr seid alle gesund. Das Stillen scheint Dich allzusehr anzugreifen, gieb dem Kind mehr Suppe, es muß sich daran gewöhnen, den andern aber gieb Schläge, wenn sie Dich gar zu sehr belästigen.

Bettina an Arnim.

Berlin, 11. Dezember 1819 [abgeg.]

Lieber Arnim,

das kann Dir abermals ein Beweis sein, daß Dich unser Herrgott nicht die Hälfte des Hauskreuzes tragen läßt, daß Krankheiten und Beschwerden immer angerückt kommen, wenn Du weg bist; daß die Kinder den Stickhusten haben, ist mir nun unbezweifelbar, die Nächte sind daher wieder eine Aufgabe, dem Schlaf zu widerstehen und der Tag ist eine fortwährende Beschäftigung mit den Kindern; wenn sie sich aber manchmal alle 5 verbeißen mit einander im Spiel und der Husten kommt dazu, dann stehen mir die Haare zu Berge.

Arnim an Bettina.

Wiepersdorf, 14. Dezember 1819

Liebe Bettine!

Vorigen Sonnabend bin ich angeführt worden, ich habe keine Nachricht von Dir erhalten, und eine Besorgnis um Dich und die Kinder mischte sich in mein Unwohlsein. Durch ein kräftiges Schwefelbad bin ich wieder etwas auf die Strümpfe gekommen, der rheumatische Schmerz im Rücken läßt nach, und ich leide nur noch an Husten.

Eine Kuh habe ich beim Kalben verloren mit Zwillingen so fällt mir die Butter vom Brot.

Ich habe hier in den unwohlen Tagen den größten Teil von Humes englischer Geschichte gelesen. Ich küsse Dich herzlich und die Kinder.

Dein Achim Arnim

Bettina an Arnim.

Berlin, 16. Dezember 1819 [abgeg.]

Ich benütze die linke Seite dieses Briefes, um Porto zu ersparen und Dir zu sagen, daß die Kinder nach den Umständen sich ziemlich wohl befinden; ich bin so mitgenommen von Husten, Schnupfen, Nachtwache, Pflegen, daß ich am Abend um halb 10 Uhr wo ich zu Savignys gehe, um noch eine Tasse Tee zu finden, mich unterwegs ausruhen muß, weil mir Hüften und Rücken zu weh tun. Der August ist mir noch am hülfreichsten, obschon sehr langsam, Emilie ist so viel wie garnicht da, und nur durch Grobheiten giebt sie ihren Anteil zu erkennen. Wir müssen Gott danken, daß der Keuchhusten noch so leichter Art ist; Freimund hat ihn nicht stärker, aber er leidet am meisten drunter durch Kopfweh und Nasenbluten. Ich schreibe Dir heut zum vierten Mal und habe gestern den ersten, heute den zweiten Brief von Dir. Wenn Du mir nur schreiben könntest, welchen Tag Du wiederkömmst. Daß die Kuh krepiert ist, jammert mich sehr.

Arnim an Bettina.

Wiepersdorf, den 13. Februar 1822

Die Hauptsache ist, dem Greim einen guten *Patzenferl* zu verehren, sonst wird nimmermehr aus der Erziehung der Jungens etwas; Deine Schwäche, die sogar ihre Läuse nicht einmal mit tüchtigen Mitteln anzugreifen wagt (wie Kapuzinerpulver und sogenannte Reitersalbe) weiß auch jede ihrer Nachlässigkeiten mit Scherzen zu beschönigen. Was hilfts, daß ich zuweilen mit Ernst dreinfahre, meine Geschäftsverhältnisse erlauben mir keine Folge bei so etwas, und zu meiner Aufmunterung versicherst Du auch, daß ich kein Geschick dazu habe.

Bettina an Arnim.

Berlin, [5. April 1822]

Ich erfahre eben von Arndt, der von Bärwalde kommt, daß Du die Feiertage nicht kommst; ich hatte sicher darauf gerechnet, und wie leid es mir tut, mag ich Dir nicht sagen, denn Du glaubst es nicht und verdienest es daher auch nicht, ich mache keine Ansprüche an Deine Zärtlichkeit, denn ich war nicht das Ideal, dem Du Dich aus Leidenschaft ergeben hast. Aber mich wunderts, daß Dir Dein kleinstes Kind nicht lieb genug ist, um Wort zu halten; es gleicht Dir und nicht mir. Es wundert mich auch, daß Du nicht Menschenliebe genug hast, um einmal wieder mit alten Freunden zusammen zu sein, und um mir zum wenigsten menschlich freundlich zu sein. Ich wär nicht hergegangen, wenn Du mich nicht versichert hättest im kurzen nachzukommen, obschon ich nicht so eingebildet bin zu glauben, daß Du mich vermissest. Wenn Du jedoch nicht zu kommen Lust hast, so schicke augenblicklich einen Wagen, denn ich hab sicher drauf gerechnet um eine Magd und die Jägern, die eine große Sehnsucht nach ihrer Heimat hat, zurückzuschicken; die Wirtschafterin kann nicht eher zuziehen bis beide weg sind, ich muß, wenn es länger dauert, ihr natürlich Kost und Lohn zahlen.

Gestern war mein Geburtstag. Das Kindchen hab ich auch gestern entwöhnt und hat mir viel Betrübnis gemacht.

Ich grüße Dich tausendmal und wünsche Dir Behagen in dem, was Dir beliebt zu tun oder zu lassen, ich frage Dich auch was ich tun soll oder lassen in bezug auf meinen Aufenthalt hier oder auf dem Lande, denn ich bin willenlos und meine Wünsche sind untergegangen.

Bettine

Die Miete hab ich bezahlt.

Arnim an Bettina.

Wiepersdorf, der 29. April 1822

Alles glänzt hier von der höchsten Pracht des Jahres und was ich zu diesem Frühling in kalten Wintertagen vorbereitete, streckt seine schwachen, kindlichen Arme unter dem Schutze der stärkeren Arme, die es umgeben, zum Himmel auf. Es ist nur wenig ausgeblieben, und ich wünschte, daß ich die Kinder mitgenommen hätte. Schenke ihnen so viel Zeit, als Dir irgend möglich, aber keinen Augenblick, um sie durch falsche Nachsicht zu verderben, suche Dich zum Mittagessen, wenn es Dir möglich, so viel zu stärken, daß Dich ein wenig Geschrei der Kinder nicht gleich in Verzweiflung bringt. Du achtest die Essensstunden nicht, sie gehören aber in der Kindheit zu den bedeutendsten, bildungsreichsten und frohesten und sind der Gipfel des Tages, der in Ehrfurcht Freude und Ordnung gefeiert werden sollte wie der Frühling, und leider in unserem Haus öfter das Bild von Sturm, Hagel, oder winterlichem Schlaf gewähren.

Wenn Du meiner nicht ganz vergessen, so denk an mich, ich grüße Dich herzlich und die Kinder und den Hofmeister und küsse Dich.

Achim Arnim

Bettina an Arnim.

Berlin, 8. November 1823

Ich komme eben davon her, daß ich Siegmund so geschlagen habe, daß ihm die Nase geblutet hat, er ist mit Worten und Güte durchaus zu nichts zu bewegen; daß ich dabei meine Gesundheit gänzlich aufopfere, ist natürlich, die Max ist ebenso von einer Bosheit, die nicht zu bändigen ist, und dabei spricht sie das lächerlichste Zeug, daß einem die Haare zu Berge stehen und ich es nicht wage aufzuschreiben. Freimund ist wirklich eine gute Natur, und auch Kühnemund läßt sich von Biedermann zurechtweisen, Friedmund hat einen beleidigenden Trotz; ich fühle, wie wesentlich Deine Gegenwart hier wäre, besonders im Anfang, damit sie mit dem Lehrer in ein ordentliches Verhältnis kämen; Du glaubst aber auf dem Lande notwendiger zu sein.

Sei nur nicht böse auf mich, ich hab heute schon zu viel ausgestanden, die Szene mit Siegmund hat mir heftigen Magenkrampf zugezogen; bei diesem Schreckensleben verändert sich meine Natur alle 3 Tage, ich bin auch so ermattet, daß ich abends gar nicht mehr ausgehe, sondern mich müde und tränenschwer zu Bette lege; ich sage Dir also, daß Deine

Gegenwart hier höchst notwendig ist, und daß ich es nicht mehr ertrage, hier allein mit den Kindern zu sein. Du siehst ruhig zu, weil ich mich scheinbar immer erhole, aber wenn mir einmal was zustoßen wird, so weiß ich, daß ich nicht wieder aufstehe, und ich mag auch nicht, denn das Leben ist mir so eine Last. Auf der anderen Seite bin ich ängstlich über jede Ausgabe, weil ich nicht weiß, was ich auszugeben habe, ich habe die Wirtschaft auf das knappste eingerichtet und kann vor Gott bezeugen, daß ich mich allen Entbehrungen füge, aber diese ewige Not des Sparens auf dem Halse zu haben, drückt mich so, daß ich fühle, ich könnte mich mit Leichtigkeit vom Leben losmachen; und ich beschwöre Dich: nicht so bald als möglich, sondern gleich hierherzukommen und Deinen Kindern vorzustehen und Deine Wirtschaft mit Vertrauen auf Gott dem Gruhl zu rekommandieren. Wenn Du mir darin nicht willfahrest, so wälz ich alle Schuld auf Dein Haupt. Ich weiß, daß ich allein nichts ausrichte, und kann nicht länger widerstehen; Du mußt selbst einsehen, daß es für mich kein Amt ist, 4 Knaben von dieser Heftigkeit in Ordnung zu erhalten. Die Max allein macht mir Not genug, die Kinder sind ganz außer allen Banden und haben die unsittlichsten Erfahrungen gemacht. Ich erwarte Dich also ganz gewiß und hoffe, daß es Dir wesentlicher deucht, Deinen Kindern zu helfen als dem Vieh.

Arnim an Bettina.

Ich finde hier in Dahme Deinen Brief mit Einlage von Görres und Freimund, dem letzteren möchte ich gleich schreiben, wenn ich nur das Herz frei hätte, aber Du übst Dein altes Kunststück, mich in allem, was ich tue, auf irgendeine frappante Art zu stören, daß ich wochenlang nach Luft schnappen muß. Ich komme, sobald ich kann. Unarten der Kinder rechne nun ihnen nicht zu hoch an, nachdem Du so lange jeden Ernst und Strenge in der Erziehung verdammt hast. Es wird sich alles allmählich finden, nur alles Übertriebne findet sich nirgends mehr.

Moritz Theodor W. Bromme EIN SÄCHSISCHER FABRIKARBEITER ERZÄHLT

Im März 1897 schenkte sie einem zweiten Töchterchen das Leben. Erna wurde diese genannt. Jetzt hieß es schon »Ohren steif halten!« Sollten wir nun 7 oder 8 Mark für die Pflege der beiden Kinder ausgeben? Das wäre doch Unsinn gewesen. Meine Frau mußte also nun zu Hause bleiben. Sie nähte nun zu Hause weiter aus. In der ersten Zeit ging es dabei noch mit dem Verdienst. Dann aber kam ein neuer Putzmeister, der von ihrer früheren Tätigkeit in der Fabrik nichts wußte. Sie bekam schlechtere Stücken und der Verdienst ging zurück. Jetzt hieß es, noch mehr aufpassen, denn die Kinder kosteten immer mehr Geld. Meine Frau ward manchesmal ärgerlich! In solcher Laune schlug sie auch öfters Mittags die Kleine auf die Hände, weil sie nach den Tassen griff und eine derselben umwarf. Schließlich schlug sie gleich mit dem Löffel auf die kleinen Finger. Das erste Mal hatte ich es ruhig angesehen und ihr's verboten; denn ich wußte ja, warum sie es tat: nur aus Ärger über den elenden Mammon, der nicht ausreichen wollte. Es mußte jetzt immer ein Loch aufgemacht werden und das andere zu. Sollten nun noch mehr Kinder kommen? Es wurde mir schon Angst, wenn ich daran dachte.

Eines Tages brachte unser Chef Pariser Artikel mit in die Arbeitsräume, von denen ich zum ersten Male hörte. Vorher hatte ich noch nichts über Schwangerschaftsverhütung vernommen. Der Chef schwatzte auch mir eine Dose Pessare für 1,20 Mark auf. Ich nahm später sogar noch eine zweite. In Verfolg davon unterhielten sich die verheirateten Kollegen noch öfter über solche »Verhütungen«. Mitunter hörte man da Sachen, die man schriftlich nicht wiedergeben kann. Als sicherstes Mittel wurde außer der völligen Enthaltsamkeit das »Vorortsgeschäft« bezeichnet. »Coitus interruptus« ist der medizinische Ausdruck dafür. Erst später erfuhr ich, daß dies höchst schädlich für Mann und Weib ist. Trotzdem ich die Pessare und ebenfalls auch das letztgenannte Mittel anwandte, war mir ein Jahr später mein Sohn Ernst beschert. Leider ist er sehr kränklich veranlagt, sehr schwächlich und von blasser Gesichtsfarbe; ob nicht diese verwünschten Sachen die Schuld daran tragen? Die große Empfänglichkeit meiner Frau scheint übrigens in ihrer Familie zu liegen; denn alle ihre Schwestern haben sich als gleich fruchtbar erwiesen.

Wie oft klagte sie mir dann ihr Leid, das ihr durch den reichen Kindersegen verursacht worden sei. Mir schnitt es jedesmal tief ins Herz, wenn sie im Blatt las, daß der und jener kinderarmen Familie wieder ein kleines Kind gestorben sei, und dann ausrief: »Nee, haben diese Leute Glück, haben es die schön, jetzt ist denen das Kind schon wieder gestorben, das wäre nun das sechste, wenn sie bei denen noch alle lebten; die können alles mitmachen und unsereins ist geplagt, muß alles an die Kinder wenden und kann sich gar nichts bieten. Nicht rechtschaffen einen lumpigen Rock kann man sich auf den Leib schaffen, die Kinder reißen zuviel nieder, vorige Woche erst habe ich zwei Mark beim Schuster bezahlt, diese Woche werden der Heddel ihre Schuhe besohlt, dem Ernst seine sind auch wieder runter, die müssen gemacht werden und der Walter hat überhaupt keine anzuziehen. Dann brauchen sie alle Filzschuhe und ein Bett müssen wir so notwendig haben, lieber will ich nichts mehr essen, aber das Schlafen zu drein ist kein Schlaf.«

Dazwischen Verwünschungen, harte Redensarten gegen die Kinder, Flüche und am Schlusse Tränen. Sie ist unter den Bauern aufgewachsen, unerzogen, hat mit ihrer Schwester zu Hause nur harte Worte und schmale Kost, meist Kartoffeln, Brot und Zichorienbrühe geteilt. Eine Anschauung von einem höheren geistigen Leben war ihr fremd. Sei hielt alle meine Bücher für unnütze Verschwendung. Ich vergab ihr, denn sie ist doch herzensgut und ertrug viel Leid. Ich verglich sie mit einer *mater dolorosa*, wenn sie auf dem Kohlenkasten saß und über unsere traurige Lage bitterlich klagte. So ging das fort, jahrein – jahraus. Und doch – noch mehr Kinder kamen.

Leo N. Tolstoj GEBURT DES ERSTEN KINDES

1862 heiratete Leo Tolstoj die Tochter des kaiserlichen Hofarztes Andrej Behrs. In 48 Jahren Ehe brachte Sonja Tolstaja dreizehn Kinder zur Welt; fünf davon starben in den ersten Lebensjahren.

5. August [1863]. Ich schreibe jetzt nicht für mich allein, wie früher, nicht für uns beide, wie noch unlängst, sondern für ihn. Am 27. Juni waren wir beide nachts besonders erregt. Sie hatte Leibschmerzen, warf sich hin und her, aber wir glaubten, das komme von den Erdbeeren. Am Morgen ging es ihr schlechter, wir wachten um 5 auf, da wir schon am Abend beschlossen hatten, ich solle zu unseren Verwandten fahren. Sie war heiß, hatte den Morgenrock übergeworfen, stieß ab und zu einen Schrei aus, dann ging es wieder vorüber, sie lächelte und sagte: »Es geht schon.« Ich schickte nach Anna, mehr, um zu tun, was möglich war, aber ich glaubte nicht daran. Ich war erregt und ruhig zugleich, dachte an Kleinigkeiten, wie dies vor einer Schlacht oder beim Nahen des Todes der Fall zu sein pflegt. Ich ärgerte mich über mich selbst, daß ich so wenig empfand. Ich wollte gern nach Tula fahren und alles so ordentlich wie möglich erledigen.

Ich fuhr mit Tanja und Sascha, wir fühlten uns etwas beklommen. Ich war ruhig und wollte mir dies nicht erlauben. In Tula kam mir seltsam vor, daß Kopylow wie immer über Politik sprechen wollte und die Apotheker ihre Schächtelchen versiegelten. Wir fuhren mit Marja Iwanowna (Serjoshas Hebamme) zurück. Als wir an unser Haus kamen, war niemand zu sehen. Tantchen, die anfangs nicht gewollt hatte, daß ich führe, und sich fürchtete, kam aufgelöst, erregt, erschrokken und mit Augen voll Güte aus dem Haus. Wie steht's? Wie lieb von dir, mon cher, daß du gekommen bist! Sie hatte Wehen. Ich trat ins Haus. Die Liebe, wie schön war sie in ihrem Ernst, ihrer Ehrlichkeit, Rührung und Stärke. Sie trug ihren Schlafrock vorn offen, eine Strickjacke mit Einsätzen, und die schwarzen Haare hingen ihr in Strähnen herab – mit erhitztem, rotfleckigem Gesicht und großen brennenden

Augen lief sie hin und her und blickte mich an. »Hast du sie mitgebracht?« – »Ja.« – »Wie geht's?« – »Schrecklich starke Wehen. Anna Petrowna ist nicht da, Aksinja ist hier.« Sie küßte mich ungekünstelt und ruhig. Während alle hin und her rannten, überfiel sie es wieder. Sie klammerte sich an mich. Ich küßte sie wie am Morgen, aber sie dachte nicht an mich und wirkte ernst und streng. Marja Iwanowna ging mit ihr ins Schlafzimmer und kam wieder heraus. »Die Entbindung hat begonnen«, sagte sie langsam und feierlich und mit versteckter Freude, wie sie Benefizianten zeigen, wenn der Vorhang aufgegangen ist. Sie lief umher, machte sich an den Schränken zu schaffen, legte sich etwas zurecht, setzte sich kurze Zeit, und ihre Augen brannten in gelassener Feierlichkeit. Sie hatte noch mehrfach Wehen, und jedesmal hielt ich sie fest und spürte, wie ihr Leib zitterte, sich dehnte und zusammenzog; und ihr Leib wirkte auf mich ganz, ganz anders als vorher, sowohl vor wie während unserer Ehe. Zwischendurch lief ich umher, ließ das Sofa, auf dem ich zur Welt gekommen war, in ihr Zimmer bringen und dergleichen mehr, und ich war innerlich noch immer gleichgültig, tadelte mich deswegen und war gereizt. Alles wollte ich möglichst schnell, möglichst gründlich und möglichst gut durchdenken und tun. Man legte sie hin, sie selbst kam auf den Einfall … (Ich habe dies nicht beendet und kann nicht weiter über echte Qualen schreiben.)

Ihr Charakter wird mit jedem Tag schlechter, ich erkenne in ihr sowohl Polenka wie Maschenka mit ihrer Mürrischkeit und ihren boshaften Sticheleien. Gewiß, dies ist dann der Fall, wenn es ihr schlechter geht; doch ihre Ungerechtigkeit und ihr unbekümmerter Egoismus erschrecken und quälen mich. Sie hat nun aber von jemandem gehört und sich eingeredet, Ehemänner liebten ihre kranken Frauen nicht, und glaubt infolgedessen, im Recht zu sein. Oder sie hat mich nie geliebt und sich getäuscht. Ich habe ihr Tagebuch gelesen – unter Worten der Zärtlichkeit glimmt geheimer Groll auf mich. In unserem Zusammenleben ist es häufig dasselbe. Wenn dem so ist und all dies von ihrer Seite ein Fehler gewesen sein sollte – das wäre entsetzlich. Alles hinzugeben – nicht etwa ein ausschweifendes Junggesellenleben bei Djusso und Mätressen, wie andere verheiratete Männer, sondern die ganze Poesie der Liebe, des Denkens und Handelns des Volkes, um es einzutauschen gegen die Poesie des heimischen Herdes, des Egoismus in allem, was nicht die eigene Familie betrifft, und dann als Gegenwert die Unruhe einer Schenke, Sorgen um Kinderpuder und Eingemachtes zu erhalten, begleitet von ständigem Murren und ohne alles, was das Familienleben beglückend macht, ohne Liebe und stilles, stolzes Familienglück! Vielmehr nur Ausbrüche von Zärtlichkeit, Küsse usw. Mir ist schrecklich schwer ums Herz, ich glaube es noch nicht, aber sonst wäre ich nicht krank, nicht den ganzen Tag verstimmt – sondern im Gegenteil.

Es ist schon ein Uhr nachts, ich kann nicht schlafen, noch weniger vermag ich, mit dem Gefühl, das mich bedrückt, in ihr Zimmer schlafen zu gehen, denn wenn jemand sie hört, stöhnt sie auf, jetzt dagegen schnarcht sie ruhig vor sich hin. Sobald sie aufwacht, ist sie vollkommen davon überzeugt, ich sei ungerecht und sie das unglückliche Opfer meiner ständig wechselnden Hirngespinste, daß sie das Kind nähren und pflegen müsse. Selbst ihr Vater ist dieser Ansicht. Ich habe sie mein Tagebuch nicht lesen lassen, schreibe aber nicht alles hinein. Am schlimmsten ist, daß ich schweigen und alles in mich hineinfressen muß, wie sehr ich diesen Zustand auch hasse und verachte. Man kann jetzt nicht mit ihr sprechen, aber vielleicht ließe sich noch alles erklären. Nein, sie liebt mich nicht und hat mich nie geliebt. Das bedrückt mich jetzt nur wenig, aber womit habe ich eine so schmerzhafte Täuschung verdient.

Sonja Tolstaja GEBURT DES ZWÖLFTEN KINDES

18. Juni 1897. Saschas Geburtstag, sie ist dreizehn. Wie bedrückend die Erinnerung an ihre Geburt! Ich weiß noch, wir saßen alle abends beim Tee, die Kusminskis wohnten noch bei uns, Mme. Seuron, die Gouvernante, war mit ihrem Sohn Alcide (der Arme ist an der Cholera gestorben) auch dabei, und das Gespräch kam auf Pferde. Ich sagte zu Lew Nikolajewitsch, alles was er anfange, bringe immer nur Verlust: in Samara habe er herrliche Zuchtpferde angeschafft und alle krepieren lassen – weder die Rasse noch das Geld sei geblieben, gekostet habe es aber Tausende. Dies war die Wahrheit, doch darum geht es jetzt nicht. Er fiel immer über mich her, wenn ich schwanger war, wahrscheinlich war mein Anblick ihm unangenehm, und in den letzten Wochen verhielt er sich äußerst gereizt mir gegenüber. Auch diesmal – ein Wort gab das andere – geriet er schrecklich in Zorn, packte ein paar Sachen in einen Leinenbeutel, sagte, er verlasse für immer das Haus, vielleicht fahre er nach Amerika, und trotz meiner Bitten ging er.

Dann setzten bei mir die Geburtswehen ein. Ich quälte mich – er war fort. Saß allein im Garten auf der Bank, die Wehen wurden immer schlimmer – er war immer noch nicht zurück. Ljowa, mein Sohn, kam mit Alcide; sie baten mich, ich solle mich hinlegen. Vor Kummer war ich regelrecht erstarrt; die Hebamme traf ein, meine Schwester und die Mädchen weinten und führten mich nach oben ins Schlafzimmer. Die Wehen kamen häufiger und stärker. Gegen fünf Uhr morgens kehrte er schließlich zurück.

Ich ging zu ihm hinunter, er war böse und finster. Ich sagte zu ihm: »Ljowotschka, ich habe Wehen, ich muß gleich gebären. Weshalb bist du so zornig? Wenn ich schuldig bin, so vergib mir, vielleicht überlebe ich diese Geburt nicht...« Er schwieg. Und plötzlich durchzuckte mich der Gedanke: Ob nicht wieder Eifersucht, ein Verdacht dahintersteckt? Und ich sagte zu ihm: »Ganz gleich, ob ich sterbe oder am Leben bleibe, ich muß dir sagen, daß ich an Körper und Seele rein bin, wenn ich sterbe; ich habe niemanden geliebt außer dir...«

Er wandte mir plötzlich den Kopf zu und sah mich unverwandt an, sagte jedoch kein einziges freundliches Wort zu mir. Ich ging, und eine Stunde später kam Sascha zur Welt.

Andre Dubus SAG, ER IST HINGEFALLEN!

Jim und Rose, eine Arbeiterfamilie mit drei Kindern:

Sein Zahltag war Donnerstag, und bis dahin waren Kühl- und Speiseschrank beinahe leer. Am Freitag kaufte Rose ein. Wenn keine Nachbarin auf die Kinder aufpassen konnte, ging sie abends einkaufen, sobald Jim zu Hause war; sie aßen früh, und dann rannte sie in den Laden, ehe der zumachte. Später, Monate, nachdem er den Jungen geschlagen hatte, glaubte sie, seine Wut hätte damals begonnen, als er mit den Kindern allein zu Hause war, das Baby wickelte und in sein Bettchen legte, während das ältere Mädchen und der Junge das Essen in die Gegend spuckten und warfen, von ihren hohen Kinderstühlen aus, wo sie sie in ihrem Wettlauf gegen die Zeit zurückgelassen hatte, um einen Einkaufswagen mit den Lebensmitteln zu füllen, die Jim sich leisten konnte: Sie sah stets auf den Preis, wenn sie etwas aus dem Regal nahm. Später glaubte sie nicht mehr, daß er sie an einem dieser Abende geschlagen hatte. Dennoch mußte Wut geherrscht und ihre furchterregende Stimme erhoben haben; denn ihn ermüdeten, verwirrten und überwältigten drei kleine Menschen mit ausgeprägtem eigenen Willen, aber ohne Kontrolle über die Bedürfnisse ihrer Körper und Seelen. Bestimmt hat er geschrien; vielleicht hat er einen Arm gezwickt oder einen Klaps auf einen Po gegeben. Wenn sie mit den Lebensmitteln nach Hause kam, war es still in der Wohnung: Die Kinder schliefen, und er saß bei ausgeknipstem Licht in der Küche und trank Bier. Ein Licht aus dem Wohnzimmer um die Ecke hinter ihm zeigte ihr seine Silhouette: massig und still, eine Zigarette glomm in seinem Mund, zu dem sich eine Bierflasche hob. Normalerweise drehte er dann das Licht an, stellte sein Bier hin und ging an ihr vorbei zu dem alten Auto, um den Rest der Lebensmittel ins Haus zu schaffen.

An einem Sommerabend in jenem letzten Jahr schleuderte Jim den Jungen durchs Wohnzimmer. Rose wusch gerade nach dem Abendbrot das Geschirr ab. Jim sah fern, und der Junge, fünf mittlerweile, spielte zwischen Jim und dem Fernseher auf dem Fußboden. Er hockte da, mit seinen Schwestern und Bauklötzchen, mit den Spielzeugautos und -lastwagen. Mehrmals sagte sein Vater ihm und den Mädchen, sie sollten leiser sein oder in einem anderen Zimmer spielen. Eine Zeitlang, eine lange Zeit für spielende Kinder, waren sie dann leise: vielleicht fünf Minuten, vielleicht zehn. Jedesmal, wenn sie die Stimme erhoben, wurde Jims Befehl, leise zu sein, schroffer, und jedesmal wurde er lauter. An der Küchenspüle verkrampften sich Roses Muskeln und sagten ihr, gleich würde es soweit sein, und sie müsse sofort ins Wohnzimmer gehen und die Kinder und ihre Bauklötzchen, Spielzeugautos und -lastwagen ins Schlafzimmer des Jungen schaffen. Aber sie holte tief Luft und rubbelte weiter mit dem Schwamm an einem Teller. Wenn sie fertig wäre, würde sie in den Keller gehen, die Treppe hinunter, an den zwei von Familien und Alleinstehenden bewohnten Stockwerken vorbei, aus denen nie etwas anderes als Radiomusik, Stimmen aus dem Fernseher und manchmal Geräusche laut spielender Kinder drang, und ab und zu ein Streit zwischen zwei Eheleuten. Sie würde in die Waschküche hinuntergehen und die Wäsche aus der Waschmaschine nehmen, sie in den Trockner stecken, den Jim nun mit monatlichen Raten abzahlte. Dann hörte sie von neuem seine Stimme und war sicher, nun sei es soweit, mochte aber dem Drängen ihrer Muskeln nicht nachgeben. Sie spülte noch einen Teller. Dann kamen ihre Hände mit einem Glas aus dem Abwaschwasser: Es war einmal ein Marmeladenglas gewesen, und menschlich lächelnde Tiere und Blumen waren darauf, und ihre Kinder tranken gern daraus, suchten als erstes danach, wenn sie Durst hatten, und nur, wenn es schmutzig im Spülstein stand, gaben sie sich mit einem normalen Glas für ihr Wasser, ihren Saft, ihr Kool-Aid oder ihre Milch zufrieden. Sie wusch es langsam und war währenddessen weit weg; sie vergaß das Wohnzimmer und die Stimmen der Kinder, die schon wieder zu jener Lautstärke angestiegen waren, die entweder Jims Stimme oder seinen Körper veranlassen würde, sich aus dem Sessel zu erheben. Sanft fuhren ihre Hände über das Glas. Sie hätte eines ihrer Babys waschen können. Ihr Herz hatte vor langer Zeit seine Signale an sie eingestellt; es schlief in einer Hoffnungslosigkeit jenseits allen Leids; sie stand in einer selbstgeschaffenen Stille an der Spüle, rieb mit dem Schwamm leicht über das Glas, ihre Finger und Handflächen und merkte gar nicht, daß sie weinte, bis die Tränen ihre Lippen benetzten und ihre Zunge salzig schmeckte.

Mit ihren Bauklötzchen bauten die Kinder ein Dorf und eine Brücke, die aus dem Dorf hinaus aufs freie Land führte: in die weite Ebene des Wohnzimmerteppichs und zu den Sesseln und der Couch, die ferne Berge waren. Geschickter mit seinen Händen und auch vertiefter in die Arbeit, stand der Junge öfter auf, um ein Klötzchen auf einem Dach oder der Brücke zurechtzurücken. Jedesmal, wenn er zwischen seinem Vater und dem Fernsehschirm stand, hörte er den raschen

Befehl und ging aus dem Weg. Sie hatten keine dachförmigen Klötzchen, deshalb mußte die Brücke in zwei senkrechten Wänden enden; der Junge wollte an beide Enden Rampen bauen, damit die Autos und Lastwagen sie benutzen könnten, und er hatte nur Rechtecke und Würfel zum Bauen. Er stand auf, um auf die Brücke hinunterzusehen. Sein Vater sagte etwas. Er hörte die Stimme, aber einige Sekunden vergingen, ehe sie ihn in seiner Versunkenheit erreichte und zu ihm durchdrang. Es war zu spät. Was er als nächstes hörte, waren keine Worte oder ein Brüllen, sondern ein anhaltender heiserer Schrei, ein Laut, der sowohl Schmerz als auch Wut bedeuten konnte. Dann waren die Hände seines Vaters an ihm: an ihm und quetschten seinen linken Schenkel und den linken Oberarm so fest zusammen, daß er den Mund öffnete, um vor Schmerz loszuschreien. Aber er tat es nicht. Denn da war er schon über dem Kopf seines Vaters, über dem Fußboden und seinen Schwestern, hoch über dem ganzen Zimmer und nahe an der Decke, die er mit einem flüchtigen Blick streifte; und er fühlte, wie sich der Griff und das Gewicht seines Vaters verlagerten, und sah die Wand auf der entgegengesetzten Seite des Zimmers, die Wand über der Couch, so daß der Ton, den er schließlich hervorbrachte, ein Schreckenslaut war, und der brach als schriller Schrei aus ihm hervor, den er hörte, während er quer durchs Zimmer flog, immerfort die Wand sah und seinen eigenen Schrei hörte, als zöge der Schrecken vor dem, was er sah und hörte, seinen Flug in die Länge. Dann knallte er dagegen.

Als der Junge über dem Kopf seines Vaters schwebte, hatte er Rose nicht gesehen. Aber sie war dagewesen, hinter Jim, hinter dem hoch erhobenen Jungen, und sie hatte ebenfalls geschrien – und sich bewegt: Als Jim, nachdem er den Jungen durchs Zimmer geschleudert hatte, sein Gleichgewicht wiedergewann, drehte sie ihn herum, indem sie mit der Hand an seiner Schulter zerrte, und als sie sein Gesicht sah, schlug sie mit den Fäusten hinein. Sie schrie, und die Schreie waren Worte, aber sie wußte nicht, was sie bedeuteten. Sie schlug auf ihn ein, bis er sie zurückstieß, heftig, so daß sie fast hinfiel. Sie sah in sein Gesicht, dessen Wangen von ihren Schlägen gerötet waren, sah Blut von seiner Unterlippe tröpfeln und stürzte darauf los: holte nach dem Blut, der Lippe aus. Er schlug sie so hart, daß sie auf dem Fußboden saß, ohne sich an den Sturz erinnern zu können, und sie hielt sich den betäubt summenden Kopf und schüttelte ihn. Sie stand auf, wiederum Worte schreiend, die sie nicht hören konnte, als habe sich deren Artikulation irgendwo tief in ihrem Inneren so lange vorbereitet, daß sich ihr Verstand nicht einmal mehr an sie erinnern konnte, als sie ihr durch die Lippen drangen. Sie lief an Jim vorbei und stieß ihn in den Bauch, und er fiel rücklings in seinen Sessel. Sie hielt inne und sah zu. Ihr Atem ging heftig und schnell, und er saß mit wütendem Gesicht da, und auch sein Atem ging heftig, und weder wußte sie, noch interessierte es sie, ob er aufgegeben hatte oder sich auf weiteres vorbereitete. Am unteren Rand ihres Gesichtsfeldes sah sie seine Bierflasche neben dem Sessel stehen. Sie schwang sie am Hals hoch, so daß ihr zischend Bier auf Arm und Brust floß, drehte sich von Jim weg und schleuderte die Flasche in der gleichen Bewegung krachend in den Bildschirm des Fernsehers. Er sprang auf und schrie hinter ihr, doch sie hatte sich über den Jungen gebeugt.

»Du verrücktes Scheiß-Miststück.«

»*Was?*«

»Der Scheiß-Fernseher. Wer kauft jetzt 'n neuen? Du? Du Scheiß-Fotze. Du hast in deinem ganzen Scheiß-Leben noch nie 'n Job gehabt.«

Es war Irrsinn. Sie hatte einen Irren vor sich, und das beruhigte sie. Sie hatte nichts dazu zu sagen. Sie ging zur Couch und faltete die Decke auf, um den Jungen hineinzuwickeln.

»Es ist die einzige Scheiß-Entspannung, die ich *habe.*«

Sie hörte ihn, aber es war, als höre sie zufällig jemand ganz anderen reden, jemanden in einer anderen Wohnung, einem anderen Leben. Sie hockte sich hin und schob gerade die Decke unter den Körper des Jungen, als eine Faust laut an die Tür pochte. Sie hielt nicht inne, sah auch nicht auf. Wieder Klopfen, dann eine Stimme im Hausflur: »He! Alles in Ordnung da drin?«

»Gehen Sie verdammt noch mal von meiner Tür weg.«

»Sagen Sie mir erst, ob alles in Ordnung ist.«

»Hauen Sie verdammt noch mal *ab.*«

»Ich möchte die Frau hören. Und den Jungen.«

»Wollen Sie, daß ich Sie die Scheiß-Treppe hinunterschmeiße?«

»Ich rufe die Polizei.«

»Leck mich.«

Jetzt hielt sie den Jungen in den Armen. Er weinte still vor sich hin, und als sie ihn an Jim vorbeitrug, küßte sie ihn auf die Wangen, die Augen. Dann war Jim neben ihr. Er hielt ihr die Tür auf, riß sie weit auf. Erst Wochen später wurde ihr klar, daß er Angst gehabt hatte. Seine Stimme war leise: »Sag, er ist hingefallen.«

ZAHLREICHE TOTE BEI FAMILIENDRAMEN

MÜNCHEN (dpa) – Beim folgenschwersten Familiendrama dieses Jahres in Bayern sind am Dienstag in Zirndorf (Landkreis Fürth) fünf Menschen ums Leben gekommen. Hier eine Dokumentation weiterer Familiendramen dieses Jahres im Freistaat:

17.04.: Nach Ehestreitigkeiten erdrosselt eine 35jährige Frau in Oberasbach bei Fürth ihren siebenjährigen Sohn. Anschließend erhängt sich die Frau mit einem Schal.

09.06.: In Schweinfurt erschießt ein US-Soldat seine Ehefrau auf der Straße und tötet sich anschließend selbst.

22.06.: Im mittelfränkischen Hösbach erschießt ein 45jähriger Mann seine Ehefrau und Mutter von zwei Kindern und richtet sich danach mit einem Schuß in den Kopf.

07.09.: Ein 40jähriger Mann erschießt im oberpfälzischen Parsberg vor den Augen seiner Ehefrau den gemeinsamen dreijährigen Sohn und nimmt sich danach das Leben.

17.09.: Im unterfränkischen Bad Neustadt ersticht ein Ehemann vor den Augen seiner beiden Kinder seine Frau. Anschließend startet er mit seinem Wagen eine Amokfahrt, bei der neben ihm noch zwei weitere Menschen schwer verletzt werden.

20.10.: In Altdorf bei Nürnberg erschlägt ein Krankenpfleger seine sieben und zehn Jahre alten Jungen mit einem Baseball-Schläger. Danach schneidet sich der psychisch kranke Mann die Pulsadern auf und setzt sich eine tödliche Giftspritze.

04.11.: In Berglern bei München kommen vier Menschen ums Leben. Der 25jährige Vater tötet zunächst seine Frau und sein kleines Kind. Danach erschießt er seinen Großvater und richtet sich selbst.

13.12.: Im oberbayerischen Bruckmühl fallen drei Menschen einem Familiendrama zum Opfer. Ein 60jähriger Mann erschießt seine Frau sowie seinen Sohn und tötet sich dann selbst. Hintergrund der Bluttat ist eine total zerrüttete Ehe.

(Süddeutsche Zeitung)

Arno Holz / Johannes Schlaf PAPA HAMLET

Der heruntergekommene Hamlet-Schauspieler Niels Thienwiebel haust mit seiner schwindsüchtigen Frau und dem Säugling Fortinbras in einer elenden Mansarde.

Seine Socken hatte er jetzt runtergestreift, der eine war mitten auf den Tisch unter das Geschirr geflogen.

»Na?! Willste so gut sein?!«

Sie drückte sich noch weiter gegen die Wand.

»Na! Endlich!«

Er war jetzt zu ihr unter die Decke gekrochen, die Unterhosen hatte er anbehalten.

»Nicht mal Platz genug zum Schlafen hat man!«

Er reckte und dehnte sich.

»So'n Hundeleben! Nicht mal schlafen kann man!«

Er hatte sich wieder auf die andre Seite gewälzt. Die Decke von ihrer Schulter hatte er mit sich gedreht, sie lag jetzt fast bloß da . . . .
. . . .
. . . .

Das Nachtlämpchen auf dem Tisch hatte jetzt zu zittern aufgehört.

Die beschlagene, blaue Karaffe davor war von unzähligen Lichtpünktchen wie übersät. Eine Seite aus dem Buch hatte sich schräg gegen das Glas aufgeblättert. Mitten auf dem vergilbten Papier hob sich deutlich die fette Schrift ab: *Ein Sommernachtstraum.* Hinten auf der Wand, übers Sofa weg, warf die kleine, glitzernde Photographie ihren schwarzen, rechteckigen Schatten.

Der kleine Fortinbras röchelte, nebenan hatte es wieder zu schnarchen angefangen.

»So'n Leben! So'n Leben!«

Er hatte sich wieder zu ihr gedreht. Seine Stimme klang jetzt weich, weinerlich.

»Du sagst ja gar nichts!«

Sie schluchzte nur wieder.

»Ach Gott, ja! So'n... Ae!!...«

Er hatte sich jetzt noch mehr auf die Kante zu gerückt.

»Is ja noch Platz da! Was drückste dich denn so an die Wand! Hast du ja gar nicht nötig!«

Sie schüttelte sich. Ein fader Schnapsgeruch hatte sich allmählich über das ganze Bett hin verbreitet.

»So ein Leben! Man hat's wirklich weit gebracht!... Nu sich noch von so'ner alten Hexe rausschmeißen lassen! Reizend!! Na, was macht man nu? Liegt man morgens auf der Straße!... Nu sag doch?«

Sie hatte sich jetzt noch fester gegen die Wand gedrückt. Ihr Schluchzen hatte aufgehört, sie drehte ihm den Rücken zu.

»Ich weiß ja! Du bist am Ende auch nicht schuld dran! Nu sag doch!«

Er war jetzt wieder auf sie zugerückt.

»Nu sag doch!... Man kann doch nicht so – verhungern?!«

Er lag jetzt dicht hinter ihr.

»Ich kann ja auch nicht dafür! ... Ich bin ja gar nicht so! Is auch wahr! Man wird ganz zum Vieh bei solchem Leben! ... Du schläfst doch nicht schon?«

Sie hustete.

»Ach Gott ja! Und nu bist du auch noch so krank! Und das Kind! Dies viele Nähen ... Aber du schonst dich ja auch gar nicht ... ich sag's ja!«

Sie hatte wieder zu schluchzen angefangen.

»Du – hättest – doch lieber, – Niels...«

»Ja ... ja! Ich seh's ja jetzt ein! Ich hätt's annehmen sollen! Ich hätt' ja später immer noch ... ich seh's ja ein! Es war unüberlegt! Ich hätte zugreifen sollen! Aber – nu sag doch!!«

»Hast du ihn – denn nicht ... denn nicht – wenigstens zu – Haus getroffen?«

»Ach Gott, ja, aber ... aber, du weißt ja! Er hat ja auch nichts! Was macht man nu bloß? Man kann sich doch nicht das Leben nehmen?!«

Er hatte jetzt ebenfalls zu weinen angefangen.
»Ach Gott! Ach Gott!!«
Sein Gesicht lag jetzt mitten auf ihrer Brust. Sie zuckte!
»Ach Gott! Ach Gott!!«
Der dunkle Rand des Glases oben quer über der Decke hatte wieder unruhig zu zittern begonnen, die Schatten, die das Geschirr warf, schwankten, dazwischen glitzerten die Wasserstreifen . . . .
. . . .
»Ach, nich doch, Niels! Nich doch! Das Kind – ist ja schon wieder auf! Das – Kind schreit ja! Das – Kind, Niels! ... Geh doch mal hin! Um Gottes willen!!« Ihre Ellbogen hinten hatte sie jetzt fest in die Kissen gestemmt, ihre Nachtjacke vorn stand weit auf.
Durch das dumpfe Gegurgel drüben war es jetzt wie ein dünnes, heisres Gebell gebrochen. Aus den Lappen her wühlte es, der ganze Korb war in ein Knacken geraten.
»Sieh doch mal nach!!«
»Natürlich! Das hat auch grade noch gefehlt! Wenn das Balg doch der Deuwel holte!...«
Er war jetzt wieder in die Pantoffeln gefahren.
»Nicht mal die Nacht mehr hat man Ruhe! Nicht mal die Nacht mehr!!«
Das Geschirr auf dem Tisch hatte wieder zu klirren begonnen, die Schatten oben über die Wand hin schaukelten. –
»Na? Du!! Was gibt's denn nu schon wieder? Na? ... Wo ist der denn? ... Ae, Schweinerei!«
Er hatte den Lutschpfropfen gefunden und wischte ihn sich nun an den Unterhosen ab.
»So'ne Kälte! Na? Wird's nu bald? Na? Nimm's doch, Kamel! Nimm's doch! Na?!«
Der kleine Fortinbras jappte!
Sein Köpfchen hatte sich ihm hinten ins Genick gekrampft, er bohrte es jetzt verzweifelt nach allen Seiten.
»Na? Willst du nu, oder nich?! – – Bestie!!«
»Aber – Niels! Um Gottes willen! Er hat ja wieder den – Anfall!«
»Ach was! Anfall! – – Da! Friß!!«
»Herrgott, Niels...«
»Friß!!!«
»Niels!«

»Na? Bist du – nu still? Na? – Bist du – nu still? Na?! Na?!«

»Ach Gott! Ach Gott, Niels, was, was – machst du denn bloß?! Er, er – schreit ja gar nicht mehr! Er ... Niels!!«

Sie war unwillkürlich zurückgeprallt. Seine ganze Gestalt war vornüber geduckt, seine knackenden Finger hatten sich krumm in den Korbrand gekrallt. Er stierte sie an. Sein Gesicht war aschfahl.

»Die ... L–ampe! Die ... L–ampe! Die ... L–ampe!«

»Niels!!!«

Sie war rücklings vor ihm gegen die Wand getaumelt.

»Still! Still!! K – lopft da nicht wer?«

Ihre beiden Hände hinten hatten sich platt über die Tapete gespreizt, ihre Knie schlotterten.

»K – lopft da nicht wer?«

Er hatte sich jetzt noch tiefer geduckt. Sein Schatten über ihm pendelte, seine Augen sahen jetzt plötzlich weiß aus.

Eine Diele knackte, das Öl knisterte, draußen auf die Dachrinne tropfte das Tauwetter.

Tipp . . . .
. . . . Tipp . . . .
. . . . Tipp . . . .
. . . . Tipp . . . .

IV
UNGEHEURER ALLTAG

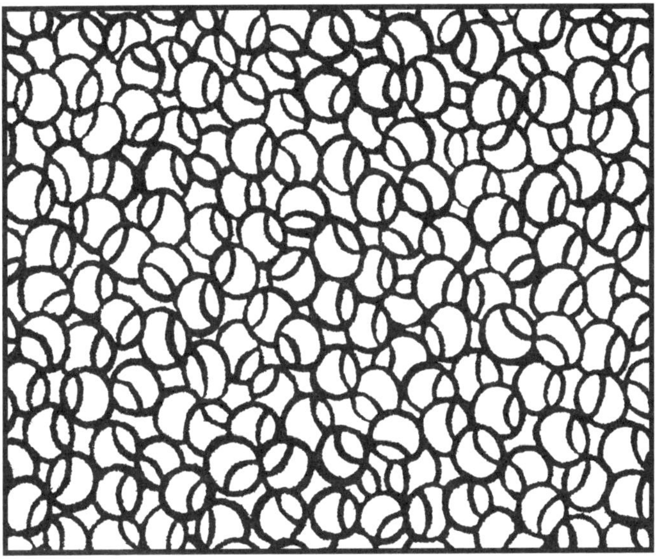

William Carlos Williams DANSE RUSSE

Wenn meine Frau schläft
wenn das Kleine und Kathrin
wenn sie schlafen
und die Sonnenscheibe flammend
weiß in seidenen Nebeln
über schimmernden Bäumen steht, –
wenn ich dann in meinem Zimmer
nördlich, nackt, grotesk
vor meinem Spiegel tanze,
schwenk mein Hemd mir um den Kopf
und mir leise selbst zusinge:

»Ich bin einsam, einsam,
und zum Einsamsein geboren,
einsam bin ich auf der Höhe!«
Wenn ich Arme und Gesicht,
Schultern, Flanken, Hintern an mir selbst
bewundre vor den gelben Jalousien, –

Wer leugnet dann, daß ich hier glücklich
und mein guter Hausgeist bin?

Gabriele Wohmann DIE HAUSFRAU

Während sie gähnte, lustlos wie üblich
Gegen 12 Uhr 30, erlahmt vom Haushalt
Und nicht freiwillig so aussah wie sie aussah
Keinen richtig gern hatte
– Jetzt war mal wieder Mittagessen fällig –
Fiel ihr die Kreuzung ein
Die unübersichtliche Markierung
Die schlechte Regelung der Vorfahrt
Alltäglich für ihren Mann
Den sie alltäglich sofort vergaß
Wenn er wegfuhr, dann weg war
Dem sie, in der letzten Zeit sogar häufiger
Das freie Wochenende nicht von Herzen gönnte
Und *Ich habe ja nie frei* sagte.
Wie bewußtlos sie sich doch an alles gewöhnt hatte
An ihn und dieses Einerlei
An dieses große Glück, an das Wunder
Daß sie doch immer wieder nicht
Ihren Mann verlor bei einem Unfall.
Da verging der Hausfrau das Gähnen
Sie versuchte *laß alles beim alten* zu beten
Sie packte seinen Mantel
Sie riß einen Knopf ab
Beim Wiederannähen vom Knopf an den Mantel
Empfand sie das gewöhnliche Glück auf der Kreuzung.

Marie-Luise Scherer UNGEHEURER ALLTAG

Rogges haben es gemütlich in ihren Wohnzimmertropen mit den gefirnißt blanken Philodendronblättern und ihren bürgermeisterhaft kolossalen Kleinmöbeln. Auf Anrichten und Regalen die rustikalen Preziosen, Deckelhumpen, Zinnbecher, Zinnteller, Landsknechte aus Zinn, Zierat auf brokatgefaßten Tischläufern; in einer Schale eine Ananas, die ihrer Schönheit wegen nicht gegessen wurde und schon vergoren riecht; auf dem Fernseher in galanter Zugewandtheit Pierrot und Columbine auf einem über Eck gelegten Deckchen, das in den Bildschirm überhängt. Gobelinbilder an den Wänden, Breughel-Sträuße, Schäferszenen.

Die Rogges sind ein mustergültiges Ehepaar. Er überläßt ihr das Reden, wobei er den Anschein erweckt, daß Schweigen Gold ist. Natürlich ist auch Müdigkeit dabei, das Unabänderliche immer wieder aufzurühren. Und so sitzt er, während sie erzählt, löwenschläfrig und hinnickend wie in einem Zugabteil, nur dabei. Und nach dem kalten Abendbrot, das sie mit gesundheitlichen Rücksichten sehr mäßig zu sich nehmen, geht er mit der Frau in die Küche, um ihr beim Abwaschen der beiden Resopalbrettchen zu helfen.

Jean-Claude Kaufmann SCHMUTZIGE WÄSCHE

Geraldine und Bernard Le Fecht mußten schließlich ihre Idee, die Waschmaschine getrennt laufen zu lassen, aufgeben (sie haben einfach nicht genügend Wäsche dafür). Dennoch sammeln sie weiterhin ihre schmutzige Wäsche an getrennten Stellen, er in einem schönen Weidenkorb, den er von einer Reise mitgebracht hat, während sie sie in einer Zimmerecke sammelt, da sie keinen Behälter dafür besitzt. Sie müssen sich absprechen, wann sie die Maschine laufen lassen. Später müssen sie beide anwesend sein, wenn das Programm beendet ist, damit jeder seine Wäsche getrennt aufhängen kann.

Das System hat sich jedoch noch lange nicht stabilisiert. Jeder von beiden setzt die Maschine dann in Gang, wenn es ihm erforderlich erscheint und fragt den anderen einfach, ob er Wäsche hat, um sie aufzufüllen. Bernard allerdings vergißt häufig zu fragen, da ihn dieser Beginn einer gemeinsamen Erledigung der Arbeit nicht so recht überzeugt. Ein weiteres Problem ist das Bügeln: Jeder von ihnen bügelt zwar seine eigene Wäsche, die Haushaltswäsche bleibt aber ungebügelt liegen, was wiederum Bernard nicht gefällt. Dennoch ist keine Lösung vorstellbar. Zunächst einmal, weil Geraldine nicht so hohe Ansprüche stellt. Weiterhin, weil ein System der Aufgabenverteilung, auch wenn es gleichberechtigt wäre, in ihrer Situation schwierig bzw. sogar unmöglich ist. Denn, ob nun gleichberechtigt oder nicht, ein solches System setzt immer den Beginn einer Haushaltsintegration voraus, während sich die Situation einer Quasi-Partnerschaft ja gerade durch die Ablehnung einer solchen auszeichnet. Es handelt sich dabei um eine originelle und komplexe Methode, um zusammenzuleben und zugleich dennoch eine Distanz aufrechtzuerhalten. Für Geraldine ist das die ideale Lebensweise, wo »keiner sich beim anderen beschweren kann, jeder muß sich an die eigene Nase fassen«. Diese Behauptung muß jedoch innerhalb ihres Kontextes verstanden werden: Es handelt sich vor allem um die nachträgliche Rechtfertigung eines bestehenden Zustandes. Denn daß sie sich nicht in Richtung auf mehr Partnerschaft weiterentwickeln, geschieht nicht aus freien Stücken, sondern weil sie dazu nicht fähig sind. Dabei entsteht der größte Teil der Schwierigkeiten durch Bernard. Er ist 32 Jahre alt und lebte bereits seit 10 Jahren alleine. Als er noch Student war, hatte er schnell gelernt, sich zu organisieren, da er kein Anhänger eines nachlässigen Lebensstils war. Seither hat er ein richtiggehendes Kapital an praktischen Kenntnissen (manche würden sogar sagen, an Ticks) entwickelt. So wurde er zum Experten für das sorgfältige Bügeln von Hosen und Hemden. Das neuentstandene Paar mußte also lernen, mit diesem Kapital umzugehen. Bernard konnte nicht akzeptieren, wenn seine Hemden von Geraldine schlecht gebügelt wurden. Deshalb bestand die einzige Lösung in dem Motto: »Jeder kümmert sich um seine eigene Wäsche«. Die Konsequenzen dieser Entscheidung wurden schnell offensichtlich: Das System mußte auf die restlichen Hausarbeiten ausgedehnt werden, und sie mußten eine Form der individualisierten doppelten Haushaltsführung finden. Beim ersten Gespräch erklärte uns Geraldine: »Jeder sorgt für sich, das wird auch so bleiben.« Beim zweiten Gespräch hat sich das Paar bereits wieder getrennt und sie erklärt: »Wenn wir zusammengeblieben wären, dann hätten wir's immer so weiter gemacht.«

Bernard trägt in alle seine Partnerschaftserfahrungen sein Kapital an praktischem Wissen als eine Last hinein: Er kann einfach zu gut bügeln.

*

Die Geschichte von Agnès Archambaud fügt sich in ein klassisches Schema ein. Als Jugendliche hatte sie gegen die Pingeligkeit und häusliche Abschottung ihrer Mutter rebelliert und von einer ganz anderen Zukunft geträumt. Dennoch ließ sie sich, als sie Jean kennenlernte, in genau die Richtung treiben, die sie kritisierte. Ohne daß sie jemand gezwungen hätte, entsprach sie der stillschweigend geäußerten Rollenerwartung. Am Tage ihrer Hochzeit entdeckte sie die Gesten ihrer Mutter wieder und wurde zur perfekten Hausfrau. Ihr Leben hat sich seither ruhig und scheinbar glücklich um die Wiederholung und Verstärkung der zu Beginn improvisierten Interaktionsregeln organisiert. Sie ist Gefangene eines Systems, welches sie zum Teil selber errichtet hat, welches sie nie versucht hat, in Frage zu stellen, das sie aber auch nicht völlig befriedigt. Insgeheim bewahrt sie sich die Sehnsucht nach einem anderen Leben, und dieser Konflikt erschwert bestimmte Haushaltsarbeiten und vor allem das Bügeln. Sie läßt die Wäsche sich bis zum letzten Augenblick ansammeln und bügelt das Hemd ihres Mannes morgens in aller Eile. Er gerät in Rage, aber sie beruhigt ihn: In ein paar Minuten ist das Hemd immer noch rechtzeitig fertig. Die Szene wiederholt sich mehrmals pro Woche. Ursprünglich bestand von Agnès Seite keinerlei Absicht dabei. Aber mit der Zeit hat sie Gefallen an seinem Ärger gefunden, denn er beseitigt ihre Unzufriedenheit. Wie aber kann man dieses Spiel weitertreiben, ohne einen Konflikt zu provozieren? Agnès hat das rechte Mittel gefunden. Es reicht, darüber schallend zu lachen, als handele es sich um einen guten Scherz. Das Lachen hat noch den zusätzlichen Vorteil, ihr Vergnügen und damit das Gewicht der Rache beträchtlich zu erhöhen. Beide streiten sich darüber, wie die Szene zu bewerten ist: Ist sie ein gewichtiges und ernstzunehmendes Ereignis oder nicht? Das Gelächter hat die Kraft, Jean auch in dieser Frage ins Hintertreffen zu bringen. Das macht ihn nur noch wütender, und dieser zusätzliche Ärger bereitet Agnès um so mehr Vergnügen, als sie keinerlei Gewissensbisse hat: Mit größter Aufrichtigkeit überläßt sie sich ihrem Lachen.

Und genauso lacht sie über die Knöpfe. Der Krieg der Knöpfe ist eng mit dem Bügeln der Hemden verbunden und verläuft sogar noch heftiger. Der Grund: Jeans Hemdknöpfe reißen ständig ab, und Agnès vergißt regelmäßig, sie anzunähen. Die Ursachenanalysen freilich widersprechen sich. Agnès: »Ich weiß nicht, wie er das fertigbringt, ihm gehen ständig die Hemdknöpfe ab. Das ist wirklich eine ständige Quelle von ... denn meine Knöpfe ... Es muß ihm ziemlich auf den Wecker gehen, ständig lose Knöpfe zu haben, und ich verstehe nicht, wie er das macht. Manchmal schimpfe ich dann und sage ihm: Du könntest ja auch mal aufpassen.« Jean erklärt lang und breit, daß er das Problem bei seiner Mutter nicht hatte: »Das ist folglich wirklich ein Problem, das mit unserer Beziehung zusammenhängt. Meine Frau hat die Angewohnheit, nie die Knöpfe zu kontrollieren. Da reißen die Knöpfe halt ständig ab. Das ist ziemlich ärgerlich!« Und resigniert fügt er hinzu: »Wie dem auch sei, ich weiß, daß sie sich in dem Punkt nicht mehr ändert. Sie ist halt so, wie sie ist. Sie weiß es ohnehin. Ich glaube, es ist ihr bewußt, ich habe es ihr mehrfach gesagt ... Ich versuche nie, sie zu ändern, ich glaube, das ist zwecklos, es ist nun mal so, wie es ist. Da gibt es keine Lösung, das ist Schicksal.«

*

Oft steht Sabine Brastignac morgens auf und weckt Romain mit einer resignierten Klage: »Oh je, hast du den Wäschehaufen gesehen, nicht zu fassen!« Eine klassische Bemerkung, welche sowohl an eine Schuld erinnern als auch zur Hilfe auffordern kann. Aber schauen wir uns den Kontext genauer an. Sabine geht immer früher als Romain ins Bett und steht auch früher auf als er. Der Zeitpunkt, zu dem die Bemerkung gemacht wird, gibt ihr folglich etwas Aggressives. Gewöhnlich fügt Sabine noch hinzu, »daß sie außerdem den ganzen Tag Klausuren zu korrigieren hat« (Romain). Die Forderung, die an Romain gestellt wird, scheint auf der Hand zu liegen und beruht auf einer gewissen Unzufriedenheit über die Aufgabenverteilung. Dennoch wird Sabine nie expliziter und begnügt sich damit, sich scheinbar im Selbstgespräch zu beklagen. Wenn die Bemerkung nicht (da sie ihn weckt) so störend wäre, könnte Romain so tun, als hörte er sie nicht. Wie Sabine selbst, hat er einige Mühe, sie richtig zu interpretieren: Ihre Aggressivität geht über die Unzufriedenheit in puncto Arbeitsteilung hinaus, und ihr Sinn ist nicht eindeutig. Tatsächlich nämlich hat die Bemerkung an dieser Stelle (was ihnen nicht klar ist) vor allem eine Befreiungsfunktion (daher auch ihre Heftigkeit); sie befreit Sabine von dem Frust über das ständige Aufeinanderprallen ihrer unterschiedlichen Vorstellungen und Rhythmen. Sabine steht früh auf, Romain möchte lang schlafen; sie hat einen Hang zur Ordnung, er kritisiert ihre Pingeligkeiten; sie muß immer erst »das Gröbste wegschaffen«, er verschiebt die Arbeit auf später (als Kind machte sie stets die Hausaufgaben vor dem Spielen, er dagegen umgekehrt). Am Anblick des morgendlichen Wäschehaufens kristallisieren sich alle Probleme: Sie wird die Wäsche mal wieder alleine machen, und zwar, während er noch im Bett liegt und sich immer sein Vergnügen gönnen will, bevor er sich durch Arbeit das Recht darauf erworben hat. Die Bemerkung, die sie macht, drückt schroff ihre globale Ablehnung aus und stellt fast im gleichen Moment das innere Gleichgewicht wieder her. Obwohl Romain die Botschaft nicht klar versteht, antwortet er doch mit einer gewissen Treffsicherheit, indem er ihr ihren globalen Charakter nimmt. Kaum wach geworden, rät er Sabine von seinem Bett aus, doch einfach mit den Klausuren anzufangen. Eine weitere doppeldeutige Bemerkung. Denn sie verbindet eine eventuelle Konzession im Hinblick auf die Aufgabenverteilung (fang mit den Klausuren an, dann kann ich dir nachher besser helfen) mit einem Beharren auf seinen eigenen Vorstellungen und Rhythmen (verschieb das Gröbste doch auf später). Nach einigen wohldosierten Minuten steht Romain auf und geht Sabine (die natürlich nicht auf ihn gehört hat) höchst symbolisch mit zur Hand, indem er zwei, drei Wäschestücke in die Waschmaschine steckt. So zeigt er, daß er die Botschaft bezüglich der Arbeitsteilung verstanden hat. Aber er hütet sich, zu schnell aufzustehen und zu viel mit anzufassen, um so seine Verstimmung über die Verhaltensdifferenzen zu unterstreichen. Insgesamt sind zwei kurze Sätze gewechselt worden, zwei Sätze, die zwar quantitativ unbedeutend, aber dafür höchst bedeutungsgeladen sind.

*

Abends legen Léon und Madeleine beide ihre Kleider über einen Stuhl auf ihrer jeweiligen Bettseite. Auf beiden Stühlen herrscht die gleiche Unordnung, die Kleider sind – Sauberes und Schmutziges in einem – wild übereinander geworfen. Léon und Madeleine erfaßt dabei der gleiche Ärger, welcher sich in kurzen, aber heftigen Szenen Luft schafft. Die Gründe für den Ärger sind allerdings verschieden. Wenn Léon seinen Stuhl nicht aufräumt, so liegt das daran, daß er noch stark von der Vorstellung durchdrungen ist, daß es Sache der Frau sei, sich um Haushaltsdinge zu kümmern. Madeleine hingegen weigert sich entschieden: »Ich finde, es ist nicht meine Aufgabe, seine Sachen aufzuräumen.« Léon ist aufgebracht und um so ärgerlicher über die Geschichte mit dem Stuhl, als ihn seine strengen Ordnungsvorstellungen bisweilen dazu treiben, selbst aufzuräumen und so einen bedeutsamen Widerspruch in seine Denk- und Handlungsweisen einzuführen. Noch ein anderer Ärger hält ihn zurück, die Dinge selbst in die Hand zu nehmen, und der rührt diesmal von Madeleines Stuhl her: dessen Durcheinander ist der unerträgliche Beweis, daß sie ihre nachlässige Haltung um nichts geändert hat. Léon ist folglich gleichzeitig über die sehr unterschiedlich geartete Unordnung beider Stühle verärgert. Das Gleiche gilt für Madeleine, die sich über Léons unerträgliche Forderung, seine persönlichen Sachen aufzuräumen, ebenso ärgert wie über die Bemerkungen zu ihrem eigenen Stuhl, der ihn nichts angeht. Mindestens vier sich überkreuzende Motive liegen somit dem Zornesausbruch zugrunde, und diese Vielfalt verbietet jede Klärung: Man beschränkt sich auf heftige Verbalausbrüche, die aber rein befreiende Funktion haben.

*

Anne-Sophie Delmony, die einen Tick hat in bezug aufs Wäscheaufhängen, hatte die Gewohnheit, ohne Vorwarnung damit anzufangen, wenn das Paar gerade ausgehen wollte. Olivier wußte, daß alle Proteste nutzlos sein würden, denn die Antwort seiner Frau duldete keinen Widerspruch: »Es dauert nur eine Sekunde.« Diese angebliche »Sekunde« dauerte dann unendlich (ca. zwanzig Minuten), und Olivier fühlte eine nicht zu zügelnde Wut in sich aufsteigen, die vor allem damit zusammenhing, daß er völlig ohnmächtig war (typische Situation des Kontrollverlustes, der den Konflikt verschärft). Die Szene war einfach zu idiotisch und idiotischerweise wiederholte sie sich. Ihre Beziehungen waren schließlich aufs höchste gespannt. Auch Anne-Sophie nämlich erregte sich, sobald sie Oliviers Ärger spürte. Aber sie konnte einfach nicht anders als die Wäsche aufzuhängen: »Es war einfach stärker als ich.«

Urs Widmer DIALOG ÜBER DAS GLÜCK

FRAU: Jetzt sag emol, Hans: Bisch glügglig?

MANN: Dasch e blöödi Froog. Frag *ich* di jemols, ob du glügglig bisch?

FRAU: Nei.

MANN: Also.

FRAU: Bi mir isch das wie bi de Beduine. Die rede immer vom Wasser. Die Arme rede vom Gäld, die Verrägnete vo trockene Underhose, und ich red vom Glügg.

MANN: Glügg, das isch eifach e Wort. Das gits nit. Lueg mi aa. Ich bi au nit glügglig, und s goot mr prima.

FRAU: Jä. S Problem isch, du dänggsch immer nur an di, und nur ich dängg immer nur an mi.

MANN: Meinsch öppe, anderi sinn glüggliger als mir?

FRAU: D Italiäner lache-n-immer und singe.

MANN: Was meinsch, was die mache, wenn mr um dr näggschd Egge verschwunde sinn. Denn haue si sich dr Sagg voll. Die singe nur für uns.

FRAU: Meinsch?

MANN: Mr hänn e Wohnig, e Arbet, e Auto und z ässe. Folglig simmer glügglig.

FRAU: Weisch no, wo de mr Liebesbrief gschribe hesch?

MANN: Ich? Dir?

FRAU: »Mein süßes Liebes, Tag und Nacht denke ich an deinen Rosengarten, den ich mit meinem Tau benetzen möchte.«

MANN: Das ha-n-ich gschribe?

FRAU: Jä.

MANN: Damals simmer au nonig verhüürotet gsi. Villicht bi-n-i bsoffe gsi? Weisch, früener ha-n-i nämmlig dänggt, Fraue sinn so öppis wie Fee. Die wänn nie, nur ich will immer, und damit me si ummegriegt, mues me-n-e so Feewörter sage. Jetzt weiß i, daß d Fraue au wänn, si sinn wie Männer, genau gliich.

FRAU: Und sit däm behandlesch mi wie-n-e Maa?

MANN: Richtig. So wie-n-i jede freie Schwyzer behandle, härzlig und korräkt.

FRAU: Aha.

John Irving SCHLAFLOS

Severin Winter, ein Universitätslehrer, der nebenberuflich als Ringertrainer arbeitet, und seine Frau Edith, Schriftstellerin:

Nein, nein«, widersprach Severin. »Es war vor allem die Schlaflosigkeit. Alles hat mit der Schlaflosigkeit angefangen.«

Ich hätte ihm sagen können, daß Schlaflosigkeit nach acht Jahren Ehe kaum der Rede wert ist. Wenn ich ihn damals gekannt hätte, hätte ich ihm ein paar weniger drastische Gegenmittel empfehlen können als das, das er sich aussuchte.

Aber Severin hatte keine Erfahrung mit Schlaflosigkeit, und seine Reaktion war typisch unvernünftig. Man erfährt viel über jemanden durch die Art, wie er mit Schlaflosigkeit umgeht. Meine Reaktion – auf Schlaflosigkeit und auf das Leben im allgemeinen – besteht darin, nachzugeben. Meine am besten ausgebildeten Sinne sind passiv; mein Lieblingswort heißt sich fügen. Aber Severin Winter würde sich nichts und niemandem fügen, und als er unter Schlaflosigkeit litt, kämpfte er dagegen an.

Es begann eines Nachts, als er wach neben Edith lag, nachdem sie miteinander geschlafen hatten. Sie war schläfrig, aber er lag da wie eine überladene Batterie. »Ich habe nichts zu tun«, verkündete er und stand auf.

»Wo gehst du hin?« fragte Edith.

»Ich kann nicht schlafen.«

»Lies doch was«, sagte Edith. »Das Licht stört mich nicht.«

»Es gibt nichts, was ich im Moment lesen will.«

»Schreib doch was und lies dann *das*.«

»Du bist die Schriftstellerin«, sagte er. »Eine reicht.«

»Warum wartest du nicht, bis ich einschlafe«, sagte Edith, »und probierst dann ganz vorsichtig, ob du mit mir schlafen kannst, ohne mich aufzuwecken.«

»Das hab ich letzte Nacht versucht.«

»Wirklich?« sagte Edith. »Was ist passiert?«

»Du bist nicht aufgewacht«, sagte er. Er zog seine Turnhose und seine Laufschuhe an und stand dann da, als ob er nicht wüßte, was er als nächstes tun sollte. »Ich fahre ein bißchen Fahrrad«, beschloß er. »Das wird mich müde machen.«

»Es ist nach Mitternacht«, sagte Edith, »und du hast kein Licht am Rad.«

»Ich kann die Autos kommen sehen. Oder ich kann sie hören, wenn sie ohne Licht herumschleichen.«

»Warum sollten sie das tun?« fragte Edith.

»Ich weiß nicht!« bellte er. »Warum tue ich *das*?«

»Ich weiß nicht«, bekannte Edith. *Ich* bin die Schriftstellerin, dachte sie. Ich sollte seine Energie haben, ich sollte so verrückt sein.

Aber ich glaube nicht, daß es einer von ihnen wirklich verstand. Als ich Severin sagte, daß mir seine Schlaflosigkeit begreiflich sei, sagte er mir, daß ich gar nichts verstünde. »Ich bin nicht wie du«, sagte er. »Ich habe schlicht nicht schlafen können. Ich bin radfahren gegangen. So hat es angefangen.«

Es war eine warme, frühherbstliche Nacht. Er radelte durch die schlafenden Vorstädte, *tsik-tsik* glitt sein Rad an all den Menschen, die sicher in ihren Betten lagen, vorbei. Er passierte nur wenige erleuchtete Fenster, und an denen strampelte er langsam vorbei, aber er konnte selten etwas sehen. Er war froh, daß er kein Licht hatte; seine Fahrt war dadurch heimlicher. In der Stadt blieb er auf dem Bürgersteig; auf dem Land konnte er die vereinzelten Autos kommen hören und sehen und einfach von der Straße heruntergehen. In dieser ersten Nacht radelte er meilenweit – über den ganzen Campus zur Stadt hinaus und wieder zurück. Es war fast Morgengrauen, als er die Sporthalle aufschloß und sein Rad in den Umkleideraum trug. Er schlüpfte in einen Ringermantel, ging in die Ringerhalle hinauf, legte sich auf die große, warme Matte und schlief, bis die durchs Oberlicht dringende Sonne ihn weckte. Er nahm eine Sauna, schwamm und radelte rechtzeitig nach Hause, um Edith das Frühstück ans Bett zu bringen.

»Es war herrlich!« sagte er ihr. »Genau das, was ich gebraucht habe.«

Aber das schuf auch keine Abhilfe. Ein paar Nächte später war er wieder auf und strich durchs Haus. Draußen, beim Geräteschuppen lauernd, schimmerte sein weißes Rennrad im Mondlicht wie ein geisterhaft dünner Hund. »Es wartet auf mich«, sagte er Edith.

Wilhelm von Humboldt

EIN GLÜCKLICHER EHEMANN SCHREIBT AN SEINE FRÜHERE GELIEBTE

Du willst wissen, meine Liebe, wo ich wohne, wie ich lebe. Wenn Du einen Plan von Wien hast, so suche den Minoritenplatz auf, in dem größten Hause, das der Kirche am nächsten gegenübersteht, ist unsre Wohnung. Meine Stube geht in den Hof, sie ist klein, länglicht rund, aber heimlich, und da bin ich den größten Theil des Tages. Da ich, wie Du gleich hören wirst, sehr spät zu Bette gehe, stehe ich immer nur um 8 Uhr auf und gehe gleich von meiner Schlafstube in die Stube, von der ich eben sagte. Eine halbe Stunde später kommt mein kleiner vierjähriger Junge und ruft: *est servi le déjeuner, Papa!* weil er eine französische Wärterin zufällig hat, dann gehe ich zu meiner Frau und frühstücke mit ihr und den Kindern. Von da bis zum Essen bin ich in meiner Stube oder aus, das letztere nur ein Paarmal die Woche; aber da viel Leute zu mir kommen, bin ich wenig allein. Auch beim Essen ist meist jemand. Den Nachmittag bin ich wieder bei mir und arbeite. Um 8 hat meine Frau meist Gesellschaft, aber ich komme selten hinüber, weil ich zu thun habe oder für mich arbeite. Um 11 Uhr gehe ich ohne Ausnahme alle Abend zur Fürstin Bagration, der Wittwe des im Kriege gebliebenen russischen Generals, wo meine Frau auch manchmal hinkommt, und bleibe da bis 1 oder 2 Uhr. So ist mein Leben einen Tag wie den andern, und Du kannst beinah' von Stunde zu Stunde wissen, was ich thue. In Königsberg ging ich zwischen 11 und 1 vor Deinen Fenstern auf und ab und war viel glücklicher, weil ich in Dir, in mir und in Träumereien lebte. Ich lebe hier gar nicht unglücklich, ich lebe aber glücklich mit meiner Frau und meinen Kindern; aber das Allereigenthümlichste in mir spricht sich nicht aus, oder nicht ganz, nicht rein. Ich bin nicht, wie ich seyn würde ganz nach meinem Willen und meiner Lust, sondern wie ich für sie seyn will. Ich lebe großentheils für sie, gar nicht aus Zwang, aus Pflicht, sondern aus innerer Lust daran, aus Liebe zu ihnen, aber dabei denke ich doch nicht an mich, und vieles unendlich Sonderbare in mir bleibt auch in mir unbeantwortet stehen, wird nicht einmal angesprochen.

Botho Strauß DIE BIBLIOTHEK WUCHS

Die Bibliothek wuchs, das Zimmer wurde dunkler, die Regale schlossen an die Decke, im Schacht der Bücher saßen wir bei langen Lampen, Lis und ich, Abend für Abend und Jahr um Jahr, wir lasen und verfielen, hoben unsere Augen hie und da von den Seiten und sahen heimlich nach dem anderen, ob irgend etwas aus den Büchern nicht auch auf ihn, ein wenig und so ähnlich, zutreffen könnte.

Am Ende, wenn man unsere Lage bedenkt, hatten wir uns wahrscheinlich zu häufig heimlich angeschaut und zu selten umarmt. Irgend etwas muß ja das Versäumte sein, das brennt. Etwas, das zu einem bestimmten Zeitpunkt nicht mehr zu ändern ist. Für immer, vermutlich, werden wir die Liebe unausgeschöpft zurücklassen. Wieviel mehr, ach, wieviel wäre noch möglich, wäre zu riskieren, zu feiern, zu verschwenden gewesen! Aber es hätte auch ein Mehr an umstürzlerischen Empfindungen dazugehört, an Nachtseiten, Gemeinheiten und Zumutungen, die den seidenen Faden, der diese beiden blassen und gewichtlosen Leben aneinanderband, schnell zerrissen hätten. Statt dessen sind wir einander in unzähligen höheren Versionen begegnet, und nie verloren wir bei der Schilderung von Liebesbetrug und Eifersucht, von roher Gewalt und bitterem Dulden das Bild des Menschen gegenüber aus den Augen, verglichen uns in den infamsten und den schönsten Abenteuern zwischen Mann und Frau.

Ich frage mich also: Wer wären wir uns, wenn sich unser Zimmer nicht ansteigend verdunkelt hätte? Wer, wenn wir es nicht ertragen hätten, aufblickend von den Seiten, uns verfallen zu sehen?

Aber war sie meine Frau? Ich fand oft nur ein kaltes Gefallen an ihr. Sie war sehr schön – mit dem einzigen Makel, daß sie sich selbst für sehr schön hielt. Das versteifte, verkünstelte ihre Züge, sie dirigierte sie unbeholfen. Das Bild, das sie von sich besaß, entsprach einem etwas frostigen und glatten Ideal, und es verriet, daß ihr Schönheitsbegriff nicht sehr reich entwickelt war und sich mit Regelmäßigkeit zufriedengab. Eine ähnlich enge und klare Anlage des Begreifens und Erfassens beherrschte häufig auch das Urteil, das sie über andere Menschen hatte, so daß ich mich oft fragte, was wir in unseren Büchern wirklich gemeinsam lasen und einig erkannten. Doch das Verstehen, das die großen Werke einem Leser geben, ist wohl allemal größer als sein eigener Verstand.

Mit den Jahren hatte die Anständigkeit zwischen uns die Oberhand gewonnen. Ich achtete sie, ich bewunderte sie sogar ihrer tatsächlich makellosen Gradheit und Aufrichtigkeit wegen. Aber Leidenschaft – Leidenschaft braucht nun mal ihr nötiges Quantum an Verschlagenheit, Täuschung, Lüge und Schweinerei. Und daran fehlte es zwischen uns beiden. Sie war glücklich mit unserem Leben, und es erheiterte, es erfreute mich ihr Glück, ja es stimmte mich auf zaghafte Weise selber ein wenig glücklich. Es genügte, daß der Klang ihrer Empfindungen eine bescheidene, ungedämpfte Resonanz bei mir fand, so daß ich keinen eigenen hohen Ton zugeben mußte und sie ihn auch nie vermißte.

Wisława Szymborska GOLDENE HOCHZEIT

Sie mußten früher verschieden gewesen sein,
Feuer und Wasser, sich jäh unterscheiden,
sich gegenseitig berauben und sich beschenken
in der Begierde, im Angriff auf ihre Unähnlichkeit.
Umarmt, nahmen sie sich und gaben sie sich so lange,
bis nur noch Luft in den Armen zurückblieb,
transparent nach dem Abflug der Blitze.

Eines Tages fiel die Antwort vor der Frage.
Eines Nachts errieten sie den Ausdruck ihrer Augen
nach der Art des Schweigens, im Dunkel.

Das Geschlecht verblüht, die Geheimnisse verglimmen,
im Ähnlichen treffen sich die Unterschiede
wie alle Farben im Weiß.

Wer von ihnen ist doppelt, wer nicht da?
Wer lächelt mit zwei Lächeln?
Wessen Stimme hallt zweistimmig wider?
In wessen Bejahung nicken sie mit den Köpfen?
Mit wessen Geste heben sie den Löffel zum Mund?
Wer zog hier wem das Fell über die Ohren?
Wer lebt hier, wer ist hier gestorben,
versponnen in die Linien – von wessen Hand?

Langsam wachsen Zwillinge aus dem Starrblick.
Vertraulichkeit ist die vollendetste der Mütter –
von ihren beiden Kindern zieht sie keines vor,
sie weiß sie kaum zu unterscheiden.

Am Tag der goldenen Hochzeit, dem Feiertag,
setzte sich eine einerlei gesehene Taube auf das Fenster.

Wolfgang Koeppen WENN SIE TRINKT

Philipp ging in den Saal des Alten Schlosses, in dem der Staat einen Weinausschank eingerichtet hatte, um den Absatz des heimatlichen Weinbaus zu fördern. Der Saal war um diese Zeit sehr besucht. Die Beamten der zahllosen Ministerien und Staatskanzleien tankten hier ein wenig Fröhlichkeit, bevor sie nach Hause gingen, nach Hause zu ihren Frauen, zu ihren herzlosen Kindern, zu dem lieblos aufgewärmten Essen. Es war eine Männerwelt. Es waren wenig Frauen da. Nur zwei Redakteurinnen waren da. Aber das waren keine richtigen Frauen. Sie gehörten zum Abendecho. Sie löschten im Wein den Brand ihrer Schlagzeilen. Philipp dachte, daß er heimgehen, daß er zu Emilia gehen müsse. Aber er wollte doch auch zu Edwin gehen, obwohl die Begegnung mit Edwin so peinlich verlaufen war. ›Wenn ich jetzt nicht zu Emilia gehe, kann ich heute überhaupt nicht mehr nach Hause gehen‹, dachte Philipp. Er wußte, daß Emilia sich betrinken würde, wenn sie ihn am Abend nicht zu Hause fände. Er dachte ›ich würde mich in unserer Wohnung allein mit all den Tieren auch betrinken, ich würde mich betrinken wenn ich mich überhaupt betrinken würde, ich betrinke mich schon lange nicht mehr‹. Der Wein, den es im Alten Schloß gab, war gut. Aber Philipp mochte auch keinen Wein mehr. Er war sehr begabt, sich zu freuen, aber er hatte die Lust an fast allen Freuden verloren. Er war fest entschlossen, zu Emilia zu gehen. Emilia war wie Dr. Jekyll und Mr. Hyde in der Geschichte von Stevenson. Philipp liebte Dr. Jekyll, eine reizende und gutherzige Emilia, aber er haßte und fürchtete den widerlichen Mr. Hyde, eine Emilia des späten Abends und der Nacht, die ein wüster Trunkenbold und eine geifernde Xanthippe war.

Wenn Philipp jetzt nach Hause ginge, würde er noch den lieben Dr. Jekyll treffen, besuchte er aber Edwins Vortrag, würde der entsetzliche Mr. Hyde auf ihn warten. Philipp überlegte, ob er sein Leben mit Emilia nicht anders führen, ob er es nicht ganz anders gestalten könnte. ›Es ist meine

Schuld, wenn sie unglücklich ist, warum verschaffe ich ihr kein Glück?‹ Er dachte daran, aus dem Haus in der Fuchsstraße auszuziehen, aus der verfallenen Villa, die Emilia so bedrückte. Er dachte ›wir könnten in eines ihrer unverkäuflichen Landhäuser ziehen, die Häuser sind mit Mietern besetzt, die Mieter gehen nicht 'raus, schön, dann bauen wir uns eben eine Hütte im Garten, andere haben es auch getan‹. Er wußte, daß er nichts bauen würde, keine Hütte, kein Haus im Freien. Emilia würde aus der Fuchsstraße nicht ausziehen. Sie brauchte die Luft des Familienzwistes, den Anblick des immer nahen Geldverhängnisses. Und auch Philipp würde nie aufs Land ziehen. Er brauchte die Stadt, auch wenn er in der Stadt arm war. Er las manchmal Gartenbücher und bildete sich ein, im Züchten von Pflanzen Frieden zu finden. Er wußte, daß es eine Einbildung war. Er dachte ›auf dem Lande, in der selbstgebauten Hütte, wenn wir sie bauten, würden wir uns zerfleischen, in der Stadt lieben wir uns noch, wir tun nur so als ob wir uns nicht liebten‹. Er zahlte den Wein. Leider hatte er am Tisch der Abendecho-Damen den Redakteur des Neuen Blattes übersehen. Der Redakteur machte Philipp Vorwürfe wegen des unterlassenen Interviews. Er erwartete, daß Philipp nun wenigstens zu Edwins Vortrag gehen und über ihn für das Neue Blatt berichten würde. »Gehen Sie doch«, sagte Philipp. »Nee, wissen Se«, antwortete der Redakteur, »für den Schmonzes hab' ich Sie. Da müssen Sie mir schon den Gefallen tun.« – Zahlen Sie mir ein Taxi?« fragte Philipp. »Schreiben Sie's auf die Spesen«, sagte der Redakteur. »Gleich«, sagte Philipp. Der Redakteur holte einen Zehnmarkschein aus einer Tasche und reichte ihn Philipp. »Wir verrechnen es nachher«, sagte er. ›So weit ist es mit mir gekommen‹, dachte Philipp, ›ich verkaufe mich und Edwin.‹

★

Emilia aber fror. Sie hatte gehofft, daß Philipp in der Wohnung auf sie warten würde. Noch war sie Dr. Jekyll. Sie hatte noch nicht viel getrunken, sie wollte Dr. Jekyll bleiben. Dr. Jekyll wollte nett zu Philipp sein. Aber Philipp war nicht da. Er hatte sich ihr entzogen. Er hatte den lieben Dr. Jekyll nicht liebgehabt. Wie Emilia das Haus haßte, aus dem sie niemals für immer fortgehen würde! Das Haus war ein Grab, aber es war das Grab der lebenden Emilia, und sie konnte es nicht verlassen. Wie haßte sie die Bilder, die Philipp aufgehängt hatte! Ein Kentaur mit einem nackten Weib auf dem Pferderücken, die Nachbildung eines pompejanischen Wandgemäldes, starrte sie mit höhnischem Lächeln an. In Wahrheit war das Gesicht des Kentauren ausdruckslos. Es war so ausdruckslos wie alle Gesichter auf den pompejanischen Bildern, aber Emilia schien es, daß der Kentaur sie verhöhnte. Hatte nicht auch Philipp sie entführt, nicht gerade auf einem Pferderücken, aber jung und nackt hatte er sie aus dem Glauben an den Besitz, aus dem schönen unschuldigen Glauben an das ewige Recht des Besitzes gerissen und sie in das Reich der Intellektualität, der Armut, des Zweifels und der Gewissensnot geführt. In einem dunklen Rahmen hing ein Stich des Piranesi, das Gemäuer des alten Aquäduktes in Rom, eine Mahnung an Untergang und Verfall. Nur Moder umgab Emilia, Stücke der Kommerzienratserbschaft, tote Bücher, toter Geist, tote Kunst. Dieses Haus war nicht zu ertragen. Hatte sie nicht Freunde? Hatte sie nicht Freunde unter den Lebenden? Konnte sie nicht zu Messalina und Alexander gehen? Bei Messalina gab es Musik und Getränke, bei Messalina wurde getanzt, bei Messalina gab es Vergessen. ›Wenn ich jetzt gehe‹, sagte sie sich, ›werde ich als Mr. Hyde nach Hause kommen‹. ›Schön‹, sagte sie sich, ›Philipp ist nicht hier. Wenn er es anders wollte, wäre er hier. Soll ich hier auf ihn warten? Bin ich eine Witwe? Will ich wie ein Eremit leben? Und wenn Philipp hier wäre? Was wäre dann? Nichts wäre! Keine Musik, kein Tanz. Wir würden uns düster gegenübersitzen. Die Liebe bliebe uns noch, die erotische Verzweiflung. Warum soll ich nicht trinken, warum nicht Mr. Hyde sein?‹

Raymond Chandler

KINDCHEN, ICH BIN DOCH DEIN MANN!

Ein kleines Mädchen mit lehmfarbenem Haar und einem Band um die Stirn hockte sich neben mich, stellte ein Glas auf die Bar und nörgelte. Candy nickte und machte ihr einen neuen Drink.

Das kleine Mädchen wandte sich mir zu. »Interessieren Sie sich für den Kommunismus?« fragte sie mich. Sie hatte glasige Augen, und ihre kleine rote Zunge fuhr unablässig zwischen den Lippen hin und her, als suche sie nach einem Krümel Schokolade. »Ich finde, jeder sollte das«, fuhr sie fort. »Aber wenn man einen von den Männern hier fragt, dann wollen die alle bloß fummeln.«

Ich nickte und betrachtete über mein Glas hinweg ihre Stupsnase und ihre sonnenvergröberte Haut.

»Nicht daß ich nun unbedingt was dagegen hätte, wenn sie's nett machen«, erklärte sie mir und griff nach dem frischen Glas. Sie zeigte mir ihre Backenzähne, während sie es zur Hälfte in sich hineingoß.

»Rechnen Sie nicht auf mich«, sagte ich.

»Wie heißen Sie?«

»Marlowe.«

»Mit ›e‹ oder ohne?«

»Mit.«

»Ah, Marlowe«, psalmodierte sie. »So ein schöner trauriger Name.« Sie stellte das Glas ab, das fast leer war, schloß die Augen, warf den Kopf zurück und breitete die Arme aus, wobei sie mich fast ins Auge traf. Ihre Stimme vibrierte gefühlig, als sie sagte:

»War dies denn das Gesicht, das tausend Schiffe
der Heimat nahm und Ilions Türme brach?
O süße Helena, mach mich unsterblich
mit einem Kuß...«

Sie öffnete die Augen, grapschte nach ihrem Glas und prostete mir zu.

»Sie können mich küssen, wenn Sie mögen«, sagte sie affektiert.

Ein Bursche in Schantung-Jacke und offenem Hemd tauchte hinter ihr auf und grinste mir über ihren Kopf weg zu. Er hatte kurzes rotes Haar und ein Gesicht wie eine kollabierte Lunge. Er war der häßlichste Kerl, den ich je zu Gesicht bekommen hatte. Er tätschelte dem kleinen Mädchen den Kopf.

»Nun komm schon, Kitten. Zeit für die Heia.«

Sie warf sich wie eine Furie zu ihm herum. »Du meinst, du mußt wieder diese gottverdammten Knollen-Begonien gießen?« gellte sie.

»Aber hör mal, Kitten –«

»Nimm die Finger von mir weg, du gottverdammter Mädchenschänder«, schrie sie und schleuderte ihm den Rest ihres Drinks ins Gesicht. Der Rest bestand nur noch aus einem Teelöffel voll und zwei Eiswürfeln.

»Um Himmels willen, Kindchen, ich bin doch dein Mann!« schrie er zurück, grapschte nach einem Taschentuch und wischte sich das Gesicht. »Hast du kapiert? Dein Mann!«

Sie schluchzte heftig auf und warf sich in seine Arme. Ich machte einen Bogen um die beiden und suchte das Weite. Alle Cocktailparties gleichen sich, sogar im Dialog.

Theodor Fontane RR ODER GEFÄHRDET GLÜCK

Ein Romanentwurf.

1. Das Dr. Bernersche Ehepaar, kinderlos.
   a) Dr. Berner 30 Jahre, brünett, Mittelfigur, gut aussehend, Brille, elegant. Sohn eines reichen Industriellen am Tempelhofer Ufer, beide Eltern vor Kurzem gestorben. Physiker. Schüler von Helmholtz, Mitarbeiter. Das Zeitalter nicht etwa Bismarcks sondern Helmholtz'. Einer hatte mal gesagt »Darwins«; das lehnte er ab. »Hypothesen bedeuten nichts neben entdeckten Gesetzen.« Liebenswürdig, umgänglich.
   b) Dr. Berners Frau, Hedwig oder Sophie. Tochter des Generals v. Schlichtekrull. Blondine, groß (größer als ihr Mann), schlank, wundervolle Taille, heiter, gesprächig, liebenswürdig, gesellschaftlich brillant geschult, sehr verwöhnt, ein wenig empfindlich, aber leicht wieder versöhnt. Liebt ihren Mann und hält ihn für eine Gelehrtennummer, fühlt sich ihm in Leben, Gesellschaft und Temperament aber doch überlegen.

⋆

3. Kapitel.

Die Schlittenfahrt nach Saatwinkel, hin und zurück. Ostwind. Sophie redet ihm ab, aber etwas spöttisch. Er besteht also drauf. Kriegt einen Knax. Lungenentzündung. Erholt sich. Im April alles wieder gut. Er, frischer als vorher. Er hatte nur einen kleinen Reiz im Halse behalten und wenn er im Schaukelstuhl saß und las und Sophie neben ihm arbeitete, kam oft ein kleines kurzes Räuspern; »rr« oder mitunter war es noch weniger und bloß ein kurz ausgestoßenes »hm«. »Du räusperst so, Hugo«. »Ja; es ist wohl etwas kalt hier.« »Dann geh aber doch hinein.« »Nein; ich will mich abhärten; diese Empfindlichkeit in den Schleimhäuten muß wieder fort.«

»In den Schleimhäuten?« »Ja.« »Es ist ein recht häßliches Wort.« »Ja; ich will es nicht schön finden. Aber man hat kein anderes; Schnupfen oder gar Stockschnupfen ist auch kein schönes Wort aber wie willst du's anders ausdrücken?« »Ich meine, man braucht dergleichen gar nicht zu nennen.« »Das ist Überfeinerung und ist auch nicht durchzuführen; zuletzt muß man doch mal mit der Sprache heraus.« »Ja, zuletzt, aber was heißt zuletzt?« Zuletzt heißt, wenn's ernst wird, wenns immer weh tut, wenn man nicht mehr anders kann.«

Sie schwiegen eine Weile.

Dann sagte sie: »Weißt du, Hugo, die Engländer, so Gewisses hat mir Mrs. Chupperworth erzählt, gehen davon aus man könne alles unterdrücken, und wenn man es nicht mehr könne ...«

»Ach, das ist solch englischer Unsinn. Das ist aller Unnatur aufgesteift. Ich bin auch für Anstand und gute Sitte und werde die gesellschaftliche Rüpelhaftigkeit ...«

»Aber wie du immer sprichst ...«

»Rede der gesellschaftlichen Rüpelhaftigkeit nicht das Wort, aber Natur bleibt Natur, und wenn ich hier ein Kitzel kriege ...«

»Aber ich bitte dich ...«

»Wenn ich mein Kitzel kriege und husten muß, nun, dann muß ich husten, da hilft nichts.«

»Ja husten ginge vielleicht noch. Wiewohl ich dir bekenne, husten ist auch schrecklich. Aber dies kurze ›hm‹ und ›rr‹ du hast es dir seit einiger Zeit angewöhnt und es schien mir doch Zeit mit dir darüber zu sprechen. Der Tante ist es auch aufgefallen.«

»Ach nun komm mir auch noch mit der Tante. Die wird mir noch beweisen das käme vom Judentum oder sei unaristokratisch. Ich sage dir ich habe Aristokraten, Leute vom ältesten Adel husten hören, daß man von phänomenal sprechen könnte ...«

»Nun lassen wir's. Aber wir wollen doch mit Dr. Henneberg darüber sprechen.«

★

5. *Kapitel.*

Es war schon 7 durch, als Hugo nach Hause kam. Sophie schon da, auf dem Balkon. Sie war halb verlegen, halb verstimmt.

»Was ist dir Sophie, du bist so sonderbar.« »Ach, ich bin Hildegard begegnet. Wir sprachen von der Pension. Gott, damals. Ihr Mann kann sich nicht entschließen Handschuh anzuziehen und wenn sie drauf drängt, immer nur einen und mit dem andern schlänkert er und schlägt sich auf den linken Arm.« »Ist er ein Schmuddelfink?« »Nein. Das glaube ich nicht. Er ist nur unakkurat und ganz unelegant. Er kam uns entgegen und das Erste was ich sah, war daß der Hängsel hinten aus dem Rockkragen vorkuckte. Wir gingen dann in Hildegards Schlafzimmer. »Hast du gesehn« und als ich nickte sagte sie: »wie mir zum Tort. Es kann ja mal ein Hängsel vorkucken wiewohl ich glaube, daß es bei Leuten die *comme-il-faut* sind gar nicht vorkommen kann; ich will aber nicht das Äußerste von ihm verlangen, er ist nun mal nicht perfekt, aber so darf er nicht vorkucken, solche Hängsel hat ein Anderer gar nicht von Öse keine Rede mehr, ein vollkommner Tor. Ich wette, er bestellt es sich so, er sucht was drin, er will es ...« »Und was sagtest du?« »Ich sagte, sie dürfe das so schlimm nicht veranschlagen. Die Männer seien nicht so wie wir sie uns in der Pension vorgestellt hätten ...«

»So. Na, da könnt ihr euch drüber freuen. Wenn ihr solch Pensionsideal zum Mann gekriegt hättet, da wäre schon längst was passiert.« »Ja Hugo das sagst du so. Wer bürgt dir dafür? Wer bürgt dir dafür, daß sich ein Ideal nicht mal verwirklichen kann.« »Ja, ja, das kann es. Das meine ich ja eben, das ist ja gerade das Furchtbare, der Unsinn. Und ich will dir noch mehr sagen, da hast du ihr dann zum Trost von deinem Manne, von mir armen Person erzählt und hast ihr die alberne Geschichte von ›hm‹ und ›rr‹ vorgetragen, womit du jetzt alle Leute regalierst. Ach du arme tiefbeklagenswerte Frau, die du ›hm‹ und ›rr‹ mitanhören mußt und keine Rettung und wer weiß was am Ende …« »Ja Hugo, wer weiß was am Ende. Gerade wie du sagst. Du sagst doch sonst immer, die Dinge sind nichts, der Geist ist alles oder das Gefühl oder die Gesinnung oder was du sonst noch alles für Worte hast, mitunter sogar lateinische oder vielleicht auch griechische. Hm ist nichts, aber die mangelnde Liebe …«

»O Gott, o Gott.«

»Aber die mangelnde Liebe, die sich drin ausspricht, die bedeutet allerdings was, die fällt ins Gewicht. Und das tröstlich zu empfinden, sage selbst wohin soll das führen.«

»Zu Tod und Verzweiflung.«

»Es kleidet dir schlecht dieser Spott. Du verstehst dich darauf nicht. Denn eigentlich hast du einen guten Charakter. Aber ich weiß nicht was in dich gefahren ist. Du tust ja auch nicht das Geringste. Henneberg hat dir gesagt du müßtest nach Ems. Wer nicht nach Ems ging warst du. Du sagtest du wolltest dann Emser hier trinken, hier drüben nach dem Neuen See zu; wer ihn nicht trank warst du. Nicht einmal die Pastillen …«

»Doch, doch Sophie.«

»Ja, angeschafft hast du sie und jeden Tag muß ich mich drüber ärgern, denn du hast sie noch nicht einmal aufgemacht. Da bin ich doch anders erzogen, was angeschafft wird, das wird auch gebraucht. Aber das sind so die Manieren aus eurer Geldsphäre, nur immer anschaffen. Und hast du das Geringste von dem getan, was Papa dir schon lange geraten, ein nasses Tuch um den Hals und Wolle darüber. Aber dazu bist du zu klug oder vielleicht auch zu eitel. Mein Gott, es gibt ja auch feine wollene Tücher, aber nur nicht tun, was andre sagen, immer der Herr Studiker, der Herr Doktor, der Herr Professor in spe, immer klüger als andre Leute … Selbst was Astolf dir sagte …«

»Sophie wohin soll denn das führen wir sind ja auf dem besten Wege bei der Portierfrau anzukommen. Denn eigentlich fehlt doch nur noch ein aufgelegtes Stück Speck und wir haben das ganze Küchenlatein durch. Rund heraus, ich fühle mich gesund und mache mitunter ›hm‹, das ist der Tatbestand mit dem du zufrieden sein mußt und ich versichre dich vernünftige Frauen wären auch damit zufrieden, zumal wenn sie sich sagen müßten …«

»Sagen müßten, was?«

»Daß sie Schuld an der ganzen Geschichte sind. Von der Schlittenfahrt schreibt es sich her; meine Lungenentzündung hab ich glücklich hinter mir und anstatt froh darüber zu sein, daß alles glücklich abgelaufen ist und daß du noch keine Witwe bist...«

»Ach, soll nun so was sein. Was heißt Witwe? Witwen leben auch...«

»Sophie...«

»Nun du darfst es so bös nicht nehmen. Ich habe mich übereilt, ich will dich nicht kränken. Aber ich bin außer mir, ich bin unglücklich viel mehr als du dir denken kannst. Und wenn ich auch alles Extreme vermeiden will, aber wir müssen uns trennen Hugo. Bei Tage mag es ja gehen. Da kann ich ja auch aufstehen und in das andere Zimmer gehen oder auf den Balkon oder in den Garten. Aber in der Nacht...«

»Du wolltest wirklich...«

»In der Nacht bin ich in einer verzweifelten Lage. Gerade jetzt wieder seit beinah 14 Tagen. Und so unkorrekt und unpünktlich du überhaupt bist, Papa klagt auch darüber, so unpünktlich bist du auch nachts. Es ist ja schrecklich an und für sich, aber wenn es nun mal sein soll, nun so möchte es drum sein und vielleicht könnt ich drüber einschlafen, wenn du einen bestimmten Modus hättest. Vielleicht gewöhne ich mich dran, wie der Mühlknapp in der Mühle; vergeß die alte Geschichte. Aber wenn ich nun da liege und denk jetzt kommt es, dann kommt es nicht und so vergeht eine Stunde und ich liege da und warte daß es kommt aber es kommt immer noch nicht. Und endlich denk ich ach er ist's vielleicht los und höre nicht mehr hin und lege mich todmüde auf die Seite und ich fühle auch wie der Schlaf kommt, aber eh er da ist, höre ich es wieder und alle meine Ruhe ist hin. Das könntest du auch aushalten, denn du hast mir mal was von Mäuseknabbern erzählt. Siehst du gerade so ist es. Und nun kannst du dir denken, wie mir zu Mute ist und daß ich mich trennen will; ich nehme die Giebelstube, du kannst ja bleiben wo du bist.«

Friedrich Dürrenmatt

UNBARMHERZIGE BEOBACHTUNG

Die Filmemacherin F. erhält von dem Psychiater Otto von Lambert den Auftrag, die Umstände des Tods seiner Ehefrau zu recherchieren. Als erstes liest F. die Tagebücher Tina von Lamberts.

Jetzt, indem sie ihm vom merkwürdigen Auftrag des Psychiaters erzählte und auf das Tagebuch seiner Frau zu sprechen kam, ohne sich bewußt zu werden, daß sie davon berichtete, so sehr war sie noch mit dem engbeschriebenen Heft beschäftigt, sagte sie doch, sie habe noch nie eine ähnliche Schilderung eines Menschen gelesen, Tina von Lambert habe ihren Mann als ein Ungeheuer beschrieben, aber allmählich, nicht sofort, sondern indem sie eine Facette dieses Menschen um die andere von ihm gleichsam losgelöst, dann wie unter einem Mikroskop mit immer steigender Vergrößerung und in immer schärferem Licht betrachtet, seitenlang beschrieben habe, wie er esse, seitenlang wie er in den Zähnen stochere, seitenlang wie er sich und wo er sich kratze, seitenlang wie er schnalze oder sich räuspere, huste, niese oder andere unwillkürliche Bewegungen, Gesten, Zuckungen und Eigentümlichkeiten, die mehr und weniger bei jedem Menschen vorzufinden seien, aber dies alles sei in einer Art und Weise dargestellt, daß ihr, der F., nun das Essen an sich unerträglich vorkomme, und wenn sie jetzt noch nichts von ihrem Frühstück angerührt habe, so nur, weil sie sich vorstelle, sie esse ebenso abscheulich, man könne gar nicht ästhetisch essen, es sei, lese man dieses Tagebuch, als ob sich eine Wolke aus lauter Beobachtungen zu einem Klumpen von Haß und Abscheu verdichte, es komme ihr vor, als hätte sie ein Drehbuch gelesen zur Dokumentation jedes Menschen, als ob jeder Mensch, filme man ihn so, zu einem von Lambert werde, wie ihn dessen Frau beschrieben habe, indem er durch eine so unbarmherzige Beobachtung jede Individualität verliere, dagegen habe ihr der Psychiater einen ganz anderen

Eindruck gemacht, er sei ein Fanatiker seines Berufs, der an seinem Beruf zu zweifeln beginne, er habe etwas ungemein Kindliches wie viele Wissenschaftler, und Hilfloses, er habe geglaubt seine Frau zu lieben und glaube es immer noch, aber man bilde sich allzuleicht ein, jemanden zu lieben und liebe im Grunde nur sich selber...

Fred Hildenbrandt

DREI STUNDEN EHESCHEIDUNGSTERMINE

Ein blonder Herr mit einer großen verwunderten Brille klagt gegen seine Gattin. Er verwöhnt sie, aber sie bleibt schnippisch, giftig und spielt ein zermürbendes Theater mit ihm. (Der Vorsitzende bittet um Tatsachen.) Nun, sie reise öfters weg, sei aber bei einer harmlosen Freundin festzustellen. Auch gehe sie zuweilen abends fort mit der Drohung, sich von der Straße weg einen anderen Mann zu suchen. Und solche Dinge mehr. Beweisen, daß »etwas« geschehen sei, könne er nicht, und Tatsachen (meint er verbittert) wüßte er außer der Tatsache, daß Leben und Beruf ihm zerrüttet würden, keine. Der Vorsitzende kann damit nichts anfangen und verschiebt den Termin.

Geräuschlos und rasch tändelten einige Verhandlungen vorüber, bei denen die Regie des Ehebruchs durch geschickte Rechtsanwälte lückenlos war. Die Komödie klappt von Termin zu Termin, der Fall ist eindeutig, das Gericht wird nicht lange belästigt und alles macht wenig Aufsehen und dauert nicht lange.

Schwerer haben es die beiden Frauen, die schon lange zwischen den Talaren bedrückte Gesichter machen. Die Mutter hat sich gut angezogen und ist mit ihrer Tochter gegangen: vor Gericht müssen ist eine heikle und gefährliche Sache. Nein, sie habe es immer gesagt, gern gehabt hat ihre Tochter den Schlosser, aber das »schreckliche Schlagen« hält sie nicht aus, die Kinder haben es auch nicht gut bei ihm und trinken tut er dazu. Und die Tochter heult und nickt. Ehebruch? Nein, das kann sie nicht gerade sagen, nur einmal mit dem Dienstmädchen, das auf demselben Flur wohnt, aber das nähme sie weiter nicht krumm. (Und macht, als sie das sagt, ein wahrhaft gottseliges, genierlich-gütiges Gesicht.) Der Vorsitzende fragt, wann der letzte eheliche Verkehr statt gefunden habe. Sie gesteht, die Mutter blickt zur Erde: vor einigen Tagen, er sei gekommen, sie zurückzubetteln und da –. Fanfare des Vorsitzenden, das Publikum reckt sich: »Mit diesem ehelichen Verkehr haben Sie dem Beklagten verziehen.« – Aber das »schreckliche Schlagen«? – Achselzucken. –

An der Frage des letzten ehelichen Verkehrs habe ich in diesen drei Stunden manchen Termin scheitern sehen. Es mag psychologisch begründet sein, daß zerrüttete Ehen vor dem Gesetz als wiederhergestellt gelten, wenn nach dem Zerwürfnis eine Vereinigung erfolgt ist. Es würde zuviel verlangt sein, wenn ein Paragraph vom Liebeshaß der Geschlechter wissen sollte, jener rätselvollen dumpfen Atmosphäre, die in einer Kette von Widerwillen die Begattung duldet. Aber es sollte juristisch ausdenkbar sein, daß der Rausch einiger Augenblicke eine zerrüttete Ehe nicht unauflöslich macht.

Das wird mir ganz besonders deutlich, wenn ich mich an die blasse, kleine Frau erinnere, die sich vor dem grünen Tisch gegen ein Weiterleben mit ihrem Mann wehrt. Sie hat sich weder um sein Vorleben gekümmert, noch hat sie gewußt, was er neben seiner sichtbaren Tätigkeit treibt. Als man ihn holte und einige Monate später im Zuchthaus einkleidete, wußte sie es. Keine Silbe ihrer leisen und stockenden Erzählung geht im Raume verloren. Sie kann es nicht verwinden, sagt sie, und bittet deshalb, die Ehe zu lösen. Der Rechtsanwalt des Mannes greift mit weicher und vorwurfsvoller Stimme ein. Aber, sagt er, als der Mann einmal aus dem Zuchthaus entwichen sei, habe sie ihn aufgenommen und mit ihm ehelich verkehrt und das bedeute die Verzeihung. Die Frau gibt zu, ihn nach der Flucht gesprochen zu haben, aber das andere sei nicht geschehen. Der Anwalt bleibt melancholisch bei seiner Aussage. Ein neuer Termin wird festgelegt.

Schließlich gerate ich noch in eine lärmvolle Verhandlung. Es ist schön, strahlt ein staatenloser Ehemann, wenn man einen guten Rechtsanwalt hat. Denn so schnell die Fragen des Vorsitzenden fallen, legt der Rechtsbeistand die umständlichen Dokumente, die ein Staatenloser anscheinend braucht, auf den Tisch: ein Stapel von Ausweisen zum ersten Termin. Aber als die Sache selbst beginnt, wird sie ein Hexenkessel. Vor dem Kriege haben die Gatten sich leidlich vertragen, dann fuhr sie nach England und schrieb beleidigende Briefe. Davon hat er einen Pack mitgebracht und übersetzt. Das Wort »Hund« ist nicht selten hörbar. Auch »Boche« fehlt nicht. Aber das Gericht verbeißt sich in die Schlußformeln jedes Briefs und will nicht glauben, daß der übrige Teil ernst gemeint ist. Denn die Schreiberin verabschiedet sich stets mit liebenden und streichelnden Worten. Der Gatte wiederholt eindringlich, sie käme nicht zurück, schreibe bösartige Briefe und mit der reizenden Schlußformel sei ihm nicht gedient. Das Gericht zuckt vorläufig die Achseln und schließt den Termin.

Dann höre ich einen Fall mit an, der den Nagel auf meinen Kopf trifft und der mir sagt, daß es Zeit sei, dieses Karussell zu verlassen. Auf einen Namensaufruf tritt eine Dame heran. Der Anwalt des abwesenden Gatten berichtet, sie hätte die Ehe durch Gezänk zerrüttet. Die Dame behauptet es energisch und ausführlich vom Manne. Nach einigen Minuten stutzt der Vorsitzende und erkundigt sich nach dem Vornamen der Dame. Es stellt sich heraus, daß sie zu einem anderen Fall gehört. Zu einem anderen?

Nein, sie gehört zu diesem und allen Fällen!

Es ist die dritte Stunde, daß ich hier bin, und schon fühle ich mich der Psychologie der Richter und Anwälte näher. Was ich vor drei Stunden im ersten Zimmer hörte, kehrt wieder und fließt trübe vorüber wie träges Wasser über ein Wehr, immer und endlos strömt anderes heran, und ist doch dasselbe, und noch draußen, im heranwehenden fernen Frühling, sehe ich das Traumspiel dieses Vormittags in allen Menschen auf der Straße weiter aufgeschrieben.

Leo N. Tolstoj / Sonja Tolstaja:

EHEJAHRE IN TAGEBÜCHERN

Leo Tolstoj im 18. Ehejahr (1880)

3. Mai. Bin nur schwer aufgestanden. Ein wenig Unfug gelesen, das heißt nach dem Erwachen weitergeschlafen. Suchte einen Brief der Pamjatka und fand einen meiner Frau. Die Ärmste, wie sie mich haßt. Herr, hilf mir. Muß es das Kreuz sein, dann gut, mag es mich niederdrücken, mich zerschmettern. Aber dieses Zerren an der Seele ist entsetzlich, nicht nur deprimierend und schmerzhaft, sondern eine Last. Hilf mir doch!

5. *Mai.* Träumte, mein Weib liebe mich. Wie leicht, wie klar wurde mir alles! Im Wachen nichts dergleichen. Und das ist es, was mich zugrunde richtet. Versuche auch nicht zu schreiben. Es wäre schön, zu sterben.

Abends hatte ich beim Hause gemäht, ein Bauer war wegen des Hofes gekommen. Ich ging baden. Kam frisch und gutgelaunt zurück, da fing sie plötzlich mit sinnlosen Vorwürfen wegen der Pferde an, die ich überhaupt nicht brauche und so schnell wie möglich loswerden will. Ich sagte nichts, war jedoch schrecklich deprimiert. Ich ging und wollte für immer fort, aber ihre Schwangerschaft ließ mich, schon auf halbem Wege nach Tula, zurückkehren. Zu Hause spielten bärtige Männer Karten, Wint – meine zwei jüngeren Söhne. »Sie ist auf dem Krocketplatz, hast du sie nicht gesehen?« sagte ihre Schwester Tanja. »Ich mag sie gar nicht sehen.« Ich ging auf mein Zimmer, wollte auf dem Sofa schlafen; der Kummer hinderte mich aber daran. Ach, wie niederdrückend! Trotzdem tut sie mir leid. Und trotz allem kann ich nicht glauben, sie sei völlig aus Stein. Kaum war ich in der 3. Stunde eingeschlafen, kam sie und weckte mich: »Verzeih, das Kind kommt, vielleicht muß ich sterben.« Wir gingen nach oben. Die Entbindung begann – was in einer Familie das freudigste und glücklichste Ereignis ist, ging wie etwas Unnötiges und Deprimierendes vonstatten. Wir haben zum Stillen eine Amme.

Die Entzweiung mit meiner Frau hat sich nicht verschlimmert, das kann man schon nicht mehr sagen, aber sie ist vollständig.

7. *Juli.* Sie fängt jetzt an, mich körperlich zu locken. Ich möchte mich gern bezähmen, fühle jedoch, unter den gegenwärtigen Bedingungen wird mir das nicht gelingen. Aber das Zusammensein mit einer Frau, die einem geistig fremd ist, das heißt mit ihr, ist schrecklich widerwärtig.

Kaum hatte ich dies niedergeschrieben, kam sie herein und machte mir eine hysterische Szene – der Sinn ihrer Worte war, es brauche überhaupt nichts verändert zu werden und sie sei unglücklich und müsse irgendwohin entfliehen. Sie tat mir leid; doch gleichzeitig erkannte ich, es ist hoffnungslos. Sie wird mir bis zu meinem Tode ein Mühlstein an meinem Halse bleiben und für die Kinder auch. Es soll wohl so sein. Muß lernen, mit dem Mühlstein am Halse nicht zu ertrinken. Aber die Kinder? Es muß offensichtlich sein. Und es tut mir nur deswegen weh, weil ich zu kurzsichtig bin. Ich beruhigte sie wie eine Kranke.

11. Juli. Weiß nicht, wie ich mich selbst von diesen Leiden befreien und sie vor dem Verhängnis retten kann, dem sie unaufhaltsam entgegeneilt.

14. Juli. Habe mehrere Tage ausgelassen und am Mittwoch versucht, alles aus dem Gedächtnis aufzuschreiben. An diesem Tag wollte ich, glaube ich, zu meiner Frau, und sie versagte sich mit kalter Bosheit und in dem Wunsch, mir wehzutun. Ich hatte die ganze Nacht nicht geschlafen. Und wollte nachts fort, packte meine Sachen und ging, sie zu wecken. Weiß nicht, was mit mir los war: Erbitterung, Wollust, sittliche Erschöpfung, jedenfalls litt ich entsetzlich. Sie stand auf, und ich sagte ihr alles, sagte, sie sei mir nicht mehr Gattin. Helferin ihres Mannes? Sie hilft mir schon lange nicht mehr, sondern behindert mich nur. Mutter der Kinder? Sie will es nicht sein. Nährerin der Kinder? Will sie nicht sein. Gefährtin der Nächte. Daraus macht sie einen Köder und ein Spiel. Es war entsetzlich niederdrückend, und ich fühlte, ich sprach unnütz und schwach. Es war verkehrt, nicht wegzufahren. Das bleibt mir wohl nicht erspart. Obwohl mir die Kinder schrecklich leid tun. Ich empfinde für sie immer mehr Liebe und Mitleid.

Sonja Tolstaja im 28. Ehejahr (1890/91)

20. November. Ljowotschka hat jegliche Gemeinschaft mit mir aufgegeben. Warum und weshalb, verstehe ich überhaupt nicht. Wenn er krank ist, nimmt er meine Pflege, als sei es meine Pflicht und Schuldigkeit, hin, jedoch spüre ich, daß ich ihm fremd bin. Dabei bemühe ich mich mit aller Kraft, eine geistige Gemeinschaft mit ihm zu finden. Ich habe heimlich seine Tagebücher gelesen, weil ich erfahren wollte, wie wir wieder einander näherkommen könnten. Aber bei der

Lektüre packte mich tiefe Verzweiflung. Wahrscheinlich hat er gemerkt, daß ich sie gelesen habe, denn jetzt versteckt er sie, hat aber nichts gesagt.

Wenn ich früher seine Manuskripte abschrieb, war das immer eine Freude für mich. Jetzt aber gibt er alles den Töchtern und hält es sorgsam vor mir verborgen. Er bringt mich systematisch um, läßt mich an seinem Leben nicht Anteil nehmen. Das verletzt mich sehr. Zuweilen überkommt mich eine geradezu wahnwitzige Verzweiflung. Dann möchte ich mich umbringen, irgendwohin fliehen, mich in jemanden verlieben – wenn ich nur nicht mehr mit diesem Menschen zusammen leben müßte, den ich trotz allem mein Leben lang geliebt habe, obwohl mir jetzt bewußt wird, daß ich ihn idealisiert habe und daß er ausschließlich von einem starken sexuellen Trieb beherrscht wird. Jetzt aber sind mir die Augen aufgegangen, und ich sehe, daß mein Leben zerstört ist.

14. Dezember. Kam heute beim Abschreiben von Ljowotschkas Tagebuch an die Stelle, an der er notiert hat: »Es gibt keine Liebe. *Es gibt das Bedürfnis des Fleisches nach Verkehr und das Bedürfnis der Vernunft nach einer Freundin fürs Leben.*« Ja, hätte ich diese seine Überzeugung vor neunundzwanzig Jahren gekannt, dann hätte ich ihn um nichts in der Welt geheiratet.

April 1891. Gestern nacht war ich so wütend, daß ich nicht mehr mit ihm sprechen wollte. Er hielt mich bis zwei Uhr morgens wach. Zuerst war er unten und wusch sich so lange, daß ich schon dachte, er sei krank. Für ihn ist Waschen nämlich ein Ereignis. Er hat mir gesagt, seine Füße seien vor lauter Schmutz geradezu wund geworden. Das hat mich mit Abscheu erfüllt. Dann legte er sich ins Bett und las lange Zeit. Wenn er mich nicht zu seiner Befriedigung braucht, bin ich ihm nur im Weg. Manchmal empfinde ich gegen meinen Mann – gegen seinen Körper – einen starken Widerwillen, und das ist deprimierend. Aber vor allem kann ich mich nicht an den Schmutz, den Geruch gewöhnen.

3. Juni. Den gestrigen Tag verbrachte bei uns ein Deutscher aus Berlin, der sich *mal Tolstoi anschauen* und für seine deutschen Juden – Löwenfeld u. a. – einen Aufsatz von Lew Nikolajewitsch erbitten wollte, den diese übersetzen könnten. Er selbst ist Kaufmann, kauft in ganz Rußland Wolle an, ein liebedienerischer und unangenehmer Mensch, verdarb uns den ganzen Tag. Abends führten Ljowotschka, Schwester Tanja und ich ein hochgeistiges Gespräch. Ljowotschka sagte, es gebe Dinge, die ein Mensch *einfach nicht* zu tun imstande sei, deshalb seien Christen zu Märtyrern geworden, sie *konnten* einfach Götzen keine Opfer darbringen, ein Bauer *kann* keine Hostie ausspucken usw. Ich sagte, so ohne Grund dürfe man solche Dinge natürlich nicht tun, aber für einen bestimmten Zweck, zur Rettung seines Nächsten oder für dessen Wohl, sei einem alles erlaubt. Darauf er: »Und – ein Kind töten?« Ich: Das auf gar keinen Fall, denn Schlimmeres kann es gar nicht geben, und – egal, zu welchem Zweck, *das* darf man nicht tun, es gibt *nichts Schlimmeres.*« Dies gefiel ihm nicht, er widersprach mit schrecklich gereizter Stimme, schrie heiser: »Ach was! Ach was!« – ich geriet von diesem Tonfall außer mich und sagte ihm eine Menge unangenehmer Dinge: mit ihm könne man nicht reden, alle seine Freunde seien längst zu diesem Schluß gekommen, er höre sich nur gerne predigen, und bei seinem bösen »Ach was« könne ich genausowenig reden, wie wenn nebenan ein Hund bellte …

Leo Tolstoj im 32. Ehejahr (1894/95)

25. Juni 1894. Bedrückendes in dieser Zeit: die Verderbtheit der Jungen, Andrjuschas und Mischas, vor allem Andrjuschas. Mischa ist dank seines Alters noch unversehrt; aber bei dieser Verzärtelung und dem Fehlen sittlicher Autorität wird bei ihm das gleiche eintreten. Etwa vor einer Woche war er (Andrjuscha) bis ein Uhr im Dorf beim Reigentanz, ich sagte zu ihm, er werde ein Bibikow und sollte lieber aus dem Haus gehen und im Dorf leben; gestern gab es keinerlei Reigentänze, aber es wiederholte sich das gleiche: er ging ins Dorf und kam erst um eins nach Hause. Ich machte mir große Sorge um ihn; doch ich überwand meinen persönlichen Groll, und als er heimkam, trat ich hinaus und sagte ihm, er solle nicht glauben, wir schliefen, sondern solle wissen, daß wir gewartet und uns gesorgt haben. Möchte gern einmal in Güte mit ihm sprechen. Unsere Kinder sind in einer sehr schlimmen Lage: keinerlei sittliche Autorität. Sonja untergräbt geflissentlich die meine und ersetzt sie durch ihre komischen Anstandsforderungen, über die sie sich leicht hinwegsetzen können. Sie tun mir beide leid und Sonja auch. Sie tut mir in letzter Zeit besonders leid. Sie erkennt, daß alles, was sie getan hat, falsch war und zu nichts Gutem geführt hat. Sich aber eingestehen, daß es ein Fehler war, mir nicht zu folgen, ist ihr nahezu unmöglich. Die Reue wäre gar zu entsetzlich.

26. Juni 1894. Gestern ist Sonja krank geworden, heute Wanja. Jetzt fühlen sie sich besser. Wjatscheslaw mit Frau ist gekommen und Lisa mit Sascha. Es geht jetzt auf 4, will bis zum Mittagessen ein Stück laufen. War an den Sandlöchern. Dort klettern die Bauern in die Löcher hinein und arbeiten unter Lebensgefahr. Beim Mittagessen sage ich, man müßte eine ordentliche Sandgrube anlegen. Sonja erklärte zunächst, sie werde kein Geld dafür geben. Einen Augenblick kam Gereiztheit auf. Da will man die rechte Backe darbieten, wenn man einen Streich auf die linke erhält, ergibt sich aber einmal eine echte Gelegenheit wie jetzt, will man nichts darbieten, sondern zurückschlagen.

9. August 1894. Gedanken in der Zwischenzeit: 1. Etwas Unwichtiges: Die Harmonie zwischen Ehegatten erfordert, daß sich in den Ansichten über Welt und Leben, falls sie nicht übereinstimmen, derjenige, der weniger darüber nachgedacht hat, dem unterordnet, der mehr darüber nachgedacht hat. Wie glücklich wäre ich, mich Sonja unterordnen zu können, aber das ist ja ebenso undenkbar wie eine Gans, die in ihr Ei kriecht. Sie müßte es tun, aber sie will nicht – es fehlt ihr an Vernunft, an Demut und Liebe.

30. August 1894. Romane schließen damit, daß Held und Heldin heiraten. Damit müßte man anfangen, aufhören aber damit, daß sie sich wieder trennen, das heißt befreien. Denn das Leben von Menschen so beschreiben, daß man mit der Schilderung der Hochzeit abbricht, ist nicht anders, als beschriebe man die Reise eines Mannes und bräche den Bericht an der Stelle ab, wo er Räubern in die Hände fällt.

Sonja Tolstaja im 32. Ehejahr (1894/95)

4. August 1894. Alles ist mir eine Last. Die mich schon lange bedrückende Entfremdung meines Mannes, der ausnahmslos alles auf mich abgewälzt hat – die Kinder, die Wirtschaft, der

Umgang mit dem Gesinde und den Bauern, die Geschäfte, das Haus, die Bücher; und für alles bestraft er mich mit verächtlicher, egoistischer Gleichgültigkeit. Und *sein* Leben? Er geht spazieren, reitet aus, schreibt ein wenig, lebt, wo und wie es ihm paßt, und tut für die Familie rein gar nichts, nimmt aber alles in Anspruch: die Dienste der Töchter, den Komfort, die Schmeicheleien der Leute wie auch meine Hingabe und meine Arbeit. Und dann sein Ruhm, seine unersättliche Gier nach Ruhm, dafür hat er getan, was er nur konnte, und tut es auch weiterhin. Nur Menschen ohne Herz sind zu solch einem Leben fähig. Der arme Ljowa, wie hat ihm die ganze letzte Zeit die ablehnende Haltung des Vaters zugesetzt! Der Anblick des kranken Sohnes störte das behagliche Wohlleben, das war es, was den Vater aufbrachte. Es gibt mir einen Stich, wenn ich an Ljowas schmerzlichen Blick zurückdenke, wie er voller Vorwurf und Gram den Vater ansah, wenn dieser ihm die Krankheit vorhielt und an sein Leiden nicht glaubte. Er selbst hat dergleichen nie durchgemacht, und wenn er krank war, so war er ungeduldig und launisch.

26. Januar 1895. Jetzt ist es bald zwei Uhr nachts. Ljowotschka ist auf einer Sitzung, die Fürst Dimitri Schachowskoi einberufen hat, ich weiß nicht, aus welchem Anlaß. Alle Lampen brennen, der Lakai wartet auf ihn, ich habe ihm gerade seinen Haferbrei gekocht und die Korrekturbogen eingeklebt – doch die Herren haben zu *reden.* Und morgen gegen acht Uhr werde ich Wanetschka die Temperatur messen und Chinin geben, er aber wird schlafen. Und dann geht er Wasser holen und weiß nicht einmal, ob es dem Kind besser geht und ob die Mutter nicht zu sehr erschöpft ist. Ach, wie wenig Güte bringt er uns, der Familie, doch entgegen! Immer nur Strenge und Gleichgültigkeit. Und in den Biographien wird stehen, er habe für den Hofknecht Wasser geschleppt, und niemand wird je erfahren, daß er, um seiner Frau eine Erholungspause zu gönnen, kein einziges Mal seinem Kind Wasser zu trinken gegeben hat und in den ganzen 32 Jahren auch nicht fünf Minuten bei einem kranken Kind gesessen hat, damit ich aufatmen, ausschlafen, spazierengehen oder einfach nach der Arbeit wieder zu mir kommen könnte.

Sonja Tolstaja zieht Bilanz

25. Juli 1897. Heute saß ich allein auf dem Balkon und dachte, wie gut ich es doch habe: wie schön Jasnaja Poljana, wie ruhig mein Leben, wie sehr mein Mann mir zugetan ist, wie unabhängig ich finanziell bin – warum bin ich dann nicht vollkommen glücklich? Habe ich mir das selbst zuzuschreiben? Ich kenne sämtliche Gründe für meine seelischen Leiden. Erstens gräme ich mich, weil meine Kinder nicht so glücklich sind, wie ich das gern hätte, und weil ich im Grunde schrecklich einsam bin. An meinem Mann habe ich keinen Freund; zeitweise, und besonders aufs Alter zu, war er mir ein leidenschaftlicher Liebhaber, doch mein Leben lang war ich mit ihm einsam. Er geht nicht mit mir spazieren, da er gern ungestört überdenkt, was er gerade schreibt. Er interessiert sich nicht für meine Kinder – das war ihm langweilig und beschwerlich. Er ist niemals mit mir irgendwohin gefahren, nie sammelten wir gemeinsam neue Eindrücke – das hat er schon früher erlebt und ist überall gewesen. Ich aber brachte fügsam und schweigend mit ihm das ganze Leben zu, ein gleichförmiges, ruhiges, inhaltsleeres und unselbständiges Leben. Und nun steigt häufig ein schmerzliches Bedürfnis nach Kunstgenuß, Natureindrücken, geistiger Entwicklung in mir auf, ein Verlangen nach neuen Kenntnissen und nach dem Umgang mit Menschen – und wieder muß ich alles unterdrücken und schweigend und fügsam den Rest meines Lebens ebenso inhaltsleer und ohne persönliche Interessen verbringen. Dem Schicksal entgeht man nicht. Und mein Schicksal war eben, meinem Schriftstellergatten zu dienen. Auch das hat sein Gutes: so habe ich zumindest einem Menschen gedient, der das Opfer wert war.

Marlen Haushofer WAS TUN WIR HEUTE?

Hubert ist jetzt zweiundfünfzig und, wenn man bedenkt, daß er gar nichts für seine Gesundheit tut, in ganz guter Verfassung. Sein Blutdruck ist normal, manchmal knarren seine Gelenke ein wenig, vier Zähne fehlen ihm, das ist nicht viel, dafür hat er noch ziemlich dichtes braunes Haar, ein bißchen Grau ist natürlich auch dabei. Er raucht vielleicht zu viel, trinkt aber kaum und ist überhaupt ein mäßiger Mann mit einem leichten Hang zur Pedanterie. Ich wüßte nicht, warum er nicht alt werden sollte. Freilich, er arbeitet zu viel, aber er scheint das gern zu tun, also kann es nicht so schädlich sein.

Hubert brütet gelegentlich. Er brütet aber diskret, an seinem Schreibtisch sitzend, eine Zeitung vor dem Gesicht. Manchmal geht er zu diesem Zweck auch ins Kaffeehaus. Es würde mir nicht einfallen, ihn dorthin zu begleiten. Wenn ich in ein Kaffeehaus gehen will, gehe ich allein hin. Ehepaare haben dort nichts verloren. Alles Mögliche können sie gemeinsam tun, nur nicht im Kaffeehaus sitzen und Zeitungen lesen. Sie geraten sofort in den Verdacht, einander satt zu haben bis zum Hals.

Natürlich haben wir einander manchmal satt bis zum Hals, aber sobald uns das klar wird, versinken wir in tiefe Melancholie, bis dieser beklagenswerte Zustand vorüber ist. Wir können es uns einfach nicht lange leisten, einander satt zu haben, denn wem sollten wir uns sonst zuwenden, wer könnte uns eine Stütze sein? Fremd sind alle Menschen für uns, auch unsere Freunde, die eigentlich nur Bekannte sind. Fremd ist uns sogar unsere Tochter Ilse, die fünfzehn Jahre alt ist und nicht recht weiß, was sie mit uns anfangen soll. Sie bewohnt das hübscheste Zimmer im Haus, denn sie soll es gut haben, und wir möchten, daß sie sich glücklich fühlt. Sie gedeiht sehr gut und ist ein fröhliches Mädchen; manchmal erinnert sie mich an eine Tante, die ins Kloster gegangen ist, nur wird Ilse nicht ins Kloster gehen. Mit Sicherheit kann ich das natürlich nicht behaupten, es geschehen ja immerzu die unerwarteten Dinge. Es ist für Ilse sehr gut, daß wir sie nicht wirklich brauchen und uns nicht ungebührlich an sie hängen.

Unser Sohn Ferdinand, benannt nach Huberts Vater, dem alten Ferdinand, ist nicht so glücklich. Ich glaube, er war überhaupt nie sehr glücklich. Er war immer im Mittelpunkt unseres Lebens, dort, wo das Wasser völlig unbewegt steht, wo aber die geringste Abweichung einen Körper Gott weiß wohin schleudern kann. Das muß er gespürt haben. Beizeiten fand er, es sei besser, sich nicht zuviel zu bewegen und überhaupt Vorsicht walten zu lassen. Er ist kein Feigling, so nennt er sich auch tatsächlich Ferdinand, obgleich ihm dieser kaiserliche Name in der Volksschule Hänseleien eingetragen hat. Vielleicht ist er dankbar dafür, daß sein Großvater nicht Leopold geheißen hat, was ja sehr gut möglich gewesen wäre. Seit er einundzwanzig ist, also seit einem Jahr, wohnt er in einem Untermietzimmer im neunten Bezirk. An Sonntagen kommt Ferdinand oft zum Essen, wochentags taucht er manchmal zum Kaffee auf, und natürlich besucht er uns an Feiertagen. Er ist ja nicht ausgezogen, weil er uns nicht mochte, sondern weil er frei und unabhängig sein will.

★

»Was tun wir heute?« fragte Hubert. Das gab mir einen kleinen Stich, nicht sehr schmerzlich, nur wie die Berührung einer alten Wunde. Mit dieser Frage schob er die Verantwortung für den Tag mir zu. Sieh zu, daß du etwas daraus machst, was halbwegs angenehm ist, da ich am Sonntag doch wirklich nicht ins Büro gehen kann. Du mußt dich nicht zu sehr anstrengen, irgend etwas wird dir schon einfallen.

Das ist ein Spiel, eines der letzten uns verbliebenen Spiele. An die früheren Spiele darf man besser nicht denken. Weil auch mir nichts Neues mehr einfällt, bin ich gezwungen, darauf einzugehen. Ich gehe übrigens immer darauf ein, da mir sehr daran gelegen ist, keinen Mißton aufkommen zu lassen. Ein Mißton würde mich auf Stunden oder Tage hinaus verstören, und das kann ich mir nicht leisten.

Ilse war mit ihrer Klasse für zehn Tage bei einem Skikurs. Aber selbst wenn sie hier ist, verbringt sie die Sonntagnachmittage lieber mit ihren jungen Leuten als mit uns. Der Vormittag würde mit Aufräumen und Kochen vergehen. Wir gehen fast nie in ein Restaurant, weil es uns verrückt macht, auf den Kellner zu warten, bis er endlich die Rechnung bringt. Außerdem ist das Essen auch in teuren Lokalen miserabel, und wir mögen außerdem die vielen Gerüche nicht und die Menschen, die viel zu nahe bei uns sitzen. Es muß also nur für den Nachmittag geplant werden, denn immer kann man ja nicht Platten spielen oder lesen. »Es gibt eine Ausstellung moderner französischer Malerei«, sagte ich zaghaft. Hubert brummte nur. »Oder die finnischen Möbel«, sagte ich. »Gar zu grauslich«, sagte Hubert. »Ein Spaziergang«, schlug ich vor, »und dann ein schwedischer Film.« – »Die Schweden öden mich an«, sagte Hubert. Mich öden sie auch an, deshalb gab ich sofort nach. Ich sagte: »Ich geh überhaupt ungern ins Kino, die Filme sind so unheimlich.« – »Wieso?« sagte Hubert. – »Ich mag diese riesigen Gesichter nicht«, sagte ich. »Alles ist so gigantisch, es ist mir körperlich unangenehm. Ich fürchte mich vor den Riesen. Wann waren wir überhaupt zuletzt im Kino?« Hubert dachte nach, er ist das Gedächtnis unserer Ehe. »Vor sieben Monaten«, sagte er, »etwas Lustiges.« Ich erinnerte mich. »Es war gar nicht lustig«, sagte ich. »Diese entsetzlich großen Köpfe auf der Leinwand. Wie bei den Menschenfressern. Sie reißen alle den Mund so weit auf und haben viel zu viele Zähne und Falten wie Gebirgsschluchten, und die Weiber tragen künstliche Wimpern, direkt obszön schaut das aus. Sogar die Liebespaare sehen aus wie Oger. Ich hab mich sehr gefürchtet.«

Hubert machte sich die Mühe, den Kopf zu drehen, und sah mich an. Seine Augen sind grau, und früher einmal waren sie mir übermütig erschienen. Jetzt sahen sie aus wie Wasser unter dem Eis. Ich konnte etwas unter dem Eis flirren sehen, winzige Fische auf dem Grund eines gefrorenen Sees.

»Seltsam«, sagte Hubert, »ich erinnere mich nicht. Wenn du Angst hast, atmest du immer viel schneller. Ich merke das sofort.« – »Du warst so vertieft in den Film, und du hast gelacht, ich erinnere mich genau, da kannst du's nicht gemerkt haben.« – »Aber früher hast du dich doch nie im Kino gefürchtet«, sagte er. – »Das muß vom Fernsehen kommen«, sagte ich schnell. »Wenn man sich an die Zwerge gewöhnt hat, kann man wahrscheinlich die Riesen nicht mehr aushalten.«

»Also gehen wir, gottlob, nicht ins Kino«, stellte Hubert fest.

»Besuche kommen ja auch nicht in Frage?« sagte ich. Hubert gab keine Antwort, wozu auch, meine Frage war nicht ernst gemeint gewesen. Wir machen nie Besuche, wenn es sich irgendwie vermeiden läßt. Wir haben nicht viele Bekannte und schon gar keine gemeinsamen, und Verwandte haben wir auch nicht, und wenn wir sie hätten, würden wir sie wohl kaum besuchen.

Ich spürte, wie ich mich einem Wirbel näherte, der mich gleich einfangen würde. Aber ich wollte mich noch nicht einfangen lassen, das Spiel hatte eine gewisse Zeit zu dauern, und diese Zeit war noch nicht abgelaufen.

»Auslagen anschauen«, sagte ich. Hubert lachte. Sein Lachen klang nicht sehr angenehm, ein bißchen glucksend und hinterhältig. In ihm steckt ein arglistiger Zug, der nur selten zum Vorschein kommt. Früher einmal hatte mir das sogar gefallen, es hatte das Leben mit kleinen Überraschungen versorgt. Jetzt heißt dieses Lachen nur mehr: Ich verstehe dich, meine Liebe. – Und ich mag nicht gern so ganz verstanden werden. »Na ja«, sagte ich ergeben; »ich glaube, wir gehen ins Arsenal.«

Daraufhin legte sich Hubert zufrieden in die Polster zurück und schlug sein Buch wieder auf.

Immer wenn wir nicht wissen, was wir an einem Sonntagnachmittag anfangen sollen, gehen wir ins Arsenal. Wir tun aber nur, als wäre das eine Notlösung, in Wirklichkeit wollen wir gar nicht anderswohin gehen.

*

Hubert saß vor dem Fernsehapparat und sah sich eine Sportsendung an. Er macht sich nicht viel aus Sport, aber diese Sendung läßt er sich selten entgehen. Er sitzt überhaupt zuviel beim Fernsehen, und weil er nicht gern allein sitzt, vergeude auch ich auf diese Weise viel Zeit. Er nimmt mich kaum wahr, redet nicht mit mir, will aber, daß ich im Zimmer bin. Manchmal lese ich dabei, aber das ist schlecht für die Augen, weil es im Zimmer zu dunkel ist, anderseits ist auch das Fernsehen für die Augen schlecht. Im Grund ist alles, was wir tun, für irgend etwas schlecht. Gesund wäre es schließlich nur noch, tot zu sein, wenn man allen Ratschlägen folgen wollte.

Wir saßen also bis elf Uhr, und ich erinnere mich nicht daran, irgend etwas gesehen zu haben. Dabei mußte ich doch gesehen haben, denn ich hielt die ganze Zeit über die Augen offen und auf den Bildschirm gerichtet. Wo sind die Stunden, Tage, Monate und Jahre, die mir auf diese oder ähnliche Weise abhanden gekommen sind? Die Vorstellung, so viele Dinge zu wissen, an die ich mich nicht erinnern kann, ist unheimlich. Man sitzt gleichsam auf einer friedlichen Wiese und ahnt nicht, daß jeden Augenblick ein wildes Tier hinter einem Busch hervorspringen kann. Ich mag Überraschungen nicht.

Franz Kafka

ANWERBUNG EINES EHETHERAPEUTEN

Ein Bauer fing mich auf der Landstraße ab und bat mich, mit ihm nach Hause zu kommen, vielleicht könne ich ihm helfen, er habe Streit mit seiner Frau, der verbittere ihm das Leben. Auch ungeratene einfältige Kinder habe er, die stünden nur nutzlos herum oder machten Unfug. Ich sagte, ich ginge gern mit ihm, aber es sei doch sehr unsicher, ob ich, ein Fremder, ihm werde helfen können, die Kinder werde ich vielleicht zu etwas anleiten können, aber der Frau gegenüber werde ich wahrscheinlich machtlos sein, denn Streitsucht der Frau hat ihren Grund gewöhnlich im Wesen des Mannes, und da er den Streit nicht wolle, habe er sich wohl schon angestrengt, sich zu ändern, aber es sei ihm nicht gelungen, wie könne es dann mir gelingen. Höchstens auf mich ableiten könne ich die Streitsucht der Frau. So sprach ich mehr zu mir als zu ihm, aber offen fragte ich ihn dann, was er mir für meine Mühe zahlen werde. Er sagte, darüber würden wir leicht einig werden; wenn ich etwas nützen werde, könne ich mir forttragen, was ich wolle. Darauf blieb ich stehn und sagte, solche allgemeine Versprechungen könnten mir nicht genügen, es müsse genau vereinbart werden, was er mir monatlich geben werde. Er staunte darüber, daß ich Monatslohn verlangte. Ich staunte über sein Staunen. Ja glaube er denn, daß ich in zwei Stunden gutmachen könne, was zwei Menschen ihr Leben lang verschuldet haben, und glaube er, daß ich nach zwei Stunden ein Säckchen Erbsen als Lohn nehmen, dankbar ihm die Hand küssen, mich in meine Fetzen einwickeln und auf der eisigen Landstraße weiterwandern werde? Nein! Der Bauer hörte stumm, mit gesenktem Kopf, aber gespannt zu. Vielmehr, so sagte ich, werde ich lange Zeit bei ihm bleiben müssen, um erst alles kennenzulernen und förmlich die Handgriffe für eine Besserung der Dinge zu suchen, dann werde ich weiterhin noch länger bleiben müssen, um wirklich Ordnung zu schaffen, soweit es möglich sei, und dann werde ich alt und müde sein und überhaupt nicht mehr fortgehn, sondern mich ausruhn und ihrer allen Dank genießen.

»Das wird nicht möglich sein«, sagte der Bauer, »da willst du dich wohl in meinem Haus festsetzen und am Ende noch mich vertreiben. Da hätte ich dann zu meinen Lasten noch die größte.« »Ohne Vertrauen zueinander werden wir allerdings nicht einig werden«, sagte ich, »habe ich denn nicht auch Vertrauen zu dir? Ich will ja nichts anderes als dein Wort und das könntest du ja auch wohl brechen. Nachdem ich alles nach deinen Wünschen eingerichtet habe, könntest du mich ja trotz aller Versprechungen fortschicken.« Der Bauer sah mich an und sagte: »Du würdest dich nicht fortschicken lassen.« »Tue wie du willst«, sagte ich, »denke von mir, was du willst, vergiß aber nicht – ich sage dir das nur freundschaftlich von Mann zu Mann –, daß du, auch wenn du mich nicht mitnimmst, es zu Hause nicht lange ertragen wirst. Wie willst du mit dieser Frau und diesen Kindern weiterleben? Wagst du es nicht, mich in dein Haus zu nehmen, dann verzichte doch lieber gleich auf den Haus und die Plage, die es dir noch bringen würde, komm mit mir, wir wandern zusammen, ich werde dir dein Mißtrauen nicht nachtragen.« »Ich bin kein freier Mann«, sagte der Bauer, »ich lebe mit meiner Frau jetzt über fünfzehn Jahre beisammen, es war schwer, ich verstehe gar nicht, wie es möglich war, aber trotzdem kann ich nicht von ihr fortgehn, ohne alles versucht zu haben, was sie erträglich machen könnte. Da sah ich dich auf der Landstraße und da dachte ich, jetzt könnte ich mit dir den letzten großen Versuch machen. Komm mit, ich gebe dir, was du willst. Was willst du?« »Ich will ja nicht viel«, sagte ich, »ich will ja nicht deine Notlage ausnützen. Du sollst mich nur als Knecht für alle Zeiten aufnehmen, ich verstehe alle Arbeit und werde dir viel nützen. Ich will aber kein Knecht sein wie andere Knechte, du darfst mir nicht befehlen, ich muß nach meinem eigenen Willen arbeiten dürfen, einmal dies, einmal jenes und dann wieder nichts, so wie es mir beliebt. Bitten um eine Arbeit darfst du mich, aber nicht zudringlich; merkst du, daß ich diese Arbeit nicht tun will, mußt du es still hinnehmen. Geld brauche ich keines, aber die Kleider, Wäsche und Stiefel müssen genau so, wie ich sie jetzt habe, wenn es nötig wird, erneuert werden; bekommst du diese Dinge im Dorfe nicht, mußt du in die Stadt fahren, sie holen. Aber davor fürchte dich nicht, was ich anhabe, hält noch jahrelang aus. Das übliche Essen der Knechte genügt mir, nur muß ich jeden Tag Fleisch haben.« »Jeden Tag?« warf er schnell ein, als sei er mit allen andern Bedingungen einverstanden. »Jeden Tag«, sagte ich. »Du hast auch ein besonderes Gebiß«, sagte er und versuchte so meinen sonderbaren Wunsch zu entschuldigen, er griff sogar in meinen Mund, um die Zähne zu befühlen. »So scharf«, sagte er, »fast wie Hundezähne.« »Kurz, jeden Tag will ich Fleisch haben«, sagte ich. »Bier und Schnaps will ich so viel haben, wie du hast.« »Das ist aber viel«, sagte er, »ich muß viel trinken.« »Desto besser«, sagte ich, »du kannst dich aber einschränken, dann werde auch ich mich einschränken. Vielleicht trinkst du übrigens nur wegen deines häuslichen Unglücks so viel.« »Nein«, sagte er, »wie soll denn das zusammenhängen? Aber du sollst so viel bekommen, wie ich; wir werden zusammen trinken.« »Nein«, sagte ich, »ich werde mit niemandem zusammen essen und trinken. Ich werde immer nur allein essen und trinken.« »Allein?« fragte der Bauer erstaunt, »mir dreht sich schon der Kopf von deinen Wünschen.« »Es ist nicht so viel«, sagte ich, »es ist auch schon fast zu Ende. Nur Öl will ich noch haben, für ein Lämpchen, das die ganze Nacht neben mir brennen soll. Ich habe das Lämpchen im Sack, ein ganz kleines Lämpchen, es braucht sehr wenig Öl. Es ist gar nicht der Rede wert, ich nenne es nur der Vollständigkeit halber, damit nachträglich keine Streitigkeiten entstehn; die kann ich nämlich bei der Entlohnung nicht leiden. Verweigert man mir das Vereinbarte, werde ich, sonst der gutmütigste Mensch, schrecklich, das merke dir. Gibt man mir nicht, was mir gebührt und sei es eine Kleinigkeit, bin ich fähig, dir das Haus über dem Kopf anzuzünden, während du schläfst. Aber du mußt mir ja das klar Vereinbarte nicht verweigern, dann bin ich, gar wenn du noch hie und da ein kleines Geschenkchen aus Liebe hinzufügst, mag es auch ganz wertlos sein, treu und ausdauernd und sehr nützlich in allen Dingen. Und mehr als ich gesagt habe, verlange ich nicht, nur noch am 24. August, meinem Namenstag, ein Fäßchen mit fünf Litern Rum.« »Fünf Liter!« rief der Bauer und schlug die Hände zusammen. »Nun, fünf Liter«, sagte ich, »das ist ja nicht so viel. Du willst mich wohl drücken. Ich aber habe meine Bedürfnisse schon selbst so eingeschränkt, aus Rücksicht auf dich nämlich, daß ich mich schämen müßte, wenn ein Dritter zuhörte.« Aber der Bauer sagte: »Geh doch lieber weiter. Ich werde allein nach Hause gehen und selbst die Frau zu versöhnen suchen. Ich habe sie in der letzten Zeit viel geprügelt, ich werde jetzt ein wenig nachlassen, sie wird mir vielleicht dankbar sein, auch die Kinder habe ich viel geprügelt, ich hole immer die Peitsche aus dem Stall und prügle sie, ich werde damit ein wenig aufhören, vielleicht wird es besser werden. Allerdings habe ich schon oft aufgehört, ohne daß es besser geworden wäre. Aber das, was du verlangst, könnte ich nicht leisten und wenn ich es vielleicht leisten könnte, aber nein, die Wirtschaft wird es nicht ertragen, nein, unmöglich, täglich Fleisch, fünf Liter Rum, aber selbst wenn es möglich wäre, meine Frau würde es nicht erlauben und wenn sie es nicht erlaubt, kann ich es nicht tun.«

MIT KÜCHENMESSER ERSTOCHEN

Ehemann (41) unter Mordverdacht am Tübinger Schwurgericht. An die Tat will sich der Angeklagte nicht erinnern können.

TÜBINGEN *(beh).* Zwei Tage zuvor hatte das Ehepaar Jason und Dagmar N. zusammen mit Freunden noch den 46sten Geburtstag der Frau in ihrer Wohnung in der Eisenbahnstraße gefeiert. »Ein schönes Zusammensein war es, wie jedes Jahr«, sagte eine Zeugin gestern vor dem Tübinger Schwurgericht. Nichts habe darauf hingedeutet, was 48 Stunden später passieren sollte. Die Feuerwehr fand am Abend des 22. April im brennenden Wohnzimmer die angekohlte Leiche von Dagmar N. Die Obduktion ergab, daß sie erstochen worden war. Richter Günther Grebe eröffnete gestern den Prozeß gegen den 41jährigen Ehemann Jason N.

Nördlich von London sei er aufgewachsen und habe als Lokführer bei der britischen Eisenbahn gearbeitet, berichtete der Angeklagte, der ruhig, konzentriert und höflich wirkte. Dann, 1986 im Spanien-Urlaub, lernte er Dagmar kennen. Er besuchte sie in Deutschland und an Weihnachten 1988 beschlossen die beiden zu heiraten. Jason N. kündigte seinen Job in England und arbeitete zuerst als Telefonist bei der

US-Armee in Stuttgart-Vaihingen, dann als Reifenmonteur in Tübingen. Eine dominante Frau sei Dagmar N. gewesen, sagen Freunde und Kollegen als Zeugen aus. Den Angeklagten beschreiben sie als ruhig und freundlich. Nie hätten sich die Eheleute abfällig übereinander geäußert.

Die Arbeit als Monteur mußte der Angeklagte wegen seiner Knie-Arthrose im April 1995 aufgeben. Seither war er arbeitslos. Dies habe an seiner Frau, einer Angestellten der Deutschen Bahn, genagt. Das Geld habe vorne und hinten nicht gereicht. »Am Ende des Monats waren wir meistens mit 500 bis 1000 Mark in den roten Zahlen«, bestätigte der Angeklagte. Am Tag der Tat ging es in einem Streit um Geld. Dagmar N. habe sich geärgert, daß ihr Mann einen Scheck von 1000 Mark ausgestellt hatte, um private Schulden bei einem Vereinskameraden im Derendinger Schützenverein zu bezahlen. Eineinhalb Stunden hätten sie gestritten, er sei ruhig geblieben, »wie immer«, sagte der Angeklagte.

An die entscheidenden Sekunden der Tat könne er sich nicht mehr erinnern. Nach dem Streit um den Scheck hätte er den Abwasch gemacht, seine Frau habe im Vorbeigehen in der Küche etwas gesagt, was er nicht verstanden hätte. Er sei ihr in den Flur nachgegangen, mit dem Küchenmesser in der Hand, das er gerade abtrocknete. Er habe ihr den rechten Arm auf die linke Schulter gelegt. Dann setzte seine Erinnerung aus, sagte der Angeklagte: »Ich weiß wieder, wie ich im Flur auf dem Boden sitze und meine Frau daliegt.« Er sei in Panik geraten und habe die Blutspritzer an der Wand mit Farbe übertüncht, die Leiche auf die Couch im Wohnzimmer getragen, mit Spiritus übergossen und angezündet. Danach sei er mit dem Auto ziellos durch die Gegend gefahren und habe einen Freund besucht. Als er etwa zwei Stunden später wieder nach Hause kam, alarmierte er die Feuerwehr, die den Schwelbrand löschte und die Tote fand.

Der Gerichtsmediziner entdeckte einen 16 Zentimeter tiefen Einstichkanal von hinten in die Schulter. Da die Klinge des Tatmessers nur 14,5 Zentimeter lang ist, »mußte das Messer mit Wucht eingedrungen sein«, so Dr. Matthias Graw. Durch den Einstich wurde die Brustschlagader verletzt, so daß die Frau innerhalb weniger Minuten verblutete.

(Schwäbisches Tagblatt)

V
KARRIEREN

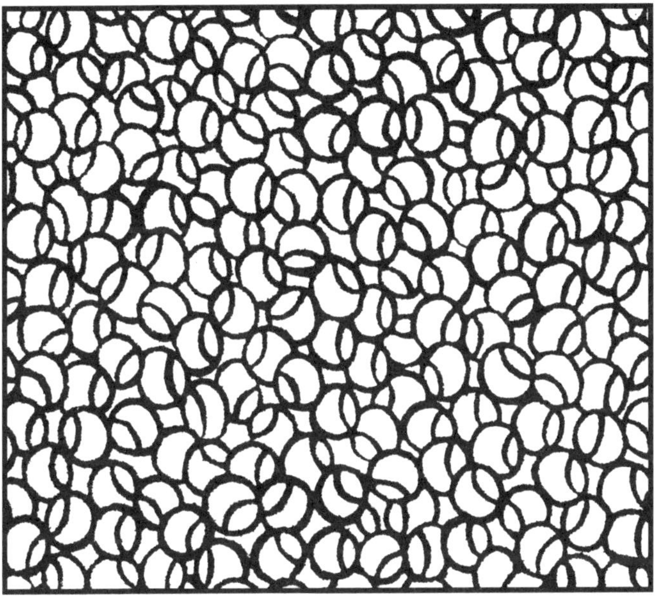

Brüder Grimm VON DEM FISCHER UN SYNER FRU

Dar wöör maal eens en Fischer un syne Fru, de waanden tosamen in'n Pißputt, dicht an der See, un de Fischer güng alle Dage hen un angeld: un he angeld un angeld.

So seet he ook eens by de Angel un seeg jümmer in das blanke Water henin: un he seet un seet.

Do güng de Angel to Grund, deep ünner, un as he se herup-haald, so haald he enen grooten Butt heruut. Do säd de Butt to em: »hör mal, Fischer, ik bidd dy, laat my lewen, ik bün keen rechten Butt, ik bün'n verwünschten Prins. Wat helpt dy dat, dat du my doot maakst? Ik würr dy doch nich recht smecken: sett my wedder in dat Water un laat my swemmen.« – »Nu«, säd de Mann, »du brukkst nich so veel Wöörd to maken, eenen Butt, de spreken kann, hadd ik doch wol swemmen laten.« Mit des sett't he em wedder in dat blanke Water, do güng de Butt to Grund un leet enen langen Strypen Bloot achter sik. Do stünn de Fischer up und güng na syne Fru in'n Pißputt.

»Mann«, säd de Fru, »hest du hüüt niks fungen?« – »Ne«, säd de Mann, »ik füng einen Butt, de säd, he wöör ein verwünschten Prins, do hebb ik em wedder swemmen laten.« – »Hest du dy denn niks wünschd?« säd de Fru. »Ne«, säd de Mann, »wat schull ik my wünschen?« – »Ach«, säd de Frau, »dat is doch äwel, hyr man jümmer in'n Pißputt to waanen, dat stinkt un is so eeklig: du haddst uns doch ene lüttje Hütt wünschen kunnt. Ga noch hen un roop em: segg em, wy wählt 'ne lüttje Hütt hebben, he dait dat gewiß.« – »Ach«, säd de Mann, »wat schull ik door noch hengaan?« – »I«, säd de Fru, »du haddst em doch fungen un hest em wedder swemmen laten, he dait dat gewiß. Ga glyk hen.« De Mann wull noch nicht recht, wull awerst syn Fru ook nicht so to weddern syn und güng hen na der See.

As he door köhm, wöör de See ganß gröön un geel un goor nich meer so blank. So güng he staan un säd:

»Manntje, Manntje, Timpe Te,
Buttje, Buttje in der See,
myne Fru de Ilsebill
will nich so, as ik wol will.«

Do köhm de Butt answemmen un säd: »na, wat will se denn?« – »Ach«, säd de Mann, »ik hebb dy doch fungen hatt, nu säd myn Fru, ik hadd my doch wat wünschen schullt. Se mag nich meer in'n Pißputt wanen, se wull geern 'ne Hütt?« – »Ga man hen«, säd de Butt, »se hett se all.«

Do güng de Mann hen, un syne Fru seet nich meer in'n Pißputt, dar stünn awerst ene lüttje Hütt, un syne Fru seet vor de Döhr up dene Bänk. Do nöhm syne Fru em by de Hand un säd to em: »kumm man herin, süh, nu is dat doch veel beter.« Do güngen se henin, un in de Hütt was een lüttjen Vörplatz un ene lüttje herrliche Stuw un Kamer, wo jem eer Bedd stünn, un Kääk un Spysekamer, allens up dat beste mit Gerädschoppen, un up dat schönnste upgefleyt, Tinntüüg un Mischen, wat sik darin hööört. Un achter was ook en lüttjen Hof mit Hönern un Aanten un en lüttjen Goorn mit Grönigkeiten un Aaft. »Süh«, säd de Fru, »is dat nich nett?« –

»Ja«, säd de Mann, »so schall't blywen, nu wähl wy recht vergnöögt lewen.« – »Dat wähl wy uns bedenken«, säd de Fru. Mit des eeten se wat un güngen to Bedd.

So güng dat wol 'n acht oder veertein Dag, do säd de Fru: »hör, Mann, de Hütt is ook goor to eng, un de Hof un de Goorn is so kleen: de Butt hadd uns ook wol een grötter Huus schenken kunnt. Ich much woll in enem grooten stenern Slott wanen: ga hen tom Butt, he schall uns en Slott schenken.« – »Ach, Fru«, säd de Mann, »de Hütt is jo god noog, wat wähl wy in'n Slott wanen?« – »I wat«, säd de Fru, »ga du man hen, de Butt kann dat jümmer doon.« – »Ne, Fru«, säd de Mann, »de Butt hett uns eerst de Hütt gewen, ik mag nu nich all wedder kamen, den Butt muchd et vördreten.« – »Ga doch«, säd de Fru, »he kann dat recht good un dait dat geern; ga du man hen.« Dem Mann wöör syn Hart so swoor, un wull nich; he säd by sik sülven: »dat is nich recht«, he güng awerst doch hen.

As he an de See köhm, wöör dat Water ganß vigelett un dunkelblau un grau un dick un goor nich meer so gröön un geel, doch wöör't noch still. Do güng he staan un säd:

»Manntje, Manntje, Timpe Te,
Buttje, Buttje, in der See,
myne Fru de Ilsebill
will nich so, as ik wol will.«

»Na, wat will se denn?« säd de Butt. »Ach«, säd de Mann half bedrööft, »se will in'n groot stenern Slott wanen.«

– »Ga man hen, se stait vör de Döhr«, säd de Butt.

Da güng de Mann hen un dachd, he wull na Huus gaan, as he awerst daar köhm, so stünn door 'n grooten stenern Pallast, un syn Fru stünn ewen up de Trepp un wull henin gaan: do nöhm se em by de Hand un säd: »kumm man herein.« Mit des güng he mit ehr henin, un in dem Slott wöör ene groote Dehl mit marmelstenern Asters, un dar wören so veel Bedeenters, de reten de grooten Dören up, un de Wende wören all blank un mit schöne Tapeten un in de Zimmers luter gollne Stöhl un Dischen, un krystallen Kroonlüchters hüngen an dem Bähn, un so wöör dat all de Stuwen un Kamers mit Footdeken: un dat Aeten un de allerbeste Wyn stünn up den Dischen, as wenn se breken wullen. Un achter dem Huse wöör ook'n grooten Hof mit Peerd- und Kohstall und Kutschwagens up dat allerbeste, ook was door en grooten herrlichen Goorn mit de schönnsten Blomen un fyne Aaftbömer, un en Lustholt wol 'ne halwe Myl lang, door wören Hirschen un Reh un Hasen drin un allens, wat man sik jümmer wünschen mag. »Na«, säd de Fru, »is dat nu nich schön?« – »Ach ja«, säd de Mann, »so schall't ook blywen, nu wähl wy ook in das schöne Slott wanen un wähln tofreden syn.« – »Dat wähl wy uns bedenken«, säd de Fru, »un wählen't beslapen.« Mit des güngen se to Bedd.

Den annern Morgen waakd de Fru to eerst up, dat was jüst Dag, un seeg uut jem ehr Bedd dat herrliche Land vör sik liggen. De Mann reckd sik noch, do stödd se em mit dem Ellbagen in de Syd un säd: »Mann, sta up und kyk mal uut dem Fenster. Süh, kunnen wy nich König warden äwer all düt Land? Ga hen tom Butt, wy wählt König syn.« – »Ach Fru«, säd de Mann, »wat wähl wy König syn! ik mag nich König syn.« – »Na«, säd de Fru, »wult du nich König syn, so will ik König syn. Ga hen tom Butt, ik will König syn.« – »Ach, Fru«, säd de Mann, »wat wullst du König syn? dat mag ik em nich seggen.« – »Worüm nich?« säd de Fru, »ga stracks hen, ik mutt König syn.« Do güng de Mann hen un wöör ganß bedröft, dat syne Fru König warden wull. »Dat is nich recht un is nich recht«, dachd de Mann. He wull nich hen gan, güng awerst doch hen.

Un as he an de See köhm, do wöör de See ganz swartgrau, un dat Water geerd so von ünnen up un stünk ook ganz fuul. Do güng he staan und säd:

»Manntje, Manntje, Timpe Te,
Buttje, Buttje in der See,
myne Fru de Ilsebill
will nich so, as ik wol will.«

»Na, wat will se denn?« säd de Butt. »Ach«, säd de Mann, »se will König warden.« – »Ga man hen, se is't all«, säd de Butt.

Do güng de Mann hen, un as he na dem Pallast köhm, so wöör dat Slott veel grötter worren, mit einem grooten Toorn und heerlyken Zyraat doran: un de Schildwacht stünn vor de Döhr, und dar wören so väle Soldaten und Pauken und Trumpeten. Un as he in dat Huus köhm, so wöör allens von purem Marmelsteen mit Gold un sammtne Deken un groote gollne Quasten. Do güngen de Dören von dem Saal up, door de ganße Hofstaat wöör, un syne Fru seet up enem hogen Troon von Gold un Demant un hadd ene groote gollne Kroon up un den Zepter in der Hand von purem Gold un

Edelsteen, un up beyden Syden by ehr stünnen ses Jumpfern in ene Reeg, jümmer ene enen Kops lüttjer as de annere. Do güng he staan und säd: »ach, Fru, büst du nu König?« – »Ja«, säd de Fru, »nu bün ik König.« Do stünn he un seeg se an, un as he se do een Flach so ansehn hadd, säd he: »ach, Fru, wat lett dat schöön, wenn du König büst! Nu wähl wy ook niks meer wünschen.« –

★

Mit des güngen se beyde to Bedd, awerst se wöör nich tofreden, un de Girighait leet se nich slapen, se dachd jümmer, wat se noch warden wull.

De Mann sleep recht good un fast, he hadd den Dag veel lopen, de Fru awerst kunn goor nich inslapen un smeet sik von een Syd to der annern de ganße Nacht un dachd man jümmer, wat se noch wol warden kunn, un kunn sik doch up niks meer besinnen. Mit des wull de Sünn upgaan, un as se dat Morgenrood seeg, richt'd se sik äwer End im Bedd un seeg door henin, un as se uut dem Fenster den Sünn so herup kamen seeg, »ha«, dachd se, »kunn ik nich okk de Sünn un de Maan upgaan laten?« – »Mann«, säd se un stödd em mit dem Ellbagen in de Ribben, »waak up, ga hen tom Butt, ik will warden as de lewe Gott.« De Mann was noch meist in'n Slaap, awerst he vörschrock sik so, dat he uut dem Bedd füll. He meend, he hadd sik vörhöörd, un reef sik de Ogen uut un säd: »ach, Fru, wat säd'st du?« – »Mann«, säd se, »wenn ik nich de Sünn un de Maan kann upgaan laten und mutt dat so ansehn, dat de Sünn un de Maan upgaan, ik kann dat nich uuthollen un hebb kene geruhige Stünd meer, dat ik se nich sülwst kann upgaan laten.« Do seeg se em so recht gräsig an, dat em so'n Schudder äwerleep. »Glyk ga hen, ik will warden as de lewe Gott.« – »Ach, Fru«, säd de Mann un füll vör eer up de Knee, »dat kann de Butt nich. Kaiser und Paabst kann he maken, ik bidd dy, sla in dy un blyf Paabst.« Do köhm se in de Booshait, de Hoor flögen ehr so wild üm den Kopp, da reet se sik dat Lyfken up un geef em eens mit dem Foot un schreed: »ik holl dat nich uut un holl dat nich länger uut, wult du hengaan??« Do slööpd he sik de Büxen an und leep wech as unsinnig.

Buten awer güng de Storm un bruusde, dat he kuum up den Föten staan kunn: de Huser un de Bömer waiden um, un de Baarge beewden, un de Felsenstücken rullden in de See, un de Himmel wöör ganß pickswart, un dat dunnerd und blitzd, un de See güng in so hoge swarte Bülgen as Kirchentöörn un as Baarge, und de hadden bawen alle ene witte Kroon von Schuum up. Do schre he un kun syn egen Woord nich hören:

»Manntje, Manntje, Timpe Te,
Buttje, Buttje, in der See,
myne Fru de Ilsebill
will nich so, as ik wol will.«

»Na, wat will se denn?« säd de Butt. »Ach«, säd he, »se will warden as de lewe Gott.« – »Ga man hen, se sitt all weder in'n Pißputt.«

Door sitten se noch bet up hüüt un düssen Dag.

Botho Strauß

ZU BESUCH BEI DER AUFSTEIGERIN

Ein Heizungsmonteur, der vor acht Jahren von seiner jungen Frau geschieden worden war und seitdem kaum noch Verbindung zu ihr unterhielt, faßte sich endlich ein Herz und besuchte sie auf einer Reise, die ihn in den Süden Deutschlands führte, in ihrem neuen Heim. Sie hatte sich binnen kurzem wiederverheiratet und lebte nun an der Seite eines Professors für Wirtschaftsgeschichte in gänzlich veränderten Verhältnissen. Zwei Kinder im Alter von fünf und sieben Jahren umgaben sie, eine Villa mit Garten und ein Landhaus am Bodensee – insgesamt ein Lebensstil, der mit den biederen und schwierigen Gewohnheiten in ihrer ersten Ehe nicht zu vergleichen war.

Der Monteur, der seit der Trennung allein geblieben war, wurde von seiner geschiedenen Frau freundlich, aber doch nicht herzlich begrüßt und ins Haus geführt. Sie und mehr noch ihr jetziger Mann erkundigten sich eine höfliche Zeit lang nach dem Verlauf der Reise, seinem Urlaubsziel sowie seinen gegenwärtigen Eindrücken von B., der Stadt, aus der er kam und die sie seit längerem nicht besucht hatten. Die Kinder wurden vorgestellt und ein Abendbrot wurde aufgetischt. Unterdessen nahmen die sich gegenübersitzenden Eheleute, der Professor und seine bildschöne Frau, ein sachkundiges

Gespräch wieder auf, das sie, wie es den Anschein machte, nur bei der Ankunft des Gastes einstweilen unterbrochen hatten. Es war ein temperamentvolles und hochinteressantes Gespräch, das tiefreichende Fragen an die Zukunft der Industrienation stellte, und es wurde von den beiden bestritten wie von sehr erfahrenen Debattanten. Einem unbefangenen Besucher wäre diese Darbietung eines regen Gedankenaustauschs gewiß befremdlich erschienen. Er hätte zweifellos den Mangel an geziemender Intimität, der zwischen den Eheleuten herrschte, sofort bemerkt und ihn als blendende Abschirmung empfunden gegen jeden unerwünschten Einblick in den wahren Charakter ihrer Verständigung. Nun war aber der Heizungsmonteur ein äußerst befangener Gast. Zudem hatte er große Mühe, dem Stil und dem Gehalt der Erörterungen überhaupt zu folgen und konnte sie daher nicht leicht als kühlen Vorwand durchschauen. Jedesmal, wenn ihn von den Rednern ein blitzender Seitenblick traf, mit dem sie lediglich ihre Wirkung auf ihn prüften, lief es ihm kalt über den Rücken und er fühlte sich immer dringender gebeten, endlich den Mund aufzumachen und sich der weitläufigen Unterhaltung anzuschließen.

Er saß da und kam sich vor wie ein Bettler, der von dem reichen Gabentisch des Geistes, der sich vor ihm ausbreitete, so geblendet und gelähmt war, daß er nicht einmal die geringen Brocken, die für ihn abfielen, aufschnappen konnte.

Das Gefühl, daß man ihn hier auf eine provozierende Weise offenbar für klüger hielt, als er wirklich war, machte ihn erst recht unsicher und beklommen. Er gehörte nicht zu denen, die arm an Verstand sind und doch immer dazwischenplatschen, schon deshalb, weil sie klügere Leute nicht ausstehen können, und sich mit ihrer Dummheit auch noch überheblich gebärden. Das soll einmal seine Frau gewesen sein? Dieses Wunder an blühender Schönheit und müheloser Intelligenz? Hatte sie nicht alles bei ihm entbehren müssen und dazu sich nur verbraucht in Beruf und Hausarbeit, ohne irgendeinen Wert oder Sinn zu schaffen – keine Kinder, kein Garten, kein Reichtum, kein geistiger Austausch? Wie hatte sie es überhaupt so lange aushalten können bei ihm? Jetzt erst erschien ihm ihre Ehe wirklich null und nichtig. Er trank mit von dem Wein, aß von der kalten Platte und hörte von fern die klugen Worte schallen. Doch er sagte nichts und verbarg seine

Traurigkeit hinter einem schwach, aber regelmäßig beipflichtenden Kopfnicken.

Das sichere und umfassende Wohlsein, zu dem seine Frau gelangt war, nachdem sie ihn verlassen hatte, schien ihrem unbilligen Entschluß nachträglich alles Recht zu geben und ihr früheres Leben zur reinen Bedeutungslosigkeit zu verurteilen. Als nun das Gespräch zwischen ihr und dem Ökonom sein natürliches (oder eingespieltes) Ende gefunden hatte, war auch der Abend schon spät, und er schämte sich seines ungeselligen Schweigens.

Da eine verlegene Pause entstand, wuchs der Druck von Raum und Mensch, der auf ihm lastete, so übermäßig, daß auf einmal, ganz ungewollt, fast unkontrolliert, wie aus einer undichten, alten Leitung, Worte aus ihm hervordrangen und er zu sprechen begann. Erst sickerte es leise heraus, schwoll dann an, sprudelte für einen Moment, um dann bald wieder zu sinken und zu verrinnen... »Wissen Sie, die Leute, ach, wenn ich schreiben könnte, Sie ahnen ja gar nicht, was ich alles mitkriege. So'n dickes Buch, aber ungelogen, so dick! Mein Gott, in was für Wohnungen hab ich schon reingesehen! Was hab ich nicht alles mitgekriegt. Die Leute nehmen ja kein Blatt vor'n Mund. Ganze Romane könnte ich erzählen. Glaubt mir ja keiner, was man da alles zu hören kriegt. Sie können sich nicht vorstellen, wie es in den meisten Wohnungen aussieht. Das ist zum Teil eine richtige Zumutung für den Monteur, sag ich Ihnen, so'ne Löcher im Parkett, ist keine Seltenheit, ich schwör's Ihnen, und da klebt die Katzenscheiße in den Ritzen, die Kinder haben ihren Dreck nicht aufgeräumt, hinter der Heizung klemmen die Käsereste, als hätten sich die Leute das Abendbrot um die Ohren gehauen, und Ungeziefer, ganze Ameisenstraßen laufen durch die Küche, Sodom und Gomorrha ist nichts dagegen. Und dann plötzlich heißt es: Scheidung! Mir nichts, dir nichts. Was für ein Geschrei! Was für ein Gewese! Scheidung. Spielen aber weiter in derselben Tippgemeinschaft –«

Bei niemandem hinterließen diese Worte eine größere Verlegenheit als bei dem Redner selbst. Er ergriff seine Serviette, die er klein und kleiner faltete, um damit die Brotkrümel vom Tisch in seine Hand zu kehren und die Hand schließlich über dem abgegessenen Teller zu leeren. Nur seine frühere Frau hatte einmal flüchtig gelächelt, fast liebevoll, als dieser unverwechselbare Ton aus vergangenen Tagen zu ihr drang. Der Professor sah auf seine Armbanduhr und mochte sich entschuldigen, denn er hielt eine Vorlesung früh am nächsten Vormittag. Somit erhoben sich alle drei vom Tisch, und die Eheleute wünschten dem Besucher eine angenehme Nachtruhe und eine erfreuliche Weiterreise. Der Heizungsmonteur überwand seine Verlegenheit und gab seiner Frau beim Abschied zwei Wangenküsse. Sie lächelte wieder und strich leicht mit dem Daumen der gegebenen Hand über einen seiner Fingerknöchel. Der Mann verließ die Villa des Wissenschaftlers und begab sich zu seinem Hotel, in dem er ein Zimmer für diese Nacht seit langem vorbestellt hatte.

Cheryl Bernard / Edit Schlaffer

DIE DUAL-CAREER-FAMILY

Klara und Felix, selbständige Modedesigner, zwei Kinder:

K*lara:* Ich war halt immer gewöhnt, einfach alles besser zu wissen, besser zu können. Ich hatte ein bißchen einen Höhenflug, klar, ich hatte einen Höhenflug. Ich bin immer im Spitzenfeld gewesen und glaubte viele Jahre wirklich, ich bin die Größte, bis man mir dann bewiesen hat, es geht ja vorbei, da gibt's ja dann noch andere. Meine Preise waren irgendwie fast ein Schaden für mich, ein geistiger Schaden, ein Klotz am Bein.«

Felix: »Das war ein ganz großes Problem, wir haben es aber trotzdem irgendwie geschafft. Meine Frau wurde in die ganze Welt eingeladen. Und sie ist auch gefahren. Anschließend habe ich aber wieder aufgeholt und ebenfalls einen Preis errungen, der nicht ganz so renommiert war wie ihrer. Wir sind dann viel gemeinsam gereist.«

Klara: »Das war ein Glück, gleich stark zu sein, gleich gut ...«

Felix: »Als ich merkte, wie gut meine Frau war, dachte ich, jetzt ist der Punkt, da muß etwas passieren. Sie war bestimmt das auslösende Moment, daß ich mich enorm gesteigert habe in meinen Leistungen. Aus dieser Eifersucht heraus habe ich versucht, mir weitere Betätigungsfelder zu suchen, meine Entwürfe intensiviert, mehr Gewicht auf Design gelegt und mich weniger mit der Ausführung beschäftigt. Mir persönlich hat diese angespannte Situation sehr viel gebracht. Ich bin daran nicht zerbrochen, sondern habe mich eher...«

Klara: »Du bist gewachsen.«

Felix: »Ja. Ich glaube, du mußtest deine eigenen Erfolge etwas zurücknehmen, wenn du die Beziehung auch wolltest.«

Klara: »Das habe ich auch getan. Ich mußte viele Angebote ablehnen, weil ich nicht soviel von zu Hause weg sein konnte. Ich bin sehr ehrgeizig, aber nur bis zu einer gewissen Grenze. Hier ist doch mein Privatleben, meine Kinder, das alles ist mir wichtiger. Ich hatte tausend Möglichkeiten, ich hätte in Amerika eine tolle Sache aufbauen können, aber das war es mir einfach nicht wert.«

Felix: »Bei der Arbeitsteilung hat es auch bei uns nie Probleme gegeben.«

Klara: »Glauben Sie das nicht, er macht viel mehr, auch zu Hause, er sieht einfach alles, wo Spinnweben hängen usw. Ich kümmere mich eher um die groben Arbeiten. Er hat aber auch genauso wie ich die Kinder gewickelt und sie zum Arzt gebracht, er war da immer gleichwertig, eigentlich fast ein geschlechtsloses Wesen.«

Felix: »Das bringt der Beruf mit sich.«

Klara: »Es ist mir sogar manchmal auf die Nerven gegangen, daß du soviel mitredest im Haushalt und glaubst, alles viel besser zu wissen und zu können. Das Gemeine ist bloß, daß er wirklich alles besser weiß. Die Probleme haben aber erst angefangen, als die Kinder aus dem Gröbsten raus waren und wir die ärgsten Sorgen weg hatten. Ich hab dann überhaupt erst angefangen zu überlegen, was ich selber möchte. Am Sonntag zum Beispiel früh aufstehen und auf den Kahlenberg fahren. Die Familie will ganz andere Dinge. Ich schrieb dann einen Zettel: ›Hallo, ich bin am Kahlenberg.‹ Dann rief ich nachmittags an und fragte: ›Wer geht mit mir ins Kino?‹ Niemand. Also gehe ich allein. Das kommt bei mir jetzt alles so raus, nach 15 Jahren Ehe.«

Felix: »Das Problem dabei ist nur, daß die Art, wie ich mir unseren Betrieb vorstelle, sehr viele Einbußen erfordert, vor allem Verzicht auf viel Freizeit. Plötzlich hatte ich den Eindruck, meine Frau steigt jetzt aus.«

Klara: »Nein, nein, ich wollte dir damit nur zeigen, wenn du ohnehin alles besser machst, dann mache es eben. Ich strecke meine Füße aus, fahre auf den Kahlenberg, gehe wandern, beschäftige mich mit meinen esoterischen Büchern, die du ja auch ablehnst. Ich habe natürlich schon geschaut, daß alles läuft, ich habe meine Fäden überall.

Ich kann nicht genau sagen, wogegen ich gekämpft habe. Vielleicht gegen diese Dominanz von seiner Seite, der Versuch, mich ständig herumzuschicken. Ich weiß genau, was mich total umbringt, nach wie vor. Den ganzen Tag arbeiten wir mit vollem Einsatz. Und wenn er dann um 20 Uhr sagt, jetzt machen wir noch das Konzept für die nächste Show, und mit dem Beleuchter hat es das letzte Mal nicht so gut geklappt, der kommt noch so gegen 23 Uhr vorbei, da lieg ich am Boden vor Müdigkeit. Sein Kommentar dazu: Jetzt bist du schon wieder dagegen. Ich kann das einfach nicht verkraften, weder physisch noch psychisch.«

Felix: »Das hab ich schon mitgekriegt, aber ich hab es schon ziemlich herausgefordert, die ganze Situation. Ich hab dann irgendwo den Bogen zu sehr gespannt. Vielleicht bis zur Selbstzerstörung.«

Klara: »Das waren die letzten Reste von der Konkurrenz, die da rausgekommen sind, die Aggressionen, ganz bestimmt. Jetzt einmal zu beweisen, so, und jetzt bin ich wirklich da, und jetzt geh ich da durch, und alle machen, was ich sage, und da gibt's überhaupt keine Widerrede mehr, und was ich sag, das gilt. Das war eine Phase von ihm.«

Felix: »Ja, das war sicherlich berechnet. Aber sie hätte sich an und für sich auch nicht so leicht von mir trennen können, allein durch die Kinder ... Also eine gewisse Härte von mir aus war da sicherlich da, muß ich sagen.«

Klara: »Wir haben uns ja wiedergefunden. Wir haben viel gesprochen. Wir haben uns dann ausgesprochen. Ich hab ihm das versucht zu erklären, daß das kein Aussteigen ist, sondern ein Suchen, mich selber suchen. Ich hab einen Weg gesucht, wieder an ihn ranzukommen, daß er es versteht, daß das kein Aussteigen ist. Ich hab alles versucht, mich unterzuordnen, zurückzustellen, gar nichts mehr zu machen ... Wie soll denn das in so einem Betrieb laufen, wenn da 50 Leute im Raum sind, 30 Mitarbeiter und 10, 20 Kunden, und er geht da durch und sagt an, ich kann nicht widersprechen vor den anderen.

Ich kann das erst am Abend machen. Was leidet darunter? Das Privatleben. Wenn das nicht konform geht, geht's kreuz und quer. Theoretisch muß sich einer ein bißchen unterordnen, wenn der andere gerad so stark ist.«

Felix: »Also wir haben kaum Konflikte hier vor den Mitarbeitern ausgetragen.«

Klara: »Ja, aber nur, weil ich sehr vernünftig war in vielen Jahren. Er ist anerkannt als Chef, die Mitarbeiter fürchten ihn ein bißchen, sie schätzen ihn aber auch sehr. Jetzt können wir uns wieder einpendeln, auf die Zeit, wie es vor 20 Jahren war.«

Felix: »Na, ich weiß nicht...«

Klara: »Ich verstehe seine Situation, ich möchte nicht als Mann in der Rolle sein, daß ich miterleben muß, wie meine Frau gefeiert wird, und ich kann zuschauen. Ich war auch kein leichter Fall. Ich glaube, daß noch viel Schönes auf uns jetzt zukommt. Die Machtfrage stellt sich zum Glück nicht mehr.«

Felix: »Sollte man glauben.«

Friedrich Schiller DIE BERÜHMTE FRAU

Epistel eines Ehemanns an einen andern

Beklagen soll ich dich? Mit Tränen bittrer Reue
Wird Hymens Band von dir verflucht?
Warum? Weil deine Ungetreue
In eines andern Armen sucht,
Was ihr die deinigen versagen?
Freund, höre fremde Leiden an
Und lerne *deine* leichter tragen.

Dich schmerzt, daß sich in deine Rechte
Ein zweiter teilt? – Beneidenswerter Mann!
Mein Weib gehört dem ganzen menschlichen Geschlechte.
Vom Belt bis an der Mosel Strand,
Bis an die Apenninenwand,
Bis in die Vaterstadt der Moden
Wird sie in allen Buden feil geboten,

Muß sie auf Diligencen, Paketbooten
Von jedem Schulfuchs, jedem Hasen
Kunstrichterlich sich mustern lassen,
Muß sie der Brille des Philisters stehn
Und, wie's ein schmutzger Aristarch befohlen,
Auf Blumen oder heißen Kohlen
Zum Ehrentempel oder Pranger gehn.
Ein Leipziger – daß Gott ihn strafen wollte!
Nimmt topographisch sie wie eine Festung auf
Und bietet Gegenden dem Publikum zu Kauf,
Wovon ich billig doch *allein* nur sprechen sollte.

Dein Weib – Dank den kanonischen Gesetzen!
Weiß deiner *Gattin* Titel doch zu schätzen.
Sie weiß *warum*? und tut sehr wohl daran.
Mich kennt man nur als *Ninons* Mann.
Du klagst, daß im Parterr' und an den Pharotischen,
Erscheinst du, alle Zungen zischen?
O Mann des Glücks! Wer einmal das von sich
Zu rühmen hätte! – Mich, Herr Bruder, mich,
Beschert mir endlich eine Molkenkur
Das rare Glück – den Platz an ihrer Linken,
Mich merkt kein Aug, und alle Blicke winken
Auf meine stolze Hälfte nur.

Kaum ist der Morgen grau,
So kracht die Treppe schon von blau und gelben Röcken,
Mit Briefen, Ballen, unfrankierten Päcken,
Signiert: An die *berühmte Frau*.
Sie schläft so süß! – Doch *darf* ich sie nicht schonen.
»Die Zeitungen, Madam, aus Jena und Berlin!«
Rasch öffnet sich das Aug der holden Schläferin,
Ihr erster Blick fällt – auf Rezensionen.
Das schöne blaue Auge! – *mir*
Nicht *einen* Blick! – durchirrt ein elendes Papier.
(Laut hört man in der Kinderstube weinen)
Sie legt es endlich weg und frägt nach ihren Kleinen.

Die Toilette wartet schon,
Doch halbe Blicke nur beglücken ihren Spiegel.
Ein mürrisch ungeduldig Drohn
Gibt der erschrocknen Zofe Flügel.

Von ihrem Putztisch sind die Grazien entflohn,
Und an der Stelle holder Amorinen
Sieht man Erinnyen den Lockenbau bedienen.

Karossen rasseln jetzt heran,
Und Mietlakaien springen von den Tritten,
Dem düftenden Abbé, dem Reichsbaron, dem Briten,
Der – nur nichts Deutsches lesen kann,
Großing und Compagnie, dem Z** Wundermann
Gehör bei der *Berühmten* zu erbitten.
Ein Ding, das demutsvoll sich in die Ecke drückt
Und Ehmann heißt, wird vornehm angeblickt.
Hier darf ihr – wird *dein* Hausfreund soviel wagen? –
Der dümmste *Fat*, der ärmste Wicht,
Wie sehr er sie bewundre, sagen;
Und darfs vor meinem Angesicht!
Ich steh dabei, und, will ich artig heißen,
Muß ich ihn bitten mitzuspeisen.

Bei Tafel, Freund, beginnt erst meine Not,
Da geht es über meine Flaschen,
Mit Weinen von Burgund, die *mir* der Arzt verbot,
Muß ich die Kehlen ihrer Lober waschen.
Mein schwer verdienter Bissen Brot
Wird hungriger Schmarotzer Beute;
O diese leidige, vermaledeite
Unsterblichkeit ist meines Nierensteiners Tod!
Den Wurm an alle Finger, welche drucken!
Was, meinst du, sei mein Dank? Ein Achselzucken,
Ein Mienenspiel, ein ungeschliffenes Beklagen;
Errätst dus nicht? O ich verstehs genau!
Daß diesen Brillant von einer Frau
Ein solcher Pavian davongetragen.

Der Frühling kommt. Auf Wiesen und auf Feldern
Streut die Natur den bunten Teppich hin,
Die Blumen kleiden sich in angenehmes Grün,
Die Lerche singt, es lebt in allen Wäldern.
– Ihr ist der Frühling wonneleer.
Die Sängerin der süßesten Gefühle,
Der schöne Hain, der Zeuge unsrer Spiele,
Sagt ihrem Herzen jetzt nichts mehr.

Die Nachtigallen haben nicht *gelesen*,
Die Lilien *bewundern* nicht.
Der allgemeine Jubelruf der Wesen
Begeistert *sie* – zu einem Sinngedicht.
Doch nein! Die Jahrszeit ist so schön – zum *Reisen*.
Wie drängend voll mags jetzt in Pyrmont sein!
Auch hört man überall das Karlsbad preisen.
Husch ist sie dort – in jenem ehrenvollen Reihn,
Wo *Griechen*, untermischt mit Weisen,
Zelebritäten *aller* Art,
Vertraulich wie in Charons Kahn gepaart,
An *einem* Tisch zusammen speisen,
Wo, eingeschickt von fernen Meilen,
Zerrißne *Tugenden* von ihren Wunden heilen,
Noch andre – sie mit Würde zu bestehn!
Um die *Versuchung* lüstern flehn –
Dort, Freund – o lerne *dein* Verhängnis preisen!
Dort wandelt *meine* Frau und läßt mir sieben Waisen.

O meiner Liebe erstes Flitterjahr!
Wie schnell – ach wie so schnell bist du entflogen!
Ein Weib, wie keines ist, und keines war,
Mir von des Reizes Göttinnen erzogen,
Mit hellem Geist, mit aufgetanem Sinn
Und weichen leicht beweglichen Gefühlen,
So sah ich sie, die Herzenfeßlerin,
Gleich einem Maitag mir zur Seite spielen.
Das süße Wort: Ich liebe dich!
Sprach aus dem holden Augenpaare.
So führt ich sie zum Traualtare,
O wer war glücklicher als ich!
Ein Blütenfeld beneidenswerter Jahre
Sah lachend mich aus diesem Spiegel an.
Mein Himmel war mir aufgetan.
Schon sah ich schöne Kinder um mich scherzen,
In ihrem Kreis die Schönste *sie*,
die Glücklichste von allen *sie*,
Und *mein*, durch Seelenharmonie,
Durch ewig festen Bund der Herzen.
Und nun erscheint – o mög ihn Gott verdammen!
Ein *großer* Mann – ein *schöner Geist*.

Der große Mann tut eine Tat! – und reißt
Mein Kartenhaus von Himmelreich zusammen.

Wen hab ich *nun*? – Beneidenswerter Tausch!
Erwacht aus diesem Wonnerausch,
Was ist von diesem Engel mir geblieben?
Ein *starker* Geist in einem *zarten* Leib,
Ein Zwitter zwischen Mann und Weib,
Gleich ungeschickt zum Herrschen und zum Lieben.
Ein Kind mit eines Riesen Waffen,
Ein Mitteldīng von Weisen und von Affen!
Um kümmerlich dem *stärkern* nachzukriechen,
Dem *schöneren* Geschlecht entflohn,
Herabgestürzt von einem Thron,
Des Reizes heiligen Mysterien entwichen,
Aus Cythereas *goldnem Buch* gestrichen
Für – einer Zeitung Gnadenlohn.

Martin Walser DER MANN, DER NICHT VORWÄRTS KOMMT

Hildegard war heute vor mir zu Hause. Sie empfing mich mit einem Brief meines Vaters und las ihn auch gleich eifrig vor (mit Betonungen, wie man sie bei schlechten Schauspielerinnen hört): der Landgerichtsrat ist mit mir nicht zufrieden. Das wußte ich. Warum schreibt er wieder, er hatte mich doch aufgegeben. Das Vaterherz! Ich kann ihm nicht helfen. Zu dem, was er einen »Beruf« nennen würde, habe ich keine Anlage, keine Kraft. Ich müsse doch an meine Familie denken. (Hildegard hob, als sie das vorlas, ihre Stimme fest an.) Ja, daß ich geheiratet habe, das kann man mir vorwerfen. Das durfte ich nicht. Ich hatte gehofft, die Ehe werde in mir Lust am Vorwärtskommen erwecken, Freude an der Verantwortung, überhaupt Lebensfreude. Hatte nicht jeder, der mich kannte, gesagt: das gibt sich alles, wenn Sie erst einmal verheiratet sind! Ich hatte geheiratet. Hildegard bediente in der Buchhandlung, in der ich Zeitschriften und Bücher durchsehen konnte, ohne sie kaufen zu müssen. Außer Hildegard kannte ich kaum Mädchen. Also heiratete ich Hildegard. Sie hielt mich für einen Schriftsteller mit großer Zukunft. Wir wurden beide enttäuscht. Ich wurde kein großer Schriftsteller, und sie vermochte in mir kein Interesse für das Vorwärtskommen zu erwecken.

Hildegard sagte, als sie den Brief vorgelesen hatte: »In diesem Zimmer können wir nicht ewig bleiben.« Ich zuckte mit den Schultern. Das Zimmer liegt im zweiten Stock, der zweite Stock ist in den Häusern dieser Straße allerdings eine Art Dachboden. Es gibt hier eigentlich auch gar keine Häuser (so gerne auch Frau Färber von ihrem »Haus« spricht). Die ganze Straße ist ein einziges Haus. Unser Zimmer ist durch den Eingang Nr. 22 zu erreichen. Hildegard meinte, da ich jetzt ja eine feste Stellung hätte, könnten wir uns eine richtige Wohnung suchen. Ich erinnerte sie daran, daß ich nur auf Probe eingestellt worden sei, eine Spielzeit lang. Mehr sagte ich nicht. Sie versuchte wieder, ein Gespräch über unsere Ehe in Gang zu bringen. Ob ich sie liebte? Ich sagte: Ja. Ob ich es bereute, daß ich sie geheiratet hätte? Ich sagte: Nein. So ging es weiter. Ich wage ihr nicht zu sagen, daß ich von mir enttäuscht bin, mehr als von ihr. Lieben, an einem zweiten Menschen das gleiche Interesse nehmen wie an sich selbst, das kann ich nicht. Manchmal stelle ich mir vor, daß es schön wäre, ein Mann zu sein, der »vorwärts« kommen will, der seine Frau »liebt«, Kinder will und in seiner Familie aufgeht. Aber ich darf diesem Wunsch nicht nachgeben. Das ist der Wunsch, ein anderer zu sein. Wenn ich mich ganz von diesem Wunsch durchdringen lasse, muß ich aufhören zu leben, denn ich habe keine Kraft, jener andere zu werden. Also ist der Wunsch, ein anderer zu werden, eine Versuchung, sich umzubringen …

Edward Albee

ER IST NICHT SEMINARDIREKTOR

Martha und ihr Mann George, der als Geschichtsprofessor an einem kleinen College unterrichtet, bekommen spät in der Nacht Besuch von dem jungen Paar Putzi und Nick. Nick ist frischgebackener Biologie-Professor am selben College.

MARTHA *zu Nick ... Putzi strahlt:* Sie müssen ja ein Wunderkind gewesen sein. Macht sein Abitur mit zwölf... hast du das gehört, George?

NICK: Zwölfeinhalb...! Nein, nein, Blödsinn ... ich war natürlich schon sechzehn. *Zu Putzi:* Warum erzählst du das, Putzi?! Es...

PUTZI *unterbricht ihn:* Oh ... ich bin stolz auf dich...!

GEORGE *ernst, wenn auch traurig:* Das imponiert mir sehr!

MARTHA *angriffslustig:* Hoffentlich!

GEORGE *zwischen den Zähnen:* Ich sage: ich bin beeindruckt, Martha. Ich bin ganz blaß vor Neid. Was soll ich noch tun? Soll ich vor Begeisterung kotzen? *Zu Nick:* Das ist wirklich eine außerordentlich bemerkenswerte Leistung. *Zu Putzi:* Sie haben allen Grund, stolz zu sein.

PUTZI *bescheiden:* Er ist schon ganz in Ordnung.

GEORGE *zu Nick:* Es würde mich nicht wundern, wenn Sie schon morgen Direktor des Geschichts-Seminars wären.

NICK: Des Biologie-Seminars...

GEORGE: Biologie ... natürlich. Meine Gedanken kreisen immerzu um Geschichte. Buh, was für ein Satz!

Er nimmt eine theatralische Pose an, legt eine Hand aufs Herz und verkündet erhobenen Hauptes mit Stentorstimme: »Meine Gedanken kreisen immerzu um Geschichte!«

MARTHA *Putzi und Nick lachen:* Ha, ha, ha, HA!

GEORGE *leicht angewidert:* Jetzt muß ich noch etwas trinken.

MARTHA: Georges Gedanken kreisen nicht um Geschichte ... sie kreisen um den Direktor des Seminars für Geschichte. Seine Gedanken kreisen immer um den Seminardirektor, weil...«

GEORGE *unterbricht sie:* ... weil George nicht Seminardirektor ist, sondern nur ein kleiner, gewöhnlicher Professor. Wir haben das alles schon durchgenommen, als ihr oben wart, um euch zurechtzumachen. Wir brauchen es wirklich nicht wiederzukäuen.

MARTHA: Gut, mein Schatz, gut, reg dich wieder ab ... es nützt dir sowieso nichts mehr. *Zu den andern:* George ist als Geschichtsprofessor so auf den Hund gekommen... – tiefer geht's nicht mehr! Er steckt bis zum Hals im Mist, mit dem die andern nichts zu tun haben wollen. Sie haben ihn zu ihrem Handlanger degradiert. *Zu George:* Mein Mist-Handlanger. Mein kleiner süßer Handlanger!

GEORGE *beherrscht sich mit aller Kraft und fragt dann, als ob sie nichts anderes gesagt hätte, als: »George, mein Schatz ...«:* Ja, Martha? Kann ich etwas für dich tun?

MARTHA *amüsiert sich über ihn:* Ach ... du kannst mir Feuer geben, wenn du Lust hast.

GEORGE *überlegt ... und läßt es dann bleiben:* Nein ... es hat alles seine Grenzen. Bis zu einem gewissen Grad können Menschen Demütigungen einstecken, ohne auf der guten alten Leiter der menschlichen Entwicklung ... – *ein schnelles Apart zu Nick* ... was übrigens in Ihr Spezialgebiet gehört ... – *zurück zu Martha* ... ohne auf der Leiter der menschlichen Evolution einige Sprossen zurückzufallen. Das ist eine ganz eigentümliche Leiter, Martha ...: wer einmal runtergefallen ist, kommt nie mehr hinauf.

Martha schickt ihm gnädig einen Handkuß.

Ich bin gerne bereit, nachts dein Händchen zu halten, wenn du Angst vor dem schwarzen Mann hast ... Ich schleppe nach Mitternacht gern die leeren Ginflaschen hinaus, damit niemand merkt, wieviel du trinkst ... Aber Feuer gebe ich dir nicht und – wie man so schön sagt – damit basta!

Alberto Moravia WIEDERHERSTELLUNG DES GLEICHGEWICHTS

Plötzlich wache ich auf. Mit einer heftigen Bewegung, aus demselben inneren Zwang, der offenbar meinen Schlaf unterbrochen hat, schalte ich die Lampe ein und sehe sofort nach meinem Mann, der neben mir liegt. Er schläft, den Kopf tief im Kissen, den einen Arm außerhalb der Bettdecke. Das Gesicht meines Mannes ist braun getönt, seine Züge sind fein und edel. Der Arm auf dem Deckenaufschlag hingegen ist mächtig und muskulös, und ich weiß, daß er zu einem ebenso riesigen und grobschlächtigen Körper gehört. Mein Mann ist ein Jüngling mit dem Körper eines vierzigjährigen Riesen. Oder, wenn man will, ein vierzigjähriger Riese mit dem Gesicht eines Jünglings. Dieser Gegensatz zwischen dem edlen Kopf und dem grobschlächtigen Körper hat bestimmt etwas zu bedeuten. Eine Zeitlang betrachte ich wie gebannt meinen schlafenden Mann und versuche, die Bedeutung dieses Gegensatzes zu ergründen. Ich kann sie jedoch nicht herausfinden. Vielleicht ist es so, daß ich seinen Kopf liebe und seinen Körper hasse. Oder vielleicht umgekehrt, alles ist möglich. Jedenfalls ist mein Mann für mich ein Problem, das ist gewiß. Ein so quälendes noch dazu, daß ich mitten in der Nacht plötzlich aufwache und ihn in der gleichen Weise betrachte, wie man das Endresultat einer Rechnung betrachtet, die nicht stimmt, wobei der Rechenfehler nicht erkennbar ist und man nicht weiß, wo er steckt.

Das Problem besteht, was meinen Mann betrifft, darin, daß ich ihm alles geopfert habe, Jugend, Schönheit, Intelligenz (ja, auch Intelligenz, denn seinetwegen habe ich mein Universitätsstudium aufgegeben), kurz alles, und daß ich im Tausch dafür nichts bekommen habe. Oder besser: er hat mich im Tausch dafür zur Verkäuferin in seinem Juwelierladen gemacht. Ich habe ihm auch zwei Kinder geschenkt, einen Jungen und ein Mädchen, die jetzt neun und zehn Jahre alt sind. Vielleicht bin ich durch die Mutterschaft zum Schatten meiner selbst geworden. Ich war wohlgeformt, jetzt bin ich knochig. Mein Gesicht strotzte vor Lebenskraft, jetzt sind meine Züge abgezehrt, als litte ich ständig Hunger und Durst. Ich bin wie ein Weinberg nach der Lese, man schreitet zwischen den Weinstöcken dahin und findet nichts als gelbe, welke Blätter, keine einzige Traube. Mit einem Wort, ich gehöre zu jenen Frauen mit verhärmtem Gesicht und mächtigem Gestell, von denen man in rückblickender Bewunderung sagt: »Die muß einmal schön gewesen sein.«

Während ich all dies bedenke, sehe ich ihn immer noch an, der neben mir schläft. Ich spinne meine Gedanken weiter. Ich habe ihm also alles gegeben und er hat mir dafür nichts gegeben. Schlimmer noch, er hat aus mir eine Verkäuferin in seinem Laden gemacht. Somit bin ich seine Gläubigerin. Unsere Waagschalen sind nicht im Gleichgewicht: die seine zieht vollbeladen und schwer nach unten, die meine schwebt leer und leicht nach oben. Es ist klar, ich muß etwas unternehmen, damit meine Schale zu allermindest in gleicher Höhe mit der seinen steht.

Ich habe eine Idee. Es ist mehr als eine Idee, es ist geradezu ein Losschnellen des Körpers, der gewissermaßen die Idee vorwegnimmt. Ich steige aus dem Bett, ziehe rasch die Kleidungsstücke an, die ich am Abend zuvor beim Auskleiden auf den Sessel gelegt hatte. Dann lösche ich die Lampe und schleiche auf Zehenspitzen hinaus. Mein Mann hat nichts bemerkt. Im Gegenteil, als ich einen Augenblick in der Tür stehenbleibe, höre ich, wie er laut zu schnarchen beginnt. Jetzt bin ich bei der Wohnungstür, jetzt auf der Stiege.

Wir wohnen an der Peripherie, der Laden aber befindet sich im Stadtzentrum. In der Nacht gleichen diese modernen Straßen mit ihren balkonüberladenen Häuserfronten einem Friedhof von im Fischgrätenmuster parkenden Autos. Das meine steht genau vor dem Haustor. Ich steige ein und rase zwischen den toten Autos wie zwischen den Zähnen zweier Kämme dahin. Zum Glück gibt es im Zentrum von Rom keine Parkplätze. Die Häuser wirken in der leeren und stillen Nacht, im Gegensatz zu den Autos, nicht tot, es ist vielmehr, als schliefen sie.

Ich lasse den Wagen auf der Piazza di Spagna und gehe zu Fuß zu dem in einer nahen Straße gelegenen Laden. Mein Plan zur Wiederherstellung des Gleichgewichts zwischen meinem Mann und mir ist ganz einfach: ich werde in den Laden gehen, die wertvollsten Juwelen in einen Plastiksack stecken und den Sack in den Tiber werfen. Mein Mann wird einen Millionenschaden erleiden, und ich werde mir selbst bewiesen haben, daß ich keine gewöhnliche Verkäuferin bin. Das Gleichgewicht wird zwischen uns wiederhergestellt sein, ich werde meinen Mann wieder ohne Gewissensbisse lieben können, zumindest ein paar Jahre lang. Solange mein Schuldbewußtsein anhält.

Doris Dörrie EHEN ZERBRECHEN LIVE

Seit meiner Ankunft vor drei Tagen liege ich im Bett und sehe fern. Nichts erinnert mich hier an Fanny. Ich erhole mich zusehends. Nachmittags gibt es im Fernsehen eine Show mit frisch verheirateten Paaren, die auf ihre eheliche Harmonie getestet werden. Nach spätestens zwanzig Minuten – so lange dauert die Sendung – ist ihre Ehe meist zum Teufel. Man kann sie »live« zerbrechen sehen. Sie verraten sie im Handumdrehen an den Erfolg, den sie damit haben, ihre miese, kleine Rache am anderen vor einem Millionenpublikum ausbreiten zu dürfen.

Es sind übrigens immer die Frauen, die ihrer Ehe öffentlich den Dolchstoß versetzen. Der Showmaster, ein widerlich glatter, für Frauenaugen wahrscheinlich »gutaussehender« Typ, macht ihnen dazu Mut. Er lobt sie, wenn sie indiskret werden, schmeichelt ihnen, redet ihnen gut zu, bis sie ausholen zum Vernichtungsschlag.

»Was war die peinlichste Situation, in der Sie Ihren Mann bisher erwischt haben?« fragt er eine kleine Frau mit sanftem Engelsgesicht. Sie überlegt, er lächelt ihr aufmunternd zu, dann holt sie tief Luft und sagt:

»Als mein Mann Hund spielen wollte und nackt unterm Tisch herumgekrochen ist. Er hat sich sogar ein Halsband umgebunden und mir die Füße geleckt.« Das Publikum kreischt vor Vergnügen und klatscht. Der kleine Engel freut sich über den Applaus, mit ziemlicher Sicherheit der erste in ihrem ganzen Leben. Das tut so gut, das will sie gleich noch einmal haben.

»Ich habe ihm eine Scheibe Wurst unter den Tisch geworfen«, sagt sie. Die Leute johlen. Der kleine Engel strahlt.

Nun wird der ahnungslose Ehemann des Engels ins Studio gebeten, und der Showmaster fragt ihn ganz harmlos, was denn wohl die peinlichste Situation gewesen sei, in der ihn seine Frau in ihrer jungen Ehe bisher erwischt habe. Der Ehemann, lang, dünn, blaß und freundlich, denkt angestrengt nach, dann sagt er zögernd: »Als ich ohne Socken ins Büro gefahren bin.« Das Publikum kichert verhalten, um dann in wieherndes Gelächter auszubrechen, als der Showmaster eine Tafel hochreißt, auf der in großen Lettern steht: ALS ER NACKT UNTERM TISCH SASS UND HUND SPIELEN WOLLTE. Die Leute trampeln vor Vergnügen. Der kleine Engel lächelt bescheiden. Der Ehemann bemüht sich nach Kräften, Haltung zu bewahren, er krallt sich in die Armstützen seines Sessels, als säße er auf einem Schleudersitz, und grinst dümmlich, aber in der Großaufnahme sieht man seine Unterlippe zittern und ein seltsames Flackern in seinen Augen. Die Leute klatschen und trampeln, der kleine Engel winkt jetzt wie ein Star ins Publikum, der Showmaster bedankt sich bei dem Ehepaar für die prima Show. Ich sehe Fanny dort auf der

Bühne sitzen. Sie rollt voller Genugtuung ihren Strumpf herunter und zeigt der Kamera einen großen, blauen Fleck auf ihrem Schenkel.

Vorwurfsvoll sagt sie zu dem Showmaster: »Und am nächsten Tag kann er sich nicht mal mehr dran erinnern. Dann tut er so, als hätte ich mir das alles ausgedacht. Und woher kommt dann bitteschön der blaue Fleck, die aufgeplatzte Lippe, das Veilchen?«

Wie sehr ich darunter gelitten habe, daß ich mich nicht erinnern konnte, hat sie nie begriffen. Der Showmaster hält die Tafel hoch: BESOFFENES SCHWEIN steht darauf. Ich werde rot, allein in meinem Bett in einem Hotelzimmer irgendwo in Los Angeles.

Honoré de Balzac GELD UND GESCHLECHT

Paul de Mannerville ist völlig verarmt und will Frankreich verlassen. Sein Freund Henry de Marsay eröffnet ihm brieflich, wer für sein Elend verantwortlich ist: Pauls geliebte Frau, die ihn betrogen und gemeinsam mit ihrer Mutter systematisch ruiniert hat. Anschließend entwirft der Freund sein Gegenmodell einer Erfolgsehe:

Ich sehe Dich aufspringen und heulen, wenn Du erfährst, daß Deine Frau Félix de Vandenesse bis zum Wahnsinn liebt. Wenn ich mir nicht hätte einfallen lassen, mit Montriveau, Ronquerolles und ein paar anderen Lebemännern, die Du kennst, eine Orientreise zu unternehmen, hätte ich Dir einiges über dieses Verhältnis sagen können; es begann, als ich abreiste; damals habe ich Dein Unglück aufkeimen sehen. Aber welcher Edelmann wäre so ruchlos, solche Fragen ohne Vorbereitung anzuschneiden? Wer würde es wagen, einer Frau zu schaden? Wer würde den Spiegel der Illusionen in Stücke schlagen, darin einer unserer Freunde das Märchengaukelspiel einer glücklichen Ehe anzuschauen liebt? Sind Illusionen nicht das Kapital des Herzens? War Deine Frau, lieber Freund, nicht im weitesten Sinn des Wortes eine Frau à la mode? Sie hat nichts im Kopf gehabt als ihre Erfolge, ihre Toiletten; sie ging häufig ins Théâtre-Italien, in die Oper, zum

Ball, stand spät auf, fuhr im Bois spazieren, aß in der Stadt zu Abend oder gab selber Diners. Solch ein Leben scheint mir für die Frau dasselbe zu sein, was der Krieg für die Männer ist; das Publikum sieht nur die Sieger, die Gefallenen vergißt es. Deine Frau hat diesem Leben bewundernswert Widerstand geleistet, sie hat stets frisch und schön gewirkt; für mich war daraus leicht die Schlußfolgerung zu ziehen: sie liebte Dich nicht, und Du liebtest sie wie ein Narr. Um aus diesem Feuersteincharakter die Liebe hervorsprühen zu lassen, hätte es eines Mannes von Eisen bedurft. Deine Frau mag die gesellschaftlichen Wohltaten der Ehe geschätzt haben; aber deren Lasten sind ihr ein wenig gar zu schwer erschienen. Die Last, die zu zahlende Steuer: das warst Du!

Eine Sorge bist du jetzt los: die Ehe hat Dich besessen, jetzt besitze Du die Ehe. Paul, ich bin Dein Freund im wahrsten Sinne des Wortes. Wäre Dein Gehirn in einen Eisenschädel eingeschlossen gewesen, so hätte ich Dir meine Freundschaft durch Bekenntnisse bewiesen, die Dich über die Menschheit hätten hinwegschreiten lassen wie über einen Teppich. Lies also aufmerksam, was Dir zu sagen mir jetzt noch übrigbleibt.

Nach fünfunddreißig Jahren des Schlummers ist meine hochzuverehrende Mutter erwacht und hat sich erinnert, daß sie einen Sohn habe, der ihr Ehre mache. Wenn man eine Rebe ausreißt, kommt es oftmals vor, daß nach einigen Jahren aus der Erde neue Triebe aufschießen; na ja, mein Lieber, obwohl meine Mutter mich fast aus ihrem Herzen gerissen hatte, bin ich aus ihrem Kopf neu hervorgesproßt. Mit achtundfünfzig Jahren hält sie sich für alt genug, an keinen anderen Mann mehr zu denken als an ihren Sohn. Das also waren die Vorbedingungen, daß sie in irgendeinem Wasserkessel von Thermalbad eine entzückende englische alte Jungfer kennengelernt hat, die zweihundertvierzigtausend Francs Zinsen hat und der sie als gute Mutter den tollkühnen Ehrgeiz eingeflößt hat, meine Frau werden zu wollen. Eine Sechsunddreißigjährige, du großer Gott!, erzogen nach den besten puritanischen Grundsätzen, eine wahre Bruthenne, die dafür eintritt, daß ehebrecherische Frauen öffentlich verbrannt werden müßten. »Wo sollte man all das Holz hernehmen?« habe ich sie gefragt. Ich hätte sie am liebsten zum Teufel geschickt, denn zweihundertvierzigtausend Francs Zinsen sind kein Äquivalent für meine Freiheit, für meinen physischen und moralischen Wert und auch nicht für meine Zukunft. Aber sie ist die einzige Erbin eines alten Podagristen, eines Londoner Bierbrauers, der ihr in absehbarer Zeit ein Vermögen hinterlassen muß, das zumindest demjenigen gleichkommt, das das Herzchen schon besitzt. Abgesehen von diesen Vorzügen hat sie eine rote Nase, die Augen einer toten Ziege, eine Taille, die mich befürchten läßt, sie werde in drei Stücke zerbrechen, wenn sie mal hinfällt; sie sieht wie eine schlecht angemalte Puppe aus, ist jedoch von begeisternder Sparsamkeit; sie wird ihren Mann »trotz alledem« anbeten; sie hat das Genie der Engländer; sie wird mein Palais, meine Ställe, mein Landhaus, meine Ländereien besser in Ordnung halten als ein Verwalter. Sie besitzt die ganze Würde der Tugend; sie hält sich gerade wie eine Confidente des Théâtre-Français; nichts kann mich von dem Glauben abbringen, daß sie mal gepfählt worden und daß der Pfahl in ihrem Körper zerbrochen ist. Miss Stevens ist übrigens weiß und unbeschrieben genug, daß sie zu heiraten nicht allzu unangenehm sein dürfte, wenn es denn absolut sein muß. Aber, und das geht mir nahe!, sie hat die Hände eines Mädchens, das tugendhaft ist wie die Bundeslade; sie sind so rot, daß ich mir kein Mittel vorstellen kann, mit dem sie ohne allzu große Unkosten weiß gemacht werden könnten, und ich weiß nicht, wie ich ihre Finger dünner machen soll; sie sehen aus wie Blutwürste. Offenbar gehört sie durch ihre Hände den Brauern und durch ihr Geld der Aristokratie an; aber sie ergeht sich etwas gar zu sehr in großen Gesten, wie alle reichen Engländerinnen, die für Ladies gehalten werden wollen, und verbirgt ihre Hummerpfoten nicht genug. Sie hat übrigens genau so wenig Intelligenz, wie ich es bei einer Frau will. Gäbe es eine noch dümmere, ich ginge auf die Suche nach ihr. Niemals wird dies Mädchen, das Dinah heißt, mich durchschauen, nie wird sie mir widersprechen; ich werde ihr Oberhaus, ihr Lord, ihr Unterhaus sein. Kurz und gut, Paul, dies Mädchen ist ein unwiderleglicher Beweis für das englische Genie; sie stellt ein Produkt der englischen Mechanik im höchsten Grad der Vollkommenheit dar; sicherlich ist sie in Manchester in einer Werkstatt fabriziert worden, die ein Mittelding zwischen Perrys Stahlfederfabrik und einer für Dampfmaschinen ist. Das ißt, das läuft, das trinkt, das wird Kinder machen können, sie betreuen, sie wunderbar aufziehen; das spielt so gut die Frau, daß man meinen könnte, es sei eine. Als meine Mutter uns miteinander bekannt gemacht hat, da hatte sie die Maschine so gut montiert, die Bolzen und Zapfen so blank geputzt, das Getriebe so gut geölt, daß nichts geknirscht hat; als sie dann sah, daß ich nicht allzu sehr eine Grimasse schnitt, hat sie auf den letzten Knopf gedrückt: das Mädchen hat gesprochen! Da hat denn auch meine Mutter das entscheidende Wort gesprochen. Miss Dinah Stevens gibt jährlich höchstens dreißigtausend Francs aus; aus Gründen der Sparsamkeit ist sie seit sieben Jahren auf Reisen. Es existiert also noch ein zweiter Magot, und der ist aus purem Silber. Die Angelegenheit ist so weit gediehen, daß das Aufgebot bevorsteht. Wir stehen bereits auf my dear love. Die Miss macht mir Augen, die einen Lastträger umwerfen könnten. Die Vereinbarungen sind getroffen worden: von meinem Vermögen ist nicht die Rede, Miss Stevens legt einen Teil des ihrigen in Grundbesitz zwecks Gründung eines Majorats an, das mit zweihundertvierzigtausend Francs Einkünften verbunden ist, und für den Ankauf eines Stadtpalais, das zu dem Majorat gehören soll; die tatsächliche Mitgift, für die ich verantwortlich bin, beträgt eine Million. Sie kann sich nicht beklagen; ich überlasse ihr ihren Onkel unangetastet. Der gute Brauer, der übrigens zum Majorat beigetragen hat, ist beinah vor Freude krepiert, als er hörte, seine Nichte werde Marquise. Er ist durchaus imstande, für meinen ältesten Sohn ein Opfer zu bringen. Ich mache mein Vermögen, das in Staatspapieren angelegt ist, zu barem Geld, sobald sie auf achtzig stehen, und lege alles in Grundbesitz an. In zwei Jahren kann ich vierhunderttausend Francs Einkünfte aus Ländereien haben. Hat der Bierbrauer das Zeitliche gesegnet, kann ich auf sechshunderttausend Francs Zinsen rechnen. Du siehst, Paul, ich erteile meinen Freunden nur Ratschläge, die ich selber befolge. Hättest Du auf mich gehört, so hättest du jetzt eine Engländerin, irgendeine Nabobstochter, die Dir Deine Junggesellenunabhängigkeit und die notwendige Freiheit lassen würde, die Whistpartie des Ehrgeizes zu spielen. Wärst Du nicht verheiratet, würde ich Dir meine zukünftige Frau abtreten.

Hans Holzhaider

DAS OBJEKT DER FÜRSORGE TÖTET

BAMBERG, *29. Juli 1999.* – Am ersten Prozeßtag vor der Zweiten Strafkammer des Landgerichts Bamberg unterlief dem Angeklagten Holz ein kleiner Versprecher. Welchem der beiden Elternteile der gemeinsame Sohn Harald wohl mehr Sympathie entgegengebracht habe, wollte Oberstaatsanwalt Joseph Düsel wissen. »Na, ich nehme an, meiner Mutter«, antwortete der Angeklagte, stutzte und korrigierte sich: »Meiner Frau.« Dieter Holz ist 64 Jahre alt, ein Mann mit schütterem Haar und hängenden Schultern und dem traurigen Blick eines Menschen, der weiß, daß er sein Leben verpfuscht hat. Er hat zu einem nicht genau ermittelbaren Zeitpunkt im März 1998 seine Ehefrau Frauke mit fünf Messerstichen getötet. Die Tat hat er gestanden, über die näheren Umstände schwieg er beharrlich.

Es ist, so schrecklich es klingt, ein alltäglicher Fall. Von 1300 vollendeten Tötungsdelikten in Deutschland im Jahr 1997 hat sich jeder vierte im engeren Familienkreis zugetragen. Kinder- und Elternmorde abgerechnet, kann man davon ausgehen, daß 200 bis 250mal im Jahr, also vier bis fünfmal pro Woche, ein Mann seine Ehefrau oder eine Frau ihren Ehemann tötet.

Die Tötung des Ehepartners ist kein schichtenspezifisches Delikt. Dieter Holz war 25 Jahre lang als Ingenieur bei einem Elektrokonzern tätig, seine Ehefrau war Richterin am Oberlandesgericht Nürnberg. Hintergrund und Motiv machen die Tat von Dieter Holz zum exemplarischen Fall. Wenn Frauen ihren Ehemann töten, weiß Christian Pfeiffer, der Direktor des Kriminologischen Forschungsinstituts in Hannover, dann ist es meistens ein sogenannter Bilanzmord – ein Akt der Befreiung nach jahrelangem Leiden unter psychischer oder physischer Gewalt des Mannes. Männer hingegen töten ihre Frauen, weil sie es nicht ertragen können, verlassen zu werden. »Der gefährlichste Mann für eine Frau ist der Ehemann«, sagt Pfeiffer, und am allergefährlichsten ist ein Mann, wenn die Frau sich von ihm abwendet.

Dieter Holz ist in Berlin geboren und in der DDR aufgewachsen. Der Vater, ein Reichsbahnbeamter, starb in einem sowjetischen Internierungslager, als der Junge elf war. Dieter Holz studierte Elektrotechnik in Ilmenau, kam wegen Fluchthilfe für Kommilitonen kurzzeitig ins Gefängnis und konnte sich 1959 mit seiner Mutter in den Westen absetzen. Sein Studium mußte er noch einmal von vorne anfangen. 1962 lernte er auf einer Urlaubsreise die vier Jahre jüngere Frauke kennen. 1965 wurde Frauke schwanger, damals noch ein fast zwingender Heiratsgrund. »Es war«, sagt Dieter Holz, »keine Liebesheirat«. Jedenfalls habe seine Frau das so gesehen.

Bis weit in die achtziger Jahre hinein war es, so jedenfalls stellt Dieter Holz es dar, eine durchschnittlich harmonische Ehe. Er hatte 1967, gleich nach seinem Examen, eine Stelle in Erlangen bekommen, Frauke trat in den bayerischen Justizdienst ein und arbeitete sich stetig nach oben. 1989, als das Ehepaar Holz bei einem Kollegen Fraukes eingeladen war, nahm die Ehefrau des Gastgebers Dieter Holz beiseite und äußerte den Verdacht, ihr Ehemann und Frauke Holz könnten ein Verhältnis haben. Das entbehrte jeder Grundlage, aber fortan war Holz von ätzendem Mißtrauen gegen seine Frau erfüllt.

Wie sich die Entfremdung zwischen den Ehegatten fortentwickelte, ist nur kursorisch nachzuvollziehen, Dieter Holz schweigt darüber. 1991 jedenfalls ließ sich Frauke Holz, mittlerweile zur Richterin am Oberlandesgericht aufgestiegen, nach Leipzig abordnen, weniger, wie sie einer Freundin anvertraute, aus Karrieregründen, als vielmehr, um zumindest eine räumliche Distanz zu ihrem Mann herzustellen. Dieter Holz reagierte mit panischer Eifersucht. Mindestens 20mal fuhr er nachts von Erlangen nach Leipzig, um seiner Frau nachzuspionieren, immer ohne Ergebnis. Permanent rief er in ihrer Dienststelle an, drohte mit Selbstmord.

Im Mai 1992 hinterlegte Frauke Holz bei einem Rechtsanwalt zwei Briefe, in denen sie von massiven Drohgebärden ihres Mannes berichtete: »Entweder wir leben zusammen, oder gar nicht.« – »Wenn du nicht zurückkommst, wird es eine Katastrophe geben.« Mehrmals habe er sie nachts im Bett gewürgt, einmal mit einem großen Messer in den Rücken gepiekt – »aus Spaß, nicht ernst«.

1993 wurde Dieter Holz von seiner Firma in den Vorruhestand geschickt, ein weiterer Schlag für sein Selbstbewußtsein. 1994 kam Frauke Holz aus Sachsen zurück nach Nürnberg, noch im selben Jahr verließ ihr Mann das gemeinsame Haus und nahm sich eine Wohnung in Berlin. Aber noch immer wurde kein klarer Trennungsstrich gezogen. Frauke Holz hatte schon früher eine Tendenz entwickelt, ihren Mann zu bevormunden wie ein kleines Kind. Sie sei ihm »oft über den Mund gefahren«, sagt eine Freundin. Die langjährige Putzfrau des Ehepaars berichtet, einmal habe Frau Holz ihren Mann ermahnt, ihr – der Putzfrau – beim Abschied die Hand zu geben. Nun, nachdem Dieter Holz ausgezogen war, geriet sie zunehmend in die Rolle einer Betreuerin. Als Ehemann war Dieter Holz für sie erledigt, als Fürsorge-Objekt duldete sie ihn weiter.

Dieter Holz verfiel zunehmend in Depression. Er sei, sagt er, immer wieder von der Zwangsvorstellung geplagt worden, er müsse seine Frau umbringen. Auf ihren dringenden Rat hin konsultierte er in Berlin einen Psychiater, das verordnete Medikament nahm er aber nicht ein. Irgendwann im März 1998 kaufte Dieter Holz ein Fahrtenmesser. In der letzten Märzwoche besuchte er seine Frau im ehemals gemeinsamen Haus im oberfränkischen Bräuningsfeld. Am Abend des 25. März ging das Ehepaar noch mit einer Freundin zum Essen. Am nächsten Tag kam Frauke Holz nicht zum Dienst. Erst am folgenden Dienstag fanden Nachbarn, von einem besorgten Kollegen alarmiert, die Richterin tot in ihrem Bett. Sie hatte fünf tiefe Messerstiche im Rücken und Schlagverletzungen am Kopf und im Nacken. Vier Wochen später wurde Dieter Holz in der Nähe von Ilmenau, seinem früheren Studienort, festgenommen. Er gestand, seine Frau getötet zu haben. Zweimal habe er danach versucht, sich das Leben zu nehmen, beide Male vergeblich.

Männer, sagt die Münchner Psychiaterin Hanna Ziegert, die im Prozeß gegen Dieter Holz als Sachverständige geladen war, können sich sehr viel schwerer als Frauen von der übermächtigen Figur ihrer Mutter lösen. Vor allem Männer, die früh ihren Vater verloren haben, wagen keinen offenen Konflikt mit ihrer Mutter, aus Angst, auch sie zu verlieren. Dieses Verhaltensmuster übertragen sie später auf ihre Partnerinnen. Die Sehnsucht nach Harmonie, nach Symbiose, hält sie in ihrer Rolle als Kind gefangen, und oft heiraten solche Männer eine Frau, die gern die Rolle als Pseudomutter übernimmt. Aber wenn die Ehefrau-Mutter sich abwendet, dann dreht der Bub manchmal durch. Und greift zum Druckluftnagler. Oder kauft sich ein Fahrtenmesser.

Holz wurde am Donnerstag zu einer Haftstrafe von zehn Jahren verurteilt.

(Süddeutsche Zeitung)

VI
DER EHELICHE KÖRPER

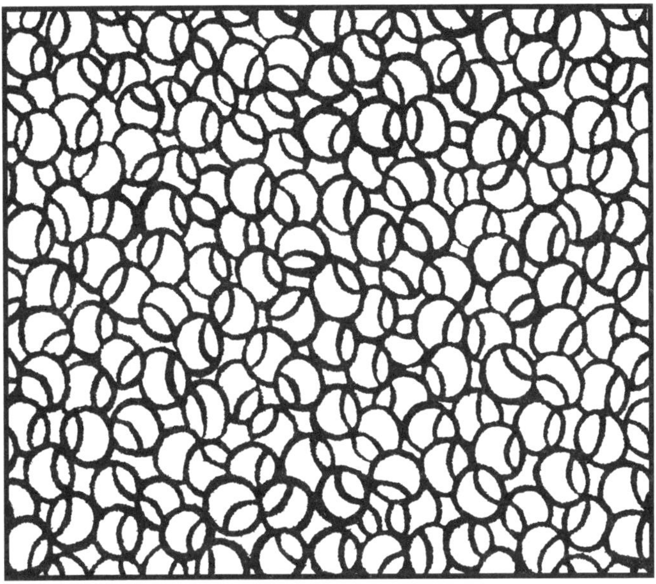

Robert Musil SIE TUN STUMM IHR WERK

Das Pensionszimmer: Mitternacht; ein Zug ist gekommen; von Paris oder Berlin oder Wien, ich weiß nicht. Das Dienstmädchen führt sie ins Zimmer, stellt das Gepäck hinein. Sie sprechen laut; die brutalen Stöße, die riesige Energie dieses tagelangen Dahinrüttelns ist noch in ihnen; sie haben noch etwas Forsches, in den ersten Minuten, wo sie im Zimmer sind.

Ich höre die Schnallen der Kofferriemen, den Schlüssel, das Klappern von Zahnbürste und Seife, die sie auf den Waschtisch legen. Ich kenne das Zimmer, weiß, wo jedes Stück steht.

Seidenpapier raschelt, Gegenstände werden ausgewickelt und hingelegt. Sie sind heiter dabei, lachen. Worüber lachen diese fremden Menschen? Wie heiter sie sind. Ich erkenne mit Anstrengung, daß sie französisch sprechen. Ich verstehe einzelne Worte und vergesse sie. Sie ziehen die Schuhe aus. Die Türe wird abgesperrt. Sie waschen sich. Ich verstehe aus den Geräuschen, daß sie viel Wasser genommen haben und es in breiten Schwällen sehr oft hintereinander über das Gesicht spülen. Sie seifen die Hände lange ein, bürsten sie mit Wasser, spülen sie, bürsten den Schaum noch einmal auf, spülen. Ich unterscheide aus den Geräuschen, daß sie das Hemd anbehalten haben, aber vielleicht weit geöffnet, bis zu den Schultern, denn wenn man den Hals mit dem Brustansatz wäscht, klingt es anders. Sie treiben sich wiederholt das Wasser in die Nase, wegen des Reisestaubs, und prusten es aus. Die Frau hat etwas Schnupfen, sie schneuzt sich heftig, lang, ungeniert: sie sind schon länger verheiratet.

Währenddessen sagt er etwas leiser zu ihr, sie kichert mit einer Altstimme; etwas daran läßt mich sofort erraten. Es wird nach einer Weile leiser, ich höre Küsse; acht, neun; drei vier davon rasch hintereinander. Sie tun stumm ihr Werk. Leises Anschlagen des Eisenbetts gegen die Wand. Dann in der Dauer einer halben Sekunde der Weibeslaut, halb Vokal, halb Hauch. Und danach absolute Stille.

Am nächsten Tag: es sind starke große, fleischige Menschen.

Joyce Carol Oates DIE SCHWANGERE

Leah mit dem ungeheuer dicken Bauch. Im fünften Monat sah sie aus, als sei sie schon neun Monate schwanger und als könne sich das Kind jeden Augenblick den Weg in die Außenwelt erzwingen. Was für seltsamen, fiebrigen Träumen sie ausgeliefert war, wenn sie halb sitzend in den Kissen lag, die Muskeln ihrer Beine jetzt mit weichem, aufgeschwemmtem Fleisch bepackt, die schlanken Knöchel aufgedunsen, und vor der Gewalt, der Absonderlichkeit ihrer Ideen die Augen himmelwärts verdrehend. Waren das nun ihre Ideen – oder die des ungeborenen Kindes? Sie spürte die Kraft des kleinen Wesens, wenn Träume durch ihren Kopf zogen, die es keuchend und fiebrig, aber auch völlig verblüfft erwachen ließen. Sie konnte den Geist des ungeborenen Kindes spüren, doch sie wußte nicht, was es von ihr wollte, was es begehrte.

Ich werde etwas vollbringen, dachte sie häufig; sie öffnete und schloß die Fäuste und spürte, wie ihr die Nägel in die Handballen drangen. Das weiche, formbare, begierige Fleisch! ... Ich werde das Werkzeug sein, dachte Leah, das Mittel, wodurch etwas vollbracht wird.

Und dann wieder verstrichen die Tage, und sie dachte überhaupt nichts; sie war zu träge, zu traumverwirrt, um zu denken.

Ihr Haar lag aufgelöst auf ihren Schultern, weil es ihr zuviel Mühe machte, es zu flechten und aufzustecken oder sich vom Mädchen bedienen zu lassen. Sie lag in die Kissen gelehnt und gähnte und seufzte. Ihre aufgedunsene Hand streichelte ihr Zwerchfell, als befürchte sie Übelkeit und müsse sehr, sehr still liegen, denn in den seltsamsten Momenten, wenn sie es am wenigsten erwartete, überfiel sie ein würgender Brechreiz, der sie ganz zermürbte. Bisher hatte sie niemals etwas mit dem Magen gehabt, sie rühmte sich, eine der gesunden Frauen der Bellefleurs zu sein, nicht eine von Krankheiten geplagte, die sich selbst bemitleidete.

Leah verhielt sich still, sehr still. Als lausche sie auf etwas, das niemand sonst hören konnte.

Leah mit wilden Augen, listig, als habe sie sich soeben vom Liebeslager erhoben, von einer verbotenen Liebe, ihr Mund sinnlicher, als irgendwer ihn in Erinnerung hatte, in einem langsamen, verstohlenen Lächeln aufwärtsgeschwungen.

Leah in ihrem Wohnzimmer, auf der alten Couch, von Träumen benebelt, die herrlichen Augen schwerlidrig, eine Teetasse fast ihren Fingern entgleitend. (Eins der Kinder würde sie auffangen, bevor sie hinfiel, oder Vernon würde sich vorbeugen, die Knie auf dem Teppich, und sie ihr sanft aus der Hand nehmen.) Leah kommandierte die Diener mit ihrer neuen Stimme herum, die nörgelnd und schrill und eher wie die ihrer Mutter klang – obwohl sie es zornig abstritt, wenn Gideon – vielleicht etwas unklug – dergleichen sagte. Della tat ja den lieben langen Tag nichts anderes als *jammern*, war in der Familie berühmt für ihr sich selbst bemitleidendes Klagelied!

Leah – schöner denn je, mit ihrer gesunden, kräftigen Gesichtsfarbe, die alle anderen Frauen im Schloß in den Schatten stellte – (der Winter blich ihre Wangen aus, verlieh ihnen eine matte, totenblasse Haut), Leah mit ihren tiefliegenden Augen, die seit der Schwangerschaft größer schienen, von einem sehr dunklen Blau waren, beinah schwarz, leidenschaftlich, mit dichten Wimpern und meistens glitzernd, wie von Tränen überflutet – Tränen nicht aus Kummer oder Schmerz, sondern aus reinem, eben erst erwachendem Gefühl. Leahs Lachen, fröhlich aufklingend, oder ihre kräftige, aus voller Kehle kommende Mädchenstimme, oder ihr unvermittelt warmes, leicht ungläubiges Gemurmel, wenn sie von Dankbarkeit überwältigt war (denn die Leute – Nachbarn, Freunde, Familienangehörige, Diener – brachten ihr stets kleine Geschenke und bemühten sich um sie und erkundigten sich nach ihrem Befinden und blickten mit aufrichtiger und äußerst befriedigender *Ehrfurcht* auf ihren beträchtlichen Umfang). Aber nur ihr Mann beobachtete mit eigenen Augen die erstaunliche Elastizität ihres Körpers, die ihn ziemlich erschreckte, je mehr die Monate voranrückten: die schöne, blasse Haut, die sich fest über ihren Magen und ihren Bauch spannte, fest und von Woche zu Woche und Tag zu Tag noch fester, ein erstaunliches Alabasterweiß. Was immer in ihr heranwachsen mochte, war schon beunruhigend groß und würde noch größer werden, ihre schöne Haut würde so fest wie eine Trommel gespannt werden, fester als eine Trommel, so daß Gideon nichts weiter tun konnte, als ihr liebevolle und tröstende Worte zuzuflüstern, während er auf die ungewöhnliche Wölbung blickte (oder absichtlich nicht blickte), die einst ihr Schoß gewesen war. Hatte er wieder Zwillinge gezeugt – oder Drillinge …? Oder ein Wesen von noch nie dagewesener Größe, selbst in einer Familie, in der stämmige Säuglinge etwas Alltägliches waren?

»Liebst du mich?« flüsterte Leah.

»Natürlich liebe ich dich.«

»Nein, du liebst mich nicht.«

»Ich vergehe vor Liebe zu dir. Aber ich bin eingeschüchtert.«

»Was?«

»Eingeschüchtert.«

»Was soll das heißen? Eingeschüchtert? Jetzt? Warum? *Tatsächlich?*«

»Nicht eingeschüchtert«, sagte Gideon, streichelte ihren Leib und beugte sich nieder, um ihn zu küssen und seine Wange sanft dagegen zu drücken, »nicht eingeschüchtert, aber scheu, ein bißchen scheu. Du kannst mir das doch bestimmt nachfühlen ...?«

Er drückte sein Ohr behutsam gegen die straff gespannte Haut und begann zu lauschen ... aber was hörte er denn, was ihn förmlich erstarren ließ und die Pupille seiner Augen nadelspitzenfein zusammenzog?

»Oh, was schwatzt du da vor dich hin, ich kann es nicht verstehen, sprich lauter, um Himmels willen!« rief Leah dann wohl, packte ihn bei den Haaren oder beim Bart und zog ihn hoch, so daß er gezwungen war, ihr ins Gesicht zu blicken. Bei solchen Anlässen konnte sie in unerklärliche Tränen ausbrechen. »Du liebst mich nicht«, sagte sie. »Du fürchtest dich vor mir.«

Und wirklich sollte sie dank ihrer Schwangerschaft ein solcher Koloß werden, daß in den letzten ein, zwei Monaten sogar ihre Gesichtszüge schwer zu sein schienen: Der Mund und die flackernden Nüstern waren sichtlich größer geworden, als sei ihr eine nicht sehr gut passende Maske übergezogen worden. Ihre Lippen waren oft feucht, in den Mundwinkeln sammelte sich Speichel, eine gewisse fiebrige Atemlosigkeit steigerte ihre Schönheit – oder war es die merkwürdige *Macht* ihrer Schönheit – und ließ Gideon bedrückt den Blick abwenden. Sie war jetzt ebenso groß wie er. Oder größer: Stand sie barfuß, dann konnte sie ihm auf genau gleicher Höhe in die Augen blicken und dabei ihr eigenwilliges, heimliches kleines Lächeln aufsetzen. Und Gideon war natürlich ein außergewöhnlich großer Mann – schon als Junge hatte er sich ein wenig bücken müssen, wenn er durch die Türen der üblichen Häuser ging. Sie war jetzt so groß wie er oder ein bißchen größer, eine junge Riesin, sowohl eine Schönheit wie ein Ungetüm, und er liebte sie so. Und er fürchtete sich vor ihr.

Jean-Paul Sartre INTIMITÄT

Lulu schlief nackt, denn sie liebte die wohlige Berührung der Bettücher, und überdies war Wäschewaschen teuer. Anfänglich hatte Henri geschimpft: man legt sich nicht splitternackt ins Bett, so etwas tut man nicht, das ist unappetitlich. Schließlich aber war er dem Beispiel seiner Frau gefolgt, aber bei ihm war es mehr Gleichgültigkeit; er war stocksteif, wenn sie Gäste hatten (er bewunderte die Schweizer und insbesondere die Genfer, er fand sie vornehm, weil sie Holzgesichter hatten), aber in Kleinigkeiten war er nachlässig. Er war zum Beispiel nicht sonderlich reinlich und wechselte seine Unterhosen nicht oft genug; wenn Lulu sie in die Schmutzwäsche tat, entging es ihr nicht, daß sie unsauber waren. Lulu selbst war Unsauberkeit gar nicht zuwider – sie schafft eine gewisse Intimität und wirft einen zärtlichen Schatten, zum Beispiel in der Beuge des Armes. Sie machte sich nichts aus Engländern, diese unpersönlichen Körper, die nach gar nichts riechen. Aber sie verabscheute es, wie sich ihr Mann vernachlässigte, weil er sich auf diese Weise verzärtelte. Beim Aufstehen am Morgen ging er immer sehr zart mit sich um, den Kopf voller Träume; am hellichten Tage aber wirkte kaltes Wasser oder eine Bürste wie eine grausame Ungerechtigkeit auf ihn.

Lulu lag auf dem Rücken. Die große Zehe ihres linken Fußes hatte sie in einen Schlitz des Bettuches gebohrt; es war kein Schlitz, sondern eine geplatzte Naht. Ärgerlich. Muß ich morgen ausbessern; aber sie bohrte trotzdem noch ein wenig weiter, um die Fäden reißen zu hören. Henri schlief noch nicht, aber er störte auch nicht mehr. Er hatte es Lulu oft gesagt: sowie er die Augen zumachte, fühlte er sich wie durch starke Bande gefesselt, nicht einmal den kleinen Finger konnte er mehr heben: eine dicke Fliege, eingesponnen in einem Spinnennetz. Lulu fühlte gern diesen großen, gefangenen Körper an ihrer Seite. Bliebe er so liegen, gelähmt, so würde ich ihn pflegen. Ich würde ihn saubermachen wie ein Kind, manchmal würde ich ihn auf den Bauch legen und ihm eins hinten drauf geben, und wenn seine Mutter zu

Besuch käme, würde ich ihn unter irgendeinem Vorwand aufdecken, die Bettücher zurückschlagen, und seine Mutter würde ihn ganz nackt sehen. Ich denke, sie würde lang hinschlagen, seit fünfzehn Jahren wird sie ihn wohl nicht so gesehen haben. Lulu strich leicht über die Hüfte ihres Mannes und zwickte ihn ein wenig in die Leiste. Henri brummte, blieb aber unbeweglich. Impotent. Lulu lächelte: bei dem Wort »impotent« mußte sie immer lächeln. Als sie Henri noch liebte, und wenn er so bewegungslos neben ihr lag, stellte sie sich gern vor, er sei liebevoll von winzigen Männlein gefesselt worden, wie sie sie als kleines Mädchen auf einem Bild gesehen hatte, als sie *Gullivers Reisen* las. Oft rief sie Henri »Gulliver«, und er hörte es gern, weil es ein englischer Name war; das gab Lulu etwas Gebildetes, aber lieber hätte er es noch gesehen, wenn sie es richtig ausgesprochen hätte. Was haben die mich zur Raserei gebracht: gebildet! Er hätte ja nur Jeanne Beder zu heiraten brauchen, die hatte Brüste, lang wie die Jagdhörner, aber sie sprach fünf Sprachen. Als wir noch sonntags nach Sceaux hinausfuhren, war mir seine Familie so zuwider, daß ich nach irgendeinem Buch griff; und immer kam einer gucken, was ich las, und seine kleine Schwester fragte mich: »Verstehen Sie das, Lucie?« Soviel steht fest: er findet mich nicht »fein«. Die Schweizer, ja, das sind »feine« Leute, weil seine ältere Schwester einen Schweizer geheiratet hat, der ihr fünf Kinder gemacht hat. Und sie imponieren ihm wegen ihrer Berge. Ich kann keine Kinder haben, Veranlagung, aber es wäre mir nie eingefallen, daß es »fein« ist, wenn er mit mir ausgeht und fortgesetzt in eine Pißbude läuft; und ich komme mir albern vor, wenn ich mir inzwischen die Schaufenster ansehen muß, bis er rauskommt, an seiner Hose zieht und dabei krumme Knie macht wie ein alter Mann.

Lulu zog ihre Zehe aus dem Loch im Bettuch und bewegte die Beine etwas, nur um des Vergnügens willen, sich neben diesem weichen, vom Schlaf gefangenen Fleisch munter zu fühlen. Sie hörte ein Knurren, ein Bauchknurren. Scheußlich, nie weiß ich, ist es sein Bauch oder meiner. Sie schloß die Augen: es ist die Flüssigkeit, die in den weichen Eingeweiden gluckert, solche Eingeweide haben wir alle, Rirette, ich selbst (aber ich denke nicht gern daran, ich kriege Bauchweh davon). Er liebt mich, aber er liebt nicht meine Gedärme. Wenn man ihm meinen Blinddarm in einem Glas zeigte, er würde ihn nicht erkennen. Er tätschelt immerzu an mir herum, aber wenn man ihm das Glas in die Hand gäbe, so würde er nichts empfinden, er würde nicht denken: »das ist ein Stück ihrer selbst«. Alles müßte man an einem Menschen lieben können: die Speiseröhre, die Leber, die Eingeweide. Vielleicht liebt man sie nicht, einfach aus Mangel an Gewohnheit. Wenn man sie sähe, so wie man unsere Hände, unsere Arme sieht, vielleicht würde man sie lieben. Die Seesterne lieben sich sicher mehr als wir uns. Wenn die Sonne scheint, strecken sie sich am Strande, bringen ihren Magen zum Vorschein, um ihn Luft schöpfen zu lassen, und jeder kann ihn sehen; ich frage mich, wo er wohl bei uns herauskäme – beim Nabel? Sie hatte die Augen geschlossen, und blaue Scheiben fingen an, sich zu drehen, wie gestern auf der Budenmesse. Ich schoß mit Gummipfeilen auf die Scheiben, bei jedem Treffer leuchteten Buchstaben auf und bildeten den Namen einer Stadt. Mit seiner dummen Angewohnheit, an meinem Rücken zu kleben, hat er mich verhindert, »Dijon« zusammenzukriegen. Ich hasse es, wenn man mich von hinten berührt, ich wollte, ich hätte keinen Rücken, ich liebe es nicht, sie halten sich schadlos, und man kann ihre Hände nicht sehen; sie gleiten herauf und herunter, und man kann nie wissen, wo sie landen werden; sie fressen dich mit den Augen auf, und du kannst sie nicht sehen. Das liebt er. Henri hätte niemals an dergleichen gedacht, aber *er* stellt sich immer hinter mich, ich bin überzeugt, er berührt meinen Hintern absichtlich, denn er weiß, ich sterbe vor Scham, einen zu haben, und wenn ich mich schäme, so erregt es ihn. Aber ich will nicht an ihn denken (sie hatte Furcht), sondern an Rirette. Jeden Abend zur gleichen Stunde dachte sie an Rirette, immer dann, wenn Henri im Einschlafen murmelte und stöhnte. Aber das ging auch nicht so ohne weiteres, der andere tauchte vor ihr auf, einen Augenblick lang sah sie sogar die schwarzen, gewellten Haare, sie glaubte, nun sei es soweit, ein Schauer ergriff sie, denn man weiß nie, wie es weitergehen wird – solange es nur das Gesicht ist, mag es noch hingehen, aber es gab Nächte, in denen sie kein Auge geschlossen hatte, weil schmutzige Erinnerungen aus dem Unterbewußtsein aufgestiegen waren; entsetzlich, wenn man alles an einem Manne kennt – vor allem *das*. Bei Henri ist es nicht dasselbe, den kann ich mir vom Kopf bis zu den Füßen vorstellen, das stimmt mich weich, denn er ist mollig, sein Fleisch ist ganz grau, bis auf den Bauch, der rosig ist. Er sagt, wenn ein gut gebauter Mann sitzt, so schlägt sein Bauch drei Falten. Seiner schlägt sechs, aber er zählt immer zwei auf einmal und will die anderen nicht sehen. Sie dachte verärgert an Rirette: »Lulu, Sie wissen nicht, was ein schöner Männerkörper ist.« Lächerlich, natürlich weiß ich; sie will sagen, ein steinharter Körper, mit Muskeln – ich liebe das nicht, Patterson hatte so einen, und ich kam mir weich vor wie eine Raupe, wenn er mich an sich drückte; Henri habe ich geheiratet, weil er weich war, weil er mich an einen Pfaffen erinnerte. Die Pfaffen in ihren Priesterröcken, das ist etwas Zartes, wie die Frauen, und sie tragen, scheint's, lange Strümpfe. Als ich fünfzehn Jahre alt war, hätte ich Lust gehabt, ihnen vorsichtig die Röcke hochzuheben und ihre Männerknie zu sehen und ihre Unterhosen, ich hätte es ulkig gefunden, wenn sie etwas zwischen den Beinen gehabt hätten: mit der einen Hand hätte ich den Rock gehalten und die andere hätte ich das Bein entlanggleiten lassen bis, na eben bis dorthin; nicht daß ich nun die Frauen besonders liebe, aber das Ding von einem Mann, wenn es unter einem Rock steckt, das ist etwas Zartes, wie eine dicke Blume. Genaugenommen kann man das ja gar nicht in die Hand nehmen; wenn es sich bloß ruhig verhalten könnte, aber es fängt sofort an, sich zu rühren wie ein Tier, es wird hart, es jagt mir Angst ein, und wenn es hart ist und gerade nach oben steht, ist es brutal; schmutzige Sache, die Liebe. Ich liebte Henri, weil sein kleines Ding nie hart wurde, nie das Köpfchen hob, ich lachte, manchmal küßte ich es, ich hatte davor nicht mehr Angst als vor dem eines Kindes; am Abend nahm ich sein weiches, kleines Ding in die Hand, er errötete und wandte den Kopf seufzend zur Seite, aber es bewegte sich nicht, es blieb schön artig in meiner Hand, ich drückte es nicht, so verblieben wir lange, und er schlief ein. Dann streckte ich mich lang aus auf dem Rücken, dachte an Pfaffen und saubere Dinge, an Frauen, dann liebkoste ich meinen Bauch, meinen schönen flachen Bauch, immer tiefer glitt meine Hand hinab, und nun war es die Wollust, die Wollust, die mir kein anderer geben kann, nur ich selbst.

John Cheever MELISSA

Er zog sich aus, innerlich jubelnd bei dem Gedanken, daß sie in einer Minute in seinen Armen liegen würde, doch statt dessen trat sie an ihren Frisiertisch, kippte eine Menge Haarnadeln aus einem kleinen goldenen Kästchen, teilte mit den Fingern eine Haarsträhne ab, rollte sie, legte sie flach an den Kopf und steckte sie fest. Er hoffte, daß sie nur wenige Wickel machen würde, schaute auf die Uhr und fragte sich, ob es zehn oder fünfzehn Minuten dauern konnte. Er hatte ihr Haar gern, wenn es recht locker war, und sah mit Unbehagen zu, wie sie Strähne um Strähne ergriff, sie drehte und mit einer Nadel glatt am Kopf befestigte. Das hinderte oder änderte seine Hoffnungsfreude nicht, noch schwächte es sein Liebesbedürfnis. Um sich abzulenken, schlug er eine Zeitschrift auf und studierte ein paar Inserate, aber da sich ihm das Königreich der Liebe so bald auftun sollte, blieben die Bilder ohne Sinn. Als sie alles Haar über der Stirn festgesteckt hatte, begann sie mit den Seiten, und da wurde ihm klar, daß er noch eine beträchtliche Wartezeit vor sich hatte. Er richtete sich auf, schwang seine Füße auf den Boden und rauchte eine Zigarette an.

Das Gefühl der Fülle und Kraft in seinen Weichteilen war auf dem Gipfel, und auch kalte Bäder, lange Spaziergänge im Regen, Karikaturen oder Gläser voll Milch hätten ihm jetzt nicht geholfen. Sie hatte angefangen, das Haar auch am Hinterkopf aufzustecken – als das Gefühl der Fülle plötzlich in ein Gefühl der Qual umschlug, das ihm von den Lenden bis tief in die Eingeweide drang. Er löschte seine Zigarette aus, zog eine Schlafanzughose an und wanderte auf den Balkon. Er hörte sie die Badezimmertür zumachen und vernahm mit einem Seufzer wirklichen Jammers – das Geräusch einlaufenden Badewassers.

Melissa brauchte für ihr Bad nie weniger als eine Dreiviertelstunde. Moses konnte oft ganz vergnügt auf sie warten, doch an diesem Abend litt er. Er blieb auf dem Balkon, suchte am Himmel die Sterne heraus, die er mit Namen kannte, und rauchte. Als er sie nach einer Dreiviertelstunde den Stöpsel aus der Badewanne ziehen hörte, ging er wieder ins Zimmer und streckte sich auf dem Bett aus, während sein Verlangen neue Gipfel reinen Glücks erklomm. Vom Badezimmer her konnte er das Geklirr von Flaschen auf Glas hören und das Öffnen und Schließen von Schubfächern. Dann öffnete sie die Badezimmertür und kam heraus – nicht nackt, sondern in ein weites schweres Nachtgewand gekleidet; sie scheuerte geschäftig ihre Zähne. »Oh, Melissa«, sagte er.

»Ich bezweifle, daß du mich liebst«, sagte sie, mit der dünnen leidenschaftslosen Altjungfernstimme, die ihn an vage Dinge wie Rauch oder Staub erinnerte. »Manchmal glaube ich, daß du mich überhaupt nicht liebst«, sagte sie, »und du legst auch zu viel Gewicht auf das Sexuelle, oh, viel zuviel. Das Schlimme ist, daß du nicht genug zu denken hast. Ich meine, du bist nicht richtig am Geschäft interessiert. Die meisten Männer befassen sich sehr intensiv mit ihren Geschäften. J. P. Scaddon war, wenn er von der Arbeit nach Hause kam, immer so müde, daß er kaum sein Abendbrot essen konnte. Die meisten Männer sind zu erschöpft, um jeden Morgen, jeden Nachmittag und jeden Abend ans Lieben zu denken. Sie sind müde und besorgt und führen ein normales Leben. Du aber magst deinen Beruf nicht und denkst deshalb dauernd über das Sexuelle nach. Ich glaube nicht, daß du das tust, weil du wirklich verdorben bist, sondern nur, weil du faulenzt.«

Er hörte das Quietschen von Kreide, an Stelle seiner Liebeslaube umgab ihn die Luft eines Klassenzimmers, und seine Rosen wollten welken. Im Spiegel sah er ihr hübsches Gesicht, dunkel und wollüstig, geformt, Leidenschaft und Süße auszudrücken, und wenn er an ihre Fähigkeiten dachte, begriff er nicht, warum sie sie abgetan hatte. Daß auch er schwierig war – mit den Flügen und Bruchlandungen einer sentimentalen Seele –, daß er manchmal einen fahren ließ oder mit einem Küchenstreichholz in den Zähnen stocherte; daß er weder ein glänzender Geist noch schön war, gehörte in das Bild – aber er verstand es nicht. Er verstand nicht, während er ihre Worte überdachte, welches Recht sie hatte, die Liebe, die ihn frisch erhielt und ihm sogar das Tröpfeln der Regenrinnen zu Musik machte, als Schöpfung puren Müßiggangs hinzustellen.

»Aber ich habe dich doch lieb«, sagte er und hoffte wieder.

»Manche Männer bringen sich Arbeit aus dem Geschäft mit nach Hause«, sagte sie. »Die meisten sogar. Meine Bekannten fast alle.« Während er zuhörte, schien ihre Stimme auszutrocknen und in dem Maße ihre tieferen Töne zu verlieren, wie ihre Gefühle sich verengten. »Und die meisten Geschäftsleute müssen viel reisen«, fuhr sie in dem dünnen Ton fort, »sie sind häufig lange Zeit von ihren Frauen weg. Die leben sich anders aus als im Geschlechtlichen. Fast alle gesunden Männer. Die spielen Tennis.«

»Ich doch auch.«

»Solange ich dich kenne, hast du noch nicht Tennis gespielt.«

»Aber früher.«

»Natürlich«, sagte sie, »wenn's für dich absolut nötig ist, mit mir zu schlafen, werde ich's tun, aber ich denke, du solltest begreifen, daß es nicht so entscheidend ist, wie du es hinstellst.«

»Durch dein Gerede hast du dich jetzt darum gebracht«, sagte er freudlos.

»Oh, wie bist du abscheulich und selbstgefällig!« sagte sie und drehte den Kopf nach ihm um. »Du hast eine ganz ungebildete, gemeine Denkweise. Du willst mich nur kränken.«

»Ich wollte dich liebhaben«, sagte er. »Der Gedanke daran hat mich den ganzen Tag froh gestimmt. Und wenn ich dich zärtlich bitte, dann gehst du an deinen Frisiertisch und stopfst dir den ganzen Kopf voll Metallstückchen. Ich war zum Lieben aufgelegt«, sagte er traurig, »jetzt bin ich böse und wütend.«

»Und vermutlich gilt dein ganzer Ärger mir?« fragte sie. »Ich habe dir schon früher erklärt, daß ich dir nicht alles sein kann, was du wünschst. Ich kann nicht zugleich Frau und Kind und Mutter sein, das ist zuviel verlangt.«

»Ich will ja gar nicht, daß du meine Mutter und mein Kind bist«, sagte er heiser. »Eine Mutter habe ich, und Kinder werde ich bekommen, also wird's mir daran nicht fehlen. Ich will doch nur, daß du meine Frau bist, und du bestopfst dir den Kopf mit Haarnadeln.«

Robert Gernhardt

DIE ANGST VOR DER NACHT

Seit geraumer Zeit bereits lebten Ingrid und Christian in ungeklärten Verhältnissen. Vor der Welt waren sie ein Paar, die Pfeiffers, spät abends jedoch, wenn sie das breite Bett wieder einmal lediglich zu dem Zweck aufsuchten, einander nach mehr zartem denn zärtlichem Wangenkuß eine gute Nacht zu wünschen und das Licht zu löschen, da hätte keiner der beiden zu sagen gewußt, wann das nun präzis begonnen hatte und wohin genau das führen würde. Sie kannten einander viel zu gut und glaubten einander viel zu sehr zu lieben, um nun gleich ein Problem daraus zu machen, zugleich aber war ihnen je länger, je mehr bewußt, daß da gar nichts gemacht werden mußte, weil es längst da war.

Je heiterer und fürsorglicher sie den Abend verbracht hatten, desto banger sahen sie der Nacht entgegen, die, anstatt als befriedigendes i-Tüpfelchen all die liebevolle Hinwendung zu krönen, sich immer deutlicher als Punkt unter jenem Zeichen zu erkennen gab, das nach und nach auch ihre Tage in Frage zu stellen begann.

Da half es wenig, daß Ingrid sich all jener Freundinnen erinnerte, bei denen nach deren Bekunden auch nicht mehr viel oder gar nichts lief, und daß Christian sich die Information ins Gedächtnis rief, Freud habe den Geschlechtsverkehr bereits mit zweiundvierzig Jahren eingestellt. Im Gegenteil. Das Gefühl, daß sich da nicht einmal eigenes Schicksal vollziehe, sondern lediglich eine so triviale wie unerbittliche Statistik bestätigt werde, machte die Abende der beiden nur noch anstrengender und die Nächte nur noch schaler. Mit wieviel Sorgfalt Ingrid bereits den Tisch gedeckt hatte, wenn er aus der Redaktion heimkehrte. Mit welcher Umsicht Christian versuchte, sich im Gegenzug dadurch erkenntlich zu zeigen, daß er tagsüber sorgsam gesammelte und eigens für sie selektierte Themen, Nachrichten und Histörchen ins Gespräch brachte. Wie fördernd die Komplimente und Bekräftigungen, wie schonend schließlich die Mitteilung, man werde noch etwas arbeiten, man sehe noch schnell die »Tagesthemen«, man gehe schon mal zu Bett, man folge bald nach, man wünsche schon jetzt eine gute Nacht.

Eva Jaeggi / Walter Hallstein

REBECCAS INTERVIEW

Im folgenden Interview mit Rebecca versuchen wir Arrangement und Probleme ehelicher Sexualität noch um einiges detaillierter nachzuzeichnen:

EJ.: Würde es dir etwas ausmachen, über Sexualität in eurer Ehe zu sprechen?

R.: Ich weiß nicht genau, ob ich darüber soviel zu sagen habe. Es war alles so ... normal.

EJ.: Das würde mich aber interessieren: was die Leute unter »normaler« ehelicher Sexualität verstehen. Meist denkt man daran, daß am Anfang etwa der »Himmel voller Geigen« hing und die Partner mit viel Freude und Lust miteinander geschlafen haben; daß dies langsam abflacht, manchmal sogar bis zum völligen Verlöschen des sexuellen Begehrens. Wie war es bei euch?

R.: Eigentlich nicht ganz so. Also, wenn du es so genau wissen willst...

EJ.: Ja, möglichst genau.

R.: Wir haben die normalen Phasen des Küssens und Schmusens durchlaufen.

EJ.: Was bezeichnest du denn da als »normal«?

R.: Na ja, ich erinnere mich, daß wir öfters auf der Couch in meinem Zimmer gelegen haben, aber ich wollte nicht mit Michael schlafen, weil mir das peinlich war wegen meiner Vermieterin. Ich wußte, daß die immer lauscht und alles weitertratscht, sie machte auch immer komische Andeutungen.

EJ.: War Michael dein erster Mann?

R.: Oh nein, ich war ja schon Ende zwanzig; vor ihm gab es eine »große Liebe«. Ich glaube jetzt, daß meine damaligen Hemmungen vielleicht auch damit zusammenhingen, nicht nur mit der Vermieterin.

EJ.: Du hast den anderen noch nicht vergessen gehabt?

R.: Ganz bewußt war mir das nicht; aber jetzt denke ich: Mit dem anderen hätte ich keine Rücksicht auf die Vermieterin genommen.

EJ.: Und wie kam es dann doch »dazu«?

R.: Wir verreisten. Übrigens ganz brav – jeder ein Einzelzimmer. Aber natürlich war klar, was passieren sollte.

EJ.: Und wie war es?

R.: Eine mittlere Katastrophe.

EJ.: (???)

R.: Alles ging so schnell. Michael war mir in seinen Reaktionen ganz fremd.

EJ.: Fremd?

R.: Ja – so still; wenig Vorspiel. Ich wußte gar nicht so recht, wie weit er war, und fühlte mich selbst ziemlich unberührt von allem.

EJ.: Konntet ihr darüber sprechen?

R.: Damals nicht, später schon.

EJ.: Ich wundere mich, daß ihr es trotzdem »weiterprobiert« habt.

R.: Ach doch, ich wußte schon, daß ich in Michael einen »besonderen« Mann gefunden hatte, und wollte die Beziehung deshalb nicht abbrechen. Wir haben aber nach dieser ersten Nacht ziemlich lange nicht mehr miteinander geschlafen. Warte mal – wieso war das überhaupt möglich? Ach ja, die Ferien lagen dazwischen. Wir hatten uns verabredet, die letzten paar Tage der Ferien miteinander zu verbringen, in einem Nordseebad.

EJ.: Und da ging es dann etwas besser?

R.: (lacht) Ja, erstaunlich, vielleicht war es das Klima. Ich will nicht sagen, daß wir geradezu »rasend« vor Leidenschaft waren, aber alles war lustvoll, zärtlich, angenehm ..., obwohl ...

EJ.: Obwohl?

R.: Ja, da war etwas, was mich bis jetzt stört: diese Schweigsamkeit. Michael ist nicht imstande, seine Lust verbal auszudrücken ..., und ich brauche das ...

EJ.: Du meinst, er sollte darüber während des Geschlechtsverkehrs reden?

R.: Nein ... also ... na ja, das klingt komisch ... aber irgendwie ja; zumindest stöhnen oder irgend etwas stammeln ... na, du weißt schon. Aber er ist so stumm.

EJ.: Das hat dich gestört?

R.: Nun, ich habe mich daran gewöhnt. Aber ich denke, daß er mich mit dieser Schweigsamkeit immer auf mich selbst zurückgeworfen hat, ich fühlte mich alleingelassen. Ich konnte das damals noch gar nicht sagen; später habe ich mehrmals darüber gesprochen. Aber es ist halt seine Art.

EJ.: Trotzdem verliefen diese Ferien in sexueller Hinsicht gut?

R.: Ja. Ich hatte das Gefühl, daß er mich sehr gern hat, und ich selbst habe ihn damals sehr bewundert. Deswegen fand ich es auch schön, mit ihm körperlich intim zu sein. Aber die »große Leidenschaft«, die irgendwie vom Körper ausgeht, war es nicht.

EJ.: Hattest du die kennengelernt?

R.: Ja, vorher und nachher...

EJ.: Ich möchte dich jetzt ganz nüchtern und »wissenschaftlich« fragen: wie oft habt ihr beide damals miteinander geschlafen? Hattet ihr einen Orgasmus? Gab es sonst irgendwelche Besonderheiten?

R.: Mein Gott, du willst aber wirklich alles sehr genau wissen! Na also: Ja, wir hatten beide wohl meistens einen Orgasmus; Michael war immer ein recht potenter Mann. Ich konnte mich über nichts »beklagen« ... außer, na ja, wie gesagt... Wir haben damals natürlich jede Nacht miteinander geschlafen, vielleicht auch zweimal, das weiß ich nicht mehr so genau. Aber weißt du, da vergleiche ich es halt doch mit meiner »großen Liebe«. Mit Michael gab es eigentlich nie wirkliche »Liebesnächte«.

EJ.: Was verstehst du darunter?

R.: Ich meine solche Nächte, wo man »außer sich« ist, die Stunden gleichzeitig vorüberrasen und stehenbleiben, alles sich kreisförmig dreht, ewig sein sollte ... Das »Lerche und Nachtigall«-Gespräch von Romeo und Julia zeigt, was gemeint ist.

EJ.: Wie würdest du denn die Nächte mit Michael beschreiben?

R.: Zwei erwachsene Menschen hatten am Beginn der Nacht erfreulich gut verlaufenden Geschlechtsverkehr, sprachen nachher freundlich, oft auch recht witzig darüber oder über anderes, gaben sich einen Gute-Nacht-Kuß und schliefen dann ein. Zwar schliefen sie im Doppelbett und kuschelten sich aneinander, aber sie erwachten jedesmal getrennt – jeder auf seiner Bettseite.

EJ.: Klingt schon sehr nach »ehelicher Sexualität«.

R.: Ja, so blieb es auch während langer Jahre.

EJ.: Das ist dann zwar keine Leidenschaft, klingt für die Ehe aber doch auch wiederum nicht schlecht.

R.: Ja, aber so gut wiederum auch nicht. Es wurde dann doch alles sehr routinisiert. Wir handelten bald nach dem bekannten Zweimal-pro-Woche-Prinzip. Egal, ob wir Lust hatten oder nicht: zweimal mußte es sein. Das gab dann komische Situationen: wenn du zum Beispiel am Samstag denkst »verflixt, wir haben ja seit Sonntag erst einmal miteinander gepennt, wie kriegen wir denn das zweite Mal jetzt noch zustande?«

EJ.: Habt ihr wirklich so gedacht, oder ist das eine Karikatur?

R.: Nein, ehrlich ... allerdings haben wir ja beide Humor, und da haben wir solche Dinge auch ausgesprochen und über uns selbst gelacht. Aber das hat nichts daran geändert, daß wir uns eben gar nicht so recht an unserem Begehren orientiert haben.

EJ.: Von wem ging jeweils die Initiative aus?

R.: Ach, sehr unterschiedlich. Aber ich denke, diese Sicherheit der Routine macht dieses Initiative-Ergreifen gar nicht wichtig. Später wurde es noch festgefahrener. Da haben wir einfach immer am Sonntagmorgen, wenn unsere Tochter noch schlief, miteinander geschlafen. Das war dann wirklich nur mehr ein Ritual.

EJ.: Und das hat funktioniert? Ich meine: habt ihr denn da funktioniert?

R.: Ja, aber eben nur funktioniert. Alles lief sozusagen reibungslos ab.

EJ.: Das war ja dann doch eine sehr unbefriedigende Sexualität. Habt ihr nie bessere Zeiten gekannt – zum Beispiel in den Ferien? Oder habt ihr das, was euch gefehlt hat an Sinnlichkeit, nicht durch Außenbeziehungen geholt?

R.: Natürlich gab es »bessere« und »schlechtere« Begegnungen. An wirkliche Sinnlichkeit mit meinem Mann erinnere ich mich selten. Das gab es im ganzen vielleicht 10-, 15mal – wenn überhaupt. Außenbeziehungen haben wir beide gehabt. Wir haben uns in den Auseinandersetzungen darüber klargemacht, daß wir offensichtlich dabei sehr viel mehr Lust und Spaß erlebt haben.

EJ.: Kannst du sagen, weshalb es gerade bei euch beiden so unbefriedigend war?

R.: Ehrlich – ich weiß es nicht. Mein Mann gefiel mir recht gut, ich fand ihn attraktiv – aber irgendwie nur so von »außen« betrachtet. In einer sehr schlimmen Streitszene hat er mir gesagt, daß er mich eigentlich gar nicht als »Geliebte« erlebt hat, eher als Schwester und Freundin, die ihm äußerlich ganz gut gefällt. Das ist vermutlich bei uns beiden ähnlich. Ich weiß aber nicht, warum das so ist.

EJ.: Und wie ist das bei euren jeweiligen Außenbeziehungen?

R.: Eben ganz anders – offenbar übrigens auch bei Michael. Ich selbst erlebe mich dabei viel leidenschaftlicher, entgrenzter.

EJ.: Entgrenzter?

R.: Ja, ich bin weniger gehemmt. Komischerweise war ich bei dem Mann, mit dem ich so viele Jahre gelebt habe, wesentlich gehemmter als bei anderen. Natürlich fällt mir dabei auch sofort das »Heilige und Hure«-Prinzip ein.

EJ.: Wie war es am Ende eurer gemeinsamen Zeit? Habt ihr da noch miteinander geschlafen?

R.: Komischerweise ja. Das Ritual war sehr stark. Aber es kam nur mehr selten vor, vielleicht alle zwei bis drei Monate.

EJ.: Fällt dir noch irgend etwas ein zum Thema »eheliche Sexualität«?

R.: Ich habe hier nur offene Fragen. Mir ist nicht klar, war unsere Sexualität so mickrig, weil unsere persönliche Beziehung nicht klappte, oder war es umgekehrt?

Dieter Wellershoff KEIN ENTKOMMEN

Das Dunkel schützte ihr Gesicht. Doch es gab keinen wirklichen Schutz, und es gab auch kein Entkommen. Durch die spaltweit geöffnete Badezimmertür fiel ein Lichtschein über das Fußende des Doppelbettes, und sie hörte, wie sich ihr Mann ausführlich und energisch die Zähne putzte.

Jetzt spülte er den Mund aus und spuckte das Wasser ins Becken, ließ Wasser in den Becher laufen und wusch klappernd die Bürste aus. Am Hals konnte sie ihren Herzschlag spüren. Es war ein Zupfen an einer gespannten Saite, die keinen Ton von sich gab. Jetzt machte ihr Mann nebenan das Licht aus, erst über dem Spiegel, dann neben der Tür, und im Dunkeln ging er um das Bett herum. Die Matratze federte, als er sich neben sie legte. Er lag, wie sie wußte, auf dem Rücken, löste seine Armbanduhr vom Handgelenk und legte sie neben sich auf den Nachttisch.

»Schläfst du schon, Saskia?« fragte er.

»Nein«, sagte sie.

»Du hast heute sehr schlecht ausgesehen. Du gehst zu wenig nach draußen.«

»Ich war draußen«, sagte sie. »Es geht mir gut.«

Sie hoffte, daß er einschlafen würde nach dieser Versicherung, aber er drehte sich ihr zu und begann sie zu streicheln, fordernd und ungeschickt, und überall, wo seine Fingerkuppen sie berührten, wurde ihr Körper starr und taub und gehörte nicht mehr zu ihr. Unentschlossen blieb seine Hand auf ihrem Bauch liegen.

»Faß mich auch an«, sagte er.

Sie tat es. Sie mußte ja mit ihm leben. Er war nicht schuld an ihrem Unglück, von dem er nichts wußte und nichts verstehen würde. Es gab keine andere Möglichkeit, und sie machte es wie früher. Er wälzte sich über sie, ruckartig, ohne Übergang. Sie spürte sein Stoßen und Pressen gegen ihren trockenen, verschlossenen Schoß, während sie an ihm vorbei in das Dunkel des Zimmers starrte, in diesen Kubus, der sie beide einschloß, ihn und sie, in diesem schrecklichen Versuch, sich zu vereinen, der sich heute wie gestern und vorgestern wiederholte, bis sie plötzlich sein hochgezogenes, verzweifeltes Ächzen hörte und wieder alles in ihm zusammenbrach. Schon vorbei, dachte sie. Das Gewicht ihres Mannes lag auf ihr wie ein Sack voller Sand, und sie zog sich weit ins Innere zurück, voller Scham über die Plumpheit und blinde Panik, in der ihre Körper gegeneinander gewütet hatten. Auch er kam zu sich, stemmte sich von ihr ab und rollte zur Seite.

»Was ist los mit uns?« fragte er.

Sie mußte die Antwort, die ihr brennend vor Augen stand, vergessen.

»Nimm es nicht so wichtig«, sagte sie mit einer müden, teilnahmslosen Stimme. Nach einer Weile hörte sie, wie ihr Mann aufstand und ins Badezimmer ging. Wasser lief. Er schluckte wohl eine Schlaftablette. Morgen früh war die erste Sitzung eines Strafprozesses, den er leitete, er, ein verunsicherter, an sich selbst zweifelnder Mann, der sich mit seinem schwarzen Talar kostümierte, um über das Leben anderer zu Gericht zu sitzen. Als sie neben sich sein schweres Atmen hörte, tat er ihr leid. Aber sie wußte, daß das Mitleid nur ein dünner Schleier über dem Abscheu war.

Joseph Roth DAS AUGE ODER DAS ENDE DER EHELICHEN LUST

Eines Morgens im Sommer erwachte sie früher als Mendel. Ein zwitschernder Sperling am Fensterbrett hatte sie geweckt. Noch lag ihr sein Pfiff im Ohr, Erinnerung an Geträumtes, Glückliches, wie die Stimme eines Sonnenstrahls. Die frühe, warme Dämmerung durchdrang die Poren und Ritzen der hölzernen Fensterläden, und obwohl die Kanten der Möbel noch im Schatten der Nacht verrannen, war Deborahs Auge schon klar, ihr Gedanke hart, ihr Herz kühl. Sie warf einen Blick auf den schlafenden Mann und entdeckte die ersten weißen Haare in seinem schwarzen Bart. Er räusperte sich im Schlaf. Er schnarchte. Schnell sprang sie vor den blinden Spiegel. Sie fuhr mit kalten, strählenden Fingerspitzen durch ihren schütteren Scheitel, zog eine Strähne nach der andern vor die Stirn und suchte nach weißen Haaren. Sie glaubte, ein einziges gefunden zu haben, ergriff es mit einer harten Zange aus zwei Fingern und riß es aus. Dann öffnete sie ihr Hemd vor dem Spiegel. Sie sah ihre schlaffen Brüste, hob sie hoch, ließ sie fallen, strich mit der Hand über den hohlen und dennoch gewölbten Leib, sah die blauen verzweigten Adern an ihren Schenkeln und beschloß, wieder ins Bett zu gehn. Sie wandte sich um, und ihr Blick stieß erschrocken auf das geöffnete Aug' ihres Mannes. »Was schaust du?« rief sie. Er antwortete nicht. Es war, als gehörte das offene Auge nicht ihm, denn er selbst schlief noch. Unabhängig von ihm hatte es sich geöffnet. Selbständig neugierig war es geworden. Das Weiße des Auges schien weißer als gewöhnlich. Die Pupille war winzig. Das Auge erinnerte Deborah an einen vereisten See mit einem schwarzen Punkt darinnen. Es konnte kaum eine Minute offen gewesen sein, aber Deborah hielt diese Minute für ein Jahrzehnt. Mendels Auge schloß sich wieder. Er atmete ruhig weiter, er schlief, ohne Zweifel. Ein fernes Trillern von Millionen Lerchen erhob sich draußen, über dem Haus, unter den Himmeln. Schon drang die anbrechende Hitze des jungen Tages in den morgendlich verdunkelten Raum. Bald mußte die Uhr sechs Schläge schlagen, die Stunde, in der Mendel Singer aufzustehen pflegte.

Deborah rührte sich nicht. Sie blieb stehen, wo sie gestanden war, als sie sich wieder dem Bett zugewandt hatte, den Spiegel im Rücken. Nie hatte sie so stehend gelauscht, ohne Zweck, ohne Not, ohne Neugier, ohne Lust. Sie wartete auf gar nichts. Aber es schien ihr, daß sie auf etwas Besonderes warten müßte. Alle ihre Sinne waren wach wie nie, und noch ein paar unbekannte, neue Sinne waren erwacht, zur Unterstützung der alten. Sie sah, hörte, fühlte tausendfach. Und gar nichts geschah. Nur ein Sommermorgen brach an, nur Lerchen trillerten in unerreichbarer Ferne, nur Sonnenstrahlen zwängten sich mit heißer Gewalt durch die Ritzen der Läden, und die breiten Schatten an den Rändern der Möbelstücke wurden schmäler und schmäler, und die Uhr tickte und holte zu sechs Schlägen aus, und der Mann atmete. Lautlos lagen die Kinder in der Ecke neben dem Herd, Deborah sichtbar, aber weit, wie in einem andern Raum. Gar nichts geschah. Dennoch schien Unendliches geschehen zu wollen. Die Uhr schlug wie eine Erlösung. Mendel Singer erwachte, setzte sich gerade im Bett auf und starrte verwundert auf seine Frau. »Warum bist du nicht im Bett?« fragte er und rieb sich die Augen. Er hustete und spuckte aus. Gar nichts an seinen Worten und an seinem Gehaben verriet, daß sein linkes Auge offen gewesen war und selbständig geschaut hatte. Vielleicht wußte er nichts mehr, vielleicht hatte sich Deborah getäuscht.

Seit diesem Tag hörte die Lust auf zwischen Mendel Singer und seiner Frau. Wie zwei Menschen gleichen Geschlechts gingen sie schlafen, durchschliefen sie die Nächte, erwachten sie des Morgens. Sie schämten sich voreinander und schwiegen wie in den ersten Tagen ihrer Ehe. Die Scham stand am Beginn ihrer Lust, und am Ende ihrer Lust stand sie auch.

Herbert Rosendorfer IM FLANELLNACHTHEMD

Dr. Ballmann lachte, als ihn seine Frau weckte.

Vor Jahren schon hatte Dr. Ballmann verschiedene Anläufe genommen, für sich und seine Frau getrennte Schlafzimmer einzurichten. Immer, wenn Ballmann so einen Vorschlag machte, war seine Frau gekränkt, in einer frommen Art gekränkt, niedergeschlagen, hatte die Handarbeit in den Schoß sinken lassen und Ballmann mit feuchten Augen angeschaut, daß Ballmann nicht weiter hart sein konnte, obwohl nicht einzusehen war, warum Ballmann und seine Frau in einem Zimmer schlafen sollten. Irgendwelche körperlichen Vorstöße hatte Ballmann schon seit Jahren nicht mehr unternommen, was Babette offenbar in der Ordnung fand. Sicher: Ballmann wußte, daß er auch nicht so aussah wie einer, dem die Frauen magisch angezogen an den Hals fliegen. Auch er, Ballmann, hatte in den Jahren des dämonischen Justizdienstes Gewicht angesetzt und Haare verloren, in letzter Zeit plagte ihn außerdem ein Stechen links hinten über dem Gesäß (Ischias?), aber so dick geworden wie Babette war er nicht. Außerdem trug Babette nicht nur Flanellnachthemden, sondern immer auch noch eine Unterhose drunter, wenn sie ins Bett ging. Ballmann hatte einmal zu analysieren versucht, warum ihn gerade das, diese Unterhose unter dem Nachthemd, so stört. Er war mit der Analyse nicht sehr weit gekommen. Einmal hatte er es Babette sogar gesagt. Babette hatte freundlich geantwortet: wenn es ihn störe, ziehe sie keine mehr an in der Nacht. Nein, hatte Ballmann gesagt, ich möchte eigentlich nur wissen, warum du sie anziehst? Babette hatte ihn groß angeschaut und geantwortet: ich weiß nicht, ich fühle mich wohler so. Soll ich mich nicht wohl fühlen? Doch, hatte Ballmann geantwortet, doch.

An diesem Abend – im übrigen ohne weitere Konsequenzen – hatte Babette zwar automatisch nach einer Unterhose gegriffen, hatte sie aber dann nicht angezogen, sondern war ohne Unterhose, aber natürlich mit Flanellnachthemd, ins Bett gegangen. Am nächsten Tag erzählte sie freundlich, daß sie sehr schlecht geschlafen habe, warum, wisse sie auch nicht. Ballmann sagte nichts.

Warum, sagte sich Ballmann immer wieder, soll ich mit einer Frau, die so dick geworden ist und in einem Flanellnachthemd mit Unterhose ins Bett geht, in einem Zimmer schlafen? Wahrscheinlich ist es sogar ungesund. Wahrscheinlich reicht der Sauerstoff in so einem kleinen Schlafzimmer in einem Reihen-Einfamilienhaus für zwei Personen – von denen eine so dick ist – nicht aus, auch wenn das Fenster die ganze Nacht offen steht. Außerdem: sie wird um neun Uhr schon müde. Wahrscheinlich macht das Fett müde. Ich will im Bett noch lesen. Ich kann im Bett nicht lesen, weil Babette das Licht stört. Lese ich unten im Wohnzimmer, kommt sie spätestens um halb zehn in ihrem Flanellnachthemd herunter, unter dem sie eine Unterhose trägt, und fragt freundlich, ob ich nicht doch auch schon schlafengehe? Es gibt keinen vernünftigen Grund, warum wir nicht getrennte Schlafzimmer haben sollten.

James Joyce MOLLYS NACHTGEDANKEN

Molly Bloom sinniert über Körper und Geist ihres heimgekehrten Ehemanns Leopold:

Also ich sollte hier aber wirklich keine ganze Nachtsitzung halten auf diesem Ding wenn die Pötte doch wenigstens ein natürliches Format hätten daß man als Frau auch richtig drauf sitzen kann er kniet ja immer davor wenn er macht also ich glaube in der ganzen Schöpfung gibt es keinen 2ten Menschen mit so Gewohnheiten wie er hat nun seh sich einer doch bloß mal an wie er da schläft am Fußende vom Bett wie kann er das überhaupt so ohne Keilkissen ist ja bloß ein Glück daß er nicht um sich trampelt sonst würd er mir glatt sämtliche Zähne eintreten und wie er atmet überhaupt so mit der Hand auf der Nase wie dieser indische Gott den er mich mal mitgenommen hat mir zu zeigen an einem nassen Sonntag im Museum Kildare Street ganz gelb in so einem Kinderschürzchen lag der da auf der Seite auf der Hand alle zehn Zehen ausgestreckt wo er dann von sagte das wäre eine viel größere Religion als wie von den Juden und Unserm Herrn beides zusammen die ginge über ganz Asien und den macht er jetzt nach wie er überhaupt immer jeden nachmacht wahrscheinlich hat der auch immer am Fußende von seinem Bett geschlafen die riesigen Quanten bei seiner Frau im Gesicht verdammt dieser Stinkpott also jedenfalls wo ist denn wo sind denn also diese Tücher sind doch andauernd ah ja ich weiß na hoffentlich quietscht der alte Kleiderschrank nicht zu sehr ah aber natürlich ich wußt es doch er schläft aber wirklich fest muß sich ja gut amüsiert haben irgendwo das Luder hat was hergegeben für sein Geld weil klar muß er zahlen dafür bei ihr oh was für eine Plage dieses Ding ich kann bloß hoffen sie haben was besseres für uns in der anderen Welt verheddern uns hoffnungslos selber helf uns Gott also das reicht jetzt aber für diese Nacht dieses lumpige alte Klingelbett erinnert mich in einer Tour an den alten Cohen der hat sich wahrscheinlich oft genug einen abgekratzt da drin und er denkt Vater hat es von Lord Napier gekauft den ich immer so bewundert hab wie ich noch ein kleines Mädchen war weil ich ihm gesagt hab bloß leise piano oh ich mag mein Bett mein Gott das haben wir nun erreicht nach 16 Jahren in wieviel Häusern waren wir überhaupt Raymond Terrace und Ontario Terrace und Lombard Street und Holles Street und er läuft jedesmal fröhlich pfeifend durch die Gegend wenn wir wieder mal eine Rutschpartie machen seine Hugenotten oder den Froschmarsch und tut so wie wenn er den Männern groß hilft bei unsern paar Klamotten und Möbeln und dann das City Arms Hotel schlimmer immer schlimmer sagt Warden Daly das reizende Örtchen auf halber Treppe mit andauernd jemand drin ins Gebet vertieft der dann seinen ganzen Gestank hinterläßt man wußte jedesmal wer als letzter drauf gewesen war jedesmal wenn grad alles einigermaßen läuft mit uns passiert irgendwas oder er tritt wieder ganz groß ins Fettnäpfchen Thom und Hely und Mr Cuffe und Drimmie entweder bringt er sich mit Pauken und Trompeten an den Rand des Gefängnisses mit seinen alten Lotterielosen die für uns alle die Rettung sein sollten oder er kriegt die große

Klappe und wird frech ich seh schon kommen bald fliegt er auch beim Freeman raus genau so wie früher wegen diesen Sinnern Fein oder den Freimaurern dann werden wir ja sehn ob der kleine Mann den er mir gezeigt hat der da so ganz alleine vor sich hin zockelte im Regen an der Coadys Lane ob der ihm dann viel Trost bringen wird wo er doch sagt daß der so echt irisch offenherzig und zugänglich wäre also das ist er ja bestimmt der Offenherzigkeit seiner Hosen nach zu urteilen die ich an ihm gesehn habe Moment da schlägts von der George Church Moment 3 Viertel vor Moment vor 2 also das ist ja eine schöne Zeit nachts nach Hause zu kommen und da klettert er auch noch über den Zaun wenn ihn nun einer gesehen hat also die kleine Angewohnheit werd ich ihm aber austreiben morgen werd mir zuerst mal sein Hemd vorknöpfen und nachsehn oder ich werd nachsehn ob er den Pariser noch hat in seiner Brieftasche wahrscheinlich bildet er sich ein ich weiß das nicht sowas Hinterfotziges die Männer ihre sämtlichen 20 Taschen reichen nicht aus für ihre Lügen wieso sollten wir denen wohl was erzählen eigentlich die glauben uns ja doch nicht selbst wenns die Wahrheit ist und dann wie er sich da eingewickelt hat im Bett wie diese Babys in dem Aristokrates seinem Meisterwerk was er mir ein anderesmal mitgebracht hat wie wenn wir davon nicht schon genügend hätten im wirklichen Leben auch ohne irgend so einen alten Aristokrates oder wie der heißt sowas ekelt einen bloß noch mehr mit diesen widerlichen Bildern drin Kinder mit zwei Köpfen und ohne Beine das sind so die Schweinereien wo die immer von am träumen sind mit nichts anderes in ihrem leeren Schädel die sollte man doch alle langsam vergiften die Hälfte von ihnen und dann aber Tee und Toast für ihn auf beiden Seiten gebuttert und frischgelegte Eier ich bin ja wohl gar nichts mehr wie ich mich nicht von ihm lecken lassen wollte in der Holles Street die eine Nacht Mann Mann Tyrann wie eh und je was das eine betrifft er schlief die halbe Nacht nackt auf dem Fußboden wie das die Juden immer machen wenn einer von ihren Angehörigen stirbt und wollte kein Frühstück essen und sprach kein einziges Wort wollte gehätschelt und getätschelt werden also hab ich gedacht für das eine Mal hab ich mich jetzt genug gesperrt und hab ihn gelassen dabei macht ers auch noch ganz falsch denkt bloß an seine eigene Lust dabei seine Zunge ist zu flach oder ich weiß nicht was jedenfalls vergißt er daß wir ich aber nicht ich werd es ihn nochmal machen lassen wenn er sich nicht selber sperrt dagegen und dann sperr ich ihn runter in den Kohlenkeller da kann er dann bei den Kellerasseln schlafen ...

Edna O'Brien VOR DEM HOCHZEITSPHOTO

Sie stand vor dem Kamin, dem Photo gegenüber. Sie waren so jung. Zwei Schwachköpfe! Grauenhaft sah sie aus. Hatte sich am Tag zuvor von einem der Mädchen eine Heim-Dauerwelle machen lassen. In der ersten Nacht, da war er die ganze Zeit im Gange gewesen und hatte sie dauernd geweckt. Wie wenig sie wußte! Nichts. Wir wissen gar nichts, wenn wir anfangen. Wann ist es schiefgegangen? Eigentlich ist es nie richtig gegangen. Daß sie ihn überhaupt geduldet hatte, lag daran, daß er sie immer so nett vom Tanzen nach Hause gebracht und aus einem Automaten Milch für sie gezogen hatte. Sie hatte gesagt, es sei ein Sanatorium, wo sie arbeitete, aber nicht erwähnt, daß es für Unheilbare war, das hätte ihn vielleicht aufregen können. Hat sie nie angerührt, außer beim Tanzen, da versuchte er's durch die Jackentasche. Aber das taten sie alle. Kleinigkeiten, die sie nicht bemerkt hatte, wenn sie zusammen ausgingen, merkte sie, sobald sie ein Zimmer teilten. Das Geräusch, das er beim Schlucken machte, seine stinkenden Füße! Sag mir, wenn du kommst. Gab ihr überhaupt keine Gelegenheit. Zwei Minuten, nachdem er drin war, raste er los. Ist er groß genug für dich? In den ersten paar Monaten war's ganz gut, erträglich. Kein Zeichen, daß sich irgendwas tat. Die Arbeitskollegen zogen ihn auf. Mit dir muß was nicht stimmen, sagte er dann. Warum mit ihr? Immerhin muß er es gespürt haben. Die Arbeitskollegen nannten die Dinge beim Namen. Das war der Grund, warum er so geltungsbedürftig wurde. Schönen Unsinn hat er von einer Fernsehansagerin erzählt, der es nicht im Traum einfallen würde, sich irgendwo mit ihm zu zeigen. Er spürte es. Ruppig in seinem Ton, und dann lauter Entschuldigungen. Putzte ihr die Schuhe für sonntags, und als sie damals mit Rippenfellentzündung im Bett lag, brachte er ihr vier Schokoladenkuchen mit. War selbst gern elegant – neue Schuhe, Flanellhosen, ein Blazer mit Messingknöpfen. Ein Kind! Aber Kinder müssen mit anderen Kindern zusammen sein. Ein Mann, der über fünfundzwanzig ist, müßte aufhören, herumzuschittern. Hat keinen Zweck, zu fragen, was es zum Tee gibt, es ist ganz unwichtig, was es zum Tee gibt. Du wärst sowieso nicht glücklich gewesen. Hat ihm alles mißgönnt, sogar ihre Gedanken, hat ihn ausgeschlossen, über irgendwas gelächelt, und wenn er fragte, worüber, dann hat sie nichts gesagt oder höchstens: »Geht dich nichts an.« Jede Minute war eine Quälerei, genau das war es, und Gemeinheit und Bitterkeit. Teuflisch. Manchmal bettelte er. Kam von der Arbeit nach Hause und bettelte und war dreckig, wie es kein Mann sein dürfte. Und dann die Launen. Und wenn er nicht maulte, dann weinte er. Hatte es gern, wenn man ihn anpfiff. Vererbt, höchstwahrscheinlich. Vater verbrachte sein Leben im Bett und ließ sich wegen seines Ekzems mit Pferdesalbe einreiben.

John Updike DIE BADENDE

Piet und Angela Hannema sind von einem Abend bei dem befreundeten Paar Ken und Foxy Whitman zurückgekehrt. Es hatte ein Krisengespräch gegeben, da Piet seit längerer Zeit ein Verhältnis mit Foxy hat. Piet kommt etwas später ins Haus, seine Frau hat sich bereits ins Badezimmer zurückgezogen:

Als er zurückkehrte, waren unten im Haus alle Lichter aus, und Angela lag oben in der Badewanne. Bis auf die türkis geäderten Brüste, die leicht gebräunten Schultern und Schenkel war ihr Körper vom Wasser umspült, und träge seifte sie ihre Scham ein. Kreisförmig fuhr sie mit der Hand drüberhin, zwirbelte das schaumglitschige Haar zu spitzen kleinen Büscheln zusammen, bewegte sich, so daß eine klatschende Welle den Seifenschaum wegwusch. Ihre Brüste schwappten und schwammen im perligtrüben Wasser; ihr Haar war zu einem weichen Knoten hochgesteckt und legte zärtlich ihren Nacken bloß.

Piet sagte: »Entschuldige, aber ich muß auf die Toilette. Mein Bauch ist wie mit Säure vollgepumpt.«

»Tu dir keinen Zwang an. Laß dich nicht stören.«

Er streifte die Hosen herunter, setzte sich, und während es in brennendem, erlösendem Schwall aus ihm herausbrach, starrte er fasziniert auf ihre Zehen: vom heißen Wasser ausgelaugte, rosige, kätzchenhafte Knubbel. Foxy hatte lange Greifzehen; eines Abends bei den Constantines hatte er gesehen, wie sie mit dem Fuß einen Bleistift hielt und *Elizabeth* an die Wand schrieb. Er fragte Angela: »Wie fühlst du dich?«

»Kreuzunglücklich. Wenn du mir das Rasiermesser reichst, schneide ich mir die Pulsadern auf.«

»Sag nicht so etwas.« Ein zweiter Schwall löste sich aus ihm, er mußte einen Augenblick die Luft anhalten und antwortete mit einer kleinen Verspätung. Wo kam bloß dies viele Gift her? Tötete Gin die Enzyme?

»Warum nicht?« Angela machte eine Vierteldrehung; das Wasser schwappte in kleinen Wellen. »Es würde dir den ganzen Scheidungsärger ersparen. Ich glaube nicht, daß mein Vater mir erlaubt, sehr großzügig zu sein.«

»Glaubst du denn« – ein dritter, schwächerer Schwall – »daß es soweit kommen wird? Ich habe Todesangst vor dieser Frau.«

»Ich war dabei, wie du ihr einen Heiratsantrag machtest.«

»Sie hat es so ausgelegt. Aber ehrlich gesagt, ich möchte viel lieber mir dir verheiratet bleiben.«

»Vielleicht möchte *ich* aber nicht mit dir verheiratet bleiben.«

»Aber du hast doch niemanden, zu dem du gehen könntest.«

»Nein, niemanden. Nur mich selbst. Du hast mich nie richtig zu mir selbst kommen lassen. Immerfort mußte ich mit dir auf Partys gehen oder selber welche veranstalten, bloß damit du die Frauen von all diesen trübseligen Männern verführen konntest.«

Er liebte ihre beiläufigen, gelassenen Wahrheiten; er liebte die Eintracht mit ihr, er genoß es, ihr Schüler zu sein. »Sie sind wirklich trübselig. Ich bin draufgekommen, daß es zweierlei Sorten von trüben Tassen in dieser Stadt gibt: solche, die zum oberen Mittelstand gehören, und solche, die zum unteren gehören. Die vom oberen waren auf dem College. Mein Problem ist, daß ich sozusagen mittlerer Mittelstand bin.«

Sie fragte: »Wie fandest du Ken?«

»Greulich. Ein richtiger Computer. Man braucht bloß ein paar Angaben zur Person und Sache reinzustecken, und schon kommt fix und fertig der Urteilsspruch heraus.«

»Ich weiß nicht«, sagte Angela, im Wasser sachte die Beine spreizend und schließend und wieder spreizend, »ich finde, er hat mehr Mut bewiesen, als wir alle zusammen.«

»Weil er von Scheidung geredet hat? Er denkt überhaupt nicht daran, sich von ihr scheiden zu lassen. Ihm lag nur daran, daß wir alle, sie und ich und du, einen Schreck bekommen und seine Schuljungenehre gewahrt bleibt.«

»Ich hatte nicht den Eindruck, daß sie einen Schreck bekommen hat. Sie hat es doch darauf angelegt. Warum hat sie sonst wohl den Abend damit zugebracht, ihm alles zu erzählen?«

Schneidende Kälte fuhr ihm plötzlich in die entleerten Gedärme. Er wischte sich ab und drückte auf den Wasserknopf. Der Geruch in dem kleinen Raum, wie schlecht gewordener Zimt, war ihm peinlich vor seiner Frau. Sie hielt sich einen Waschlappen vors Gesicht und stöhnte erstickt: »O Gott, o mein Gott.«

»Liebling, was ist denn?« fragte er.

»Ich werde so allein sein«, sagte sie. »Du bist der einzige Mensch, der je versucht hat, sich zu mir durchzukämpfen.«

»Dreh dich um, ich schrubbe dir den Rücken.« Ihr Hintern bildete zwei rote, von der Hitze rubbelige Inseln. Zwischen ihnen eine schmale Wasserfurche. Ihr Rücken tiefbraun, waagerecht gekerbt vom Büstenhalter und gestirnt mit drei blassen Narben, den Spuren wegoperierter Leberflecken. »Es kommt nicht dazu«, sagte er und streichelte sie beschwichtigend, mit seifigen Händen, »es kommt ja nicht dazu.«

»Ich dürfte dich eigentlich keine Nacht mehr hier dulden.«

»Nichts wird geschehen«, sagte er, wieder und wieder das Narbensternbild umkreisend.

»Vielleicht *sollte* aber was geschehen«, entgegnete sie mit kraftloser Stimme, ganz seinen einlullenden Streichelbewegungen hingegeben. Aber als er aufhörte und sie sich erhob, wirkte sie übermächtig; in Bächen stürzte das Wasser aus den Mulden ihres Körpers nieder und klatschte in die Wanne zurück. Etwas Wildes war in ihren blauen Augen, ihre nackten Arme schlenkerten seltsam unkoordiniert. Tränen firnißten ihr Gesicht, und Dampf stieg von ihrer Haut auf, als sie in das kühle, eierschalenfarbene Schlafzimmer trat. »Es *muß* irgend etwas geschehen, Piet. Du hast mich entsetzlich ausgenutzt. Ich habe es herausgefordert, gewiß, aber genau das ist mein schwacher Punkt, und ich habe nie dagegen angekämpft.«

»Du redest allmählich wie dein eigener Psychiater.«

»Er sagt, ich hätte keine Selbstachtung, und das stimmt. Und du hast auch keine. Aber die Leute, bei denen wir vorhin waren, *die* haben welche, und die haben uns niedergewalzt.«

»Diesmal war *er* am Zug. Meinen habe ich schon gemacht.«

»Oh, ich kann es nicht ertragen, wenn dein Gesicht sich so dehnt. Du hast keine Ahnung davon. Wie dein Gesicht vorhin aussah. Als du sagtest, daß du sie nun heiraten müßtest, da hast du – ich war ganz fassungslos – einen unglaublich glücklichen Eindruck gemacht, so, als ob es ab sofort keine unbeantworteten Fragen mehr für dich gäbe.«

»Das kann nicht stimmen. Ich habe keine Lust, sie zu heiraten. Lieber heirate ich Bea Guerin. Meinetwegen auch Bernadette Ong.«

»Du hast mit Bernadette geschlafen?«

»Nie. Aber sie hat sich an mich herangemacht, und ihr Mann liegt im Sterben.« Er lachte. »Komm, laß sein, mein Engel. Das ist ja alles albern. Ich habe nicht das leiseste Verlangen danach, Foxy zu heiraten, ich liebe dich. Sie ist ein solches Luder, verglichen mit dir.«

Sie hielt den Hals gereckt; und obgleich Piet keinen Zentimeter weniger maß als sie, hatte er das Gefühl, zu ihr aufzublicken: zu ihrem nachdenklich vorgeschobenen Mund, der so straff zusammengezogen war, daß ihre Nasenflügel sich blähten, zu ihren Brüsten, über die sie schützend einen Arm gelegt hatte. »Du hast etwas übrig für Luder«, sagte sie. Ein anderer Gedanke kam ihr: »Unsere Freunde müssen mich alle für eine komplette Idiotin halten.«

Er meinte, jetzt irgendein akrobatisches Kunststück vorführen zu müssen. Nackt bis auf seinen Paisley-Slip, warf er sich auf die Knie und umschlang Angelas Schenkel. Der Steinboden vor dem Kamin war kalt, ihr Körper noch dampfend; protestierend schob sie seinen Kopf von sich fort, um jeder erotischen Wallung vorzubeugen. Ihre Vulva rosenbraun. Papyrus. Ägypten. Lotus. »Zwing mich nicht, wegzugehen von dir«, flehte er. »Du bist die Hüterin meiner Seele. Ohne dich bin ich auf ewig verdammt.«

»Es wird aber das Beste für dich sein«, sagte sie, noch immer seinen Kopf von sich wegdrängend, »es wird auch für Foxy das Beste sein. Du hast recht, Ken ist sexuell keine Attraktion. Ich habe mir vorhin alle Mühe gegeben, mich von ihm in Brand stecken zu lassen, aber nichts war zu spüren, nicht das kleinste Fünkchen.«

»Mein Gott, mach keinen Spaß«, sagte er. »Denk an die Kinder.«

»Die sind gut aufgehoben bei mir.«

»Sie werden leiden.«

»Du hast doch immer gesagt, sie *müßten* leiden. Wie sollen sie sonst lernen, gut zu sein? Hör auf, an mir herumzusabbern.«

Peinlich verlegen kam er wieder auf die Füße. Er trat einen halben Meter zurück und zog seinen Slip aus. Er war angeschwollen. »O Gott«, sagte er, »ich möchte dich zusammenschlagen.«

Sie ließ den Arm sinken; ihre Brüste pendelten nackt: bläulichblaß, empfindlich wie Wunden. »Natürlich möchtest du das«, sagte sie ruhig.

Seine Faust zuckte vor; Angela wich zurück und wartete gelassen.

Charles Simic BABYLON

Jedesmal, wenn ich betete,
wurde das Universum größer,
und ich wurde kleiner.

Meine Frau stolperte fast über mich.
Ich sah ihre riesigen Beine,
die sich zu schwindelnden Höhen erhoben.

Das Haar zwischen ihnen
gleißte wie der Bart eines Gottes.
Sie sah babylonisch aus.

»Ich werde mit jeder Minute kleiner«,
schrie ich, aber sie konnte mich nicht hören
unter den geflügelten Löwen und Ziggurats,
den irren Sterndeutern ihrer bemalten Augen.

Dacia Maraini HEIMLICHE WASCHUNG

Eine Arbeiterin hat den ewigen Studenten Giulio geheiratet:

6. Dezember. Giulio ist grau geworden. Als ich ihn geheiratet habe, war er blond und schön. Jetzt wirkt er wie jemand ganz anderes. Er hat seinem Vater geschrieben, daß er vier Examen bestanden hat. Der Vater gratuliert. Schickt Geld. Schreibt lange Briefe, die Giulio ungelesen wegwirft.

2. Februar. Es ist lausig kalt. Das Büro, wo ich arbeite, ist kaum geheizt. Ich habe Grippe gekriegt. Morgen will ich mir ein Paar Stiefel kaufen. Giulio zieht sich überhaupt nicht mehr an. Er ist inzwischen verfettet und gelb. Er geht nicht mehr raus. Er sitzt nur noch da und lernt.

6. März. Schon März! Giulio wird allmählich nervös wegen der Prüfungen. Er ist total verdreckt. Als ich ihn geheiratet habe, war er sauber. Jetzt wäscht er sich nie mehr, und wenn ich ihm sage, er stinkt, guckt er mich haßerfüllt an.

8. Mai. Ich kann nicht mehr neben einem Mann schlafen, der nach Schweiß und angetrocknetem Urin stinkt. Eines Nachts schmeiße ich ihn mit Gewalt in die volle Badewanne. Die heranrückenden Prüfungen machen ihn immer mürrischer. Er hat wieder angefangen, die Nahrung zu verweigern. Komisch ist nur, er wird davon nicht dünner, sondern dicker. Er hat einen Bauch.

18. Mai. Gestern habe ich gewartet, bis er eingeschlafen war. Dann habe ich ihn ganz, ganz vorsichtig ausgezogen. Dann habe ich ihn abgewaschen, mit einem nassen Schwamm und Seife. Ich glaube, irgendwann ist er wach geworden. Aber er hat die Augen nicht aufgemacht. Er ist liegen geblieben, so breitbeinig, und hat irgendwie verloren ausgesehen. Ich habe ihn gewaschen und abgetrocknet, ohne das Bett naß zu machen. Keine Ahnung, wie ich das geschafft habe. Er hatte an den ganzen Beinen Dreckkrusten, und die Schamhaare waren fettig verklebt.

3. Juni. Alle fünf oder sechs Tage stehe ich nachts auf und wasche meinen Ehemann. Er stellt sich schlafend. Ich schiebe ihm ein Handtuch unter den Körper; stelle eine Schüssel mit warmem Wasser daneben, und dann seife ich ihn mit dem Schwamm ein. An seinem Atem merke ich, es gefällt ihm. Einmal hat er sogar eine Erektion gekriegt. Ich habe gedacht, daß er vielleicht Lust hat zu vögeln. Aber es ist nichts passiert. Er hat sich weiter schlafend gestellt. Tagsüber behandelt er mich wie immer. Er hat nie etwas über die nächtlichen Waschungen gesagt, und er hat auch nie durchblicken lassen, daß er mit mir schlafen will.

25. Juli. Heute nacht bin ich aufgewacht und habe gefroren. Ich hatte keine Decke. Giulio lag neben mir und sah wieder verloren aus, wie immer. Mir war klar, er wollte den Schwamm. Ich bin aufgestanden, habe Wasser in die Schüssel gegossen und angefangen, ihn zu waschen. Ab und zu beobachtete ich sein Gesicht. Er hat die Augen nicht aufgemacht, aber er sah irgendwie zufrieden aus. Seine gelbliche Haut war leicht verschwitzt. Seine grauen Lippen gespannt und glänzend. Ich war müde, aber ich habe weitergemacht, bis meine Arme sich schwer wie Blei anfühlten.

António Lobo Antunes

DER STIER VERWEST IM BETT

Erst als ich die Zimmertür geschlossen, die Koffer ausgepackt und die Cremetiegel auf der steinernen Kommodenplatte aufgereiht hatte und noch mit dem Band zum Abschminken im Haar aus dem Badezimmer kam und mein

Mann sich, den Bauch nach oben, längst auf dem Bett ausgestreckt hatte und rauchte, die Schuhe lagen umgekippt auf dem Boden, bemerkte ich, daß das Bettzeug nach totem Vieh roch, und vielleicht nicht nur das Bettzeug, sondern auch die Möbel und die Nacht, die wie ein Kater auf dem Fensterbrett schlief und im Rhythmus der Lautsprechermusik eines nahen Jahrmarkts vor sich hin schnarchte.

Wir waren eine Stunde zuvor in Évora angekommen und begannen in der ersten Pension, die wir gefunden hatten, zu verwesen, es war ein Hotel garni mit abgeschaltetem Fernsehapparat, Nappaledersofas und auf ein rundes Stück Holz gespießten Fähnchen verschiedener Länder, die um einen schielenden Alten aufgereiht waren, der die Anmeldungen in Empfang nahm, die Schlüssel aushändigte und Fingerglieder besaß, die länger als Taktstöcke oder Teleskopaugen von Langusten waren. Wir hatten im Schlepptau des Alten, der mit der Behendigkeit einer Küchenschabe vor uns hertrabte, das Gepäck zwei Stockwerke hochgeschleift und waren ins Zimmer gegangen, während im Korridor die gegen das Trinkgeld protestierenden kleinen Xylophonhüpfer des Alten verklangen, und wenige Minuten später entdeckten wir, daß die Nachttischlampe durchgebrannt war, das Fenster klemmte, die Wasserspülung, wenn man an einer kleinen Metallkette zog, vergebens versuchte, ihren Schwimmer im leeren Magen zu verschlucken, und zig Insekten an den Fußleisten mit ihren Fühlern die Ritzen im Holz abtasteten.

»Wie sagtest du noch, heißt das hier?« fragte mein Mann mit der meckernden, dünnen Stimme eines verendeten Schafes, während von seinem Körper ein unerträglicher Gestank nach Eingeweiden aufstieg; wie er da so auf dem Bett lag, in dieser Haltung und mit diesen stumpfen, weichen Augen, sah er aus wie der Jungstier, über den wir zwischen Fluß und Burghügel einmal gestolpert waren, als ich mit meiner Mutter und meiner Cousine spazierenging, die niemand je erwähnte, aus Scham darüber, daß eine Mongoloide sie zur Welt gebracht hatte; wie der Jungstier mit den hochgebogenen Milchzahnhörnern, der von Schmeißfliegen und diesen widerlichen weißen Maden übersät war, die aus der Erde herausgekrochen kamen, sich wanden und schnell im Gerippe verschwanden, ein Jungstier, den selbst die Hunde verschmähten, der eine Zigarette im Mund hatte, sich den

Bauchnabel kratzte und mich fragte: Wie heißt noch die Stadt, Ana?, während der Gestank jeder Silbe mir die Ohren blähte wie Gase den Bauch.

»Évora«, sagte ich enttäuscht, weil das Wasser des Flusses nicht an den Wänden des Zimmers zitterte, weil das Emphysem des Schielenden die Litanei der Olivenbäume und der Pappel übertönte, weil anstelle des Horizonts von Spanien mich rosa Gebäude mit Betonbalkons umgaben und die Stadtmauer und die Kirche ersetzten. Ich antwortete, Évora, und die verendeten Schafe, die immer mehr verwesten und sich verflüssigten, befahlen von der Matratze her:

»Ich will spätestens morgen nach Lissabon zurückfahren. Wenn wir Glück haben, kriegen wir im Reisebüro noch zwei Plätze nach São Paulo.«

Ich packte das Wattepäckchen in den Kosmetikkoffer, steckte die Flasche mit Reinigungsmilch in eine Lücke zwischen Dutzenden von Flaschen und Tiegeln und sah ihn neidisch an: Jahrelang hatte ich mich danach gesehnt, diesen Steineichen und den Werwölfen solcher Nächte zu entkommen, und erst die Revolution und die Gewehre der Kommunisten hatten mich, wer weiß wie viel später, holterdipolter nach Madrid befördert.

»Wir fahren morgen ganz früh nach Monsaraz«, sagte ich, »ich unterschreibe meiner Mutter die Urkunde, und wir checken garantiert um vier Uhr nachmittags am Schalter im Flughafen unser Gepäck ein.«

Ich habe diese Antiquitäten satt, Ana, protestierten die toten Schafe in einem Tonfall, der sich auf dem Kopfkissenbezug auflöste wie die Verendeten auf der Matratze. »Ich habe genug von Klöstern und verfallenen Burgen mit Tauben, die auf den Zinnen gurren.«

Mein Mann hatte sich ausgezogen und lag nun nackt auf dem Laken wie damals der Jungstier im Gras am Fluß. Der Atem des Guadiana pfiff in den Ritzen der Mühle. Meine Mutter, meine Cousine und ich betrachteten entsetzt die mit dem Schlamm der Lungen gefüllten Rippenbögen.

Ein Mann kam zwanzig Meter von uns entfernt mit einem Korb auf dem Rücken vorbei.

»Warum schaufelt denn niemand eine Grube und begräbt ihn?« fragte meine Cousine und hielt angewidert einen Ärmel vor die Nase.

Mein beerdigungsreifer Ehemann hob die zertrümmerten Schlüsselbeine etwas an, von denen lange Sehnenfäden und Stücke von Zweigen und Moos herabhingen, um durchs Fenster die Stadt zu betrachten, oder vielmehr eine Statue, die Stille des Platzes, ein Café, alles irreal und verwischt wie eine Traumszenerie. Schmeißfliegen flogen im Zimmer umher. Eine Ameisenkolonne marschierte in Reih und Glied an einem gewundenen Riß in der Wand entlang. Monsaraz duckte sich oberhalb des erleuchteten Cafés auf seinem Berg, und Évora verbarg die zarten Häuseraustern in den Schalen seiner Mauern.

»Ich werde einen Tagelöhner schicken«, sagte meine Mutter, während sie mit der Fußspitze den ausgestreckten Kopf berührte und damit Insekten und Eidechsen erboste. »Damit er ihn schnell verschwinden läßt, bevor ihn die Hunde der Stadt wittern.«

»Komm mir nie wieder mit Portugal«, sagte mein Mann, indem er sich wieder auf die Büsche und Pflanzen der Matratze legte. Ein erstes Tier mit langer Schnauze näherte sich auf der Matratzen-Hypothenuse. Andere bellten auf dem Flur, auf dem dann und wann der Alte behend wie die Vögel am Fluß herumhüpfte, und ich spürte ihren nassen Atem, die Ausdünstungen ihres dreckigen Fells, die hurtigen Bewegungen ihrer Pfoten. Ich dachte, es wird nicht lange dauern, dann machen sie den Fliegen, den Maden und den anderen Tieren des Feldes den Gestank meines Mannes nach toten Schafen streitig und die Algen der Eingeweide und das Gesicht, dessen Lächeln oder dessen Ausdruck ich nicht wiedererkenne; und morgen früh, wenn jemand mit dem Frühstückstablett an die Tür klopft, werde ich einige übriggebliebene Knochen vorfinden, die verstreut herumliegen, und gleich dahinter das Wasser des Guadiana, das auf dem Weg zur Mündung von Stromschnelle zu Stromschnelle flüchtet.

»Wenn ich die Urkunde nicht unterzeichne, verliert meine Mutter das Haus«, sagte ich. »Wir in São Paulo in einer Sechszimmerwohnung, und hier läuft die Alte herum und bettelt um ein Zimmer zum Schlafen.«

Ich hängte das letzte Kleid weg und knöpfte die Bluse auf, öffnete aber nicht den BH, denn nach den beiden Geburten schämte ich mich wegen der Bindegewebsrisse und der Schlaffheit meiner Brüste. Ich stellte den Wecker auf sieben

Uhr, zog den Rock aus, legte ihn zusammengefaltet auf einen Stuhl und schlüpfte ins Bett: so weit es irgend ging von ihm und seinem Schafkadavergeruch entfernt, der die Tiere in den Ackerfurchen erregte und die auf den Bettüberwurf gedruckten Korkeichen und Blumen welken ließ. Niemals im Leben hatte ich so nah bei einer Leiche geschlafen und war so voller Angst vor den Käfern, den Würmern und den schneidenden Saiten der Gräser.

»Behältst du den Slip an?« wunderte sich mein Mann und kroch auf seiner Betthälfte zu mir herüber, um mit seinen Knorpelfingern meinen Bauch zu berühren, wobei er den Mund unter Algengeräuschen auf- und zuklappte.

»Ich habe heute morgen meine Tage bekommen«, log ich, während ich das Licht ausknipste und Gegenstände und Möbel in unkenntliche, farblose Umrisse verwandelte, die umhertrieben wie Überreste eines Schiffbruchs. Vom Holpern des Wagens habe ich eine Mordsblutung bekommen. In der Nacht von Évora, das seine mit Lichtpunkten übersäten Flügel zur Straße nach Ferreira, zur Straße nach Beja hin ausbreitete, funkelte nur das Fenster. Der Hund mit der langen Schnauze saß knurrend über meinem Mann und steckte ihm die Pfoten in den Bauch. Andere undeutliche Gestalten bellten an den Kanten der Matratze oder rieben sich wartend an deren Ecken. Die Fingerknöchel zogen sich zurück, und der Schafsgeruch ließ etwas nach.

Boris Vian SIE HAT GENUG

Nach einer schmerzhaften Drillingsgeburt empfängt Clémentine im Beisein des Arztes Jacquemort ihren Mann Angel:

Clémentine rührte sich nicht. Sie lag ganz flach da, den Blick zur Decke gerichtet. Zwei der Bälger lagen zu ihrer Rechten, das dritte zur Linken. Das Kindermädchen hatte das Zimmer aufgeräumt. Sonnenlicht rann lautlos über den Rand des offenen Fensters.

»Ab morgen wird man sie entwöhnen müssen«, sagte Jacquemort. »Erstens kann sie nicht zwei und ein weiteres stillen, zweitens geht's dann viel schneller, und drittens wird sie einen schönen Busen behalten.«

Clémentine wurde unruhig, drehte den Kopf zu ihnen hin. Sie öffnete ein hart dreinblickendes Augenpaar und sprach: »Ich werde sie selbst stillen«, sagte sie. »Alle drei. Das wird mir keineswegs den Busen verunstalten. Und wenn schon, umso besser. Ich habe ja sowieso nicht mehr den Wunsch, irgend jemandem zu gefallen.«

Angel näherte sich ihr und wollte ihr die Hand streicheln. Sie riß sie zurück.

»Genug jetzt«, sagte sie. »Ich habe keine Lust, jetzt wieder von vorn anzufangen.«

»Hör zu ...«, murmelte Angel.

»Hau ab«, sagte sie mit müder Stimme, »ich will dich jetzt nicht sehen. Das hat mir alles zu sehr weh getan.«

»Fühlst du dich nicht besser?« fragte Angel. »Schau mal ... dein Bauch, der dich so gestört hat ... der ist doch jetzt weg.«

»Und durch das Leintuch, das Sie da umgebunden tragen«, warf Jacquemort ein, »bleibt Ihnen, wenn sie später aufstehen, keinerlei Spur zurück.«

Clémentine nahm alle ihre Kraft zusammen und richtete sich halb auf. Sie sprach mit leiser, zischender Stimme: »Ich sollte mich besser fühlen, nicht wahr? ... so wie ich hier bin ... gleich danach mit meinem zerrissenen Bauch ... und meinem Rücken, der mir weh tut ... und meinen verdrehten und schmerzenden Beckenknochen, und meinen Augen voll geplatzter roter Äderchen ..., ich sollte mich brav erholen, schön vernünftig sein, wieder zu einer schönen Silhouette abschwellen, wieder feste dralle Brüste kriegen ..., nur damit du oder ein anderer kommen können, mich flachzuquetschen und mir euren Rotz einzuspritzen, damit das alles wieder von vorn anfängt, damit ich wieder Schmerzen habe, schwer und unbeholfen werde, blute wie ein Schwein ...«

Mit einer gewaltsamen Bewegung fuhr sie mit dem Arm unter die Bettdecke und riß sich das Leintuch, das ihren Leib bandagierte, herunter. Angel machte die Andeutung einer Bewegung.

»Komm mir nicht zu nahe!« sagte sie mit soviel Haß in der Stimme, daß ihr Mann stumm erstarrte. »Verschwindet!« rief sie, »alle beide! Du, weil du mir das angetan hast, und Sie, weil Sie mich so gesehen haben. Los ...! Haut ab!«

Jacquemort ging zur Tür, gefolgt von Angel. Sowie dieser seinen Fuß in den Hausflur setzte, traf ihn das zu einer Kugel zusammengerollte Leintuch in den Nacken, das ihm seine Frau soeben nachgeworfen hatte. Er strauchelte und schlug mit seiner Stirn gegen den Türrahmen. Die Tür fiel hinter ihm ins Schloß.

Goffredo Parise DIE FRAU IM SATTEL

Am nächsten Morgen bat ihn Romana, er möchte sie huckepack ins Bad tragen. Glauco, der den Rest der Nacht tief geschlafen hatte und bester Laune war, erfüllte seiner Frau den Wunsch. Romana saß beinahe anderthalb Stunden auf dem Rücken ihres Mannes, aber ruhig, ohne ihn zu pressen, ohne ihm die Sporen zu geben oder zum Galopp anzufeuern. Auf seinem Rücken sitzend, machte sie Kaffee, dann ließ sie sich von ihm herumtragen, um den Staub von den Möbeln zu wischen, und zum Schluß plauderten sie noch ein wenig, eine auf dem anderen im Sessel sitzend.

In dieser Zeit der Speiseverweigerung (seit mehr als einem Monat nährte sie sich nur von zwei Bananen täglich) waren Jugend und Schönheit aus Romanas Körper gewichen. Sie war mager und blaß geworden, und die kleinen Augen lagen tief in den Höhlen wie bei einem unterernährten Tier und waren wie bei einem Tier, dessen Unterernährung nicht von ihm selbst abhängt, sondern davon, daß es keine Nahrung findet oder ihm die Nahrung verweigert wird, voller Groll und Haß; die Haare waren borstig und ungekämmt, ihre Zunge war von kleinen rötlichen Rillen durchfurcht, ihre Zähne zeichneten sich unter der wie ausgeleierten, fahlen Haut der Lippen fast genau sichtbar ab; ihre kleinen, kräftigen, spitzen Brüste hingen nun wie zum Trocknen aufgehängte Socken herunter, ihre Hände hatten den fleischigen Überzug eingebüßt, der ihre Schönheit ausmachte, und sahen nun aus wie ein Häufchen Knochen, die immer gekrümmt waren, denn sie drehte sie ständig herum, indem sie die Finger ineinanderschlang, aneinanderdrückte und krampfhaft zusammenquetschte.

Sie weigerte sich weiterhin, zum Arzt zu gehen. Glauco versuchte sie mit Gewalt hinzubringen, unterstützt von einer Krankenschwester, die ihr eine Spritze gegeben hatte, auf die sie einschlummern sollte; mit der Ausrede eines Ausflugs brachte er sie ins Auto, aber sie erriet den Betrug und schnellte los wie eine Furie. Mit diesem Schwung, der, obschon er sehr häufig war, Glauco nie so vertraut wurde, daß er ihn hätte voraussehen und sich dann hätte zurückziehen können, sprang sie auf ihn und ritt zwei Stunden auf ihm, dann wurde er ohnmächtig. In solchen Augenblicken verwandelte sich ihre Schwäche in eine schreckliche Energie: Ihre Beine, die kaum mehr zum Gehen taugten, steckten mit blitzartiger Behendigkeit in Glaucos Achselhöhlen und umklammerten ihn wie eine fürchterliche Zange.

Sie hatte auch noch andere Methoden auf Lager, und wenn sie Glauco mit ihren Beinen einmal erwischt und zwischen ihre Knie gepreßt hatte, konnte er sich nicht mehr losmachen. Mit den Fingern einer Hand, die durch die ständige Übung des Zusammendrückens und -quetschens flink und kräftig geworden waren, packte sie einige Haarbüschel ihres Mannes und zog fast bis zum Ausreißen daran. Eine andere Methode funktionierte mit Reißzwecken: Romana hatte sie von innen in die Ferse ihrer Schuhe gesteckt und sie standen wie kleine Sporen aus dem Leder hervor, aber im Unterschied zu diesen stachen sie noch mehr. Das hielt Glauco nicht lange aus, und oft wurde er ohnmächtig. Romana war in Schweiß gebadet, gleich darauf schien ihr der Atem auszugehen, und solange ihr Mann im Bett lag, kochte sie in aller Eile schnell etwas, das sie mit gutem Appetit verzehrte.

*

Am Anfang des Sommers kaufte Romana Steigbügel, die sie selbst dem Rücken ihres Mannes anpaßte. Aber es handelte sich eigentlich nicht um richtige Steigbügel, sondern um Stützen für die Füße, die wie eine orthopädische Vorrichtung aussahen: ein schweres Lederkorsett, das Glaucos Taille umgürtete und aus dem seitlich über den Hüften zwei halbmondförmige Bügel aus verchromtem Stahl herauskamen, die den Stahlbügeln an den Liegen der Geburtshelfer nicht unähnlich waren. Romana hatte gedacht, daß sie dadurch die Anstrengung für ihre Knie verminderte, bei der sie jedesmal ins Schwitzen kam, und daß Glauco gleichzeitig sie enger mit seinem Körper verbunden spüren konnte, was sie sich wünschte und was für beide besser war. Manchmal fuhren sie sehr früh am Morgen oder in der Abenddämmerung mit dem Auto aufs Land hinaus, dort hatte Romana mehr Platz für ihre Übungen und konnte sie an der frischen Luft durchführen.

In wenigen Monaten war sie wieder völlig genesen. Sie lächelte wieder vergnügt, ihr ganzer Körper erholte sich von dem anfänglichen Krampf, ihr Gesicht nahm die früheren Züge und die frühere Farbe wieder an, beschattet von den langen Wimpern, hatten ihre Augen wieder die weiche samtene Patina wie bei einem zahmen, ruhigen Tier. Auf dem Rücken ihres Mannes sitzend, bereitete sie lachend und plaudernd köstliche Mahlzeiten zu, und die Wohnung war blitzsauber.

Glauco bekam einen kleinen Buckel. Aber er haßte Romana nicht mehr mit der Kraft der Freiheit wie am Anfang. Bei manchen Gelegenheiten schon, aber nicht mehr aus dem Bedürfnis eines Menschen, der kein Sklave sein wollte, sondern weil er sich nicht wohl fühlte, schläfrig war, hungrig oder müde oder weil er die Zeitung lesen wollte. Aber selbst dieser rein physische Protest wurde sofort vom tödlichen Haß seiner Frau aufgehalten, der aus ihren kleinen, scharfen Schlangenaugen sprühte. Und obwohl er sie mit seinem ganzen Freiheit verlangenden Körper haßte, holte er dann eiligst das orthopädische Korsett, schnallte es sich um und lud Romana zu »einem kleinen Rundritt« ein. Er hatte nicht die Kraft, das Zerren ihrer Finger im Haar auszuhalten und das Stechen der Reißzwecken zu ertragen.

Nur in der Nacht, wenn Romana schlief und in ihren Reiterträumen lächelte, dachte Glauco an das, was er wollte, und gab sich einem überlegten stillen Haß und absurden Rache- und Vergeltungsplänen hin. Im Dunkel sah er die zwei Stahlbügel funkeln, die aus dem schweren Lederkorsett hervorkamen, er verwünschte sie eine Stunde, zwei Stunden, drei Stunden lang; oder er sah seine im Schlaf versunkene Frau an, und mehrmals hatte er sich dabei ertappt, daß er ausprobierte, ob er nicht zufällig die Zauberkräfte eines Medizinmanns oder eines Thaumaturgen habe, nicht um sie zu heilen, sondern auf der Stelle sterben zu lassen, wie sie dalag.

★

Andere Augenblicke der Freiheit erlebte er bei der Arbeit, die er jedoch in aller Eile erledigte, um wieder zu ihr zurückzukehren, oder in den wenigen Stunden, die er allein zu Hause verbrachte, wenn Romana einkaufen ging. Da las er die Zeitung oder irgendein Buch, schrieb Ansichtskarten, hörte Radio, rauchte. Aber es waren wenige Stunden, manchmal nur Minuten: Auf einmal hörte er die Tür aufgehen und Romanas Schritt im Flur. Jetzt kam sie: Glauco wußte nicht mehr, wohin er seine Augen wenden sollte, er ließ sie umherirren wie ein Tier in der Falle, damit sie keinen Punkt finden konnten, dessen Betrachtung die kurze Freiheit von zuvor nicht verriet. Doch um diese Augenblicke der Angst zu vermeiden, die sich mit scharfen Stichen in seinem Herzen fortpflanzte, eilte Glauco tausendmal lieber, ja, es war ihm gar nicht peinlich, ins Schlafzimmer: Sie war noch nebenan, kam näher, in einem Augenblick würde sie die Tür öffnen, würde sich auf ihn stürzen und mit ihren Fingern sein Haar packen. In größter Eile und zitternd schnallte sich Glauco das Lederkorsett um, rückte es zurecht, beruhigte sich, erhob den Kopf in einer Wellenbewegung, als würde er eine imaginäre Mähne schütteln, und lächelte: Er war bereit.

Herta Müller EHELICHE ÜBERPRÜFUNG EINES OFFIZIERS

Am Abend, sagte die Tochter der Dienstbotin, wenn es schon dunkel ist, kommt der Herr nach Hause, er ist Offizier, er versäuft seine Tage im Militärkasino am Freiheitsplatz. Am Abend findet der Weg ihn, nicht er den Weg. Die Kellnerinnen setzen ihm, bevor er geht, die Uniformmütze verkehrt auf den Kopf. So schaukelt er sich auf den Straßen, bis der Heimweg ihn findet, den Schirm der Mütze in den Nacken. Jeden Abend, sagte die Tochter der Dienstbotin, geschieht in diesem Haus dasselbe: DONAUDELTA.

Wenn der Offizier zwischen den Löwen die Treppen hochgeht, hört seine Frau die Stiefel schlürfen. Sie sagt zu meiner Mutter: DONAUDELTA. Meine Mutter nimmt einen Topf mit heißem Wasser aus der Küche und trägt ihn ins Bad. Sie gießt das Wasser in eine Schüssel, die auf dem Boden steht. Sie gießt kaltes Wasser nach, bis die Waschschüssel randvoll und das Wasser lauwarm ist. Die Frau des Offiziers wartet im Flur. Bevor sich der Schlüssel von außen dreht, öffnet sie von innen die Tür. Sie nimmt dem Mann die Aktentasche aus der Hand und die Mütze vom Kopf und sagt DONAUDELTA. Der Offizier brummt und nickt. Er geht hinter der Frau quer durchs Zimmer ins Bad. Die Frau sitzt schon auf dem zugeklappten Klodeckel, er zieht seine Stiefel aus und legt sie vor die Tür. Die Frau sagt, nimm den Storch heraus. Der Offizier zieht die Uniformhose aus und gibt sie der Frau, sie faltet die Hose und hängt sie auf ihren Arm. Er zieht die Unterhose aus und setzt sich mit gespreizten Beinen über die Waschschüssel, er läßt sich auf die Knie und sieht die blauen Kacheln überm Spiegel an. Sein Glied hängt ins Wasser. Wenn seine Hoden ins Wasser sinken, sagt seine Frau, gut. Wenn seine Hoden auf der Wasserfläche schwimmen, weint sie und schreit, du hast dich leergefickt, sogar deine Stiefel sind schlaff. Der Offizier bückt sein Gesicht zwischen die Knie, sieht seine schwimmenden Hoden an, ich schwöre, sagt er, Liebste, ich schwör.

Die Tochter der Dienstbotin sah in den kahlen Strauch, der ihren Mantel streifte, was er schwört, weiß meine Mutter nicht, sagte sie, der Spiegel ist beschlagen, er wiederholt seinen Schwur. Seine Frau ist längst still, dann weint er. Es ist nur ein Jammern bei ihm, bei ihr ist es mehr. Meine Mutter sitzt im Wohnzimmer, ihr Stuhl steht am langen Tischende. Sie sieht ins Bad, sie schämt sich bis hinter die Augen. Sie versteckt ihre Hände, die zittern, unter der Tischplatte. Wenn meine Mutter den Hausschuh bewegt, sagt die Frau, Lenuza, du bleibst. Und zum Offizier sagt sie, häng den Storch in die Hose. Er steht auf und zieht die Unterhose an. Sie geht mit der Hose auf den Arm durchs Wohnzimmer, faßt jedesmal die Tischkante an, dann die Schulter meiner Mutter. Sie sagt, Lenuza, räum weg, geht wieder an der Tischkante wie an einem Treppengeländer zur Schlafzimmertür. Er geht mit den Stiefeln in der Hand hinter ihr her.

Philip Roth DER MANN, DER MARKIERT

Drei Jahre nach der Hochzeit erfährt der Schriftsteller Peter Tarnopol, daß seine Frau Maureen damals mit einer gefälschten Urinprobe eine Schwangerschaft vorgetäuscht und ihn so zur Ehe gezwungen hat. Tarnopol berichtet seinem Psychotherapeuten Dr. Spielvogel:

Ich erzählte Spielvogel, was Maureen mir auf dem Fußboden im Wohnzimmer gestanden hatte. Aber da das alles erst zwei Monate her war, machte ich nun mit Spielvogel die gleiche Erfahrung wie an jenem Morgen mit Moe auf der Taxifahrt zurück vom Flughafen; ich konnte die Geschichte von der falschen Urinprobe nicht erzählen, ohne daß mir schwindlig und schwach wurde, als ob, sobald ich mir die Sache vergegenwärtigte, flammender Zorn sekundenschnell durch mich hindurchjagte und alle Vitalität und Kraft aufzehrte. Noch heute kann ich die Geschichte nicht erzählen, ohne zumindest ein leichtes Schwindelgefühl zu verspüren. Und es ist mir niemals gelungen, sie als literarisches Material zu verwenden, was ich in den fünf Jahren seit Maureens Beichte wiederholt vergeblich versucht habe. Ich schaffte es einfach nicht, diese Geschichte glaubwürdig darzustellen – wahrscheinlich, weil ich sie selbst noch immer nicht ganz glauben kann. Wie konnte sie? Wie sehr ich mich auch anstrenge, niedrige Realität in hohe Kunst zu verwandeln, es ist immer wieder dasselbe, was in blutigen Lettern über der Erzählung steht: WIE KONNTE SIE? MIR!

»Und dann«, berichtete ich Spielvogel, »wissen Sie, was sie dann gesagt hat? Sie hockte auf dem Fußboden, die Rasierklinge direkt am Handgelenk. In Höschen und BH. Und ich stand vor ihr. Sprachlos. *Sprachlos*. Ich hätte ihr den Schädel einschlagen können. Und ich hätte es tun sollen!«

»Und was hat sie gesagt?«

»Was sie gesagt hat? Sie sagte: ›Wenn du mir das mit dem Urin verzeihst, verzeih ich dir deine Geliebte. Dann verzeih ich dir, daß du mich mit diesem Fahrrad-Mädchen betrogen hast und daß du mit ihr nach Rom durchbrennen wolltest.‹«

»Und was haben Sie gesagt?« fragte Spielvogel.

»Sie meinen, ob ich ihr den Schädel eingeschlagen habe? Nein. Nein, nein, nein, nein, nein. Ich tat nichts – nicht ihr. Ich stand eine Zeitlang einfach da. Ich mußte das erst mal verdauen, diesen *Einfallsreichtum.* Diese *Erbarmungslosigkeit.* Die Tatsache, daß sie sich so etwas ausgedacht und es dann auch *unbeirrt durchgeführt* hatte. Ich empfand in der Tat *Bewunderung.* Und Mitleid, *Mitleid!* Ich dachte: ›Mein Gott, was *bist* du nur für ein Mensch! Daß du so etwas tust *und es drei Jahre lang für dich behältst!*‹ Und dann erkannte ich meine Chance, aus allem rauszukommen. Als ob erst so etwas passieren mußte, verstehen Sie, als ob nichts Geringeres genügt hätte, damit ich mich frei fühlte zu gehen. Nicht daß ich tatsächlich gegangen wäre. Oh, ich *sagte* ihr, ich würde gehen, gewiß. Ich sagte, ich verlasse dich, Maureen, ich kann nicht länger mit jemandem leben, der zu so etwas fähig ist, und so weiter. Aber inzwischen war sie in Tränen ausgebrochen und sagte: ›Wenn du mich verläßt, schneide ich mir die Pulsadern auf. Ich habe mich schon mit Schlaftabletten vollgepumpt.‹ Und ich sagte, es ist wirklich wahr, ich sagte: ›Tu's doch, was kümmert mich das?‹ Und so drückte sie die Klinge in ihre Haut – und Blut quoll hervor. Wie sich dann zeigte, hatte sie sich nur geritzt, aber ich hatte ja keine Ahnung von diesen Dingen. Sie hätte doch glatt bis auf den Knochen schneiden können. Ich rief: ›Nicht doch – tu das nicht!‹ und versuchte, ihr den Rasierer zu entwinden. Bei dem anschließenden Ringkampf hatte ich furchtbare Angst, mir selbst die Adern aufzuschlitzen, aber ich versuchte, ihr das verdammte Ding abzunehmen, ich griff immer wieder danach – und heulte dabei. Aber das brauche ich wohl nicht zu erwähnen. Ich heule im Augenblick ja praktisch nur noch, wissen Sie – und sie heulte auch, natürlich, und schließlich riß ich ihr das Ding aus der Hand, und sie sagte: ›Wenn du mich verläßt, mache ich dieses Mädchen fertig! Ich werde dafür sorgen, daß dieses kleine Unschuldsgesicht in jeder Zeitung in Wisconsin zu sehen ist!‹ Und dann fing sie an zu kreischen, ich hätte sie auf die übelste Weise ›betrogen‹, man könne mir nicht trauen, das habe sie schon immer gewußt – und das ungefähr drei Minuten nach ihren detaillierten Ausführungen darüber, wie sie dieser Negerin auf der Avenue B die Urinprobe abgekauft hatte!«

»Und was haben Sie dann getan?«

»Ihr den Hals von einem Ohr zum anderen aufgeschnitten? Nein. Nein! Ich bin ausgerastet. Vollkommen. Ich kriegte einen Tobsuchtsanfall. Wir waren beide blutverschmiert – ich hatte mir in den linken Daumen geschnitten, von ihrem Handgelenk troff das Blut, wir müssen furchtbar ausgesehen haben – wie eine Horde Azteken, denen ein Opferritual danebengeht. Ich meine, es ist schon komisch, wenn man sich das so vorstellt. Ich bin der Donald Duck des Heulens und Zähneklapperns!«

»Sie hatten einen Tobsuchtsanfall.«

»Das trifft es nicht mal *annähernd*. Ich warf mich auf die Knie – ich *flehte* sie an, mich freizugeben. Ich schlug mit dem Kopf auf den Fußboden, Doktor. Ich rannte von einem Zimmer ins andere. Dann – dann tat ich etwas, was, wie sie mir erzählt hatte, Walker zu tun pflegte. Vielleicht hatte Walker es überhaupt nicht getan; vermutlich war auch das eine Lüge. Jedenfalls, *ich* tat es. Zuerst lief ich einfach durch die Gegend und suchte nach einem Versteck für den Rasierer. Ich erinnere mich, daß ich den Scherkopf abschraubte, die Klinge in die Toilette warf, spülte und spülte und das verdammte Ding einfach da liegenblieb, auf dem Grund der Kloschüssel. Dann rannte ich ins Schlafzimmer – die ganze Zeit, verstehen Sie, brüllte ich: ›Laß mich gehen! Laß mich gehen!‹ und schluchzte und so weiter. Gleichzeitig riß ich mir die Kleider vom Leib. So was Ähnliches hatte ich in einem Wutanfall schon mal gemacht, aber diesmal riß ich mir buchstäblich jeden Fetzen vom Leib. Und dann zog ich Maureens Unterwäsche an. Ich riß die Kommodenschublade auf und schlüpfte in eins ihrer Höschen – ich kriegte das Ding gerade eben über meinen Schwanz. Dann versuchte ich, mich in einen ihrer BHs zu zwängen. Das heißt, ich steckte meine Arme durch die Träger. Und dann stand ich einfach da, heulend – und blutend.

Schließlich kam sie ins Zimmer – nein, sie kam nur bis zur Tür, da blieb sie stehen und sah mich an. Und, verstehen Sie, sie hatte ja auch weiter nichts an, nur ihre Unterwäsche. Sie sah mich, fing wieder an zu schluchzen und rief: ›Oh, Liebling, nein, nein …‹«

»Ist das alles, was sie sagte?« fragte Spielvogel. »Sie nannte Sie nur ›Liebling‹?«

»Nein. Sie sagte: ›Zieh das aus. Ich werde niemandem was davon erzählen. Aber zieh das sofort wieder aus.‹«

»Das war vor zwei Monaten«, sagte Dr. Spielvogel, als er merkte, daß ich nichts mehr zu sagen hatte.

»Ja.«

»Und?«

»Es lief nicht gut, Doktor.«

»Was meinen Sie damit?«

»Ich habe noch ein paar merkwürdige Sachen gemacht.«

»Zum Beispiel?«

»Zum Beispiel bin ich mit Maureen zusammengeblieben – das ist das Merkwürdigste von allem! Drei Jahre hatte ich sie ertragen, und nun, da ich weiß, was ich weiß, lebe ich noch immer mir ihr zusammen! Und falls ich morgen nicht zurückfliege, hat sie angekündigt, der Welt ›alles‹ zu erzählen. Sie hat meinem Bruder am Telefon gesagt, er solle mir das ausrichten. Und sie wird's tun. *Sie wird es tun.*«

»Irgendwelche anderen ›merkwürdigen Sachen‹?«

»... mit meinem Sperma.«

»Ich habe Sie nicht richtig verstanden. Ihr Sperma? Was ist mit Ihrem Sperma?«

»Mein Samen – Ich verteile ihn überall.«

»Ja?«

»Ich verschmiere ihn an allen möglichen Stellen. Ich gehe in fremde Häuser und hinterlasse ihn – an allen möglichen Stellen.«

»Sie brechen in die Häuser anderer Leute ein?«

»Nein, nein«, sagte ich scharf, »wofür halten Sie mich denn, für einen Verrückten? Ich bin eingeladen. Ich gehe ins Badezimmer. Ich hinterlasse Sperma ... auf dem Wasserhahn. Im Seifennapf. Nur ein paar Tropfen ...«

»Sie masturbieren in den fremden Badezimmern?«

»Manchmal, ja. Und hinterlasse ...«

»Ihre Signatur.«

»Tarnopols Silberkugel.«

Er lächelte über meinen Scherz; ich nicht. Ich hatte noch mehr zu erzählen. »Ich habe es auch in der Universitätsbibliothek gemacht. Es auf Bucheinbände geschmiert.«

»Bucheinbände? Von was für Büchern?«

»Büchern! Irgendwelchen Büchern! Was mir in die Hände fällt.«

»Sonst noch irgendwo?«

Ich seufzte.

»Nur raus damit, bitte«, sagte der Doktor.

»Ich habe damit einen Briefumschlag zugeklebt«, sagte ich mit lauter Stimme. »Meinen Scheck an die Telefongesellschaft.«

Wieder lächelte Spielvogel. »Nun, das ist immerhin ganz originell, Mr. Tarnopol.«

Und wieder brach ich in Tränen aus. »Aber was hat es zu bedeuten?«

»Kommen Sie«, sagte Dr. Spielvogel, »was meinen Sie denn, was es ›zu bedeuten‹ hat? Sie brauchen doch keinen Wahrsager, soweit ich sehe.«

»Daß ich völlig die Kontrolle über mich verloren habe!« sagte ich schluchzend. »Daß ich nicht mehr weiß, was ich tue!«

»Daß Sie wütend sind«, sagte er und schlug mit der flachen Hand auf die Armlehne seines Sessels. »Daß Sie außer sich sind vor Zorn. Sie haben *nicht* die Kontrolle über sich verloren – Sie sind *unter* Kontrolle. Unter Maureens Kontrolle. Sie ergießen ihren Zorn überall. Nur nicht dort, wo er hingehört. Dort vergießen Sie Tränen.«

VII GEMISCHTES DOPPEL

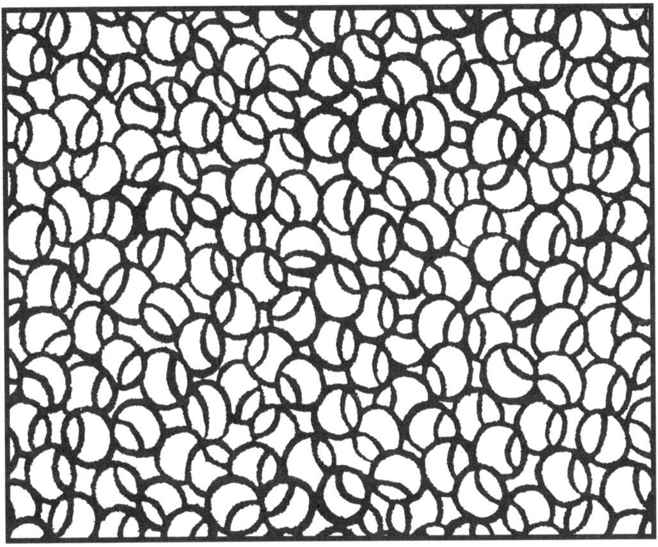

Maria Riva SONNTAGMORGEN BEI MARLENE DIETRICH

Marlene Dietrich dreht in Hollywood. Sie telephoniert mit ihrem Mann (»Papi«) in Paris, der dort mit seiner Geliebten (»Tami«) lebt. Es geht um ihren schwierigen Liebhaber Jo. Ihre Tochter (»Kater«), die wiederum Tami mehr als ihre Mutter liebt, erzählt:

Jeden Sonntagmorgen trank meine Mutter ein großes Glas warmes, mit Bittersalz vermischtes Wasser, denn sie wollte an ihrem freien Tag abnehmen. Wenn sie nicht gerade zur Toilette stürzte, beantworteten wir die Privatpost und telefonierten. Zuerst war mein Vater dran.

»Papi, wenn ich plötzlich wegrennen muß, kannst du dich mit Kater unterhalten.« Mein Vater kannte die Bittersalzroutine und benötigte keine weitere Erklärung. »Jo ist wieder sehr schwierig! Ich bin doch nicht schuld daran, daß Cooper immer wieder versucht, in meine Garderobe zu gelangen ...« Sie lachte. »Ich sagte *Garderobe*! Also wirklich, Papi! ... Und Maurice ruft auch dauernd an. Jeden Abend koche ich für Jo, und ich mache ihm jeden Tag seine Fleischbrühe für das Studio. Ich rufe Hans nur an, wenn Jo mich nicht hören kann – und trotzdem ärgert er sich! Er versteht überhaupt nicht, daß ich nur für ihn da bin! ... Schnell, sprich mit Papi!« Sie rannte zur Toilette, während ich die Verbindung nach Paris aufrechterhielt.

»Hallo, Papi. Wie geht es deinen Nierensteinen?«

Mein Vater hatte keine Zeit, seinen Vortrag über den urologischen Zustand seines Körpers zu Ende zu führen, denn meine Mutter kehrte zurück und setzte die Unterhaltung fort.

»Warum rufst du Jo nicht einfach an, Papi? Sag ihm, daß ich nur ihn liebe. Deshalb bin ich doch hier und drehe diesen schwierigen Film. Muß ich es denn immer mit ihm treiben, bevor er mir glaubt?«

Sie gab mir den schwarzgoldenen Hörer und flüsterte: »Liebling, sag Papi, daß er dir fehlt.«

»Papi, ich bin es wieder. Du fehlst mir.«

Er antwortete nicht, deshalb fragte ich: »Wie geht es Tami? Hat sie meinen Brief schon bekommen, in dem steht, daß mein neuer Hund eines der Kaninchen aufgefressen hat? Darf ich kurz mit ihr sprechen? Bitte!«

Meine Mutter hatte das Zimmer verlassen; ich mußte schnell reden.

»Tamilein? Du fehlst mir so sehr! Ja, der Film läuft gut. Alles ist sehr russisch, es würde dir gefallen. Aber es ist kein einziger echter Russe hier! Ich wünschte, du wärst hier! Wir haben Hummeln, und ihre Flügel summen wirklich, wenn sie fliegen. Ich wünschte, du könntest sie sehen. Bitte schreib mir einen Brief. Ich werde dir auch sofort wieder schreiben. Ich verspreche es. Ich liebe dich. Küß Teddy von mir.« Ich legte gerade rechtzeitig auf, bevor meine Mutter zurückkam.

Ilona Christen

WENN DER PARTNER BI IST…

Eine nachmittägliche Talkshow.
(Musik, Applaus)

STIMME AUS DEM OFF: Hier ist Ilona Christen!

CHRISTEN *(flott, kumpelhaft, rotes Jackett, schwarzes Top, blonde Strähnchen, avantgardistische Brille, sehr tiefe Alt-Stimme)*: Herzlich willkommen im Studio! N'schönen Nachmittag wünsch ich Ihnen zu Hause. Das Thema heute: Mein Partner ist bi. Bei uns in Deutschland sind mehr als eine Million Menschen bisexuell, doch nicht alle haben den Mut oder die Gelegenheit, ihre Lust offen auszuleben. Auch nicht ihre Partnerschaft, denn als reines Sexthema wollen wir das so nicht behandelt wissen. Es wird problematisch, wenn ein Partner dieser Dreierkiste, wie es im Jargon so schön heißt, diese Lust nicht versteht. Beziehungsregeln, wie man sie so im allgemeinen kennt, gelten nicht für diese *ménage à trois* und sind auch sehr unterschiedlich. Wie ist das eigentlich, beide, beides zu lieben, Mann und Frau? Ist das die große Freiheit, zwischen zwei Geschlechtern auswählen zu können, oder ist es eher das, sich nie richtig entscheiden zu können oder zu wollen. Schließt Bisexualität eigentlich Treue aus? Experten sind dieser Doppelliebe schon lange auf der Spur und haben selten 'ne Antwort, und deshalb sollen heute bei uns die wahren Experten zu Wort kommen! Johannes, der erste in der Runde, sagt sehr schön, alle Leute denken bei Bisexualität erstmal, daß drei im Spiel sind. Kann sein, muß aber nicht sein. Wie war's bei Ihnen?

JOHANNES *(volles, fast noch kindliches Gesicht, leicht verschämt kichernd, treuherzig, edles anthrazitfarbenes Jackett, dezentblaues Hemd, graumelierte Krawatte, dunkle Baseball-Mütze verkehrt herum auf dem Kopf, hellere bubenhafte Stimme)*: Tja, wir haben 'ne Dreierbeziehung gehabt. Also vor zehn Jahren …

CHRISTEN: Freundin?

JOHANNES: Die erste, ja, Freundin … mit 21 und 'n 17jährigen Freund in der Runde.

CHRISTEN: In der …?

JOHANNES: Wir sind Skilaufen gefahren, alles zusammen gemacht …

CHRISTEN: Habt ihr auch zusammen gelebt?

JOHANNES: Nee, das ging gar nicht.

CHRISTEN: Kam der, ging der?

JOHANNES: Ja.

CHRISTEN: Aber nie alle drei zusammen? Aber nebeneinander? Nebeneinander, aber nie miteinander nebeneinander?

JOHANNES *(stockend)*: Doch, ja …

CHRISTEN: Alle wußten voneinander. Und das ging gut?

JOHANNES: Nee, ein Jahr nur.

CHRISTEN: Und dann?

JOHANNES *(lacht etwas verlegen)*: Naja, dann ging's los.

CHRISTEN: Womit? Was ist passiert?

JOHANNES: Mit der Eifersucht.

CHRISTEN: Wer war zuerst eifersüchtig?

JOHANNES *(zögert)*: Ist 'ne gute Frage. Eigentlich Katharina, ja. Ich bin damit ganz gut zurechtgekommen. Aber …

CHRISTEN: Was hat sie gestört?

JOHANNES: Tja, daß ich mit ihm alleine dann irgendwie losgezogen bin *(lacht)*. Sowas ist ja normal, es entwickelt sich dann in eine Richtung.

CHRISTEN: Was hat ausgelöst, daß dann effektiv Schluß war mit der Beziehung?

JOHANNES: Sie ging, als es enger wurde mit ihm. Hat mir noch die Wohnung leergebrannt *(lacht heftig)*.

CHRISTEN: Also drei geht nicht?

JOHANNES: Na ja, daß sie eben wußte, daß sie keine Chance hatte als Frau gegen den Mann.

CHRISTEN: Gegen diesen einen oder gegen noch einen.

JOHANNES: Generell.

CHRISTEN: Generell? Da kam noch einer mit ins Spiel?

JOHANNES: Irgendein Mann eben, ein neuer *(lacht)*.

CHRISTEN: Der war auch bi?

JOHANNES: Ja, ich denke doch.

CHRISTEN *(verwundert)*: Habt ihr gedacht …

JOHANNES *(verlegen lachend)*: Ja, ich weiß nicht …

CHRISTEN: Jedenfalls habt ihr's mal versucht.

JOHANNES: Ja.

CHRISTEN *(zum Publikum)*: Ähm, Johannes, muß man auch dazu sagen, ist seit letztem Jahr verheiratet. Ob sich dadurch irgend etwas geändert hat, darüber reden wir zum Thema »Mein Partner ist bi«. Bis gleich.

(Applaus, Musik, Werbung)

CHRISTEN: »Mein Partner ist bi«, das ist das Thema heute. Johannes, seit letztem Jahr verheiratet, können Sie sich heute eine Dreierbeziehung noch vorstellen, leben Sie sie noch, hat sich dadurch, durch die Heirat alles geändert, wie ist der Stand der Dinge?

JOHANNES: Nee, geändert hat sich nich' alles, das nu, das nu wirklich nicht *(lacht)*. Vorstellen kann ich's mir noch.

CHRISTEN: Die Gefühle für die Frau sind wie?

JOHANNES: Ja, wir hamm 'ne super dufte Freundschaft. Ich denke ...

CHRISTEN: Kumpelmäßig?

JOHANNES: Ja, nicht nur kumpelmäßig *(lacht)*.

CHRISTEN: Es ist nicht 'ne Ehe im üblichen Sinne?

JOHANNES: Nö, nicht so konventionell, wie man sie sich so vorstellt.

CHRISTEN: Was macht diese Ehe anders? Was ist da anders dran?

JOHANNES: Ja, ich würde meine Frau zum Beispiel nie prügeln. Wir sind da absolut ...

CHRISTEN *(unterbrechend)*: Ich glaub, das macht ja auch keine Ehe aus, ich mein ...

JOHANNES: Wir sind absolut lieb zueinander, sind wir.

CHRISTEN: Ja, auf Distanz, ne?

JOHANNES: Nö, ja, auf Distanz, weil ich eben in Spanien momentan lebe und meine Frau in Berlin. Aber äh, wir haben schon ...

CHRISTEN: Wie oft seht ihr euch eigentlich?

JOHANNES: Oh, nicht so oft, leider viel zu selten, aber wir telefonieren jeden Tach, mindestens 'ne halbe Stunde.

CHRISTEN: Es ist weitläufig ...

JOHANNES: Ja, schon. Aber ich würde nie akzeptieren, daß meine Frau einen andern Mann hat. Ich würde sie auch nie mit einer anderen Frau betrügen *(lacht)*. Nie.

CHRISTEN: Aber sie akzeptiert, daß Sie auch noch andre Männer jetzt haben?

JOHANNES *(lacht)*: Es ist sehr einfach.

CHRISTEN: Ja? *(Lacht)* Ist es einfach für sie, weil es aus dem Abstand...

JOHANNES: Nee! Für mich ist es einfach, Männer zu kriegen! Jungs bis 25, andre Männer interessieren mich nicht.

CHRISTEN: Warum?

JOHANNES: Weil's mich langweilt.

CHRISTEN: Die bringens nicht?

JOHANNES: Weiß ich nicht.

CHRISTEN: Wieso kommt Ihre Frau damit so gut klar?

JOHANNES: Sie liebt mich eben *(lacht)*.

CHRISTEN: Lieben Sie sie auch?

JOHANNES: Ja, klar, 'türlich lieb ich meine Frau!

CHRISTEN: Was ist das für 'ne Art von Liebe? Sie haben eben gesagt, Freundschaft, Kumpel, was noch? Wenn's mehr wäre von ihrer, von der Seite der Frau, wär's dann so einfach, auch für sie?

JOHANNES: Hm, es ist nicht einfach. Es is'n Kampf.

CHRISTEN: Was macht es schwierig?

JOHANNES *(prustend und stotternd)*: Ja, diesen Kompromiß, die Lust irgendwo auch natürlich auf den andern, Sexualität irgendwo, ist ja klar.

CHRISTEN: Wer muß eigentlich die größeren Kompromisse eingehen?

JOHANNES: Die Frau.

CHRISTEN: Die Frau?

JOHANNES: Ja klar.

CHRISTEN: Und das ist auch richtig so?

JOHANNES: Nö, das ist, muß ja so, das muß es ja nicht heißen.

CHRISTEN: Was dürfte sie denn?

JOHANNES *(lacht)*: Nee, würde ich nichts akzeptieren!

CHRISTEN: Und wenn sie das Gefühl hätte, sie müßte mit 'ner Frau zusammensein, wie wäre denn...

JOHANNES *(entschieden)*: Nö, würd ich niemals akzeptieren!

CHRISTEN: Also darf sie beides nicht.

(Lachen im Publikum)

CHRISTEN: Also sie soll einfach in Berlin sein und Ihre Frau sein...

JOHANNES: Das hat nichts mit machomäßig zu tun. Sondern ich würde es einfach nicht akzeptieren. Und sie weiß es ja auch von Anfang an von mir. Das hat damit zu tun, daß wir von Anfang an ganz offen miteinander umgegangen sind. Sie wußte, auf was sie sich einläßt, sie wußte, wen sie heiratet.

CHRISTEN: Okay. – Was sind diese Männer, die Sie haben, für Ihre Frau? Sind das Freunde, sind das Kuschelfreunde oder sind das Sexpartner?

JOHANNES: Ähm, ja es wird immer gefährlich dann, wenn es irgendwie 'n bißchen länger dauert. Oder länger dauern könnte. Ne?

CHRISTEN: Was ist dann lang, wie lang ist die längste Beziehung mit 'nem Mann gewesen?

JOHANNES *(verlegen, stolz lachend)*: Ist schwierig, weil ich eben meine Spielchen spiele. Wenn ich mit meinem Rolls Royce durch die Gegend fahre und jemand abschleppe *(lacht glucksend)*, dann dauert das eben nicht so lange. Es ist wirklich ziemlich viel möglich, und das wundert mich …

CHRISTEN: Gab's irgendwann so 'ne Entweder-oder-Entscheidung? Entweder den Mann oder meine Frau? Oder …

JOHANNES: Die gab's, ja.

CHRISTEN: Das war ein Spanier, ne?

JOHANNES: Hm.

CHRISTEN: Erzählen Se mal!

JOHANNES *(lange Pause, dann stotternd)*: Tja, der is' leider mit'm Mot, mit'm Motorrad letztes Jahr verunglückt, tödlich. Da hätte ich, da hätte ich dann gesagt, äh, da hätte ich, äh, keinen Kompromiß eingegangen.

CHRISTEN: Er wär's gewesen?

JOHANNES: Hm. In jeder Hinsicht. David wär's gewesen. War'n 22jähriger Spanier, der eben zu mir ziehen wollte und der eben seinen Eltern das auch erzählt hat, daß er eben jetzt mit 'nem Mann zusammenleben möchte.

CHRISTEN: Hm. Haben die das verstanden?

JOHANNES: Das nicht. Sein Vater hat ihn verprügelt, und dann ist er wütend gewesen und dann hab ich ihm, ach *(stockt)*. Na ja gut, wir haben dann telephoniert noch und dann ist er wutentbrannt aus'm Haus gerannt, und is' mit'm Moped losgefahren, und mit'm … *(kann nicht weitersprechen, bricht tief atmend ab)*.

CHRISTEN *(betroffen)*: Haben Sie mit Ihrer Frau, die Sie damals noch nicht geheiratet haben, darüber reden können?

JOHANNES *(fast unter Tränen)*: Ja klar, die weiß das alles.

CHRISTEN: Hm.

JOHANNES: Er ist ja gegen 'n Autobus geknallt und war tot. Ich war auch vor drei Tagen grad in Barcelona. Hab ihn, hab ihn, was heißt »besucht«? Hab mich mit seiner Schwester getroffen. Aber das kann man nicht nachvollziehen, wenn man's nicht wirklich erlebt hat. Ich hab's auch noch nicht geglaubt, ich hab geglaubt, es könnte einen nie erwischen irgendwie.

CHRISTEN: Hm.

JOHANNES: Da hätte ich das erste Mal gedacht, aber, der liebe Gott hat's eben nicht so gewollt, im wahrsten Sinne des Wortes.

CHRISTEN: Johannes, Sie haben danach geheiratet, ne?

JOHANNES: Hm. Aber nicht, weil der David tot war, sondern weil, Susanne kannt' ich ja, und wir waren wirklich *(stockt)*, wir waren eng verbunden und wir mochten uns, wir mögen uns auch heute noch. Wir haben auch grad heute telephoniert zusammen. Jetzt haben wir beschlossen, 'n Kind in die Welt zu setzen *(Pause)*. So verrückt wie das klingt, aber vielleicht werd ich dann endlich mal vernünftig *(lacht)*.

Magnus Hirschfeld MIT DEM OBERKELLNER

Ein Hotelier aus einer mitteldeutschen Residenz berichtete, daß er, wenn er mit seiner Frau verkehren wolle, zuvor seinen Oberkellner »abküssen« müsse. Dies verschaffe ihm die geschlechtliche Erregung, mit der er so rasch wie möglich zu seiner Frau, deren Bett sich im Nebenzimmer befände, eile.

Franz Kafka EMIL AUF DER BRÜSTUNG

Ich saß in der Loge, neben mir meine Frau. Es wurde ein aufregendes Stück gespielt, es handelte von Eifersucht, gerade hob in einem strahlenden, von Säulen umgebenen Saal ein Mann den Dolch gegen seine langsam zum Ausgang hin strebende Frau. Gespannt beugte man sich über die Brüstung, ich fühlte an meiner Schläfe das Lockenhaar meiner Frau. Da zuckten wir zurück, etwas bewegte sich auf der Brüstung; was wir für die Samtpolsterung der Brüstung gehalten hatten, war der Rücken eines langen dünnen Mannes, der, genau so schmal wie die Brüstung, bis jetzt bäuchlings da gelegen war und sich jetzt langsam wendete, als suche er eine bequemere Lage. Meine Frau hielt sich zitternd an mich. Ganz nah vor mir war sein Gesicht, schmäler als meine Hand, peinlich rein wie eine Wachsfigur, mit schwarzem Spitzbart. »Warum erschrecken Sie uns?« rief ich, »was treiben Sie hier?« »Entschuldigung!« sagte der Mann, »ich bin ein Verehrer Ihrer Frau; ihre Ellbogen auf meinem Körper fühlen macht mich glücklich.« »Emil, ich bitte dich, schütze mich!« rief meine Frau. »Auch ich heiße Emil«, sagte der Mann, stützte den Kopf auf eine Hand und lag da wie auf einem Ruhebett. »Komm zu mir, süßes Frauchen.« »Sie Lump«, sagte ich, »noch ein Wort und Sie liegen unten im Parterre«, und als sei ich sicher, daß dieses Wort noch kommen werde, wollte ich ihn schon hinunterstoßen, aber das war nicht so einfach, er schien doch fest zur Brüstung zu gehören, er war wie eingebaut, ich wollte ihn wegwälzen, aber es gelang nicht, er lachte nur und sagte: »Laß das, du kleiner Dummer, entkräfte dich nicht vorzeitig, der Kampf beginnt erst und wird allerdings damit enden, daß deine Frau meine Sehnsucht erfüllt.« »Niemals!« rief meine Frau und dann zu mir gewendet: »Also bitte, stoß ihn doch schon hinunter.« »Ich kann es nicht«, rief ich, »du siehst doch, wie ich mich anstrenge, aber es ist hier irgendein Betrug und es geht nicht.« »Oh weh, oh weh«, klagte meine Frau, »was wird aus mir werden.« »Sei ruhig«, sagte ich, »ich bitte dich, durch deine Aufregung machst du es nur ärger, ich habe jetzt einen neuen Plan, ich werde mit meinem Messer hier den Samt aufschneiden und dann das Ganze mit dem Kerl hinunter ausschütten.« Aber nun konnte ich mein Messer nicht finden. »Weißt du nicht, wo ich mein Messer habe?« fragte ich. »Sollte ich es im Mantel gelassen haben?« Fast wollte ich in die Garderobe laufen, da brachte mich meine Frau zur Besinnung. »Jetzt willst du mich allein lassen, Emil«, rief sie. »Aber wenn ich kein Messer habe«, rief ich zurück. »Nimm meines«, sagte sie und suchte mit zitternden Fingern in ihrem Täschchen, aber dann brachte sie natürlich nur ein winziges Perlmuttmesserchen hervor.

Johann Wolfgang Goethe
WAHLVERWANDTSCHAFTEN (1)

Eduard, der sich leidenschaftlich in Ottilie verliebt hat, gerät eines Abends zufällig vor das Schlafzimmer seiner Ehefrau Charlotte, die sich ihrerseits seit geraumer Zeit heftig zu Eduards Freund Otto (dem »Hauptmann«) hingezogen fühlt.

Eine andre Tür links ging in Charlottes Schlafzimmer. Er hörte reden und horchte. Charlotte sprach zu ihrem Kammermädchen: »Ist Ottilie schon zu Bette?« – »Nein«, versetzte jene, »sie sitzt noch unten und schreibt.« – »So zünde Sie das Nachtlicht an«, sagte Charlotte, »und gehe Sie nur hin: es ist spät. Die Kerze will ich selbst auslöschen und für mich zu Bette gehen.«

Eduard hörte mit Entzücken, daß Ottilie noch schreibe. ›Sie beschäftigt sich für mich!‹ dachte er triumphierend. Durch die Finsternis ganz in sich selbst geengt, sah er sie sitzen, schreiben; er glaubte zu ihr zu treten, sie zu sehen, wie sie sich nach ihm umkehrte; er fühlte ein unüberwindliches Verlangen, ihr noch einmal nahe zu sein. Von hier aber war kein Weg in das Halbgeschoß, wo sie wohnte. Nun fand er sich unmittelbar an seiner Frauen Türe, eine sonderbare Verwechslung ging in seiner Seele vor; er suchte die Türe aufzudrehen, er fand sie verschlossen, er pochte leise an, Charlotte hörte nicht.

Sie ging in dem größeren Nebenzimmer lebhaft auf und ab. Sie wiederholte sich aber- und abermals, was sie seit jenem unerwarteten Vorschlag des Grafen oft genug bei sich um und um gewendet hatte. Der Hauptmann schien vor ihr zu stehen. Er füllte noch das Haus, er belebte noch die Spaziergänge, und er sollte fort, das alles sollte leer werden! Sie sagte sich alles, was man sich sagen kann, ja sie antizipierte, wie man gewöhnlich pflegt, den leidigen Trost, daß auch solche Schmerzen durch die Zeit gelindert werden. Sie verwünschte die Zeit, die es braucht, um sie zu lindern; sie verwünschte die totenhafte Zeit, wo sie würden gelindert sein.

Da war denn zuletzt die Zuflucht zu den Tränen um so willkommener, als sie bei ihr selten stattfand. Sie warf sich auf den Sofa und überließ sich ganz ihrem Schmerz. Eduard seinerseits konnte von der Türe nicht weg; er pochte nochmals, und zum drittenmal etwas stärker, so daß Charlotte durch die Nachtstille es ganz deutlich vernahm und erschreckt auffuhr. Der erste Gedanke war, es könne, es müsse der Hauptmann sein; der zweite, das sei unmöglich. Sie hielt es für Täuschung, aber sie hatte es gehört, sie wünschte, sie fürchtete es gehört zu haben. Sie ging ins Schlafzimmer, trat leise zu der verriegelten Tapetentür. Sie schalt sich über ihre Furcht. ›Wie leicht kann die Gräfin etwas bedürfen!‹ sagte sie zu sich selbst und rief gefaßt und gesetzt: »Ist jemand da?« Eine leise Stimme antwortete: »Ich bins.« – »Wer?« entgegnete Charlotte, die den Ton nicht unterscheiden konnte. Ihr stand des Hauptmanns Gestalt vor der Tür. Etwas lauter klang es ihr entgegen: »Eduard!« Sie öffnete, und ihr Gemahl stand vor ihr. Er begrüßte sie mit einem Scherz. Es ward ihr möglich, in diesem Tone fortzufahren. Er verwickelte den rätselhaften Besuch in rätselhafte Erklärungen. »Warum ich denn aber eigentlich komme«, sagte er zuletzt, »muß ich dir nur gestehen. Ich habe ein Gelübde getan, heute abend noch deinen Schuh zu küssen.«

»Das ist dir lange nicht eingefallen«, sagte Charlotte. »Desto schlimmer«, versetzte Eduard, »und desto besser!«

Sie hatte sich in einen Sessel gesetzt, um ihre leichte Nachtkleidung seinen Blicken zu entziehen. Er warf sich vor ihr nieder, und sie konnte sich nicht erwehren, daß er nicht ihren Schuh küßte, und daß, als dieser ihm in der Hand blieb, er den Fuß ergriff und ihn zärtlich an seine Brust drückte.

Charlotte war eine von den Frauen, die, von Natur mäßig, im Ehestande ohne Vorsatz und Anstrengung die Art und Weise der Liebhaberinnen fortführen. Niemals reizte sie den Mann, ja seinem Verlangen kam sie kaum entgegen; aber ohne Kälte und abstoßende Strenge glich sie immer einer liebevollen Braut, die selbst vor dem Erlaubten noch innige Scheu trägt. Und so fand sie Eduard diesen Abend in doppeltem Sinne. Wie sehnlich wünschte sie den Gatten weg; denn die Luftgestalt des Freundes schien ihr Vorwürfe zu machen. Aber das, was Eduarden hätte entfernen sollen, zog ihn nur mehr an. Eine gewisse Bewegung war an ihr sichtbar. Sie hatte geweint, und wenn weiche Personen dadurch meist an Anmut verlieren, so gewinnen diejenigen dadurch unendlich, die wir gewöhnlich als stark und gefaßt kennen. Eduard war so liebenswürdig, so freundlich, so dringend; er bat sie, bei ihr bleiben zu dürfen, er forderte nicht, bald ernst bald scherzhaft suchte er sie zu bereden, er dachte nicht daran, daß er Rechte habe, und löschte zuletzt mutwillig die Kerze aus.

In der Lampendämmerung sogleich behauptete die innere Neigung, behauptete die Einbildungskraft ihre Rechte über das Wirkliche: Eduard hielt nur Ottilien in seinen Armen, Charlotten schwebte der Hauptmann näher oder ferner vor der Seele, und so verwebten, wundersam genug, sich Abwesendes und Gegenwärtiges reizend und wonnevoll durcheinander.

Und doch läßt sich die Gegenwart ihr ungeheures Recht nicht rauben. Sie brachten einen Teil der Nacht unter allerlei Gesprächen und Scherzen zu, die um desto freier waren, als das Herz leider keinen Teil daran nahm. Aber als Eduard des andern Morgens an dem Busen seiner Frau erwachte, schien ihm der Tag ahnungsvoll hereinzublicken, die Sonne schien ihm ein Verbrechen zu beleuchten; er schlich sich leise von ihrer Seite, und sie fand sich, seltsam genug, allein, als sie erwachte.

*

Charlottens Niederkunft nahte heran. Sie hielt sich mehr in ihren Zimmern. Die Frauen, die sich um sie versammelt hatten, waren ihre geschlossenere Gesellschaft. Ottilie besorgte das Hauswesen, indem sie kaum daran denken durfte, was sie tat. Sie hatte sich zwar völlig ergeben; sie wünschte für Charlotten, für das Kind, für Eduarden sich auch noch ferner auf das dienstlichste zu bemühen; aber sie sah nicht ein, wie es möglich werden sollte. Nichts konnte sie vor völliger Verworrenheit retten, als daß sie jeden Tag ihre Pflicht tat.

Ein Sohn war glücklich zur Welt gekommen, und die Frauen versicherten sämtlich, es sei der ganze leibhafte Vater. Nur Ottilie konnte es im stillen nicht finden, als sie der Wöchnerin Glück wünschte und das Kind auf das herzlichste begrüßte.

Die Feier des Taufaktes sollte würdig, aber beschränkt und kurz sein. Man kam zusammen, Ottilie und Mittler sollten das Kind als Taufzeugen halten. Der alte Geistliche, unterstützt vom Kirchendiener, trat mit langsamen Schritten heran. Das Gebet war verrichtet, Ottilien das Kind auf die Arme gelegt, und als sie mit Neigung auf dasselbe heruntersah, erschrak sie nicht wenig an seinen offenen Augen; denn sie glaubte in ihre eigenen zu sehen; eine solche Übereinstimmung hätte jeden überraschen müssen. Mittler, der zunächst das Kind empfing, stutzte gleichfalls, indem er in der Bildung desselben eine so auffallende Ähnlichkeit, und zwar mit dem Hauptmann, erblickte, dergleichen ihm sonst noch nie vorgekommen war.

Andre Dubus WAHLVERWANDTSCHAFTEN (2)

Das Ehepaar Jack und Terry nach einem Abend mit dem befreundeten Paar Hank und Edith. Jack hat seit längerem ein Verhältnis mit Edith, wovon seine Frau nichts weiß:

Als sie ins Bett kam, stellte ich mich schlafend, aber sie berührte meine Brust und sagte meinen Namen, bis ich sie ansah.

»Ich bin gestern abend ein bißchen durchgedreht«, sagte sie. »Tut mir leid.«

»Schon gut.«

»Ich hätte mich nicht betrinken sollen.«

Sie fand meine Hand und hielt sie fest.

»Vergiß es«, sagte ich.

»Ich muß erwachsen werden.«

»Wer hat dir gesagt, Erwachsene wären nicht gewalttätig?«

»Nicht gegen ihre Ehepartner.«

»Lies die Zeitung. Frauen bringen ihre Männer um.«

»Nicht Leute wie wir.«

»Seemannsfrauen, meinst du das? Bauarbeiter?«

»Das meine ich nicht.«

»Vielleicht haben manche Leute genug Geld, um sich nicht gegenseitig umbringen zu müssen. Da kann man dann getrennter Wege gehen, wenn's schiefläuft. Man braucht nicht in derselben heißen Küche über seinem Bier zu schwitzen:

nicht ihren fetten Arsch unter zerknitterter blauer Baumwolle, ihr triefendes Gesicht und das feuchte, glatte Haar zu betrachten. Ziemlich bald greift einer zum Hammer und haut zu. Ist Hank zudringlich geworden?«

»Ja.«

»Wirklich?«

»Ich sagte ja.«

»Und?«

»Was und.«

»Was tat er?«

»Geht dich nichts an.«

»Na schön, also: was tatest *du*?«

»Nichts.«

»Komm.«

»Er hat versucht, mich auf der Veranda zu küssen, und ich bin reingegangen.«

»Wohin?« Sie angrinsend. »Hierher?«

»In die *Küche*. Um ein Bier zu holen.«

»Und er kam dir nach und –«

»Sagte, er liebt mich und küßte mich und sagte, er liebe Edith nicht. Dann kam ich mir schäbig vor, und wir gingen wieder raus und setzten uns auf die Eingangstreppe.«

»Schäbig. Weil er das über Edith gesagt hatte?«

»Ja. Sie ist ein reizendes Mädchen und verdient das nicht, und ich will nichts damit zu tun haben.«

»Aber bis er das sagte, fühltest du dich prächtig.«

»Wir können das jetzt abbrechen. Oder willst du wissen, ob seine Nase links oder rechts von meiner war?«

»Weißt du's noch?«

»Wir lagen auf dem Fußboden, und er war rechts von mir, also würde ich sagen, seine Nase war links von meiner.«

»Ihr lagt auf dem Fußboden, hm? Meine Güte.«

»Ich hatte mich hingehockt, um ein Bier aus dem – ach, halt doch die Klappe.«

»Ich hab doch bloß gestichelt.«

»Du hast nicht bloß gestichelt. Du bist froh, daß er mich geküßt hat.«

»Sagen wir mal, ich bin nicht beunruhigt.«

»Na, ich schon.«

Sie stieg aus dem Bett, um sich eine Zigarette zu holen, und als sie zurückkam, tat ich, als schliefe ich, und horchte, wie sie tief neben mir inhalierte. Dann drückte sie die Zigarette aus und begann, mich zu berühren, das alte heimliche Lust-Signal, und ich bestieg sie und schickte das Geräusch von Sprungfedern in die stille Sommernacht hinaus, kein Wort zwischen uns, nur Atmen und das andere Geräusch: und ich erinnerte mich, wie sie, kurz nachdem wir geheiratet hatten, eines Morgens eine Dose kalten Orangensaft über einen Krug gehalten hatte, und das Geräusch, wie er langsam aus der Büchse plätscherte, trieb uns wieder ins Bett zurück. Ich fühlte, wie es ihr langsam kam, aber ich war noch weit davon entfernt, und ich öffnete die Augen: ihre waren geschlossen. Ich machte meine wieder zu und sah Edith an diesem Nachmittag, *o Geliebte;* dann dachte ich: *Sie denkt an Hank, hinter diesen geschlossenen Augen ist ihr Schädel ein ehebrecherisches Zimmer*, und nun war auch er hier, und er hatte mir die vierzig Dollar gegeben, und es war Hank, nicht ich, Hank, der uns alle unter einen Hut brachte, der uns retten würde, und nun kamen wir, Hank und Terry und Edith und ich, und ich sagte: »Gute Nacht, Schatz«, und rollte mich auf die andere Seite und schlief ein.

Wolfgang Schmidbauer DAS SPERMIOGRAMM

Für Michael waren Frauen lange Zeit sehr fern, kostbar und verletzlich gewesen, ein Zukunftstraum, dem man sich erst nähern durfte, wenn man viel gelernt, sein Abitur gemacht, sein Studium abgeschlossen hatte. Als er Doris begegnete, fühlte er sich von dem Wohlwollen, mit dem sie sein stilles, fürsorgliches Interesse begrüßte, es aufnahm, in Liebe übersetzte, gehoben und bereichert. Er wollte jetzt doppelt so hart arbeiten, für sie, ihr ein Nest bauen, sie schützen, wie sie ihn schützte. Was sie ihm ins Ohr flüsterte, nahm ihm den Zweifel, ob er ein Mann sei, der ohne Attribute der Männlichkeit, die er verachtete und ersehnte – ohne herkulischen Körperbau, Reichtum, Titel, einen Sportwagen –, von Frauen begehrt wurde. Jetzt hatte er eine begehrenswerte Frau, von der er nie gedacht hätte, daß sie jemals von ähnlichen Unsicherheiten behelligt wurde. Doris wußte, wie eine

Ehe aussehen sollte. Sie wußte, wann es Zeit war für Erotik und wann Zeit für keusches Kuscheln, wann sie heiraten und wie viele Kinder sie haben würden. Manchmal schalt sie ihn, daß er im Beruf weit mehr Initiative entfaltete als in der Beziehung mit ihr. Er wußte inzwischen, daß sie sich dann über seine Gegenfrage ärgerte: »Welche Initiativen, Liebste, meinst du denn, sollte ich entfalten? Du mußt es mir nur sagen!« So gab er ihr lieber nur recht. Sie mache eben alles so gut, daß nichts daran zu verbessern sei. Wenn er erst sicher verbeamtet sei und weniger Streß in der Arbeit hätte, würde sich alles ändern. »Einen besseren Vater für die Kinder werde ich nie finden«, tröstete sich Doris dann und schwieg.

Als Doris begann, um eine Schwangerschaft zu ringen, schmeichelte ihm zunächst ihr sexuelles Interesse, das nachdrücklicher war als bisher, drängender. Sie wollte jetzt etwas von ihm, das er ihr gerne öfter gegeben hätte. Ihre Depressionen verstand er nicht ganz. Als sie bei Freunden hörten, es sei wichtig, unverkrampft miteinander zu schlafen, wenn ein Kind gezeugt werden solle, stimmte er eifrig zu. Hörst du, Doris, das sage ich doch auch immer, es wird schon werden. Das Spermiogramm hatte er für eine Formalität gehalten. Als er das Ergebnis erfuhr, wunderte er sich, daß es ihn nicht sonderlich bedrückte. Gewiß, er fand es ärgerlich, er hätte Doris gerne zufriedengestellt, aber was konnte er dafür? Ein Kind hätte sie zwar beschäftigt und zufriedengestellt. Aber man war nicht mehr Herr seiner Zeit. Es gab keinen richtigen Urlaub mehr. Wenn Doris nicht so dahinterher gewesen wäre – er persönlich könnte auch ohne Kinder leben! Es schien sie mehr zu treffen als ihn. Wenn sie nur diese übertriebenen Versuche gelassen hätte, ihn zu trösten, und dafür auch auf diese spitzen Bemerkungen verzichtet hätte, über ihn und seine Männlichkeit und darüber, daß es ganz andere Kerle gab, als er's war!

Er trank nicht viel, er hatte nie geraucht. Der Internist, den er auf Doris' Drängen hin aufgesucht hatte, fand keine Stoffwechselstörung. Er schlug Michael vor, eine Psychotherapie zu versuchen, das hatten Doris' merkwürdige Freunde auch schon getan, die sich stritten wie die Teufel und es sich doch nicht verkneifen konnte, sich über alle Bekannten zu erheben, mit ihren Entwicklungen und Einsichten, Gott bewahre, aber vielleicht war doch etwas dran? Doris war auch dafür, sie meinte, er müsse offener werden, mehr über seine Gefühle sprechen, nun gut, es schadete wohl nicht, die Versicherung würde mindestens einen Teil der Kosten tragen, Beamte waren da privilegiert.

So lernte Michael die Psychoanalyse kennen. Er fand Gefallen an ihr, was er sich vorher nie hätte vorstellen können. Zeitverschwendung, hatte er gedacht, reden und immer nur reden, das brachte nichts. Er war willig. Man widersprach schließlich einer Therapeutin nicht, die promoviert hatte. Die wußte sicher, was sie tat. Und es *war* etwas Besonderes. Er hatte *doch* eigene Gefühle, andere als Doris, und auch andere, als Doris behauptete, daß er sie hätte. Wenn sie ihn jetzt einmal in die Enge trieb, wenn sie ihm vermittelte, er sei sexuell unersättlich, dann gab es noch eine zweite, leise Stimme. Er habe ein Recht auf seine Wünsche, so gut wie jeder andere Mann, das sei nicht chauvinistisch und auch nicht böse, sondern eher ein Thema, ein Konflikt, ein Problem, das man klären könne und müsse. Woher rühre denn seine Unsicherheit, sein Bedürfnis, immer Doris' Zustimmung einzuholen und seine eigenen Empfindungen erst dann für real zu halten, wie sie ihm Brief und Siegel darauf gebe?

Er spürte eigentlich nicht, daß er sich veränderte. Aber wenn die therapieroutinierten Freunde sagten, er habe sich entwickelt, widersprach er dem nicht. Vielleicht stimmte es ja. Irgendwie gehörten solche Ausdrücke wohl zu dem Ganzen. Er hatte eher den Eindruck, daß ihm andere Dinge begegneten, oder vielleicht dieselben Dinge anders?!

Niemals hätte er in dieser Öffentlichkeit eine Frau in die Arme genommen. Genauer gesagt, es war auch Julia gewesen, die ihn umarmt hatte, nach dem Essen in der Hafenkneipe, als er ihr seine Ehegeschichte erzählt hatte. Sie war gerührt, bewegt von seiner Treue, mit der er an Doris festhielt, neugierig auf ihn als Mann, flüsterte sie, das ließ er sich nicht zweimal sagen, engumschlungen gingen sie in ihr Quartier. Später konnten sie sich nicht einigen, wer jetzt wen verführt hatte. Es war ein scherzhafter Streit zwischen ihnen. Julia sagte, sie hätte nicht gedacht, daß er so weit gehen würde. Er war sich ganz sicher gewesen, er tue genau das, was auch sie wolle, ja *vor* ihm gewollt habe. Es gefiel ihm, Eroberer zu sein, aber er fürchtete sich auch davor, denn das hieß, er hatte jetzt auch Verantwortung für Julia, und wie sollte das gutgehen?

Er hätte sich nie vorstellen können, ein Doppelleben zu führen. Ob das auch zu den Entwicklungen und Einsichten gehörte? Oder war das Doppelleben mit Julia und Doris nur ein Ableger, eine Fortführung des Doppellebens, das bereits mit der Analyse begonnen hatte – damit, daß er zu einer freundlichen ermutigenden Frau, die eben nicht seine Ehefrau war, über alles gesprochen hatte, was ihn bewegte?

Am schlimmsten waren die Abende, wenn er von Julia zur ahnungslosen Doris kam. Auf der Fahrt, allein im Auto, fühlte er sich noch großartig, er spielte Country-music im Recorder und flog dahin, im Kopf noch Szenen der Leidenschaft mit Julia, ihr Körper, sein Körper, eine ungeahnte gegenseitige Bestätigung, nicht besser als das, was er mit Doris erlebte, aber anders, frisch, nicht belastet mit Kränkungen, mit der Vorsicht, die aus der ständig schwelenden Angst vor einer Zurückweisung kam. Andererseits belastete ihn Julia, sie war so fremd, draufgängerisch, sie forderte ihn auf, sie an Stellen zu küssen, für die Doris nicht einmal den Namen gesagt hätte, das war jedes zweite Wochenende ganz schön, aber jeden Tag? Da lebte es sich doch besser neben Doris, die ließ ihn auch einmal in Ruhe lesen.

Anne Sexton FÜR MEINEN LIEBHABER, DER ZU SEINER FRAU ZURÜCKKEHRT

Sie ist ganz da.
Sie wurde sorgfältig eingeschmolzen für dich
Und nach deiner Kindheit neu gegossen,
nach deinen hundert Lieblingsstudentinnen.

Sie ist immer dagewesen, mein Liebling.
Sie ist im Grunde vollkommen.
Ein Feuerwerk im faden Mittfebruar
und so real wie ein gußeiserner Topf.

Seien wir ehrlich, ich war nicht von Dauer.
Ein Luxus. Eine hellrote Schaluppe im Hafen.
Mein Haar stieg wie Rauch aus dem Autofenster.
Junge Venusmuscheln, nicht billig zu haben.

Sie ist mehr als das. Ist, was du haben mußt,
hat dich zu deiner praktischen, deiner tropischen Größe
anwachsen lassen.
Dies ist kein Experiment. Sie ist ganz Harmonie.
Kümmert sich um Ruder und Dollen für das Dingi,

hat Feldblumen zum Frühstück ins Fenster gestellt,
mittags an der Töpferscheibe gesessen,
drei Kinder in die Welt gesetzt unter dem Mond,
drei Cherubim, gezeichnet von Michelangelo,

dies getan mit ausgestreckten Beinen
in den schrecklichen Monaten in der Kapelle.
Wenn du hinaufschaust, schweben die Kinder
wie zarte Ballons dort an der Decke.

Sie hat jedes auch nach dem Abendbrot
durch den Flur getragen, die Köpfe vertraulich gesenkt,
zwei strampelnde Beine, Körper an Körper,
das Gesicht rot von einem Lied und ihrem kleinen Schlaf.

Ich gebe dir dein Herz zurück
Ich gebe dir die Erlaubnis –

für die Entladung in ihr, zornig
pochend im Schmutz, für das Miststück in ihr
und das Begraben ihrer Wunde –
für das Begraben ihrer lebendigen kleinen roten Wunde –

für das fahl flackernde Glimmen unter ihren Rippen,
für den betrunkenen Seemann, der in ihrem linken Puls
bereitsteht,
für Mutters Knie, für die Strümpfe,
für den Strumpfhaltergürtel, für den Ruf –

den sonderbaren Ruf
wenn du dich eingräbst in Arme und Brüste
und an dem orangefarbenen Band in ihrem Haar ziehst
und dem Ruf antwortest, dem sonderbaren Ruf.

Sie ist so nackt und einzigartig.
Sie ist die Summe aus dir und deinem Traum.

Besteige sie wie ein Monument, Stufe um Stufe.
Sie ist kompakt.

Was mich betrifft, ich bin ein Aquarell.
Abwaschbar.

Lars Gustafsson VON MEINEN MÜTTERN

Die ganze Geschichte hätte sich vielleicht beruhigen und einschlafen können. Wir hatten einmal miteinander geschlafen, das war in Ordnung. So etwas passiert eben mal, manchen Menschen passiert es häufiger, anderen weniger häufig. Wir hatten einmal miteinander geschlafen, es war sehr schön gewesen, es hatte mich ruhig gemacht; ich schließe die Möglichkeit nicht aus, daß sie es wenigstens ursprünglich in der Absicht gemacht hat, mich wirklich ruhig zu machen. Und dabei hätte es bleiben können.

Aber diese Augen erinnerten mich an etwas. Sie riefen ganz einfach etwas in mir wach.

Sie riefen das Gefühl in mir wach, es gebe etwas ungeheuer Wichtiges, was ich bisher stets vernachlässigt hatte. (Eine banale Geschichte, nein, überhaupt nicht banal.) Ich entdeckte in mir etwas, wovon ich nichts gewußt hatte. Und das empfand ich wie einen neuen Anfang, es gab allem einen neuen Sinn.

Ich machte natürlich einen wirklich interessanten Fehler: Ich erzählte Margareth von dieser Geschichte.

(Man könnte selbstverständlich sagen, daß es mit der Zeit praktisch unumgänglich war, denn es gab keine besonders plausible Erklärung dafür, daß ich jeden zweiten Abend eine halbe Stunde lang am Telephon saß und leise und ausführlich zwischen langen Pausen mit jemandem redete, der unmöglich zu unseren gewöhnlichen Bekannten zählen konnte.)

Ich hatte alle möglichen Reaktionen erwartet bis auf die, daß sie sich freuen würde. Aber genau das tat sie. Sie war froh und erleichtert, als sei ihr endlich eine allzu große Verantwortung abgenommen worden.

– Lade sie doch einmal hierher ein, sagte sie und meinte damit Ann. Sie würde bestimmt gern wissen, wie es hier oben aussieht. Sie könnte doch irgendwann in diesem Sommer vorbeikommen. Hat sie ein Auto?

Das war natürlich der Anfang vom Ende, obwohl ich es damals nicht begriffen habe.

Ich lud sie für einen Sonntag im Juni ein. Es war ein ungewöhnlich schöner Junisonntag. Ich holte Ann am Bahnhof ab.

– Der See ist sehr schön, sagte sie. Ich hatte keine Ahnung, daß er so groß ist.

– Ich bin froh, dich wiederzusehen, sagte ich.

– Ich weiß nicht. Ich fühle mich etwas unsicher.

– Warum müssen die Leute sich immer wie in Romanen benehmen, sagte ich.

– Ja, vermutlich hast du ganz recht, sagte sie.

Es war ein sehr eigentümlicher Anblick, diese beiden Frauen zusammen zu sehen, Margareth klein und mager, kühl, Ann mütterlich besorgt und ernst, als sei sie zu einer Patientin gekommen, die sie zu versorgen hatte. Sie wußten nichts voneinander, ich war das einzige, das sie verband.

In den ersten zwei Minuten schienen sie sich ein wenig voreinander zu genieren. Das kann nicht gutgehen, dachte ich. Es wird ein schrecklicher Nachmittag werden, hoffentlich bringen wir ihn rasch hinter uns. Es ist ein wahnsinniges Unternehmen, auf das ich mich da eingelassen habe.

Und da stand ich nun und stellte meiner Frau eine Dame vor, die offenbar die große Liebe meines Lebens war.

Sie gingen beflissen die Gartenwege entlang und schauten sich die Blumenbeete an. (Dieses Haus war damals, im Jahre 1970, ein Ferienhäuschen.)

– Nehmt euch vor den Bienen in acht, sagte ich. Sie haben gerade eine unruhige Zeit. Sie sind ziemlich aggressiv.

Sie lachten nur.

Der Garten ist ja recht klein. Man braucht nicht lange, um ihn zu besichtigen. Sie nahmen sich Zeit.

Sie kamen zurück, kichernd und ein wenig ausgelassen. Sie hatten einander gefunden.

Bienen und Hummeln summten herum, die Kirchglocken läuteten drüben in Väster Våla, es war wie gesagt ein ganz wunderbarer Sommertag.

– Eine Utopie, dachte ich. Eine Utopie ist Wirklichkeit geworden. Ich habe es schon immer vermutet. Nichts hindert uns eigentlich daran, außerhalb der normalen Regeln zu leben. Daß ich das nicht schon längst begriffen habe!

Dann folgte eine ziemlich sonderbare Zeit. Ich glaube, sie hat uns sehr verändert, mich, Ann, aber am meisten von uns allen Margareth.

*

Ich habe ziemlich lange gebraucht, in jenem seltsamen Sommer 1970, bis ich dahinterkam, wie Ann mir weggenommen wurde.

(Und ich glaube, damit nahmen sie mir meine letzte Chance, zu einer Selbständigkeit, zu einer Klarheit über mich selbst und meine eigenen Dimensionen zu kommen, für die ich mein ganzes Leben lang bestimmt gewesen war, auf die alles hingedeutet hatte.

Was sie zu verhindern wußten, war ein Durchbruch von Wirklichkeit, von Persönlichkeit.)

Ich stelle mir die Sache so vor:

Die Tatsache, daß ich verheiratet war, löste bei Ann ein ganzes Knäuel von verschiedenen Schuldgefühlen aus. Diese waren unvereinbar mit der Tatsache, daß sie mich ebensosehr liebte wie ich sie. Gleichzeitig war sie durch ihre ganze Erziehung und all ihre Ideale darauf eingestellt, daß Schuldgefühle etwas Schädliches, etwas Verwerfliches seien.

Sie wandelte sie in »Sympathie« für Margareth um. Margareth erkannte ihrerseits sofort ihre Chance, und zusammen verwandelten sie mich in etwas Unverantwortliches, in ein Kind, auf das kein rechter Verlaß war.

Sie führten mich vollkommen hinters Licht, denn diese Triade von verschiedenen mütterlichen und schwesterlichen Beziehungen schuf eine solche Wärme, einen solchen Frieden, wie ich es noch nie erlebt habe, weder früher noch später.

Wie die Wärme in einem Vogelnest.

Marie Luise Kaschnitz DER BRIEF DER ANDEREN

Kurz vor zwölf Uhr mittags habe ich den Brief gefunden. Ich habe ihn wirklich gefunden, nicht danach gesucht, ihn nicht beim Anzugbürsten aus der Tasche geholt. Er hat aus einem Buch hervorgeschaut, und das Buch hat nicht auf Felix' Nachttisch gelegen, sondern auf dem Tisch im Wohnzimmer, auf dem immer die Zeitungen liegen und der jedermann zugänglich ist. Ich habe auch nicht den ganzen Brief gelesen, sondern nur die ersten paar Worte: So große Sehnsucht hab' ich nach Dir, geliebtes Herz. Diese Worte habe ich zuerst gar nicht verstanden, ich habe überhaupt nur die Schrift ansehen wollen, eine freie Schrift mit großen, schönen Unterlängen und manchmal Abständen zwischen den Buchstaben, kontaktscheu bedeutet das, habe ich gedacht, und dann habe ich überhaupt erst begriffen, was da stand, und ich habe lachen müssen, obwohl es natürlich gar nichts zu lachen gab. Auf den Gedanken, daß der Brief an den Felix gerichtet sein könnte, bin ich erst nach einigen Augenblicken gekommen. Ich habe danach nicht weitergelesen, nur noch bis zum Ende der Seite, lauter zärtliche Worte, und dann habe ich den Brief zurückgelegt und das Buch wieder zugemacht. Ich bin in die Küche gegangen und habe gedacht, da muß doch etwas gewesen sein, das schreibt man doch nicht so von ungefähr. Ich habe angefangen, die Vorbereitungen für das Mittagessen zu treffen, Schürze vorbinden, Fett in die Pfanne, Zwiebelschneidemaschine, rundes Glashäuschen, das stampft und dreht sich, man braucht die Zwiebeln gar nicht mehr anzufassen, man vergießt keine Tränen mehr. Man vergießt auch sonst keine Tränen mehr. Weinen ist unmodern, wie früher schon das In-Ohnmacht-Fallen, Zeit der Großmütter, da stand aber auch gleich das Stubenmädchen dabei oder eine dicke Köchin zum Auffangen und Korsettschnüre-Lockern und Sagen: Nehmen Sie es sich nicht so zu Herzen, so sind die Männer, meiner war nicht anders, oder einfach: Arme gnädige Frau. Ich bin nicht in Ohnmacht gefallen, ich habe auch nicht geweint, das Fett hat so lustig geprasselt, zum Weinen war ja auch kein Grund. So, habe ich gedacht, jetzt das Fleisch aus dem Eisschrank, Tür auf, Tür zu, ein komisches Geräusch ist dieses Zufallen von Kühlschranktüren, weich und schmatzend und doch fest, ein unsympathisches Geräusch, so endgültig immer, als sei es das letzte Mal. Das letzte Mal Kühlschrank, das letzte Mal zusammen Mittag essen, wie ist's dir ergangen, hat jemand angerufen, alles das letzte Mal. Warum denn eigentlich? Was ist denn geschehen? Nichts ist geschehen, vieles ist geschehen, einen

Schlag habe ich bekommen, wie wenn man in einen defekten Kontakt greift, nur daß ich es nicht wahrhaben will. Nein, ich hab' es nicht wahrhaben wollen, ich habe das Fleisch in die Pfanne gelegt zum Anbraten, die Schnitzel, nackter roter Bauch, schön goldbraun jetzt, nackter roter Rücken, schön braun.

Nein, schlecht darf mir nicht werden, habe ich gedacht und habe die Pfanne weggestellt und mich an den Tisch gesetzt, um die Kartoffeln zu schälen, aber auch um nachzudenken, und als ich die erste Kartoffel geschält habe, bin ich sehr zornig geworden und habe gedacht, ich kann mir so etwas erlauben, aber der Felix nicht. Ich kann mir erlauben, den Männern die Köpfe zu verdrehen, weil ja doch alles gelogen ist, nichts als Dummheiten und Zeitvertreib und nur für den einen Augenblick, daß man die fremden Augen aufleuchten sieht, daß man weiß, man wird geliebt. Aber Männer sind eben anders, bei Männern genügt das nicht...

Sechs Kartoffeln habe ich geschält, und dann habe ich Schluß gemacht, weil ich doch keinen Hunger hatte, und nur eine wollte ich essen, weil es ja nicht auffallen sollte und der Felix auf keinen Fall etwas merken durfte, und auf keinen Fall wollte ich über den Brief sprechen, weil ich schon gewußt habe, daß Worte etwas Furchtbares sind, und erst, was man mit Worten ausspricht, ist wirklich wahr. Also habe ich die Schürze abgenommen und bin ins Schlafzimmer gegangen, um mich zurechtzumachen und glückliche junge Frau zu spielen, und später würde man weitersehen. Aber gerade, als ich über den Flur gegangen bin, hat es geschellt. Ich habe zuerst gar nicht aufmachen wollen, weil ich plötzlich Angst gehabt habe vor jedem, der da hätte kommen können, vor aller Welt. Aber ich habe dann doch aufgemacht, und es ist nur ein Päckchen von der Drogerie abgegeben worden, das habe ich ausgepackt und die Sachen im Badezimmer versorgt. Das muß sie jetzt alles lernen, habe ich gedacht, was für Seife, was für Zahnpasta, und bei dem Rasierapparat ist ein Trick, wenn man den nicht weiß, funktioniert er nicht. Das Bett machen, das muß sie auch lernen, um Gottes willen gut einschlagen, und die Wärmflasche ganz nach unten, aber vielleicht will er die dann gar nicht mehr. Eine Wärmflasche, wo denkst du hin, Liebling, ich bin doch kein alter Mann. Nein, natürlich, nichts will er so, wie er es hier gehabt hat, keine

Lavendelseife, keine harte Zahnbürste, alles anders, alles neu. Noch einmal alles ganz neu.

So habe ich vor mich hin geredet, während ich im Badezimmer auf dem Rand der Wanne gesessen bin, und in den Spiegel hab' ich dabei gesehen. Nicht mehr ganz jung, ein paar Falten, vom Lachen, vom Nachdenken, vom Leben einfach, von der Zeit, die vergeht. Falten sind wie Wege auf einer Landkarte, lauter gemeinsame Wege mit ihm. Ich habe aber nicht daran gedacht, ob die Frau, die ihm den Brief geschrieben hat, jünger sein könnte als ich, und überhaupt habe ich mir gar nicht überlegt, wer es sein könnte, das war mir egal. Ich habe mir das Gesicht gewaschen und bin dann wirklich ins Schlafzimmer gegangen, und dabei habe ich gedacht, die Wohnung muß er mir lassen, das wäre ja noch schöner, schließlich kann er sie ja nicht in mein Bett legen, und überhaupt, wer fort will, zieht aus. Wenn ich die Wohnung behalte, kann ich vermieten, das Vorderzimmer zum Beispiel, da kann man in die Ecke die Couch als Bett stellen, eine hübsche Decke ist auch noch da. Den Schrank aus dem Vorplatz, Fächer für die Wäsche muß man hineinmachen lassen und Kleiderbügel kaufen. Die Lampe mit dem grünen Schirm, nein, die paßt nicht, ich muß den Schirm anders überziehen. Schrankpapier muß ich auch kaufen, das hübsche rosa mit den Wellenlinien oder das mit den Schiffchen, das wollte ich schon lange.

Über diese Gedanken hab' ich mich dann selbst lustig gemacht, was einem so alles in den Sinn kommt, nicht wahr, und vielleicht ist der Brief ganz alt, und vielleicht ist alles schon längst vorbei. Vielleicht ist es noch nicht vorbei, aber es kann vorbeigehen. Und dann sind mir die Ratschläge eingefallen, die für solche Lebenslagen immer in den Briefkästen der Frauenzeitschriften stehen, die Ratschläge von einer, die sich Tante Anna oder Tante Emilie nennt. Nämlich, daß man den Tisch ganz besonders hübsch decken soll und sein neuestes Kleid anziehen und die Löckchen zurechtzupfen, und: Möchtest du nicht ein Glas Wein, Liebster, mir ist heute so nach Feiern zumute.

Indessen hat das Telefon geläutet, aber nur einmal, wie es manchmal vorkommt, wenn einer merkt, daß er die falsche Nummer gewählt hat und den Hörer ganz rasch wieder niederlegt. Es ist mir aber dabei eingefallen, daß es leicht möglich war, daß der Felix vom Büro anruft, und warum habe ich denn plötzlich Tränen in den Augen? Aber das macht nichts, er sieht mich ja nicht. Er hört nur meine Stimme, und meine Stimme ist ganz sanft und fröhlich. Was sagst du? Du kommst nicht zum Essen? Ob das etwas macht? Aber natürlich nicht. Gar nichts macht das. Ich bin sogar froh. Ich hab' noch zu bügeln, und ich wollte auch später gern zum Friseur. Nein, ich habe gar nichts Besonderes vorbereitet. Ich habe noch nicht einmal angefangen zu kochen. Geht es dir gut, Liebster? Mir? Wunderbar. Es ist ja so ein schöner Tag. Auf heute abend, ja...

Ja, so wollte ich es machen, ganz leicht, ganz frei. Und so wollte ich auch mit ihm reden, wenn er kam.

Eigentlich hätte er ja jetzt schon dasein müssen. Es war halb zwei Uhr vorbei, und er kam immer eher pünktlich nach Hause. Er hatte auch immer großen Appetit mittags, und er wußte, daß es an dem Tag Schnitzel gab, die er sehr gern aß. Aber vielleicht wußte er das auch gar nicht mehr. Vielleicht kam er so spät, weil er noch mit ihr zusammen in einer Bar saß und etwas trank, und gerade jetzt vielleicht schaute er auf die Uhr und sagte: Es ist halb zwei vorbei, sie wartet, ich muß nach Hause.

Sie wartet, habe ich gedacht. Sie, das bin ich. Man darf mich nicht warten lassen. Man hat Angst vor mir. Aber das ist nicht das Wichtigste. Das Wichtige ist die dritte Person. Ich bin die dritte Person. Die dritte Person, die böse Person, der Störenfried, »sie«. Ich bin die gelbe Blume mit dem einen sonderbaren Blütenblatt und der langen roten Zunge, und jetzt soll er mir noch einmal auf den Leim gehen, kleine Vorspeise, Thunfisch mit Erbsen, jawohl, Tante Emilie, vielen Dank für den guten Rat. Er wird ihn nicht hindern, plötzlich das Messer und die Gabel hinzulegen und zu sagen: Entschuldige, aber ich liebe dich nicht mehr, entschuldige, aber, bitte, gib mich frei.

Natürlich wollte ich ihn freigeben. Bitte, geh nur, viel Glück auf den Weg. Ich brauche dich nicht zum Leben, kein Mensch braucht einen andern zum Leben, ich brauche auch die Wohnung nicht, und ich will auch kein Geld von dir. Ich kann in meinem alten Büro arbeiten, ich hätte das schon längst tun können, aber du hast es nicht gewollt. So ein Büro ist etwas Nettes: Guten Morgen, Herr Schneider, viel Post heute? Guten Morgen, Fräulein Lili, ist es besser mit dem Zahnweh? Herrgott, können die nicht anständig heizen hier? Was ich sagen wollte, die Geburtstagsfeier für den Chef...

Das ist mir durch den Sinn gegangen, während ich am Fenster gestanden und hinausgeschaut habe, aber durch die Gardinen, damit der Felix mich nicht da stehen sah. So ein schöner Februartag war das, blitzend und funkelnd, und jedes Jahr vergißt man wieder, wie stark das Licht im Februar schon sein kann, und jetzt rollen sie die Feuerräder von den Bergen und werfen die häßlichen Strohpuppen in den Brunnen, wir haben das einmal zusammen gesehen, der Felix und ich. Wir haben schon vieles zusammen erlebt, was herrlich war, und jetzt will er sich wahrscheinlich daran nicht mehr erinnern, jetzt soll alles nicht mehr gelten und grau und tot sein, und das ist das Schlimmste, daß es die Zukunft nicht mehr geben soll, aber die Vergangenheit auch nicht, die wird gleich mit in den Brunnen geworfen, die häßliche gelbe Strohpuppe, jetzt kommt der Frühling, jetzt wird alles ganz neu.

Indessen habe ich zweimal einen Schritt zurücktreten müssen, weil Bekannte vorbeigekommen sind, der Studienrat Wehrle von nebenan und die Frau Seidenspinner von Nummer fünf. Ich habe mir vorgestellt, wie sie dann reden würden: Haben Sie schon gehört, die arme Frau, und schlecht ist mir geworden, weil ich Mitleid nicht vertragen kann. Mitleid ist die warme Brühe mit Fettaugen und eine furchtbare Anmaßung, wer ist schon die Frau Seidenspinner, daß sie sich Mitleid mit mir erlauben darf. In Todesfällen meinetwegen, da ist der liebe Gott persönlich am Werke, da gibt es kein Versagen, da ist er heimgegangen, liebe Worte auf den Lippen, du warst mir alles, und alles war schön. Da heißt es dann nachher nicht, sie hat sich in der letzten Zeit ziemlich gehenlassen, und eigentlich verdenken kann man es ihm nicht.

Ach, dummes Zeug, habe ich gedacht, was gehen mich die Nachbarn an. Ich würde auch nicht zu ihnen hinrennen und mich beklagen wie die Herta damals und sagen: Nach so vielen Ehejahren, und immer bin ich ihm eine gute Frau gewesen, können Sie das verstehen? Denn natürlich bin ich dem Felix keine gute Frau gewesen, sonst würde er nicht fortwollen und sich nicht zärtliche Briefe schreiben lassen und vielleicht selber zärtliche Briefe schreiben und Angst haben vor dem Heimkommen, und wie sag' ich's ihr nur.

Währenddem hab' ich immer noch zum Fenster hinausgesehen, und auf einmal ist ein Mann um die Ecke gekommen, der hat seine Gestalt gehabt und auch seinen Gang und einen dunkelblauen Wintermantel, und mein Herz hat einen Sprung gemacht, wie wenn ein Flugzeug plötzlich absackt, und ich habe versucht, ein harmloses Gesicht zu machen, und schon gemerkt, ich kann das nicht. Der Mann ist näher gekommen und war gar nicht der Felix, sondern ein Fremder, und ich habe gedacht, was soll die Komödie, und ich könnte eigentlich auch gleich fortgehen, noch bevor er kommt. Ich könnte in die Stadt gehen und mich in ein Caféhaus setzen, in das traurige, staubige bei der Börse, da sind so viele Spiegel, da sitze ich hundertmal, hundertmal dieselbe verlassene Frau. Ich könnte dort in den Zeitschriften blättern und rauchen und in die Luft schauen, ein paar Stunden bringt man damit herum. Nach ein paar Stunden könnte ich in ein Kino gehen, eine Vorstellung und noch eine Vorstellung, und dann ist es schon Nacht. Da ist es schon Nacht, und Felix muß die Polizei anrufen, sehr peinlich wird ihm das sein. Ihre Frau, sagen Sie, ist abgängig? Wie bitte? Was sie angehabt hat? Ja, das weiß ich nicht.

Es war jetzt gleich zwei Uhr, und ich habe nicht mehr stehen können. Ich habe mich auf einen Stuhl gesetzt und das Radio angedreht, und wie immer, wenn man etwas Erbauliches oder etwas Erholsames hören will, sind die Wasserstände gekommen, alle Flüsse des Landes, zum Aussuchen, und die Weser hat am meisten Wasser gehabt, aber die Weser ist sehr weit weg. Und dann hat wieder das Telefon geläutet, aber diesmal nicht nur ein einziges Mal. Ich habe gewußt, diesmal ist es wirklich der Felix, und er war es auch. Ich habe mich noch genau erinnert, was ich ihm sagen wollte, so wie ich es vorher geprobt hatte, leise Stimme, sanfte Stimme, aber gerade in diesem Augenblick war mir so übel zumute wegen dem traurigen Caféhaus und den Flüssen und der Polizei, und es ist ganz anders herausgekommen, und zwar so:

Ach, so, du bist es. (Falsch, falsch!)

Was sagst du, du kommst nicht zu Tisch? (Ich treff' den Ton nicht!)

Doch, ich verstehe schon, es ist ja auch so schönes Wetter.

Davon hast du nichts? Nein, natürlich nicht.

Ich bin komisch? Wieso bin ich komisch?

Nein, es ist nichts geschehen. Wenigstens nichts, was dich interessieren könnte.

Warum nicht? Ich glaube, das weißt du besser als ich. Und so weiter. Immer in diesem grauenhaften, beleidigten Ton, den ich nicht gewollt habe, aber so hat sie aus mir heraus geredet, die Strohpuppe, so gedrückt und gequetscht, so widerlich, und schließlich habe ich überhaupt nur noch geredet, damit er den Hörer hinwirft, damit Schluß ist, Schluß mit dem allen. Und weil er den Hörer nicht hingeworfen hat, bin ich einfach still gewesen, ganz still, die Muschel ans Ohr gepreßt. Bist du noch da? hat er gefragt, ganz lieb, ganz ratlos, und hat dann schließlich eingehängt, und ich habe auch eingehängt und habe dagestanden und mich gehaßt, und ihn habe ich auch gehaßt, weil er schuld war, daß ich mich so benommen habe, dritte Person, böse Person, Strohpuppe in den Brunnen geworfen, adieu. Und danach habe ich gedacht, jetzt könnte ich auch ebensogut den Brief zu Ende lesen, jetzt war ich ja so, wie sie es sich vorstellten, und wahrscheinlich bin ich immer so gewesen, solange ich lebe, die ganze Zeit.

Ich bin also ins Wohnzimmer gegangen und habe den Brief aus dem Buch gerissen und mir eine Zigarette angesteckt, längst hätte ich das tun sollen, und warum denke ich immer in zwei Stockwerken, und oben heißt es, es gibt keine glücklichen Ehen, und unten heißt es, ach komm doch zurück.

Uve Schmidt ENDE EINER EHE (1)

Die Ballettlehrerin Inge, Mutter von Wibke und Ulf, hat sich nach 15 Jahren Ehe verliebt. Ihr Mann, Schriftsteller, beginnt ein Tagebuch:

So empfand ich an diesem Morgen nach zwei Uhr schlagartig die Katastrophe, vielleicht schlug es von den Kirchtürmen, sicherlich schlug mein Herz. Zwar konnte ich noch bis zum Torschluß der Spätlokale hoffen, wohl wäre dieses und jenes denkbar gewesen, aber ich fühlte erstmals und anders als in den Nächten ihrer seltsamen Extratouren, daß sie sich entschieden hatte. Daß unwiderruflich und unwiederbringlich die letzte Nacht mit ihr die letzte bleiben würde.

Ich entwarf Foltern und eine Ehe zu Dritt, ich überdachte die Plätze und Personen, die ihr dazu verholfen haben konnten, ich parierte ihre möglichen Erklärungen und Begründungen, ich rückte Möbel im Haus und in der Ferne. Ich sinnierte über mein Verschulden und gab mir Bewährung. Ich gestand mir, ein Ekel zu sein, das, im Besitz der alles verzeihenden Liebe, sich eben nur zu rasieren bräuchte, um wieder als strahlender Sieger auf der Badematte zu stehn. Ich fühlte, daß alles aus und vorbei war und glaubte dennoch an die Macht der Liebe, der Ehe und der alten Testamente.

Gegen sechs gingen mir die Zigaretten aus, und ich machte mich auf, einen Arbeiter anzuhalten, um mein kleines Papier in Silber zu tauschen. Ich brauchte lange und wurde unruhig, denn mir war klar, daß sie versuchen würde, vor dem Erwachen der Kinder daheim zu sein. Es war lächerlich: statt mich einzuschließen oder ihr den Kopf abzureißen, lehnte ich rasiert und geschönt in der Tür, als sie über die Terrasse kam.

Ich hielt mich an meinem Humpen Wasser fest, voller Angst, tot umzusinken.

Sie sah aus wie eine Bardame, die ohne Umweg vom Sektfrühstück aufs Finanzamt stelzt: Zoll für Zoll eine Siegerin. Jeder wußte, was der andere wußte. Ich klappte den trocknen Mund auf: »Na, wie wars?«

»Schön!« sagte sie aufrecht. Da mußte ich aus dem Zimmer gehen.

6. Juli 1977, 13.45 h. Ich glaube, ich muß ihr mit mehr Kühle begegnen. Ich habe das Gefühl, sie erwartet für die Zeit, die sie für ihren Umbau braucht, so etwas wie eine ›Kumpelehe‹: Freundschaft, Friede, Eierkuchen. Sie vergißt, daß unsere Ehe bisher auf Zank *und* Zärtlichkeit gründete. Wenn beides fehlt, kommt nichts als ein Untermieterverhältnis heraus, bestenfalls. Und das ertrag ich nicht.

Dumm ist auch, daß man mit niemandem darüber reden kann. Wenn man bedenkt, was im Freundeskreis gerade über solche Debakel geschwätzt wurde jahraus, jahrein, und man selbst ein so brillanter Mitredner und Ratgeber war – Oh, Maria!

Nachts, zwischen 3.00 h und 4.00 h. Sie ist eben von ihm gekommen und zu mir hinauf, um mir nichts zu sagen. Vielleicht wollte sie das Licht ausmachen oder nach meinem Leben sehen oder mir einfach nur zeigen: da bin ich, denn ich kann nicht anders.

Ich habe sofort zu frieren begonnen. Vielleicht, mit einer Flasche Rum im Bauch, wäre mirs erträglicher gewesen, doch ich glaube nicht. Es wird noch sehr, sehr lange brauchen, bis ich mich daran gewöhnt habe. Da der Bursche z. Zt. untertags arbeitet, kann ich nicht gut verlangen, daß sie es in den Tag legt. Doch ohne Schlafmittel wird es nun kaum mehr gehen. Verrückt ist auch, daß ich mir wie ihr Komplice vorkomme: ich unterbreite ihr Rechtfertigungen, Anregungen, Prophezeiungen, Motivationen. Ich könnte diese Affaire auf vielfache Weise verhindern. Ich tue es nicht; ich handle in der Konsequenz wie ein masochistischer Kuppler. Es ist wie Lenins (?) zynische Einschätzung der bürgerlichen Liberalen: sie drehen den Strick, mit dem wir sie oder sie sich (?) erdrosseln werden.

Inge sagt: ich finde *das* (daß sie ihn vögeln geht, so oft es geht) ganz normal. Ja, auch der Tod ist normal. Sie sagt: ich will mein Leben nicht auf den Kopf stellen. Nein. Sie zerschlägt mir nur den Kopf. (4.00 h)

7. Juli, 9.30 h. Mir fällt ein, wie viele »Ehebrecher« ihr »Bedürfnis« (Inge) wörtlich verschleiern mit denselben wiederkehrenden Floskeln: 1) er/sie ist *so* nett 2) er/sie versteht mich so gut 3) er/sie kann so gut zuhören 4) bei ihm/ihr fühle ich mich geborgen 5) es ist nicht so wie du denkst usw. Gewiß ist das nicht allemal gelogen, aber doch nur die Wahrheit einer Urlaubspostkarte, die eigentlich nicht abgeschickt werden sollte, weil es dem glücklichen Erholungssuchenden schon zuviel ist, aus der Sonne zur Post zu gehen. So, wie dieser und Millionen Fälle liegen, wird in die Tasche gelogen: man ist hemmungslos scharf auf den oder diejenige. Gespräche kann man im Café Laumer führen. Nur kann man dort nicht bumsen. Falls sich Inge über diese, ihre offenbare Verfallenheit »wundert«, braucht sie keinen Gesprächstherapeuten, sondern nur seinen Schwanz. Oder einen Anwalt. (10.30 h)

12.00 h. Eben sagt sie: ich bin heute nicht »verabredet«. Warum denn nicht? Diese Geschichte ist doch kein Planspiel oder eine Bedürfnisanstalt (Sonntags nie). So, wie die Dinge jetzt liegen, hat sie durchaus die Möglichkeit, so oft es geht bei ihm zu sein, ich meine, es muß nichts mehr vertuscht werden, und wenn sie ihren Schlaf so disponiert, daß sie sich auf den Beinen hält, und wenn sie den Kindern ihren Job so erklärt, daß er jetzt mehr Zeit verlangt als früher, und wenn sie davon ausgeht, daß die Kinder auch nur »hinnehmen« können, daß unsere Nächte nicht mehr dieselben sind, und und und – ja, dann fänd ich das humaner, als sich auf einen *jour ficks* zu verabreden.

16. Juli – vielleicht 4.00 h. Wir trennen uns. Ich empfinde eine überraschende Erleichterung, höre das blöde Nachtprogramm und bilde mir ein, ich sitze so stark hier rum, weil ich ein bißchen getrunken habe. Kann das sein: ab 18.00 h nur zwei Flaschen Bier, zwei Flaschen Apfelwein? Vielleicht dämpft das wirklich, aber wenn ich bedenke, bedenke – ach, da singt jetzt einer vom Häuschen im kleinen Garten nach Alexanders kleinem Kneipenthema – mir wird schon bald zum Heulen sein.

Mein Gott, was habe ich vertan!

5.30 h. Inge hat mit einer wunderbaren Uns- und Selbstdarstellung begonnen, nach deren ersten Sätzen ich das erstemal an meiner Eitelkeit litt: ich wußte, ich hab's gewußt. Das ENDE. Jetzt weiß ich: sie hat überwiegend dämlich gehandelt, verwirrt gefühlt und nun ehrlich entschieden.

Ich habe sie überzeugt, na, durchgesetzt, daß ich es allen erklären werde. Ich hoffe, daß die Kinder schnell darüber hinwegkommen. Der Typ paßt ja. Mein Gott, wenn es bloß ein älterer, smarter Zahnarzt wäre!

Es tut mir ja so weh, ja, es gibt einen kalten Schmerz, daß ich das alles wie ein manischer Buchhalter niederschreibe. Inge ist müde und weinend ins Bett, sie muß heute 50 Kinder dressieren. Aber bald, so ab 21.00 h, wird sie die glücklichste Frau der Welt sein. Was aus mir wird, überschaue ich nur vage, technisch. Vielleicht nehme ich mir spaßeshalber das Leben. Wie dem auch sei: *Von jetzt an geht es weiter!* Gott sei mit uns!

17. Juli – 7.45 h Sonntag. Jetzt weiß ich nur nicht, wie man stirbt.

18. Juli – 11.00 h. Sie haben Schluß gemacht. Sie teilt mir ihr *Aus* mit als Nachbemerkung einer kleinen Haushaltsdebatte. Ich hatte die ganze Zeit schwer gezittert, denn ich ahnte, daß sie nun die *Eine* oder *Andere* Entscheidung mitteilen würde. Natürlich befreit mich das, es richtet mich auf. Die Zweifel werden weiternisten.

Sie hat sich hingelegt. Ich habe sofort begonnen, mir einen runterzuholen, quasi als Schiffstaufe. Es war immer noch etwas mühselig; in den letzten Wochen habe ich nur 2 x den Versuch gemacht. Nix lief – wie konnte es auch anders sein.

27. Juli – irgendwie gegen 22.00 h. Mein Gefühl trog nicht – Inge will und wird zu ihm ziehn. Jetzt geht nun nichts mehr. Sie hat Gila telefonisch eingeweiht und sich der fälligen Schwesternhilfe versichert, denke ich. Soll ich nun aufschrein meiner Dummheit wegen und meiner Ohnmacht wegen oder weil das Leben so spielt?

In der Tat hat mich dieses Pärchen betrogen und mein Leben ist fürs nächste hin.

28. Juli 77 – 13.45 h. Schlechte Nacht, wach bis 5.00 h, dann irre Träume, keine Schlaftiefe, gefroren, Schweißausbrüche. Habe bis 11.00 h gelegen, dann geschrieben bis 13.00 h.

Wibke: »Freust Du Dich, daß die Mama kommt?« Ich: »*Jaaa* ...«. Sie: »Warum zögerst Du?« Ich: »Es gibt verschiedene Arten von Freude.« Sie: »Welche ist Deine?« Ich: »Gemischte Gefühle ...« Gila lächelt und rührt Fruchthirse.

15.30 h. Ich sitze am Schreibtisch und sehe sie die Straße heraufkommen. Klein und schwarz, ihre Ballettasche auf der Schulter. Wibke läuft ihr entgegen. Ich bleibe knieweich hocken. Unten vereinigen sich die Stimmen der Schwestern und der Kinder.

16.00 h. Inge ist da und alles ist aus. Sie hat in einem Memorandum ihren Wunsch nach baldiger Trennung und späterer Scheidung festgeschrieben, und als ich ihr das knappe Papier zurückgab und dämlich »Warum?« schnappte (ja, nach Luft), sagte sie steinern: »Lieber Mann – fünfzehn Jahre!« und ging.

1. August 77 – 16.00 h. Zum Abschied umarmt Susanne mich, und ich erinnerte ihre Worte vom Vortag: »Am Schlimmsten ist dran, wer noch hofft.« Gewiß, und ich hoffe noch, aber ich bin ohne Zuversicht. In Konstellationen wie der unsrigen haben die Betroffenen kaum eine Chance.

Hier bleibt keine hilflose Hausfrau mit kleinen Kindern sitzen, sondern es obsiegt eine zu günstigen Bedingungen Berufstätige, Kommanditistin, Hausbesitzerin inmitten einer intakten, sie entlastenden Sozietät, eine Frau im besten Alter mit einem durch ihre Entscheidung erneuerten und vermehrten Selbstbewußtsein, Mutter zweier sie liebender, hübscher und begabter Kinder und Geliebte eines sie liebenden jungen Mannes, dessen Qualifikationen als Handwerker, Chauffeur und Onkel-Onkel erkannt gute sind. Seine eigene eheliche Indisposition braucht ihn nicht zu hindern, sich hier auffangen zu lassen. Nach den Ferien wird Inge zunächst noch seine Decke teilen, aber sobald ich aus dem Haus bin, wird man ihn eingemeinden. Er wird sich verdient machen, er wird – in jeder Beziehung – nicht ungeschickt sein. Was immer ich den Kindern an Aufmerksamkeit, an Nabelschnur biete, wird überboten und verwirrt werden durch seine Präsenz, sein Entgegenkommen und: durch das Liebesverhältnis mit Inge. Ein Mann, der sich für die Kinder engagiert und der Mutter ein sichtbar guter, neuer Besen ist, macht dem fernen Vater allemal – auf Dauer – den Garaus. Und: Kinder sind bestechlich!

Aschermittwoch. Dienstagmittag bin ich hinausgefahren. Die Straße führt fast gerade aufs Haus, davor spielten Kinder. Wibke kam mir entgegengelaufen, gehoppelt, ein Hase in glatter, brauner Wolle mit langen Löffeln, weißer Blume und ihrem Schnäuzchen, hochrot und atemlos. Wir gingen umarmt ein paar Häuser weit bis ans Eck, hinter dem Ulf sichtbar wurde. Da stand er, ein gewöhnlicher Cowboy mit gewöhnlicher Miene, als wäre ich der Limo-Lieferant oder ein Niemand. Er sah ausdruckslos an mir vorbei.

Wer bückt sich da und buhlt wie die fremde Tante? Haben Väter ein besonderes Gesicht für solche Fälle? Was machen wir mit unseren kleinen Söhnen, die sich verraten glauben oder einen selbst schon verraten haben an die neue Realität, an den Onkel mit der Mutter und dem *jack in the box*? Ich kann mich nun für die Zukunft beraten lassen, aber es wird keine Sicherheit geben, kein Vertrauen mehr, keine Unbefangenheit, nur noch Angst. Und – ach du liebe Scheiße! – die

Anstrengungen, die Angst niederzuhalten mit Faxen und auszuräumen im Kintopp und zu verdecken mit Speise-Eis-Karten und zu vertreiben mit aller Liebe. Mit aller Liebe? In Wirklichkeit habe doch *ich* nur noch Onkelrechte! Das heißt, die Möglichkeit, die Kinder in gewissen Abständen zu unterhalten und mir im Rahmen dieser vereinbarten Fristen und Treffs gewogen zu halten. Liebe zu diesen Wesen, zu diesen Persönlichkeiten, ist zunächst ein warmes, uneingeschränktes Gefühl für ihre Körper, ihre Bewegungen, Stimmen, Gerüche. Man möchte sie bei sich haben wie Tiere, an sich haben wie ein Tier selbst: Pappa Känguruh.

Wie ertrage ich die Kinder als Gäste zur Nacht, wissend, daß ich damit einem anderen Gast das Bett mache?

Ja, Liebe ist Masochismus, und die Kinder die unwissenden Abgesandten dieses uralten Wahnsinns, dessen vorletzte Opfer sie selber sind.

Als Wibke voran in mein Zimmer stürmte, und mir ihre Päckchen erklärte und das Werden meiner Pflanzen, die sie gießt, habe ich mich bedankt, als stünde ich auf dem Sozialamt. Ich habe sie schnell hinuntergeschickt, um ins Bad zu rotzen. Ich hab mich umgeschaut wie im Museum und keinen Gedanken fassen können, wo ich was nun suchen sollte. Ich bin wieder hinunter in den Saal, und da stand Inge hinterm Büffet als griechische Bäuerin, schmerzhaft schön. Sie gab mir einen gläsernen Blumenstern und eine nicht abgesandte Ansichtskarte aus Paris und ein Päckchen Gauloise, die ich nicht vertrage, er aber raucht. Ich habe die Sachen zitternd eingestrichen wie Asservaten und ging, ohne mich zu verabschieden.

*

Vor Jahren brachte Marina einen hölzernen Penis aus Kenia mit. Das Ding stand bis zum bittern Ende in unserm Schlafzimmerschrein; es roch, hielt man die Nase dran. Ich habe es ungezählte Male geschrubbt und tagelang in parfümierter Lauge gebadet; der eigentümliche Geruch blieb. Er steckte drin. Als ich von Inges Seite zog, packte ich den Neger ein. Zuerst wollte ich ihn verbrennen – jetzt mufft er in einer Kruschtelkiste auf dem Hausboden. So ist das mit der *family*. Nähere ich mich, nähert sich mir auch nur ein kleiner, gleichwohl lebendiger Teil davon, sofort ist alles wieder da.

Giovanni Verga ENDE EINER EHE (2)

Elena verläßt mit Tochter Barbarina ihren Mann Cesare. Es ist die letzte Nacht, die sie vor ihrer Abreise im gemeinsamen Haus verbringt:

Der Kanonikus hatte, um soviel wie möglich Aufsehen zu vermeiden, jedes Zugeständnis gemacht, und nachdem alles den Wünschen Don Liborios gemäß geregelt war, wurde der Tag der Abreise festgesetzt. Barbarina sollte bei der Mutter bleiben bis zu dem Alter, wo sie in eine Pension eintreten könnte, und am Abend vor der Abreise brachte das Kindermädchen die Kleine zum Vater, damit er von ihr Abschied nehme.

So brachen sie also mit der Vergangenheit? Sie vergaßen alles und wandten ihm den Rücken! Elena hatte in diesen fünf Tagen nicht ein einziges Mal die Versuchung gefühlt, die ihn halb wahnsinnig machte, sich in seine Arme zu stürzen und allen Groll und alle Schmerzen in dieser Umarmung zu vergessen? Sie hatte sich nicht mehr vor ihm sehen lassen, sie ging ohne ein Wort des Abschieds von ihm! Was für ein Herz hatte denn dieses Weib? Was hatte sie eigentlich für ihn gefühlt?... Und wie er so die ewig lange Nacht zwischen den vier Wänden seines einsamen Zimmers durchwachte, stieg die Erinnerung an andere qualvolle Stunden, an andere schlaflose Nächte in seiner Seele auf, um ihn zu foltern ... Cataldi! ... der Poet! ... der Herzog! ... Es war also alles wahr gewesen! Er kam sich verächtlich vor und wollte nicht glauben, daß er so tief gesunken sei; war er denn wirklich auf so viele eifersüchtig gewesen? ... Ach, und jetzt verließ sie ihn! Und wenn sie frei war ... Elena, seine Elena, seine Frau, die Mutter seines Kindes, seine angebetete Geliebte! ... Und konnte sie denn so von ihm gehen? Konnte sie ihn verlassen und nichts, gar nichts mehr für ihn empfinden nach so viel Liebe, so viel Zärtlichkeit, nach so innigem Zusammenleben, so viel gemeinsamen Freuden, so vielen Opfern? ... Denn auch sie hatte ihn ja geliebt ... ja, auch sie! ... Wie liebte er sie! ... Und konnten sie so auseinandergehen, ohne sich noch einmal zu sehen? ... Hätte er sie nur wenigstens noch ein einziges Mal sehen können ... sie in ihrem Bett mit dem gelösten Haar ... noch einmal schlafen sehen ... ein letztes Mal! ... Ob sie schlafen konnte? ...

Das Licht der einzigen Kerze warf seinen Widerschein auf die dunkle Wand; der Platz vor dem Haus lag öde und einsam; man hörte keinen Schritt, keinen Laut, keinen Glockenton. Auch im Haus war jedes Geräusch verstummt. Die Vergangenheit versank in seiner Seele. Eifersucht, Zorn, Schmerz, alles schwand ... es blieb nichts zurück als Elena, seine Elena, die dort zwei oder drei Zimmer von ihm entfernt ruhte und die morgen auf immer von ihm schied! ... Oh! er mußte sie noch einmal sehen! ... Und wenn sie erwachte? Wenn sie die Arme um seinen Hals schlänge und ihm sagte: »Vergib mir!« Ja, auch dann! ... auch wenn er von ihrem Treuebruch überzeugt wäre! ... Was kümmerte ihn das, wenn Elena ihn wieder lieben konnte ... sie würden zusammen fliehen, weit, weit fort! ... Aber sie lassen! ... sie vielleicht einem anderen überlassen! ... Lieber würde er sich vor ihren Augen mit diesem Dolch den Tod geben, wenn sie ihn so verlassen wollte! ... Nein, nein! Er konnte nicht leben ohne sie, konnte nicht ohne seine Elena leben! ... lieber sterben! ...

Die Zimmer waren dunkel, aber aus dem Hintergrund drang der Schimmer einer Nachtlampe durch ihre Tür. Ein leichter Druck und die Tür gab nach; Elena gehörte nicht zu den Frauen, die sich fürchten. Sie schlief; ruhig, fast lächelnd lag sie da, die schwarzen Haare über das Kissen flutend, das weiße Antlitz auf den nackten Arm gelegt. Wie viel Erinnerungen, wie viel Glück, wie viel Liebe schloß dieses Bild in sich, aber auch wie viel tödliche Qual, wie viel Schmerz, Zorn und Eifersucht! Alles das gehörte andern! ... dieser Arm, dieser Nacken, dieser süße Mund, dieses reiche Haar! ... es gehörte andern – so wie ihm, wie ihm! Sie würde andern gehören, wie sie ihm gehört hatte! ... Und wenn er weg war, wenn sie frei war? ... Dann! ... dann! ... Und doch, wenn sie später zu ihm gesagt hätte: »Komm!« ... er wäre gekommen! Und was immer sie von ihm verlangt hätte, er hätte es getan! Und solange sie am Leben war, so lange wäre er, auch wenn sie ihn hundertmal betrogen hätte, hundertmal zu ihr zurückgekehrt, um ihr die Füße zu lecken! O wie verächtlich, wie unterwürfig und feige er war! ... Er war krank, er war irrsinnig! Und diese Frau war seine Krankheit, sie war sein Wahnsinn! ... Und solange sie lebte ... solange er lebte, würde sie anderen angehören! ... solange er lebte, würde sie anderen angehören! ...

Wohlan! ... sei's drum! ... Was tut's? ... Die Vergangenheit ... was kümmert ihn die Vergangenheit, wenn nur Elena ihn aufs neue liebte, wenn sie wieder die Seine würde? ... Er würde fliehen, würde seinen Namen wechseln ... er würde alles vergessen! ... O, wenn sie ihn wieder lieben könnte! ... wenn sie ihn jetzt sähe, in diesem letzten Augenblick sähe, zum Sterben bereit, den Dolch in der Hand, um sich zu töten! – Er entblößte ihre Brust und rief mit erstickter Stimme: »Elena!«

Sie schrak empor und starrte ihn entsetzt an: die Stimme versagte ihr, und von Furcht gepackt, sprang sie aus dem Bett.

Cesare rief sie wieder und wieder mit dem Ausdruck der Liebe und der Sehnsucht: »Elena! Elena!«

Aber sie, halb wahnsinnig vor Furcht, schrie um Hilfe.

»Ah!« stammelte Cesare, und ein Schauder durchlief ihn bis in die Haarwurzeln, »ah! du liebst mich nicht mehr! ... du hast nur noch Angst vor mir!«

Und er packte ihren Arm und stieß verzweifelt, mit fester Hand, zu: einmal, zweimal, dreimal.

VIII
STREIT

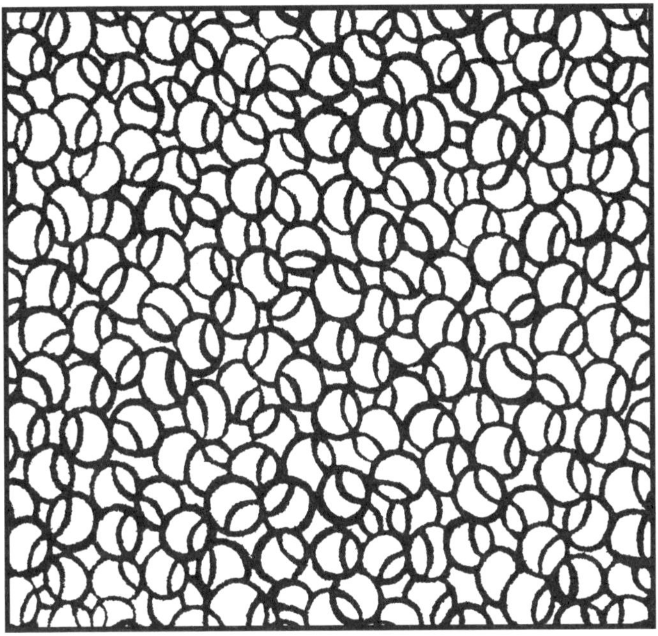

Cesare Pavese TROUBLE IN PARADISE

Es ist früher Morgen. Adam, ein starker junger Mann mit behaarten Beinen und breiter Brust. Er kommt aus der Grotte rechts hinten und bückt sich, um eine Handvoll Kiesel aufzusammeln. Er wirft jeden einzeln mit Sorgfalt gegen den Stamm einer Palme links. Manchmal verfehlt er das Ziel.

ADAM *(plötzlich zusammenfahrend)*: Ich gehe fischen.

DIE STIMME EVAS *(aus der Grotte)*: Dann geh. Was brauchst du das erst zu sagen?

ADAM: Es ist eben so, daß ich keine Lust habe, fischen zu gehen.

DIE STIMME EVAS: Dummkopf.

ADAM *(schaut rundum, mit zerstreutem Ausdruck)*: Das tue ich zu all dem anderen, Eva.

Schweigen.

Was hast du davon, wenn du mich Dummkopf nennst?

Schweigen.

(Wütend) Es ist eben so: wenn du mich weiterhin auf diese Art behandelst, gehe ich eines Tages auf und davon, und du siehst mich nie wieder. Man kann kein Wort zu dir sagen, ohne daß du losfährst. Brauchen wir das etwa nicht, alle beide, daß wir miteinander reden? Du weißt nicht, was das bedeutet: allein sein. Du warst nie allein. Und du vergißt zu oft, daß du geschaffen worden bist, um mir Gesellschaft zu leisten.

DIE STIMME EVAS: Ja, Lieber. Aber warum sagst du mir erst, daß du fischen gehst?

ADAM *(bückt sich, um Kiesel aufzusammeln, und verzieht lächelnd den Mund)*: Ich habe es nur so hingesagt, Eva.

DIE STIMME EVAS: Du bist mir lieber, wenn du es nicht nur so hinsagst.

ADAM *(wirft mit Wut die Kiesel)*: Also gut, ich gehe fischen.

Man hört ein leichtes Lachen Evas. Adam geht. Auf der Waldblöße verbreitet sich die kühle Ruhe des Morgens. Ein Reh hüpft herbei, beschnuppert die Stämme verschiedener Bäume und springt dann mit einem Satz nach links.

Adam kommt zurück, mit der gewohnten Miene; er hängt ein wenig nach links. Er setzt sich in die Mitte auf einen Stein, den Rücken nach der Grotte. Er spricht und sieht dabei vor sich hin.

Der Wald hier ist ganz Eva. Wenn er sprechen könnte, würde er mich behandeln wie sie. Stämme und Stämme, Blätter und Blätter, dunkle Winkel, die an der Sonne trocknen, andere, die nicht trocknen, voller Leben, voller Stimmen, aber auf mich, Adam, pfeift er. So ist es wahrhaftig. Er gibt mir Schatten, gibt mir Schutz, gibt mir Speise und gute Luft, aber keine Vertraulichkeit. Ach, Herr, ich frage mich, ob du begreifst, was das heißen will: allein sein.

Eva ist auf der Schwelle der Grotte erschienen, die gelbe Sonne beleuchtet sie von den Füßen bis zum Hals. Sie ist braun und kräftig, ihr Gesicht bleibt halb verborgen im Schatten und in den kleinen Ackerwindenzweigen, die über den Eingang herabhängen.

Adam dreht sich um und betrachtet sie, heiter geworden.

Pause.

EVA: Sind das jetzt deine Gebete?

ADAM: Ich habe nicht gebetet, ich habe mit mir selbst gesprochen.

EVA *(argwöhnisch)*: Aber du hast den Herrn um etwas gebeten.

ADAM: Ich wage nicht mehr zum Herrn zu sprechen. Seine Wohltaten sind zweischneidig.

EVA *(tritt vor; sie trägt Blumen im Haar)*: Was soll das heißen?

ADAM *(gezwungen heiter)*: Das letzte Mal, daß ich mich beklagt habe, hat er mir dich geschickt. *(Er will sie umarmen und sie auf seine Knie ziehen.)*

EVA *(rückt ab und sagt trocken)*: Du wirst gewöhnlich.

ADAM: Und du unverschämt.

EVA: All das, weil ich am Morgen nicht herauskomme wie ein Tier aus der Höhle – weil ich mich kämme, statt mich zu schütteln, wie du es tust.

ADAM: Du brauchst keinem zu gefallen als mir.

EVA: Soweit du dich darauf verstehst!

ADAM *(mit veränderter Stimme)*: Ach Eva, warum nur immer diese Feindseligkeit zwischen uns, über die ich toll werde, und du – wozu nutzt sie dir? Wir sind allein auf dieser Welt; ein böses Wort kann niemand wieder heilen. Was brauchen wir uns auf diese Art zu quälen? Gäbe es noch eine Eva oder noch einen Adam, dann würde ich es verstehen.

EVA: Du denkst zuviel an dieses »noch eine Eva«. Immer sprichst du mir davon. *(Höhnisch)* Hat sie dir der Herr etwa versprochen?

ADAM: Dummes Ding. Du weißt genau: wir sind allein.

EVA: Noch eine Eva ... Ja, wir sind allein. Ich verstehe. Sage mir etwas, du einziger Mann: hätte der Herr statt meiner eine andere Eva geschaffen, mit den gleichen Haaren, dem gleichen Körper, der gleichen Stimme – hättest du sie angenommen, wie du es mit mir getan hast? Und würdest du dich rühmen, du hättest sie genauso gern, und würdest du ihr die gleichen Grimassen ziehen, und würdest du für sie fischen gehen, kurz: würde sie deine Eva sein? Ja oder nein?

ADAM: Wie denn – eine andere genau wie du? Mit den gleichen Haaren? Die Eva hieße? Aber das wärest ja du.

EVA: Eben. Das wäre ich. Und da beklagst du dich. Hanswurst!

ADAM: Aber nein, ich habe nicht verstanden. Wäre es eine andere, würdest nicht du es sein. Aber dann wäre auch ich nicht Adam. *(Er hält lächelnd inne)* Dummes Zeug! Ich bin Adam, und du bist Eva.

EVA *(betrachtet ihn voll Mitleid)*: Und wenn der Herr zwei Evas gemacht und dir die Wahl gelassen hätte, welche hättest du gewählt?

ADAM: Zwei? Ich weiß nicht ... Aber sicher dich! Zwei Evas?

EVA: Und warum mich?

ADAM: Warum? Eben so ... Aber überlege doch, Eva ...

EVA: Jetzt sage ich dir, was du tun würdest: du würdest alle beide nehmen und sie zwingen, in der gleichen Grotte zu leben. Und dann beklagst du dich, daß ich kein Zutrauen zu dir habe. Das fehlte noch! Du verstehst mich nicht, und du verdienst mich nicht. Ich bin dir zugefallen wie ein reifer Apfel, und du hast geglaubt, du könntest mich ohne Mühe auflesen. Und da läßt du es dir noch einfallen, gegen den Herren zu murren. Aber da kommst du bei mir nicht an! Und auch der Herr kann nicht damit ankommen, wenn er glaubt, ich brauchte dich, oder ihn. *(Sie geht links ab; Adam bleibt entsetzt zurück.)*

ADAM *(springt auf)*: Genug jetzt! Genug! Hast du es gehört, Herr? *(Er horcht.)*

Schweigen.

Er hat es nicht gehört. Er hört nie. *(Er sinkt wieder auf den Stein, den Kopf zwischen den Händen.)*

Homer FAMILIE ZEUS

Der gewaltige Held Achilleus hat sich mit dem griechischen Oberbefehlshaber Agamemnon entzweit und weigert sich, weiter für die Sache der Griechen zu kämpfen. Achilleus' Mutter, die Meergöttin Thetis, überredet daraufhin Zeus, das Kriegsglück so lange zugunsten der Trojaner zu wenden, bis ihr Sohn rehabilitiert wird – sehr zum Ärger von Zeus' griechenfreundlicher Gemahlin Hera:

So ratschlagten sie beid' und trennten sich. Siehe, die Göttin
Fuhr in die Tiefe des Meers vom glanzerhellten Olympos,
Zeus dann in seinen Palast. Die Unsterblichen standen empor ihm
Alle vom Sitz, dem Vater entgegenzugehn; und nicht einer
Harrte des Kommenden dort, entgegen ihm traten sie alle.

Er nun nahte dem Thron und setzte sich. Aber nicht achtlos
Hatt es Here bemerkt, wie geheim ratschlagte mit jenem
Nereus' Tochter, des Greises, die silberfüßige Thetis.
Schnell mit kränkender Rede zu Zeus Kronion begann sie:

Wer hat, Schlauer, mit dir der Unsterblichen wieder geratschlagt!
Immer war es dir Freude, von mir hinweg dich entfernend,
Heimlich ersonnenen Rat zu genehmigen! Hast du doch niemals
Mir willfähriges Geistes ein Wort gesagt, was du denkest!

Drauf begann der Vater des Menschengeschlechts und der Götter:
Here, nur nicht alles getraue dir, was ich beschließe,
Einzusehn; schwer würde dir das, auch meiner Gemahlin!
Zwar was dir zu hören vergönnt ist, keiner soll jenes
Früher erkennen denn du, der Unsterblichen oder der Menschen.
Doch was mir von den Göttern entfernt zu beschließen
genehm ist,
Solches darfst du mir nicht auskundigen oder erforschen.

Ihm antwortete drauf die hoheitblickende Here:
Welch ein Wort, Kronion, du Schrecklicher, hast du geredet!
Nie doch hab ich zuvor mich erkundiget oder geforschet,
Sondern ganz in Ruhe beschließest du, was dir genehm ist.
Doch nun sorg ich im Herzen und fürchte mich, daß
dich beschwatze
Nereus' Tochter, des Greises, die silberfüßige Thetis.
Denn sie saß in der Frühe bei dir und umschlang dir die Kniee.
Ihr dann winkend, vermut ich, gelobtest du, daß du Achilleus
Ehren willst und verderben der Danaer viel an den Schiffen.

Gegen sie rief antwortend der Herrscher im Donnergewölk Zeus:
Immer, du Wunderbare, vermutest du, spähest mich immer!
Doch nicht schafft dein Tun dir das mindeste, sondern entfernter
Wirst du im Herzen mir stets, was dir noch schrecklicher
sein wird;
Wenn auch jenes geschieht, so wird mirs also gelieben!

Sitze denn ruhig und schweig, und gehorche du meinem Gebote!
Kaum wohl schützten dich sonst die Unsterblichen all im Olympos
Trät ich hinan, ausstreckend zu dir die unnahbaren Hände!

Jener sprachs: da erschrak die hoheitblickende Here;
Schweigend saß sie nunmehr und bezwang die Stürme des Herzen
Doch rings traurten im Saale die göttlichen Uranionen;
Jetzo begann Hephaistos, der kunstberühmte, zu reden,
Seiner Mutter zu Gunst, der lilienarmigen Here:
Heillos, traun, wird solches zuletzt und gar unerträglich,
Wenn ihr beid' um Sterbliche nun euch also entzweiet
Und zu Tumult aufreizet die Himmlischen! Nichts ja geneußt man
Mehr von der Freude des Mahls; denn es wird je länger, je ärger!
Jetzt ermahn ich die Mutter, wiewohl sie selber Verstand hat,
Unserem Vater zu nahn mit Gefälligkeit, daß er hinfort nicht
Schelte, der Vater Zeus, und uns zerrütte das Gastmahl.
Denn sobald er es wollte, der Donnergott des Olympos,
Schmettert' er uns von den Thronen; denn er ist mächtig vor allen.
Aber wohlan, du wolltest mit freundlichen Worten ihm schmeicheln;
Bald wird wieder zu Huld der Olympier uns versöhnt sein.

Friedrich Schiller FRAU HERDER BESIEGT IHREN GÖTTLICHEN GATTEN

Herder und seine Frau leben in einer egoischen Einsamkeit und bilden zusammen eine Art von heiliger Zweieinigkeit, von der sie jeden Erdensohn ausschließen. Aber weil beide stolz, beide heftig sind, so stößt diese Gottheit zuweilen unter sich selbst aneinander. Wenn sie also in Unfrieden geraten sind, so wohnen beide abgesondert in ihren Etagen, und Briefe laufen Treppe auf, Treppe nieder, bis sich endlich die Frau entschließt, in eigner Person in ihres Ehgemahls Zimmer zu treten, wo sie eine Stelle aus seinen Schriften rezitiert mit den Worten: »Wer das gemacht hat, muß ein Gott sein, und auf den kann niemand zürnen.« – Dann fällt ihr der besiegte Herder um den Hals, und die Fehde hat ein Ende.

F. Scott Fitzgerald

IM SCHATTEN DER TRUNKENEN KÖCHIN

Dick und Nicole Diver, wohlhabende Amerikaner, er Psychiater, sie seine ehemalige Patientin, haben sich an der Côte d'Azur niedergelassen, um das Leben zu genießen:

Nicole trat ans Fenster und beugte sich hinaus, um dem immer heftiger werdenden Gezänk auf der Terrasse zu folgen; die Aprilsonne leuchtete rosa auf dem Madonnengesicht von Augustine, der betrunkenen Köchin, und blau auf dem Fleischermesser, das sie in ihrer Hand hin- und herschwenkte. Sie war seit ihrer Rückkehr in die Villa Diana im Februar bei ihnen gewesen.

Eine Markise verwehrte ihr die Aussicht, sie konnte also nur Dicks Kopf sehen und seine Hand mit einem seiner schweren Stöcke mit einem Bronzeknauf. Das Messer und der Stock, einander bedrohend, waren wie Dreizack und Schwert in einem Kampf der Gladiatoren. Dicks Worte erreichten sie zuerst:

»– – egal wieviel Küchenwein du trinkst, aber wenn ich sehe, wie du dich über eine Flasche Chablis Mouton hermachst – –«

»Sie haben's nötig, vom Trinken zu reden!« schrie Augustine und fuchtelte mit ihrem Säbel herum. »Sie trinken selber – die ganze Zeit!«

Nicole rief über die Markise hinweg: »Was ist los, Dick?« und er antwortete auf englisch: »Das alte Mädchen hat unsere Spitzenweine weggeputzt. Ich werfe sie hinaus – zumindest versuch' ich's.«

»Himmel! Paß auf, daß sie dir nicht mit diesem Messer zu nahe kommt!«

Augustine schwang ihr Messer gegen Nicole herauf. Ihr alter Mund bestand aus zwei kleinen, sich überschneidenden Kirschen.

»Ich möchte Ihnen nur sagen, Madame, wenn Sie wüßten, daß Ihr Mann da drüben in seiner Hütte säuft wie ein Tagelöhner – –«

»Halten Sie den Mund und machen Sie, daß Sie fortkommen!« fiel ihr Nicole ins Wort. »Wir holen die Polizei.«

»*Sie* holen die Polizei! Wo mein Bruder bei der Polizei ist! Sie – Sie widerlicher Amerikaner!«

Dick rief auf englisch zu Nicole hinauf:

»Bring die Kinder vom Haus weg, bis ich das hier erledigt habe.«

»– widerliche Amerikaner, die da herkommen und unsere besten Weine wegsaufen«, kreischte Augustine mit der Stimme der Commune.

Dick schlug jetzt einen festeren Ton an.

»Du hast jetzt zu gehen! Wir zahlen, was wir dir schuldig sind.«

»Das glaube ich, daß Sie zahlen! Und eins möchte ich Ihnen sagen – –« Sie kam näher und schwenkte das Messer so rabiat, daß Dick seinen Stock hob, worauf sie in die Küche stürzte und mit dem Tranchiermesser, verstärkt von einer Hacke, zurückkam.

Die Situation war nicht gemütlich. Augustine war ein kräftiges Frauenzimmer und konnte nur unter Gefahr ernster Schäden für sie selbst entwaffnet werden – und schwerwiegender gesetzlicher Folgen, die jedem drohten, der sich an einem französischen Staatsbürger vergriff. Dick versuchte es mit einem Bluff und rief zu Nicole hinauf:

»Ruf das Polizeirevier an.« Dann zu Augustine, auf ihre Waffen deutend: »Das bedeutet Gefängnis für dich.«

»Haha!« lachte sie dämonisch, kam aber immerhin nicht mehr näher. Nicole rief die Polizei an, erhielt aber als Antwort kaum mehr als ein Echo auf Augustines Gelächter. Sie hörte Gemurmel, Worte, die nach hinten gerufen wurden – dann war die Verbindung plötzlich unterbrochen.

Sie kehrte ans Fenster zurück und rief zu Dick hinunter: »Zahl ihr doch ein bißchen mehr!«

»Wenn ich nur an dieses Telefon kommen könnte!« Da dies jedoch undurchführbar schien, kapitulierte Dick. Gegen fünfzig Francs, die auf hundert erhöht wurden, als es Dick immer verlockender erschien, sie schnell loszuwerden, räumte Augustine ihre Festung und deckte ihren Rückzug mit stürmischen Salven von »*Salaud!*« Sie wollte erst abziehen, wenn ihr Neffe das Gepäck holen kam. Vorsichtig in der Nähe der Küche wartend, hörte Dick einen Pfropfen knallen, aber er nahm es hin. Weiteren Ärger gab es nicht mehr. Als der Neffe erschien, mit vielen Entschuldigungen, verabschiedete sich Augustine mit der Fröhlichkeit eines angeheiterten Gastes von Dick, und rief »*Au revoir, Madame! Bonne Chance!*« zu Nicoles Fenster hinauf.

Die Divers fuhren nach Nizza und nahmen eine Bouillabaisse zu sich, eine dicke Suppe aus Fisch und kleinen Krebsen, kräftig mit Safran gewürzt und eine Flasche kalten Chablis. Dick äußerte Mitleid mit Augustine.

»Mir tut sie kein bißchen leid«, sagte Nicole.

»Mir schon – aber trotzdem wünschte ich, ich hätte sie den Felsen hinuntergeworfen.«

Es gab jetzt nicht mehr viel, worüber sie überhaupt zu sprechen wagten; selten fanden sie das richtige Wort, wenn es darauf ankam, immer fiel es ihnen einen Augenblick zu spät ein, wenn der andere nicht mehr zu erreichen war. Heute abend hatte Augustines Ausbruch sie aus ihren Träumereien gerissen; angeregt von der scharf gewürzten Suppe und dem kalten, trockenen Wein, begannen sie zu sprechen.

»So können wir doch nicht weitermachen?« schlug Nicole vor. »Oder doch? – Was meinst du?«

Erschrocken darüber, daß Dick nicht sofort widersprach, fuhr sie fort: »Manchmal denke ich, ich bin schuld – ich habe dich ruiniert.«

»Ich bin also ruiniert, was?« fragte er freundlich.

»So meine ich's nicht. Aber früher hattest du das Bedürfnis, Dinge zu schaffen – jetzt willst du anscheinend nur noch zerschlagen.«

Sie zitterte, daß sie ihn in so umfassenden Ausdrücken kritisiert hatte, aber sein immer tieferes Schweigen erschreckte sie noch mehr. Sie vermutete, daß sich hinter diesem Schweigen etwas zusammenbraute, hinter den harten, blauen Augen, hinter dem fast unnatürlichen Interesse an den Kindern. Ganz ungewohnte Zornausbrüche überraschten sie – oft entrollte er jetzt ganz unvermittelt eine lange Liste von Schmähungen gegen eine bestimmte Person, Rasse, Klasse, Lebensart, Denkweise. Es war, als spulte sich in seinem Inneren eine unberechenbare Geschichte ab, von der sie nur dann etwas erraten konnte, wenn sie in kurzen Augenblicken an die Oberfläche durchbrach.

»Was hast denn du eigentlich davon?« wollte sie wissen.

»Zu wissen, daß du täglich stärker wirst. Zu wissen, daß deine Krankheit dem Gesetz sinkender Erträge folgt.«

Seine Stimme erreichte sie von weit her, als spräche er über etwas Fernliegendes, Akademisches; bestürzt rief sie »Dick!«, und streckte ihm über den Tisch ihre Hand entgegen. Ein Reflex zog Dicks Hand zurück, und er fügte hinzu: »Man muß über die Situation im ganzen nachdenken, nicht wahr? Es geht nicht nur um dich.« Er legte seine Hand auf ihre und sagte in dem alten, liebenswürdigen Verschwörerton bei einem Komplott von Vergnügen, Unfug, Freude und froher Erwartung:

»Siehst du das Schiff da draußen?«

Es war die Motorjacht von T. F. Golding, die friedlich inmitten der kleinen Wellen der Bucht von Nizza dalag und ständig auf einer romantischen Reise zu sein schien, ganz unabhängig davon, ob sie tatsächlich in Bewegung war oder nicht. »Wir fahren jetzt hin und fragen die Leute an Bord, wie die sich fühlen. Wir wollen herausfinden, ob sie glücklich sind.«

Hans Magnus Enzensberger DIE SCHEIDUNG

Erst war es nur ein unmerkliches Beben der Haut –
»Wie du meinst« –, dort wo das Fleisch am dunkelsten ist.
»Was hast du?« – Nichts. Milchige Träume
von Umarmungen, aber am anderen Morgen
sieht der andere anders aus, sonderbar knochig.
Messerscharfe Mißverständnisse. »Damals in Rom –«
Das habe ich nie gesagt. – Pause. Rasendes Herzklopfen,
eine Art Haß, sonderbar. – »Darum geht es nicht.«
Wiederholungen. Strahlend hell die Gewißheit:
Von nun an ist alles falsch. Geruchlos und scharf,
wie ein Paßfoto, diese unbekannte Person
mit dem Teeglas am Tisch, mit starren Augen.
Es hat keinen Zweck keinen Zweck keinen Zweck:
Litanei im Kopf, ein Anflug von Übelkeit.
Ende der Vorwürfe. Langsam füllt sich
das ganze Zimmer bis zur Decke mit Schuld.

Die klagende Stimme ist fremd, nur die Schuhe,
die krachend zu Boden fallen, die Schuhe nicht.
Das nächste Mal, in einem leeren Restaurant,
Zeitlupe, Brotbrösel, wird über Geld gesprochen,
lachend. Der Nachtisch schmeckt nach Metall.
Zwei Unberührbare. Schrille Vernunft.
»Alles halb so schlimm.« Aber nachts
die Rachsucht, der stumme Kampf, anonym,
wie zwei knochige Advokaten, zwei große Krebse
im Wasser. Dann die Erschöpfung. Langsam
blättert der Schorf ab. Ein neues Tabakgeschäft,
eine neue Adresse. Parias, schrecklich erleichtert.
Blasser werdende Schatten. Dies sind die Akten.
Dies ist der Schlüsselbund. Dies ist die Narbe.

Saul Bellow

MADELEINE WIRD ES IHM BEIBRINGEN

Moses Herzog, Professor der Philosophie, heiratet nach einer trostlosen ersten Ehe die reizende Madeleine und kauft, als sie schwanger wird, ein viel zu teures Haus auf dem Land. Zu seinem Entsetzen wächst mit dem Bauchumfang auch Madeleines Verschwendungslust:

Inzwischen klapperte Madeleine mit Phoebe Gersbach die Antiquitätengeschäfte ab oder brachte Riesenlasten von Lebensmitteln aus den Supermärkten von Pittsfield. Moses war dauernd wegen des Geldes hinter ihr her. Wenn er mit seinen Vorwürfen anfing, versuchte er, die Stimme zu dämpfen. Es war immer irgendeine Kleinigkeit, die den Anlaß gab – ein ungedeckter Scheck, ein Huhn, das im Kühlschrank vergammelte, ein neues Hemd, das zu Lappen zerrissen war. Allmählich erhitzte sich sein Gemüt.

»Wann willst du endlich aufhören, diesen Trödel ins Haus zu bringen, Madeleine – diese kaputten Kommoden und diese Spinnräder?«

»Wir müssen das Haus möblieren. Ich kann diese leeren Zimmer nicht aushalten.«

»Wo bleibt eigentlich das ganze Geld? Ich arbeite mich zu Tode.«

Er fühlte sich schwarz vor innerem Zorn.

»Ich bezahle die Rechnungen – was, glaubst du, daß ich sonst damit anfange?«

»Du hast gesagt, du müßtest erst lernen, wie man mit Geld umgeht. Niemand habe dir je Vertrauen geschenkt. Jetzt schenkt man dir Vertrauen, und da sind die Schecks ungedeckt. Der Modesalon hat gerade angerufen – Milly Crozier. Fünfhundert Dollar für eine einzige Umstandsgarnitur. Wer soll denn eigentlich zur Welt kommen – Ludwig der Vierzehnte?«

»Ja, ich weiß, deine heißgeliebte Mutter hat Mehlsäcke getragen.«

»Du brauchst keinen Geburtshelfer aus der Park Avenue. Phoebe Gersbach ist in einem Krankenhaus in Pittsfield entbunden worden. Wie willst du überhaupt von hier nach New York gelangen? Das dauert dreieinhalb Stunden.

»Wir fahren zehn Tage vorher.«

»Und was soll mit all dieser Arbeit geschehen?«

»Du kannst ja deinen Hegel in die Stadt mitnehmen. Du hast sowieso monatelang kein Buch mehr aufgeschlagen. Das Ganze ist ein neurotischer Sauhaufen. Scheffelweise Notizen. Es ist grotesk, wie wenig du von Organisation verstehst. Du bist nicht besser als andere Süchtige – du krankst an deinen Abstraktionen. Zum Teufel mit Hegel und diesem beschissenen alten Haus. Man brauchte dafür vier Dienstboten, und du läßt mich die ganze Arbeit allein machen.«

Herzog stumpfte sich ab, indem er das Richtige unaufhörlich wiederkäute. Er konnte einen auch verrückt machen. Er sah es ein. Er schien zu wissen, wie alles gehen sollte, bis zur kleinsten Einzelheit (unter der Kategorie »Freier konkreter Geist«, Mißverständnis eines Universalen durch das wachsende Bewußtsein – Wirklichkeit im Widerstreit mit dem ›Gesetz des Herzens‹, von außen oktroyierte Notwendigkeit, die grausig die Individualität zermalmt, und so weiter). Oh, Herzog gab zu, daß er im Unrecht war. Aber er war überzeugt, daß er nichts weiter verlangte als ein bißchen Hilfe bei seinen allen zugute kommenden Bemühungen, auf ein sinnvolles Leben hinzuarbeiten. Hegel war sonderbar bedeutsam dabei, wenn auch äußerst verschroben. Natürlich. Daran lag's. Einfacher und ohne den ganzen metaphysischen Eiertanz war Spinozas Prop. XXXVII; der Wunsch des Menschen, daß andere sich an dem Guten erfreuen, an dem er sich erfreut, nicht andere zu seinem Lebensstil zu bekehren – *ex ipsius ingenio*.

Diese Ideen wälzte Herzog in seinem Kopf, während er ganz allein die Wände in Ludeyville anstrich und sowohl Versailles als auch Jerusalem in den grünen, heißen Sommern der Berkshires erbaute. Immer und immer wieder holte ihn das Telefon von der Leiter herunter. Madeleines Schecks waren geplatzt.

»Herrgott im Himmel«, rief er aus. »Nicht schon wieder, Mady!«

Sie stand für ihn bereit, in einer flaschengrünen Umstandsbluse und knielangen Strümpfen. Sie wurde sehr dick. Der Arzt hatte ihr geraten, keine Süßigkeiten zu essen. Heimlich verschlang sie jedoch riesige Schokoladentafeln zu dreißig Cents das Stück.

»Kannst du denn nicht addieren? Es gibt nicht einen einzigen Grund dafür, daß diese Schecks an uns zurückgeschickt werden.«

Moses funkelte sie an.

»Ach – schon wieder dieses kleinliche Zeug.«

»Das ist nicht kleinlich. Es ist verdammt ernst ...«

»Vielleicht willst du mir jetzt meine ganze Erziehung vorhalten – meine schmierige, gaunerische, zigeunerhafte Familie, die nur aus Betrügern besteht. Du hast mir deinen guten Namen gegeben. Ich kenne diese Platte vorwärts und rückwärts.«

»Wiederhole ich mich? Du tust ja das gleiche, Madeleine, mit diesen Schecks.«

»Ich gebe das Geld deines seligen Vaters aus. Geliebter Vati. Daran erstickst du doch. Aber er war *dein* Vater. Ich verlange ja auch nicht von dir, daß du *meinen* widerlichen Vater mit mir teilst. Versuche also nicht, mir deinen alten Herrn in die Kehle zu rammen.«

»Wir müssen in unseren Lebensbereich ein bißchen Ordnung bringen.«

Madeleine sagte schnell, fest und präzise: »Du wirst nie den Lebensbereich erhalten, den du dir vorstellst. Der existiert vielleicht irgendwo im zwölften Jahrhundert. Immer jammerst du nach dem alten Heim und dem Küchentisch mit dem Wachstuch darauf und deinem Lateinbuch. Also gut – erzähle mir doch deine traurige Geschichte. Erzähle mir von deiner armen Mutter. Und deinem Vater. Und eurem Mieter, dem Säufer. Und der alten Synagoge und dem Alkoholschmuggler und deiner Tante Zipporah ... ach, was ist das alles für ein Quatsch!«

»Als hättest du nicht auch deine Vergangenheit.«

»Ach, Blödsinn! Jetzt werden wir zu hören kriegen, daß du mich *gerettet* hast. Hören wir's uns noch mal an. Was war ich doch für ein verängstigtes Tierchen! Wie war ich doch nicht stark genug, um mich dem Leben zu stellen. Aber du hast mir *Liebe* geschenkt aus deinem großen Herzen und mich von den Priestern erlöst. Hast mich von menstrualen Krämpfen befreit, indem du mich so gut bedientest. Hast mich *errettet*. Hast deine Freiheit *geopfert*. Ich habe dich von Daisy und deinem Sohn und deiner japanischen Kebse weggeholt. Dich und deine wichtige Zeit und dein Geld und deine Aufmerksamkeit.«

Ihr wilder blauer Blick war so bohrend, daß ihre Augen zu schielen schienen.

»Madeleine!«

»Ach – Scheißdreck!«

»Denk doch einen Augenblick nach.«

»Denken? Was weißt du vom Denken?«

»Vielleicht habe ich dich geheiratet, um meinen Geist zu bilden!« sagte Herzog. »Ich lerne.«

»Gut, ich werde dir schon was beibringen, keine Angst!« stieß die schöne, schwangere Madeleine zwischen den Zähnen hervor.

Heinrich Heine

PRÜGEL FÜR DEN TRÄUMENDEN

Wer das Verhältnis meines Hauswirts zu meiner Frau Wirtin kennen lernen wollte, brauchte nur beide zu hören, wenn sie miteinander Musik machten. Der Mann spielte das Violoncello und die Frau spielte das sogenannte

Violon d'Amour; aber sie hielt nie Tempo, und war dem Manne immer einen Takt voraus, und wußte ihrem unglücklichen Instrumente die grellfeinsten Keiflaute abzuquälen; wenn das Cello brummte und die Violine greinte, glaubte man ein zankendes Ehepaar zu hören. Auch spielte die Frau noch immer weiter, wenn der Mann längst fertig war, daß es schien, als wollte sie das Wort behalten. Es war ein großes aber sehr mageres Weib, nichts als Haut und Knochen, ein Maul worin einige falsche Zähne klapperten, eine kurze Stirn, fast gar kein Kinn und eine desto längere Nase, deren Spitze wie ein Schnabel sich herabzog, und womit sie zuweilen, wenn sie Violine spielte den Ton einer Saite zu dämpfen schien.

Mein Hauswirt war etwa fünfzig Jahre alt und ein Mann von sehr dünnen Beinen, abgezehrt bleichem Antlitz und ganz kleinen grünen Äuglein, womit er beständig blinzelte, wie eine Schildwache, welcher die Sonne ins Gesicht scheint. Er war seines Gewerbes ein Bruchbandmacher und seiner Religion nach ein Wiedertäufer. Er las sehr fleißig in der Bibel. Diese Lektüre schlich in seine nächtlichen Träume und mit blinzelnden Äuglein erzählte er seiner Frau des Morgens beim Kaffee: wie er wieder hochbegnadigt worden, wie die heiligsten Personen ihn ihres Gespräches gewürdigt, wie er sogar mit der allerhöchst heiligen Majestät Jehovahs verkehrt, und wie alle Frauen des Alten Testamentes ihn mit der freundlichsten und zärtlichsten Aufmerksamkeit behandelt. Letzterer Umstand war meiner Hauswirtin gar nicht lieb, und nicht selten bezeugte sie die eifersüchtigste Mißlaune über ihres Mannes nächtlichen Umgang mit den Weibern des Alten Testamentes. Wäre es noch, sagte sie, die keusche Mutter Maria, oder die alte Marthe, oder auch meinethalb die Magdalene, die sich ja gebessert hat – aber ein nächtliches Verhältnis mit den Sauftöchtern des alten Lot, mit der sauberen Madam Judith, mit der verlaufenen Königin von Saba und dergleichen zweideutigen Weibsbildern, darf nicht geduldet werden. Nichts glich aber ihrer Wut, als eines Morgens ihr Mann, im Übergeschwätze seiner Seligkeit, eine begeisterte Schilderung der schönen Esther entwarf, welche ihn gebeten, ihr bei ihrer Toilette behülflich zu sein, indem sie, durch die Macht ihrer Reize, den König Ahasverus für die gute Sache gewinnen wollte. Vergebens beteuerte der arme Mann, daß

Herr Mardachai selber ihn bei seiner schönen Pflegetochter eingeführt, daß diese schon halb bekleidet war, daß er ihr nur die langen schwarzen Haare ausgekämmt – vergebens! die erboste Frau schlug den armen Mann mit seinen eignen Bruchbändern, goß ihm den heißen Kaffee ins Gesicht, und sie hätte ihn gewiß umgebracht, wenn er nicht aufs heiligste versprach, allen Umgang mit den alttestamentarischen Weibern aufzugeben, und künftig nur mit Erzvätern und männlichen Propheten zu verkehren.

Die Folge dieser Mißhandlung war, daß Myn Heer von nun an sein nächtliches Glück gar ängstlich verschwieg; er wurde jetzt erst ganz ein heiliger Roué; wie er mir gestand, hatte er den Mut, sogar der nackten Susanna die unsittlichsten Anträge zu machen; ja, er war am Ende frech genug, sich in den Harem des König Salomon hineinzuträumen und mit dessen tausend Weibern Tee zu trinken.

*

[Eines Nachts] hörte ich plötzlich die keifende Stimme meiner Hauswirtin und erwachte aus meinem Traum. Sie stand vor meinem Bette, mit der Blendlaterne in der Hand, und bat mich schnell aufzustehn und sie zu begleiten. Nie hatte ich sie so häßlich gesehn. Sie war im Hemde und ihre verwitterten Brüste vergoldete der Mondschein, der eben durchs Fenster fiel; sie sahen aus wie zwei getrocknete Zitronen. Ohne zu wissen was sie begehrte, fast noch schlummertrunken, folgte ich ihr nach dem Schlafgemach ihres Gatten, und da lag der arme Mann, die Nachtmütze über die Augen gezogen, und schien heftig zu träumen. Manchmal zuckte sichtbar sein Leib unter der Bettdecke, seine Lippen lächelten vor überschwenglichster Wonne, spitzten sich manchmal krampfhaft, wie zu einem Kusse, und er röchelte und stammelte: Vasthi! Königin Vasthi! Majestät! Fürchte keinen Ahasveros! Geliebte Vasthi!

Mit zornglühenden Augen beugte sich nun das Weib über den schlafenden Gatten, legte ihr Ohr an sein Haupt, als ob sie seine Gedanken erlauschen könnte, und flüsterte mir zu: Haben Sie sich nun überzeugt, Myn Heer Schnabelewopski? Er hat jetzt eine Buhlschaft mit der Königin Vasthi! Der schändliche Ehebrecher! Ich habe dieses unzüchtige Verhältnis schon gestern Nacht entdeckt. Sogar eine Heidin hat er mir vorgezogen! Aber ich bin Weib und Christin, und Sie sollen sehen wie ich mich räche.

Bei diesen Worten riß sie erst die Bettdecke von dem Leibe des armen Sünders – er lag im Schweiß – alsdann griff sie ein hirschledernes Bruchband, und schlug damit gottlästerlich los auf die dünnen Gliedmaßen des armen Sünders. Dieser, also unangenehm geweckt aus seinem biblischen Traum, schrie so laut, als ob die Hauptstadt Susa in Feuer und Holland in Wasser stünde, und brachte mit seinem Geschrei die Nachbarschaft in Aufruhr.

Georges Simenon DIE AUTOFAHRT

Ich muß auf die Toilette«, sagte er so natürlich wie möglich, als er auf dem Parkplatz hielt. »Hast du keinen Durst?«

»Nein.«

Es war oft so gewesen. Sie wartete dann im Wagen. In einem anderen, gegenüber der Bar abgestellten Wagen hielt sich ein Paar so eng umschlungen, daß er einen Moment überlegte, ob nun ein oder zwei Menschen da drin saßen.

Er fühlte sich sofort wie ein anderer Mensch, als er die Tür aufgestoßen hatte, und blieb stehen, um den in rötlich-orangenes Halbdunkel getauchten Raum zu betrachten. Es war eine Bar wie all die anderen auf der Strecke und im Grunde auch nicht viel anders als die von Louis in der 45. Straße – das gleiche Fernsehgerät in der Ecke, die gleichen Gerüche und die gleichen Lichtreflexe.

»Martini trocken, mit Zitronenscheibe«, sagte er, als sich der Barkeeper ihm zuwandte.

»Einfach?«

»Doppelt.«

Wenn er nicht danach gefragt worden wäre, hätte er sich mit einem einfachen begnügt. Aber es war besser, einen doppelten zu nehmen, weil seine Frau ihn wahrscheinlich nicht mehr anhalten lassen würde.

Er blickte unschlüssig auf die Tür zu den Toiletten und ging dann pro forma hin, aus Ehrlichkeit gewissermaßen. Er kam an einem Mann mit sehr dunkler Haut vorbei, der gerade telefonierte und die Sprechmuschel mit der Hand abschirmte. Seine Stimme war rauh.

»Ja. Du wiederholst ihm einfach, was ich dir gerade gesagt habe. Sonst nichts. Er versteht schon. Hör endlich auf, mir auf den Wecker zu fallen, wenn ich dir doch sage, daß er es versteht.«

Steve wäre gern etwas langsamer gegangen, um noch weiter zuzuhören, aber der Mann bedachte ihn beim Reden mit wenig freundlichen Blicken. Was mochte seine Nachricht im Klartext bedeuten? Und wer war am anderen Ende der Leitung?

Er kam in die Bar zurück, hatte sein Glas in zwei Zügen geleert und kramte schon in der Tasche nach dem Geld. Ob Nancy etwas sagen würde? Als ob es nicht schon genügt hätte, daß er sich ihretwegen nicht ein paar Minuten aufhalten, die Leute anschauen und entspannen konnte.

Vielleicht hatte er gerade den Tunnel betreten? Vielleicht war er seit ihrer Abfahrt aus Long Island auch schon drin? Jedenfalls war es ihm nicht bewußt. Er hielt sich für den normalsten Menschen der Welt, und die paar Schluck Alkohol konnten ihm doch nichts anhaben...

Warum fühlte er sich gehemmt und schuldig, als er zum Wagen ging und ohne einen Blick auf seine Frau die Tür öffnete?

Sie stellte ihm keine Fragen und sagte nichts.

»Das tut gut!« murmelte er wie zu sich selbst, als er den Motor anließ.

Er hatte das Gefühl, daß weniger Fahrzeuge unterwegs waren und das Tempo nachgelassen hatte. Er überholte sogar drei oder vier Wagen, die wirklich zu langsam fuhren. Eine in Gegenrichtung daherfahrende Ambulanz machte ihm keinen Eindruck, da seine ganze Aufmerksamkeit von seltsamen Lichtern und danach von weißen Absperrungen gefangengenommen wurde, die vor ihm auftauchten.

»Umleitung«, ertönte Nancys Stimme ruhig und etwas zu gedämpft.

»Hab ich gesehen.«

»Links.«

Das Blut stieg ihm in den Kopf, denn er wäre beinahe rechts gefahren.

Er brummte:

»Nicht ein Mal sind wir die Strecke gefahren, ohne daß irgendwo eine Umleitung war. Als ob sie die Straßen nicht im Winter ausbessern könnten!«

»Bei Schnee?« fragte sie ihn, immer noch im gleichen Tonfall.

»Dann eben im Herbst. Jedenfalls zu einer Zeit, wo nicht vierzig Millionen Autofahrer unterwegs sind.«

»Du bist über die Kreuzung hinausgefahren.«

»Welche Kreuzung?«

»Die mit dem Hinweisschild zum Highway.«

»Und die hinter uns?« spöttelte er.

Es kamen noch andere Wagen hinter ihnen her, allerdings nicht so viele wie vorher.

»Es wollen schließlich nicht alle nach Maine.«

Im nächsten Moment hatte er Oberwasser, denn sie waren auf der Einbiegung in eine große Straße.

»Na, und was ist das? Was, glaubst du, hat dein Hinweisschild bedeutet?«

»Wir sind nicht auf der Eins.«

»Werden wir ja sehen.«

Was ihm zusetzte, war die Sicherheit seiner Frau, die Ruhe, mit der sie ihm antwortete.

Er gab nicht nach:

»*Du* kannst dich wohl nicht irren, nehme ich an. Oder?«

Sie schwieg, und das reizte ihn noch mehr.

»So antworte doch! Kannst du mir nicht sagen, was du denkst?«

»Erinnerst du dich, das eine Mal, als wir einen Umweg von sechzig Meilen gemacht haben?«

»Und haben dabei den dichten Verkehr umgangen!«

»Aber ungewollt.«

»Hör zu, Nancy, wenn du Streit mit mir anfangen willst, dann gib's doch gleich zu.«

»Ich will keinen Streit anfangen. Ich versuche herauszufinden, wo wir sind.«

»Schließlich bin ich der Fahrer. Also tu mir den Gefallen und kümmere dich nicht drum.«

Sie behielt die Karte auf den Knien und steckte sich eine Zigarette an, ohne ihm auch eine anzubieten.

»Wütend?« fragte er.

»Wer, ich?«

»Aber ja, du. Gib zu, daß du wütend bist. Weil ich das Pech hatte, vom Highway abzukommen und einen Umweg von ein paar Meilen zu machen … Wenn ich mich recht erinnere, hast *du* doch vorhin gesagt, wir hätten Zeit genug …«

»Gib acht!«

»Worauf?«

»Du bist beinahe auf die Böschung geraten.«

»Ich kann also nicht mehr fahren?«

»Das hab ich nicht gesagt.«

Darauf brach es hemmungslos aus ihm heraus, ohne bestimmten Grund.

»Du hast das vielleicht nicht gesagt, aber ich, mein Kleines, ich will dir mal was sagen, und du würdest gut daran tun, dir das ein für allemal hinter die Ohren zu schreiben.«

Das Komischste war, daß er selbst nicht wußte, was er ihr an den Kopf werfen sollte. Er suchte nach etwas, das stark und durchschlagend genug war, seiner Frau jenes gehörige Maß an Bescheidenheit zu verpassen, das sie so dringend brauchte.

»Sieh mal, Nancy, du bist vielleicht die einzige, die das nicht kapiert hat, aber du bist ein Brechmittel.«

»Schaust du auf die Straße, ja?«

»Aber gewiß, ich schaue auf die Straße, ich fahre langsam und vorsichtig, damit wir nicht aus den Schienen springen. Verstehst du, was für Schienen ich meine?«

Das erschien ihm spitzfindig und zugleich so überzeugend, daß es förmlich in die Augen sprang. Er hatte mit diesem Vergleich fast eine Entdeckung gemacht. Das Schlechte an Nancy war, grob gesagt, daß sie immer auf den Schienen blieb, ohne je einer Laune nachzugeben.

»Verstehst du das nicht?«

»Ist das wirklich notwendig?«

»Du meinst, ob es notwendig ist, zu wissen, was ich denke? Herrgott noch mal, das könnte dich vielleicht dazu bringen, die anderen verstehen zu lernen und ihnen das Leben schöner zu machen. Mir ganz besonders. Ich bezweifle nur, daß dich das überhaupt interessiert.«

»Würdest du mir bitte das Steuer überlassen?«

»Bestimmt nicht. Stell dir bloß vor, du könntest, statt an dich und deine eigene Unfehlbarkeit zu denken, ein Mal in den Spiegel schauen und dich fragen …«

Er war eifrig bemüht, seinen Gefühlen Ausdruck zu verleihen, all dem, was er in den elf Jahren, die sie verheiratet waren, jeden Tag seines Lebens empfunden hatte.

Es war nicht das erste Mal, daß er das versuchte, heute jedoch war er überzeugt, daß er eine Entdeckung gemacht hatte, die ihm die Möglichkeit gab, alles zu erkären. Der Tag mußte doch kommen, an dem sie verstand – wer weiß, vielleicht würde sie versuchen, ihn endlich als Mann zu behandeln?

RASENDE FRAU HATTE MANN AUF DER MOTORHAUBE

Nach Ehekrach im Auto mit Tempo 130 wütend auf der Bundesstraße gefahren.

HEIDELBERG. Nach einem Ehekrach ist eine Frau bei Walldorf mit ihrem Mann auf der Motorhaube ihres Autos mit 130 Stundenkilometern über die Bundesstraße 39 gerast. Der Gatte habe dann wenig später den Absprung gewagt. Er wurde nur leicht verletzt. »Er hatte halt einige blaue Flecken«, sagte ein Polizeisprecher. Die Hintergründe der Tat blieben zunächst im dunkeln, da das streitbare Ehepaar aus Reilingen im Rhein-Neckar-Kreis bei einer Vernehmung einmütig schwieg.

Ein Autofahrer hatte den Mann auf der Motorhaube hängend gesehen und sofort die Polizei alarmiert. »Der hat geglaubt, er sei in einem Action-Film«, meinte der Polizeisprecher. Ersten Ermittlungen zufolge wollte der 43 Jahre alte Mann nach dem Streit im ehelichen Heim seine erzürnte Ehefrau am Wegfahren hindern und stellte sich vor deren Auto. Die 44jährige ließ sich davon nicht beeindrucken und gab Vollgas. In seiner Not sprang der Mann einfach auf die Motorhaube und hielt sich fest. Die Staatsanwaltschaft Mannheim ermittelt.

(Südwestpresse)

Amos Oz LEBENSLÄNGLICH

Dr. Alexander A. Gideon
Political Science Department
University of Illinois
Chicago, Ill., USA
Jerusalem, den 5.2.1976

Schalom Alek,
Wenn Du diesen Brief beim Anblick meiner Handschrift auf dem Umschlag nicht sofort vernichtet hast, zeigt sich wieder einmal, daß die Neugier noch stärker ist als der Haß. Oder daß Dein Haß neuen Sprit braucht.

Jetzt erbleichst Du, preßt wie gewohnt Deine Wolfslefzen zusammen, ziehst die Lippen ein und verschlingst diese Zeilen, um herauszufinden, was ich von Dir will, was ich mir anmaße, von Dir zu wollen, nach sieben Jahren völligen Schweigens zwischen uns.

Ich will, daß Du von Boas' heikler Lage erfährst, Du mußt ihm dringend helfen. Mein Mann und ich können nichts tun, weil er jeden Kontakt abgebrochen hat. Wie Du.

Nun kannst Du aufhören zu lesen und diesen Brief geradewegs ins Feuer werfen. (Aus irgendeinem Grund denke ich mir Dich immer in einem langen Raum voller Bücher, alleine an einem schwarzen Schreibtisch sitzend, vor Dir ein Fenster, hinter dessen Scheiben sich leere verschneite Weiten erstrecken. Weiten ohne Hügel, ohne Baum, nur weißglitzernder Schnee. Ein Feuer im Kamin zu Deiner Linken, vor Dir ein leeres Glas und eine leere Flasche auf der leeren Tischplatte. Das Ganze erscheint mir als Schwarzweißbild. Und auch Du: mönchisch, asketisch, hochgewachsen und gänzlich in schwarz-weiß.)

Jetzt knüllst Du diesen Brief zusammen, räusperst Dich auf leicht britische Art und zielst genau aufs Feuer: Denn was schert Dich Boas? Und außerdem glaubst Du mir ja doch kein Wort. Du richtest Deine grauen Augen auf das flackernde Feuer und sagst Dir: Da will sie mich wieder mal reinlegen. Dieses Weib wird nie aufstecken und Ruhe geben.

Warum also sollte ich Dir schreiben?

Vor lauter Verzweiflung, Alek. Und in Sachen Verzweiflung bist Du ja eine weltbekannte Koryphäe. (Ja, natürlich habe ich – wie alle Welt – Dein Buch »Die verzweifelte Gewalt – eine vergleichende Studie des Fanatismus« gelesen.) Aber ich meine jetzt nicht dein Buch, sondern den Stoff, aus dem Deine Seele gemacht ist; eisige, arktische Verzweiflung.

Du liest immer noch weiter? Um Deinen Haß gegen uns wiederzubeleben? Die Schadenfreude in kleinen Schlückchen zu genießen wie einen guten Whisky? Dann sollte ich Dich nicht weiter reizen. Ich werde mich lieber auf Boas konzentrieren.

Ehrlich gesagt habe ich keine Ahnung, was Dir bekannt ist und was nicht. Es würde mich nicht wundern, wenn Du jede Einzelheit wüßtest, von Deinem Anwalt Sackheim monatlich Bericht über unser Leben fordertest und erhieltest, uns diese ganzen Jahre auf Deinem Radarschirm vor Dir gehabt hättest. Andererseits wäre ich auch nicht überrascht, wenn Du gar nichts wüßtest; nicht, daß ich mit einem Mann namens Michael (Michel-Henri) Sommo verheiratet bin, nicht, daß ich eine Tochter zur Welt gebracht habe, und nicht, was mit Boas geschehen ist. Es würde durchaus zu Dir passen, Dich mit einer brutalen Geste abzuwenden und uns ein für allemal aus Deinem neuen Leben zu streichen.

Nachdem Du uns verlassen hattest, bin ich mit Boas in den Kibbuz gezogen, in dem meine Schwester mit ihrem Mann lebt. (Wir hatten keinen anderen Ort auf der Welt, und auch kein Geld.) Sechs Monate habe ich dort gelebt und bin dann nach Jerusalem zurückgekehrt. Habe in einem Buchladen gearbeitet. Boas blieb währenddessen fünf Jahre im Kibbuz, bis nach seinem dreizehnten Geburtstag. Alle drei Wochen bin ich zu ihm gefahren. So ging das, bis ich Michel geheiratet habe, und seither sagt der Junge »Hure« zu mir. Wie Du. Nicht ein einziges Mal ist er zu uns nach Jerusalem gekommen. Als unsere Tochter (Madeleine Jifat) geboren wurde, hat er beim ersten Anruf den Hörer aufgeknallt.

Vor zwei Jahren ist er dann plötzlich eines Winternachts um ein Uhr morgens bei uns aufgetaucht, um uns mitzuteilen, daß er mit dem Kibbuz fertig sei. Entweder würde ich ihn in einer Landwirtschaftsschule anmelden, oder er werde »auf die Straße ziehen und nie wieder was von sich hören lassen«.

Mein Mann wachte auf und sagte ihm, er solle seine nasse Kleidung ausziehen, was essen, sich waschen und dann aufs Ohr legen. Am nächsten Morgen könne man weiterreden. Doch der Junge (schon damals, mit dreizehneinhalb Jahren, war er viel größer und breiter als Michel) antwortete, als zertrete er irgendein Ungeziefer: »Ja, wer bist du denn? Wer hat denn mir dir geredet?« Michel lachte und sagte nur: Geh einen Augenblick raus vor die Tür, mein Freund, beruhig dich, wechsel die Kassette und komm dann wieder rein, diesmal als Mensch statt als Gorilla.«

Boas steuerte auf die Tür zu, aber ich vertrat ihm den Weg. Ich wußte, daß er mich nicht anrühren würde. Das Kind wachte auf und weinte. Michel ging, um die Kleine frisch zu wickeln und in der Küche Milch warmzumachen. »In Ordnung, Boas«, sagte ich, »du sollst auf die Landwirtschaftsschule gehen, wenn das dein Wunsch ist.« Michel, in Unterhose und Trägerhemd, das zufriedene Kind im Arm, fügte hinzu: Nur unter der Bedingung, daß du dich vorher bei Mutter entschuldigst, sie nett bittest und hinterher danke sagst. Du bist doch kein Trampeltier?« Worauf Boas mit dieser höhnisch-verächtlichen Verzweiflungsmiene, die er von Dir geerbt hat, mir zuflüsterte: »Und diesem Heini da erlaubst du, dich jede Nacht zu ficken?« Gleich danach hob er die Hand, strich mir sanft übers Haar und sagte mit veränderter Stimme, deren Klang mir noch heute das Herz verkrampft, wenn ich daran denke: »Aber euer Kind ist ganz hübsch.«

Danach brachten wir Boas (dank der Beziehungen von Michels Bruder) in der Landwirtschaftsschule »Telamim« unter. Das war vor zwei Jahren, Anfang 74, kurz nach dem Krieg, bei dessen Ausbruch Du – so erzählte man mir – nach Israel zurückgekehrt bist, um ein Panzerbataillon im Sinai zu befehligen, und nach dessen Ende Du gleich wieder die Flucht ergriffen hast. Auch seiner Forderung, ihn nicht zu besuchen, haben wir nachgegeben. Haben sein Schulgeld bezahlt und geschwiegen. Das heißt, Michel hat gezahlt. Und genaugenommen auch er nicht.

Keine einzige Postkarte haben wir in diesen zwei Jahren von Boas erhalten. Nur Notrufe der Direktorin: Der Junge ist gewalttätig. Der Junge hat sich mit dem Nachtwächter der Anstalt angelegt und ihm den Schädel eingeschlagen. Der Junge macht sich nachts aus dem Staub. Der Junge hat eine

Akte bei der Polizei. Der Junge untersteht einem Bewährungshelfer. Dieser Junge wird die Schule verlassen müssen. Dieser Junge ist ein Monster.

Und woran erinnerst Du Dich, Alek? Als letztes hast Du doch einen blonden, dünnen, schlaksigen Achtjährigen gesehen, der oft stundenlang stumm auf einem Schemel stand und, konzentriert über Deinen Schreibtisch gebeugt, Modellflugzeuge aus Spanplatten für Dich baute, nach Bastelbögen, die Du ihm mitzubringen pflegtest – ein umsichtiger, braver, fast ängstlicher Junge, obwohl der schon damals, mit acht Jahren, imstande war, Kränkungen mit einer gewissen leise verhaltenen Bestimmtheit zu überwinden. Inzwischen ist Boas, wie eine genetische Zeitbombe, zu einem Sechzehnjährigen von ein Meter zweiundneunzig aufgeschossen und immer noch nicht mit Wachsen fertig – ein bitterer, wilder Junge, dem Haß und Einsamkeit erstaunliche Körperkraft verliehen haben. Heute morgen ist nun eingetreten, was nach meiner sicheren Vorahnung eines Tages kommen mußte: ein dringendes Telefongespräch. Man hat beschlossen, ihn aus der Schule zu entfernen, weil er eine Lehrerin angegriffen hat. Einzelheiten wollte man mir nicht mitteilen.

Also bin ich hingefahren, aber Boas wollte mich nicht sehen. Er ließ mir ausrichten, »er hätte mit dieser Hure nichts zu tun.« Meinte er diese Lehrerin? Oder mich? Ich weiß es nicht. Wie sich herausstellte, hat er sie nicht direkt angegriffen, sondern irgendeine giftige Bemerkung losgelassen und dafür eine Ohrfeige von ihr bezogen, die er ihr auf der Stelle doppelt heimzahlte. Ich habe die Leute angefleht, den Rausschmiß zu vertagen, bis ich eine Regelung für ihn gefunden habe. Sie hatten ein Einsehen und gestanden mir zwei Wochen zu.

Michel sagte, wenn ich wollte, könnte Boas hier bei uns bleiben (obwohl wir mit dem Baby in eineinhalb Zimmern wohnen, für die die Hypothek noch nicht abbezahlt ist). Aber Du weißt so gut wie ich, daß Boas dem nicht zustimmen würde. Dieser Junge verabscheut Dich und mich. Damit haben wir beide, Du und ich, also doch etwas gemeinsam. Tut mir leid.

Es besteht auch keine Aussicht, daß eine andere Schule ihn aufnimmt – bei seinen zwei Akten auf dem Buckel, eine bei der Polizei und eine beim Bewährungshelfer. Ich schreibe

Dir, weil ich nicht weiß, was ich machen soll. Ich schreibe Dir, obwohl Du es nicht lesen und, falls Du es doch liest, mir nicht beantworten wirst. Allerhöchstens wirst Du Deinen Anwalt Sackheim anweisen, mir einen förmlichen Brief zu schreiben, in dem er höflich daran erinnert, daß sein Mandant weiterhin die Vaterschaft anfechte, da die Blutuntersuchung keine eindeutigen Ergebnisse erbracht habe und ich mich selbst damals nachdrücklich geweigert hätte, einer vergleichenden Gewebeuntersuchung zuzustimmen. Schachmatt.

Das Scheidungsurteil hat Dich jeglicher Verantwortung für Boas enthoben. All das weiß ich auswendig, Alek. Mir bleibt kein Raum zur Hoffnung. Ich schreibe Dir, als stände ich am Fenster und redete zu den Bergen. Oder zu der Dunkelheit zwischen den Sternen. Die Verzweiflung ist Dein Gebiet. Wenn Du willst, kannst Du mich klassifizieren.

Bist Du immer noch rachedurstig? Wenn ja, halte ich Dir hiermit die zweite Wange hin. Meine und die von Boas. Bittesehr: schlag mit aller Macht zu.

Und ich werde diesen Brief doch abschicken, obwohl ich eben den Stift niedergelegt hatte und aufgeben wollte. Ich habe ja nichts zu verlieren. Alle Wege sind mir verschlossen. Du mußt begreifen: Selbst wenn der Bewährungshelfer oder die Sozialarbeiterin Boas überreden sollten, irgendeiner Therapie, Wiedereingliederungsmaßnahme, Hilfestellung oder Unterbringung in einer anderen Anstalt zuzustimmen (und ich glaube nicht, daß es ihnen gelingen wird) – ich habe ja sowieso kein Geld.

Aber Du hast viel, Alek.

Und ich habe keine Beziehungen, während Du alles und jedes mit drei Telefonaten regeln kannst. Du bist klug und stark. Oder warst es wenigstens vor sieben Jahren. (Man hat mir gesagt, Du hättest zwei Operationen hinter Dir. Welcher Art, wußten die Betreffenden nicht.) Ich hoffe, jetzt geht es Dir wieder gut. Mehr werde ich dazu nicht schreiben, damit Du meine Worte nicht als Heuchelei auffaßt. Als Süßholzgeraspel, Anbiederung, Kriecherei. Dabei will ich es nicht leugnen, Alek: Ich bin immer noch bereit, vor Dir im Sand zu kriechen, soviel Du willst. Bin bereit, alles zu tun. Und ich meine wirklich – alles. Nur rette Deinen Sohn.

Wenn ich ein bißchen Verstand hätte, würde ich jetzt die Wendung »Dein Sohn« durchstreichen und statt dessen Boas schreiben, um Dich nicht zu ärgern. Aber wie kann ich die Wahrheit auslöschen? Du bist sein Vater. Und was meinen Verstand anbetrifft, bist Du Dir ja längst einig geworden, daß ich strohdumm bin.

Ich möchte Dir an dieser Stelle ein Angebot machen: Ich bin bereit, schriftlich – wenn Du willst, auch vor einem Notar – einzugestehen, Boas sei der Sohn jedes x-beliebigen Mannes, den Du mir vorschreibst. Meine Selbstachtung ist längst im Eimer. Ich werde jegliches Papier unterzeichnen, das Dein Anwalt mir vorlegt, wenn Du Dich dafür bereit erklärst, Boas umgehend Erste Hilfe zu leisten. Sagen wir humanitäre Hilfe. Sagen wir, aus Mitleid zu einem völlig fremden Kind.

Ja, wirklich, wenn ich hier innehalte und an ihn denke, ihn im Geist vor mir sehe, stehe ich zu diesen Worten: Boas ist ein fremdes Kind. Kein Kind. Ein fremder Mensch. Mich nennt er Hure. Dich betitelt er als Hund. Und Michel – der ist für ihn »der kleine Zuhälter«. Er persönlich benutzt (auch in offiziellen Dokumenten) meinen Mädchennamen (Boas Brandstetter). Und die Schule, in die wir ihn auf seinen eigenen Wunsch mit großer Mühe eingeschleust haben, bezeichnet er als Teufelsinsel.

Jetzt werde ich Dir etwas verraten, was Du gegen mich verwenden kannst: Die Eltern meines Mannes schicken uns monatlich etwas Geld aus Paris, um Boas' Unterhalt in dieser Schule zu bestreiten, obwohl sie ihn noch nie gesehen haben und er offenbar gar nichts von ihrer Existenz weiß. Dabei sind sie keineswegs reich (Einwanderer aus Algerien) und haben neben Michel noch fünf weitere Kinder und acht Enkel in Frankreich und Israel.

Hör zu, Alek. Über das, was vergangen ist, werde ich Dir in diesem Brief kein Wort schreiben. Außer über eine Sache, die ich Dir nie vergessen werde, obwohl Du dich wundern wirst, wieso und woher mir das zu Ohren gekommen ist. Zwei Monate vor unserer Scheidung wurde Boas mit einer infektiösen Nierenerkrankung ins Scha'are Zedek Hospital eingeliefert. Es traten Komplikationen auf. Da bist du ohne mein Wissen zu Prof. Blumental gegangen, um zu klären, ob ein Erwachsener, im Bedarfsfall, einem Kind von acht Jahren eine Niere spenden kann. Du wolltest ihm eine Niere abgeben. Nur eine Bedingung hast Du dem Professor gestellt:

Ich (und das Kind) dürften es niemals erfahren. Und tatsächlich habe ich es nicht gewußt, bis ich mich mit Dr. Adorno, Blumentals Assistent, angefreundet habe, jenem jungen Arzt, den Du damals wegen sträflicher Nachlässigkeit bei der Behandlung von Boas anzeigen wolltest.

Falls Du immer noch weitergelesen hast, wirst Du in diesem Augenblick gewiß noch bleicher, greifst Dir mit einer Geste erstickter Gewalttätigkeit das Feuerzeug, bringst die Flamme an Deine Lippen, zwischen denen keine Pfeife steckt, und findest Dich erneut bestätigt. Natürlich. Dr. Adorno. Wer denn sonst. Und wenn Du meinen Brief nicht schon vernichtet hast, ist jetzt der Moment gekommen, in dem Du ihn vernichtest. Und mich und Boas gleich mit.

Später wurde Boas wieder gesund, und Du vertriebst uns aus Deiner Villa, aus Deiner Namensverwandtschaft und aus Deinem Leben. Du hast keine Niere gespendet. Aber ich glaube Dir durchaus, daß Du ernstlich dazu bereit gewesen bist. Weil bei dir alles Ernst ist, Alek. Den muß man Dir lassen, Deinen Ernst.

Schmeichle ich schon wieder? Wenn Du möchtest, bekenne ich mich schuldig: ich biedere mich an, krieche vor Dir auf den Knien, die Stirn an den Boden gedrückt. Wie damals. Wie in den guten Tagen.

Denn ich habe nichts zu verlieren, und betteln macht mir nichts aus. Ich tu, was Du befiehlst. Nur zögere nicht, denn in zwei Wochen werfen sie ihn auf die Straße, und da wartet schon jemand auf ihn.

Es geht doch nichts auf der Welt über Deine Kräfte. Schick dieses Monster von einem Anwalt los. Bei entsprechendem Einfluß nehmen sie ihn vielleicht auf der Marineakademie. (Boas hat eine eigenartige Faszination für das Meer, schon von früher Kindheit an. Weißt Du noch, Alek, damals in Aschkelon, im Sommer des Sechstagekriegs? Der Wasserstrudel? Die Fischer? Das Floß?)

Und noch ein letztes, bevor ich diese Bögen in den Umschlag stecke: Ich bin auch bereit mit Dir zu schlafen, wenn Du möchtest. Wann Du möchtest. Und wie Du möchtest. (Mein Mann weiß von diesem Brief und hat mich sogar bestärkt, ihn zu schreiben, außer diesem letzten Satz. Wenn Du jetzt Lust hast, mich zu vernichten, brauchst Du bloß diesen Brief zu fotokopieren, den betreffenden Satz mit Deinem Rotstift anzustreichen und ihn an meinen Mann abzusenden. Das würde großartig funktionieren. Ich muß zugeben, ich habe Dich belogen, als ich hier schrieb, ich hätte nichts zu verlieren.)

So ist es also, Alek, jetzt sind wir alle völlig in Deiner Gewalt. Sogar meine kleine Tochter. Tu mit uns, was Du willst.

Ilana (Sommo)

Thea Sternheim EHEGIFT

1907 heiratete die Fabrikantentochter Thea Bauer nach einer gescheiterten ersten Ehe den Dramatiker Carl Sternheim. 1930 zieht sie nach der endgültigen Trennung von dem zuletzt irrsinnig gewordenen Schriftsteller in ihren Erinnerungen eine ernüchternde Ehebilanz:

Er läßt nichts aus. Alle Ärgernisse der letzten Woche werden wie ein Kübel Jauche über mich ausgeleert. Ich weine haltlos. Wie kann sich in einem Menschen so viel Gift ansammeln! Mißtrauen, Mißgunst. Daß ich Frau Hostelet ein Stück Seife auf den Waschtisch lege, wird mir vorgehalten. Ich verwöhnte das Personal, die Kinder. Das geht über Stunden. Um die Kinder nicht in das Dilemma zu verwickeln, gebe ich Rückenschmerzen vor. Zum Mittagessen kommen Nissens. Bis um zehn Uhr abends, immer vor dem Kamin meines Zimmers, höre ich unablässig Carl auf Nissen einreden. Carl sagt am Morgen: »Diese Belgier sind das größte Lumpenpack in geschäftlichen Dingen.« Nun zu Nissen: »Hören Sie mit den Deutschen auf! Es gibt kein gemeineres Pack als diese Nation!« So ändert er im Verlauf von vier Stunden, wenn es ihm ins Gespräch paßt, seine Anschauungen von Grund auf. Ich versuche fortzuhören, hole eine Handarbeit. Wie ein knarrendes Rad unaufhörlich Carls Stimme in meinem Ohr. Nissen, bleich und verfallen, klagt über Kopfschmerzen. Als Nissens fort sind, flüchte ich nach oben. Friere, schwitze. Er bringt eine Wärmflasche an. Ich habe nur den einen Wunsch, mich durch Gebet zu Gott zu flüchten! Aber Carl sitzt neben mir. In mir steigt eine wilde Abwehr, fast Haß. Ich nehme Veronal; das dämpft die Erregung, aber der Reiz bleibt. Ich frage ihn: »Mit welchem Recht bringst du nichts als Gift in mein Leben? Keinen Morgen stehst du auf, ohne daß nicht dein erstes Wort Klage über irgendein Geräusch wäre, über das Gehen der Mädchen, das Sprechen der Kinder, das Anschüren der Heizung. Bei jedem Gericht, das auf den Tisch kommt, zittere ich, ob es dein Wohlgefallen erregen wird? Oder du sagst: Meine Arbeit richtet mich zu Grunde. Antwortet man dir: Arbeite nicht, wirfst du einem bodenlose Uninteressiertheit vor.

Ich habe nur einen Wunsch: Fort, fort! Alle Gedanken drehen sich nur um dies Wort, und ich schwöre dir, so wie ich in meinem Leben zweimal fortgelaufen bin, laufe ich auch zum drittenmal fort! Von dir fort! Um allein sterben zu dürfen!«

★

Koste es mein Leben, endlich muß ich erfahren, woran ich mit diesem Mann bin, der sich immer mehr zum Alb meines Daseins auswächst!

Kaum ist die Tür hinter ihm zugefallen, erbreche ich seinen Schreibtisch. Gleich obenauf liegt ein Notizbuch. Ein Blick hineingeworfen und ich verstehe, daß ich die Leporelloliste, die Namen fast aller weiblichen Bekannten, die seit unserer Ehe in unserem Haus ein- und ausgingen, in Händen halte. Mehr als hundert Namen mit Anmerkungen wie »saepe, zwölfmal, dreimal, einmal« versehen. Wie auf der Leinwand im Kino sehe ich diese und jene an unserem Tisch sitzen, dies oder jenes Hausmädchen mit verheulten Augen herumlaufen. Kein Jahr, kein Monat dieser zur Farce gewordenen Ehe blieb intakt. Am ganzen Körper zitternd, bleibe ich dennoch beherrscht. Das Blatt an mich nehmend, schließe ich wieder die Schublade. Erst als die Nacht kommt – es ist die Nacht vom 24. auf den 25. August –, setzt sich der Debit in Tränen um. Erbrechen, Schüttelfrost, Fieber. Aber wußte ich im Unterbewußtsein nicht immer alles? Fühlte ich mich nicht, trotz der Lust, Carl in Armen zu halten, wie beschmutzt?

Von der Wand unseres Eßzimmers fällt in dieser Nacht die Altdorfersche *Kreuzigung*. Während mein Glauben an Carl in

Scherben geht, verkündet Glockengeläut den Fall von Brest-Litowsk.

Bis in meine Abgründe getroffen, ist es mir dennoch lieber, alles zu wissen, als weiter im Dunkeln zu tappen. In der nun anhebenden totalen Verlassenheit stellt sich ein Unsichtbarer mit der ganzen Wucht seiner Treue neben mich, verleiht mir die Kraft, auch nicht einen Augenblick um das Verlorene zu rechten. Es ist klar, daß ich ohne diesen übernatürlichen Beistand in dieser Stunde Carl und mich kaltblütig hätte töten können.

⋆

Bei einem Besuch der inzwischen nach Düsseldorf verzogenen Weises lerne ich den Maler Otto Dix kennen. Über dem Divan seines Ateliers stellt das als *Lustmord* bezeichnete Riesengemälde in naturalistischer Drastik eine aus dem Bett hängende Frauenleiche dar, aus deren aufgeschlitztem Bauch die Gedärme quellen. Daneben eine Schüssel mit Blut.

Ich wundere mich, daß das Ehepaar Dix unter dieser Schauervision zu schlafen vermag, es ein engelhaft aussehendes Kindchen in seinem Schatten aufwachsen läßt.

Der Vorsatz, mich nicht von neuem ins Netz der Verwirrungen zu begeben, ist jedenfalls gefaßt. Eine nochmalige Schwangerschaft feststellend, widerstehe ich der noch einmal aufflackernden Versuchung zum Traum, gebe nicht eher Ruhe, als bis der Arzt jede Spur von Sternheim aus mir entfernt hat.

⋆

Ich fühle Carl den ganzen Abend unerhört erregt. Und weiß seltsamerweise: Er steht jetzt vor der Badezimmertür, um durchs Schlüsselloch seine Tochter zu beobachten. Öffne meine Schlafzimmertür und es ist so. Er will sich rechtfertigen, versucht zu leugnen. Ich schneide ihm kurz das Wort ab und verriegle mein Zimmer.

Auch dies, auch dies! Ein Verhängnis über dem Mann, daß er jedes an sich heilige Gefühl in den Schmutz zu ziehen gezwungen ist. Auch die Inbrunst meiner Mutterschaft. Zweimal schellt's lange im Haus. Und wenn der Balken zu meinen Häupten brennen würde, ich rührte mich nicht. Kann man unsere Gemeinschaft noch als glücklich bezeichnen? Die übrigen Hausinsassen, vor allem die Kinder, merken wie ich, was sich abspielt. Ein Zerstörungstrieb in dem Mann, der sich bei mir zum Angstkomplex auswächst, als Carls Schwester Jeaffreson mitteilt, Felix Sternheim befände sich seit sechs Monaten wegen homosexueller Vergehen an Jugendlichen in Untersuchungshaft in Moabit.

Joyce Carol Oates

ABENDESSEN MIT GLYNNIS

Ian McCullough, ein renommierter Literaturwissenschaftler, ist von einem Kongreß nach Hause zurückgekehrt. Seine Frau Glynnis, bekannt als Autorin raffinierter Kochbücher, empfängt ihn in leicht angetrunkenem Zustand:

Kurz nach zehn klopfte Glynnis und sagte, ohne die Tür aufzumachen, das Essen sei fertig. »Nichts Großartiges«, sagte sie, »aber mehr habe ich heute abend nicht zustande gebracht.«

Ian hatte das Gefühl, als habe man ihn nicht vom Schreibtisch weggeholt, sondern aus einer Gefängniszelle befreit. Trotz des Biers, das er getrunken hatte, knurrte ihm inzwischen der Magen.

Er hatte erwartet, sie würden heute abend in der Küche essen, dann war das Tischdecken meist seine Aufgabe. Zu seiner Überraschung aber war der Eßzimmertisch gedeckt, sogar mit einem Tischtuch und brennenden Kerzen, was sonst nicht üblich war, wenn sie abends allein aßen.

Eine Flasche sehr anständiger italienischer Wein stand geöffnet auf dem Tisch, Ians Glas war schon gefüllt. »Setz dich«, sagte Glynnis. »Bitte.«

Ian lächelte verlegen. »Soll ich nicht helfen? Kann ich nichts tun?«

»Es ist spät«, sagte Glynnis, »wir fangen am besten gleich an. Du mußt Hunger haben.« In ihrer Stimme klang sanfter Vorwurf.

Zögernd setzte er sich, Glynnis brachte das Essen aus der Küche und stellte ihm stumm seinen Teller hin. Sie bewegte sich vorsichtig und etwas steif, denn sie war natürlich noch nicht wieder nüchtern und trank jetzt wieder. »Hast du was gegen deine Kopfschmerzen genommen, Glynnis?« fragte er – und meinte natürlich: Solltest du jetzt Wein trinken? –, aber Glynnis tat, als hätte sie die Frage nicht gehört.

»Fang doch an«, sagte sie. »Es ist ein bißchen trocken geworden.«

Sie hatte Lachssteaks gemacht, eins von Ians Lieblingsgerichten, was ihn gleichzeitig rührte und beunruhigte. Doch weil er Hunger hatte, aß er gierig und mit überraschendem Appetit. Glynnis aß langsam, immer langsamer, und schließlich legte sie die Gabel hin und hielt sich an den Wein, wobei sie ihr Glas auffüllte, noch ehe es ganz leer war. Nachdenklich sah sie ihn an, nahm sich eine Zigarette, sah ihn an.

»Willst du mir nicht sagen, was los ist?« bat Ian.

Glynnis zuckte die Schultern. »Du kennst mich ja – ich erhole mich immer erstaunlich schnell.«

»Wie meinst du?«

»Meine Kopfschmerzen.« Unentwegt sah sie ihn an und lächelte dabei. Sie schien nicht so sehr böse als ratlos zu sein. »Wie ist der Lachs? Du sagst gar nichts ... Ich habe ihn wohl ein bißchen zu lange unter dem Grill gelassen. Leider hat er Gräten. Gib acht auf die Gräten.«

»Der Lachs ist in Ordnung«, sagte er lächelnd. »Mein Lieblings...«

»Ich weiß. Gib acht auf die Gräten.«

Ja, der Fisch hatte Gräten, ein gekrümmtes Rückgrat voller Gräten, sägeblattgleich gekerbte, knorpelige Gräten. Ian polkte sie sorgsam aus dem Fleisch und von der Zunge. Der Spargel und die kleinen roten Kartoffeln waren zerkocht, der Lachs war trocken, wie gebacken, und schon fast kalt.

»Ganz ausgezeichnet.«

»Soso ...« Ihre Lippen, eben noch von einem Lächeln gestrafft, erschlafften wie ein zurückschnellendes Gummiband.

Ian aß weiter; er sah, daß die Zigarette, die Glynnis zwischen den Fingern hielt, leicht zitterte, daß in dem Glas der Schiebetür hinter ihr der ganze Tisch – besonders die Kerzenflammen – zu zittern schien. Das Außenlicht über der Terrasse brannte heute abend nicht, so daß man in den Glasscheiben vor dem opaken nächtlichen Hintergrund nur die Spiegelung des Innenraums sah. Man müßte draußen das

Licht einschalten, dachte Ian, aber er machte keine Anstalten dazu.

Trotzdem lächelte er und versuchte weiterzuessen, er leerte ein Glas Wein und schenkte sich ein zweites ein, bedankte sich bei Glynnis für das Abendessen, ein so ausgezeichnetes Abendessen, obgleich sie sich nicht wohlfühlte und sich wohl eigentlich hätte hinlegen sollen.

»Zu trocken«, sagte Glynnis tonlos. »Und er hat Gräten.« Sie stellte eine der Kerzen gerade, die sich in ihrem silbernen Kerzenleuchter zur Seite geneigt hatte, und heißes Wachs lief ihr über die Finger, ohne daß sie es merkte. Sie sagte: »Ich habe die Zitronenschnitze vergessen. Im Kühlschrank sind Zitronen, ich hab vergessen, sie zu schneiden.«

»Das macht doch nicht, Glynnis«, sagte Ian rasch.

»Nein.« Glynnis ging hinaus und nahm ihr Weinglas mit. »Es macht keine Mühe.«

Wenig später war sie wieder da und stellte einen Teller mit Zitronenschnitzen vor Ian hin. »Gib acht auf die Kerne.« Ian bedankte sich und fragte, ob er ihr Zitronensaft auf den Lachs geben sollte, und Glynnis lachte, ohne eine Miene zu verziehen, und sagte: »Aber gib acht auf die Kerne.« Zerstreut wie sie war, hatte sie das Messer mitgebracht, mit dem sie die Zitrone geschnitten hatte, und wußte jetzt offenbar nicht, wohin damit, ein Steakmesser aus dem neuen Set von Bloomingdale, blitzblank und etwa 25 Zentimeter lang. Sie legte es neben den Teller mit den Zitronenschnitzen.

Etwas zu spät sagte sie: »Der Lachs wird dadurch noch kälter werden. Durch die Zitrone.«

»Nein, nein«, sagte Ian eifrig, »er ist sehr gut so. Aber du ißt ja kaum etwas.«

»Manchmal, wenn ich in der Küche allein bin und an einem Rezept arbeite, esse ich eine ganze Menge«, sagte Glynnis langsam. »Wenn ich … nun ja … wenn ich allein bin.«

Sie lachte, wieder ohne eine Miene zu verziehen, und fuhr sich mit der Hand durch das ungekämmte Haar.

Sie trug einen zerknitterten Bademantel und darüber eine Schürze, die ihr vor langer Zeit mal Leonard Oppenheim geschenkt hatte, und auf der das Gesicht Beethovens prangte. Es war ein düsteres Gesicht mit einem Hauch karikierender Komik, das Haar stand ihm in wilden Büscheln zu Berge.

Auch ihr Haar, vom Schlaf zerdrückt, stand in wilden Büscheln zu Berge, das ungeschminkte Gesicht war blaß, verquollen, schlaff, wie unfertig. Sie sagte: »Ich habe den Scheck gefunden.«

Ian hatte die Bemerkung entweder nicht gehört oder dachte, es handele sich um etwas, was den Haushalt betraf, was er eigentlich hätte wissen müssen, aber wieder mal vergessen hatte. Die Einladung zum Brunch in New York City fiel ihm ein: »Ich habe vorläufig zugesagt, hoffentlich ist es dir recht.«

Er hatte gehofft, das würde Glynnis aufheitern, was normalerweise bestimmt der Fall gewesen wäre, denn Einladungen waren ihr Lebenselixier, und daß sie nur zum Essen bis nach Manhattan fahren mußten, störte sie – im Gegensatz zu Ian – überhaupt nicht. Doch sie nahm seine Mitteilung zunächst schweigend zur Kenntnis und sagte dann: »Notfalls kannst du ja allein hinfahren.«

»Allein? Wieso denn? Wieso sollte ich allein hinfahren?«

»Leo ist dein und nicht mein Spezi.« Glynnis schenkte sich mit zitternder Hand nach. »Wir sind schließlich nicht mit Fußeisen aneinandergekettet.«

»Was meinst du damit?« fragte Ian. »Das ist eine recht eigenartige Bemerkung.«

»Aber trotzdem wahr«, sagte Glynnis.

Sie stand unvermittelt auf, ging in die Küche, kam mit einem grünen Salat und einer neuen Flasche Wein zurück. Ian, der gedacht hatte, das Essen sei zu Ende, sah überrascht, daß es ein ziemlich teurer französischer Wein war, den ihm einer seiner Freunde zum Geburtstag geschenkt hatte. Er deutete auf die Flasche: »Meinst du, das ist das Richtige? Für heute abend?« Glynnis sagte gleichmütig:

»Du brauchst ja nichts davon zu trinken. Schließlich sind wir nicht mit Fußeisen aneinandergekettet.«

Der Salat – grobe Blätter von Römischem Salat mit bräunlichen Stellen – war ziemlich warm, das Dressing essigscharf und ölfettig zugleich. Der erste Bissen trieb Ian Tränen in die Augen, aber er sagte nichts.

Glynnis sagte noch einmal mit dieser gepreßten, sorgfältig artikulierenden Stimme, und diesmal konnte Ian sie nicht mißverstehen: »Ich habe den Scheck gefunden.«

»Den Scheck?«

»Über tausend Dollar. Ausgestellt auf ›Sigrid Hunt‹.«

Ian überlief es eiskalt, vor dem vorwurfsvollen Schweigen seiner Frau versagte ihm die Stimme.

Schließlich brachte er matt heraus: »Es ist nicht so, wie du denkst, Glynnis.«

»Nein?«

»Es war …«

»Woher weißt du, was ich denke?«

»… ein Darlehen. Sie hat mich gebeten …«

»Ich habe ihn in deinem Schreibtisch gefunden. Den eingelösten Scheck. Ich suchte etwas anderes, und da habe ich den Scheck gefunden. *Zahlen Sie an … oder Überbringer. Eintausend Dollar. 20. Februar 1987.* Das ist lange her«, sagte Glynnis langsam und nachdenklich und betrachtete ihn aus glitzernden, zusammengekniffenen Augen. Ian meinte, diese Augen, diesen Ausdruck, noch nie gesehen zu haben.

Er machte den Mund auf, aber sie kam ihm zuvor. »Woher weißt du, was ich denke? Und was meinst du denn, was ich denke?«

»Sie hatte um ein Darlehen gebeten. Sie brauchte Geld.«

»Geld von dir? *Uns?*«

Ian legte in einem jähen Anflug von Schmerz die Hände an die Stirn. Sagte er die Wahrheit? Log er? Plötzlich wußte er es nicht mehr genau. Log er?

»Sie schien dringend Geld zu brauchen«, sagte er und geriet ins Stottern, »und ich habe es ihr gegeben, ich wollte es dir noch sagen, und …«

»Deine Geliebte Sigrid. Sigrid *Hunt*«, sagte Glynnis, als fände sie den Namen sehr komisch. »Und du hast gedacht, ich würde es nicht erfahren. *Du* hast gedacht, ich würde es nicht erfahren.«

»Sie ist nicht meine Geliebte, Glynnis, mach dich nicht lächerlich«, sagte Ian. »Du weißt so gut wie ich …«

»*Du* hast gedacht, ich würde es nicht erfahren. Würde es mir nicht denken können.«

»Es war nur ein Darlehen, und …«

»Was bist du doch für ein Narr. Dein Fehler war, daß du ihr kein Bargeld gegeben hast.« Glynnis drückte lächelnd die Zigarette auf ihrem Salatteller aus, ganz primitiv in den Blättern der Römischen Salats. »*Du* hast gedacht, ich würde es nicht merken, hast mich wohl für eine Idiotin gehalten.

Ein Narr wie du. Als würde ich es mir nicht denken können.«

Ian sagte rasch:

»Aber es ist nicht so, wie du denkst, Glynnis. Ich kannte sie ja kaum, sie war deine Freundin!«

»Wer ist ›sie‹? Traust du dich nicht, sie beim Namen zu nennen?«

»... und irgendwie bin ich ihr, bin ich Sigrid über den Weg gelaufen, nach der Party hier, auf der du mich mit ihr bekannt gemacht hattest ...«

»Ja, *das* ist wichtig, nicht? Ein Beweisstück für die Akten ... Daß *ich* euch miteinander bekannt gemacht habe ...«

»... und ich weiß nicht wie oder warum, ehrlich, Glynnis, ich weiß nicht mehr, in welcher Reihenfolge das alles passiert ist, wann sie mich angerufen hat, oder wie das alles gekommen ist«, sagte Ian und stolperte über seine Worte. »Eines Tages hat sie mich im Institut angerufen, sie schien ... sie deutete an ... sie wollte, daß ich zu ihr komme, sie brauchte irgendwie Hilfe. Und ich ... ich hatte das Gefühl, nicht nein sagen zu können. Sie war so verzweifelt und so ...«

»Deine Geliebte. Sigrid *Hunt.*«

Das klang zutiefst angeekelt und amüsiert zugleich. Dafür, daß sie betrunken war, wie Ian glaubte, stark betrunken, wie er argwöhnte – ein Zustand, auf den auch er allmählich zutrieb, ohne etwas dagegen tun zu können –, war ihre Beherrschung erstaunlich. Es war fast, als gäbe – gewährte? – sie eins der Interviews, die sie in den letzten Jahren, seit der unerwarteten Entwicklung ihrer »Karriere«, recht häufig gab. Und auch Ian sprach bestimmter, nachdrücklicher, wie fürs Protokoll.

»Die Frau ist nicht meine Geliebte. Sigrid Hunt ist nicht meine Geliebte, ich habe keine Geliebte, ich habe eine Frau. Ich kenne sie ja kaum ...«

»Wen? Die Geliebte oder die Frau?«

»Ich sagte: Ich habe keine Geliebte.«

»Warum kannst du sie nicht beim Namen nennen? Sigrid *Hunt.*«

»Ich sagte dir doch, ich kenne sie kaum.«

»Aber du liebst sie. Du fickst sie. Du ... und sie ...«

Ian starrte sie entgeistert an.

»Glynnis, das ist doch lächerlich.«

»Du … und sie …«, sagte Glynnis. »Diese kranke kleine Schlampe.«

Sie zündete sich die nächste Zigarette an, warf die Streichhölzer auf den Tisch, stieß Rauch aus den Nasenlöchern und bedachte ihn mit einem theatralisch verächtlichen Blick.

»Hast du gedacht, das würde keine Folgen haben? Du … und sie …?«

Ian lachte verärgert auf. »Du hast getrunken und bist nicht in der Verfassung, über diese Dinge zu reden. Ich sage dir, daß zwischen Sigrid Hunt und mir nichts ist und nichts war. Ich kenne sie kaum. Ganz im Ernst, das sollten wir wirklich ein andermal besprechen.«

»Aber hast du wirklich geglaubt, das würde keine Folgen haben?«

»Von Folgen kann überhaupt keine Rede sein …«

»Nur habe ich eben zufällig – oder vielleicht auch nicht ganz zufällig – den Scheck gefunden«, sagte Glynnis. »Eintausend Dollar. Zahlbar an Sigrid Hunt. Unterschrieben, Ian McCullough.« Auch sie lachte jetzt, mit fast genußvoller Grausamkeit. »*In Ian McCulloughs unnachahmlicher Handschrift.*«

»Sie brauchte dringend Geld, ich sage dir …«

»Wozu war das Geld? Für eine Abtreibung?«

»Es war ein Darlehen, Glynnis, kein Geschenk, ich werde Sigrid bitten, dir zu erklären …«

»War es für eine Abtreibung?«

Ruhig sagte er:

»Du glaubst doch nicht im Ernst, ich würde dich betrügen? Du weißt doch genau, daß ich dich liebe. Daß ich ohne dich nicht leben könnte.«

»*Das* glaube ich gern«, sagte Glynnis. »Aber daraus folgt noch nicht, daß du mich liebst. Und noch weniger, daß du mich nicht betrogen hast.«

»Glynnis, das ist alles so lächerlich. Morgen früh …«

»Diese kranke kleine Schlampe. Sigrid *Hunt!*«

Ian zuckte zusammen. »Warum sagst du das? Wie kommst du darauf? Krank? Warum? Wieso?«

»Machst du dir Sorgen? Ja, es sieht ganz so aus, als ob du dir Sorgen machst …«

»Sigrid war *deine* Freundin, nicht …«

»Als ob ich es nicht erfahren würde, mir nicht denken könnte. *Ganz klar.*«

»Sie war deine, nicht meine Freundin. Sie ist nur in mein Leben getreten, weil ...«

»Und du fickst sie tatsächlich? *Du?* Ian McCullough ganz plötzlich als feuriger Liebhaber ...«

»Ich sage dir doch – zwischen uns ist nichts, und da war auch nichts. Verdammt noch mal«, flüsterte Ian, »es ist nicht, wie du denkst, ich schwöre es.«

»Wie oft hast du sie gefickt? Oder ist es beim Wunsch geblieben?«

»Glynnis, bitte hör auf. Das ist häßlich und absurd, du sagst Sachen, die dir später leid tun werden.«

»*Ich* bin häßlich, *ich* bin absurd, weil ich die Wahrheit ans Licht gebracht habe, das meinst du wohl?«

»Du bist betrunken«, sagte Ian.

»Und du verlogen.«

»Wir reden morgen darüber. Es hat wirklich bis morgen Zeit.«

»Wo wirst du heute nacht unterkommen?«

»Unterkommen?«

»Ich will dich aus dem Haus haben. Und zwar heute abend noch.«

»Glynnis, ich bitte dich ...«

»Fahr zu *ihr*, geh und ruf sie an. Warum sitzt du hier bei mir rum?«

»Glynnis, bitte, du weißt doch ...«

»Ich weiß mehr, als mir lieb ist.«

»Du bauschst das auf, es war wirklich nichts ...«

»Schwör auf einen Stapel Bibeln!«

»Herrgott noch mal, das ist nicht lustig. Morgen ...«

»Es gibt kein Morgen mehr.«

»Ich weigere mich, dieses Haus zu verlassen. Es ist mein Haus, und ich gehe hier nicht weg.«

»Hast du sie wirklich gefickt? Du ... und sie ...«

»Halt den Mund.«

»Eine originelle Vorstellung, ehrlich. Wirklich *originell* ...«

»Warum tust du das? Es klingt so ordinär und ...«

»Ausgerechnet du. Ian McCullough als Liebhaber!« Glynnis lachte. »Sehr originell!«

»So ordinär und erniedrigend ...«

»Gar nicht romantisch, was? Wie bedauerlich ...«

»Das sieht dir gar nicht ähnlich. Morgen früh ...«

»Und sieht dir das ähnlich? Mich zu belügen und zu betrügen und mich lächerlich zu machen und …«

»*Zwischen Sigrid Hunt und mir war überhaupt nichts.* Ich sage dir doch …«

»Brüll mich nicht an, verdammt noch mal. Für wen hältst du dich eigentlich? Ich habe den Scheck gefunden, du hättest mir nie davon erzählt, stimmt's? Du und sie … wenn ich mir vorstelle, daß du sie gefickt hast, Sigrid *Hunt, du,* Ian McCullough, die halbe Zeit, die dreiviertel Zeit impotent, verdammt, sieh mich nicht so an, das laß ich mir nicht gefallen, pack deinen verdammten Kram zusammen und scher dich raus, heute abend noch, ich brauch dich nicht zu ertragen und sie auch nicht, diese Frau in unser Leben zu bringen, dieses Luder, diese Fotze, in unser Bett, wie viele ›Sexualpartner‹ hat so eine Person in ihrem Leben schon gehabt, was glaubst du denn, und wie viele ›Sexualpartner‹ haben die wieder gehabt, verdammt nochmal, ich rede mit dir, schleppt diese Krankheit in unser Leben, den Tod, ja warum nicht den *Tod* …«

Ihre Stimme schraubte sich jäh in die Höhe. Ihre Augen blickten wild und glitzerten vor Tränen. Ian versuchte ihre Hand zu nehmen, sie zu beschwichtigen. Sie zuckte zurück. »Aber Glynnis«, sagte er, »jetzt hör mir bitte mal ruhig zu, ich bin nicht Sigrid Hunts Liebhaber, das sage ich dir doch die ganze Zeit. Man könnte allenfalls sagen, daß wir befreundet sind. Locker … unbestimmt …«

»Genau. Locker. Unbestimmt.«

»Aber ich bin nicht ihr Liebhaber, ich habe kein einziges Mal mit ihr geschlafen. Du kannst mit ihr sprechen, wenn …«

Glynnis stieß einen kurzen Schrei aus und schlug mit den Fäusten auf den Tisch. »Sprich doch selber mit ihr, schleich dich weg und ruf sie an, diese intrigante kleine Schlampe.«

In Ians Schläfen klopfte es, Übelkeit stieg in ihm hoch. Es war eine schreckliche, eine unerträgliche Szene, aber er mußte sie ertragen, er mußte sie als Spiel ansehen, als kodifiziertes Spiel, wie Glynnis es ihn auch früher schon zu spielen gezwungen hatte, ein Spiel, das mit einer Demütigung für ihn, mit selbstgerechtem Triumph für sie enden würde. Denn er sollte gedemütigt werden und verdiente wohl auch Demütigung, das Recht war auf ihrer Seite, die Selbstgerechtigkeit verständlich, sie verdiente den Triumph, so schlimm der Streit auch sein mochte. Er war unerträglich, und er mußte ihn ertragen. »Aber ich liebe dich, Glynnis«, sagte er. »Das weißt du doch.«

»Ich weiß überhaupt nichts über dich«, sagte Glynnis böse.

Ian stand auf, er wollte die Arme um sie legen, sie trösten, aber Glynnis mißverstand die Geste, wollte sie wohl auch mißverstehen, sie schrie auf und wich zurück, und der Tisch kam ins Wanken, und eine der Kerzen fiel aus dem Kerzenleuchter. Ehe Ian die Flamme mit den Fingern ausdrücken konnte, war das Tischtuch angesengt. Etwas Schreckliches wird passieren, dachte Ian.

EHEDRAMA: RENTNER (70) ZU FÜNF JAHREN HAFT VERURTEILT

POTSDAM – Nach dem tödlichen Ehedrama von Rathenow (Havelland) ist ein 70jähriger Rentner zu fünf Jahren Haft verurteilt worden. Nach Überzeugung des Potsdamer Landgerichts fügte der Mann seiner 64jährigen Ehefrau bei einem Streit schwere Verletzungen zu, an denen sie starb. Der Angeklagte hatte die Tat im wesentlichen eingeräumt. Aus Sicht des Gerichts, das mit seinem Spruch um zwei Jahre unter dem Antrag der Staatsanwaltschaft blieb, können verminderte Schuldfähigkeit des Rentners und Handlung im Affekt nicht ausgeschlossen werden.

Der Beschuldigte hatte zum Prozeßauftakt am 25. November angegeben, daß er sich am 27. April nach über 40 Jahren Ehe von seiner Frau trennen wollte und sie eine Teilkündigung der gemeinsamen Wohnung unterzeichnen sollte. Da die Frau sich weigerte – so die Urteilsbegründung – habe ein totaler Aussetzer den Angeklagten zu den massiven Attacken gebracht. In seiner Wut hat er nicht einmal bemerkt, daß die Frau doch unterschrieb. Die Kammer geht davon aus, daß der 70jährige seiner Frau mehrfach ins Gesicht und mit einem Gegenstand auf den Kopf schlug. Anschließend habe er sie mindestens drei Mal mit dem Kopf gegen die Wand gestoßen. Laut Obduktionsbericht war die Frau wenig später an ihrem Erbrochenen gestorben.

Nach Überzeugung des Gerichts war der Tod eine Folge der absoluten Unbeherrschtheit des Angeklagten. Von einem direkten Tötungsvorsatz könne nicht gesprochen werden. Der Rentner habe seine schwerverletzte Frau in der Wohnung zurückgelassen und sei in seinen Garten gefahren, wo er eine frühere Geliebte traf. Als er am Abend in die Wohnung zurückkehrte, entdeckte er die Tote und versuchte nach Ansicht der Richter, sich mit einem Messer umzubringen. Zwei Tage später alarmierte der Rentner einen Arzt.

(Die Welt)

Botho Strauß DAS TUST DU MIR NICHT AN!

Am Abend öffnet sie ihrem betrunkenen Mann die Tür. Er ist ein wenig kleiner als sie, untersetzt, nicht fett. Er trägt eine feine olivgrüne Wildlederjacke, Flanellhosen und hat ein festes, struppiges Haar, das nie in Unordnung gerät, auch in übelsten Lagen nicht. Er trinkt vor dem Fernseher weiter, mischt Coca-Cola mit Rum. Seine Frau nimmt mit einer durch Gewohnheit nicht geschwächten Geste des stummen Ekels ihr Buch von der Kommode und zieht sich zurück in das zweite Zimmer mit der abgetrennten Schlafnische. Da sie neben dem Berauschten keinen Schlaf findet, wird sie später, wenn er aufs Bett fällt, wieder in den großen Wohnraum zurückkehren und dort auf dem Ausziehsofa schlafen. So geht das in der Regel, sie weicht ihm aus, wechselt zweimal am Abend das Zimmer. Eine Viertelstunde lang zwingt sie sich zu lesen, bittet ihn, den Fernseher leiser zu stellen, aber ihr Mann reagiert nicht. Wenig später hört sie einen dumpfen Aufschlag. Er wird wieder einmal über den Beistelltisch gestolpert und zu Boden gefallen sein. Doch dann dringt deutlicher Straßenlärm herein, der vorher abgedämpft zu hören war, die Tür zur Terrasse muß offenstehen. Sie horcht, legt das Buch beiseite und geht nach nebenan. Draußen findet sie den schweren Mann, der Brust und Bauch mühsam über das Terrassengeländer schiebt, offensichtlich bei dem wiederholten Versuch, sich in die Tiefe zu stürzen. Es gelingt ihr, ihn aus dem gefährlichen Überhang zurückzureißen, auf den Boden zu zerren, doch er versucht es mit bärenstarkem finalem Drang gleich wieder. Sie schlägt ihn, erst mit Fäusten, dann mit dem Holzstiel eines kurzen Spatens, der neben den Azaleenbäumchen steht. Sie schlägt immer heftiger auf seine Schultern, den Kopf, bis sein betäubtes Hirn den Schmerz spürt und er sich am Boden krümmt.

»Das tust du mir nicht an«, keucht sie. Und: »So haben wir nicht gewettet, mein Lieber.« Aber das stößt sie außer Atem hervor, fast tonlos, ohne ihn anzuherrschen, ohne Haß. Sie greift unter seine Arme, doch es gelingt ihr nicht, ihn aufzurichten. Er hält seinen schmerzenden Schädel in beiden Händen.

Euripides WAFFE KIND

Der griechische Held Jason hat auf der fernen Insel Kolchis mit Hilfe der Königstochter Medea das goldene Vließ erobert. Medea wird seine Frau, die ihm zwei Kinder gebiert. In Griechenland wird die Fremde jedoch als Barbarin und Zauberin geächtet. Jason trennt sich schließlich von Medea, um seine Jugendliebe Kreusa zu heiraten. Daraufhin ermordet Medea Kreusa und die eigenen Kinder.

CHORFÜHRERIN:
Du Armer ahnst nicht deines Unglücks Größe,
Sonst würdest du nicht sprechen wie du sprichst.
JASON: Was meinst du, Weib? Will sie auch mich ermorden?
CHORFÜHRERIN: Auch deine Kinder hat sie umgebracht.
JASON: Wie? hör' ich recht? Weib, du vernichtest mich.
CHORFÜHRERIN: Des sei gewiß, daß du kein Kind mehr hast.
JASON: Wo hat sie sie getötet? Drin im Haus?
CHORFÜHRERIN: Tu auf das Tor, da liegen sie im Blut.
JASON: Schnell, Diener, schließet mir die Türe auf! –
Erbrecht die Tür, damit ich – doppelt Leid –
Die Toten seh' und ihre Mörd'rin töte.

(Medea erscheint auf einem von Drachen gezogenen Zauberwagen über dem Dach, die Leichen im Arm.)

MEDEA: Mußt du die Tür aus ihren Angeln heben,
Um sie zu sehn und mich, die es getan?

Spar dir die Müh'. Willst du etwas von mir,
So sprich! Denn deine Hand erreicht mich nicht.
Mein Ahnherr Helios gab mir ein Gefährt,
Das mich beschützt vor meiner Feinde Hand.

JASON: Du Ungeheuer! Du, den Göttern, mir,
Der ganzen Menschheit hassenswerte Frau!
Du hast die Kinder, die du selbst geboren,
Erstochen und mich kinderlos gemacht,
Und wagst der Sonne noch und Erd' ins Antlitz
Zu schau'n, nach solcher gottverhaßten Tat!
Fluch dir! Jetzt seh' ich klar! Da war ich blind,
Als ich aus dem Barbarenland dich führte
In ein hellenisch Haus, ein schändlich Weib,
Das ihren Vater und ihr Land verraten.
Du warst verflucht, dein Fluch ereilte mich.
Den Bruder hattest du daheim ermordet,
Eh du an Bord der stolzen Argo stiegst.
So fingst du an und nun als meine Gattin
Hast du die Kinder, die du mir geboren,
Aus Eifersucht und Liebesgier gemordet.
Das hätte keine von den Griechinnen
Vermocht, vor denen ich *dich* leider wählte,
Ein Eheband, das mir Verderben brachte,
Ein Untier, nicht ein Weib, noch grausamer
Als selbst die Skylla des Thyrsenerlandes.
Indes was hilft's, dich tausendfach zu schmähn?
Dich ficht's nicht an. Frech bist du von Natur.
Hinweg, Unzücht'ge! Kindermörderin!
Ich aber muß mein Mißgeschick bejammern,
Daß ich der zweiten Ehe Frucht nicht pflücke
Und meine früher auferzogenen Kinder
Nie lebend wiederseh'. Sie sind dahin!

MEDEA: In langer Rede würd' ich dir erwidern,
Wenn Vater Zeus nicht selber alles wüßte,
Was ich an dir und du an mir getan.
Du solltest nicht, nachdem du mich verraten,
Dich deines Lebens freuen, mir zum Hohn,
Nicht deine Braut, nicht Kreon, der sie dir
Vermählte, mich hinaus ins Elend stieß.
Nenne mich Untier, wenn du willst; vergleiche
Mich mit der Skylla des Thyrsenerlandes!

Das gilt mir gleich: mein Dolch traf dich ins Herz.
JASON: Auch du bist von dem Kummer mitbetroffen.
MEDEA: Ich bin's! sei's drum, wenn nur dein Hohn verstummt.
JASON: Ach Kinder, eure Mutter war so schlecht!
MEDEA: Ach, Kinder, Vaters Falschheit bracht' euch um!
JASON: Fürwahr nicht meine Hand hat sie geschlachtet.
MEDEA: Nein! deine Hoffart und dein Ehebruch.
JASON: Des Bettes wegen hast du sie gemordet.
MEDEA: Meinst du, das sei der Frau ein kleiner Schmerz?
JASON: Ja, wenn sie keusch! Du bist von Grund auf schlecht.
MEDEA: Sie sind nicht mehr. Das frißt an deinem Herzen.
JASON: Sie sind noch, sind Fluchgeister deinem Haupt.
MEDEA: Die Götter wissen, wer zuerst gesündigt.
JASON: Dann wissen sie, es war dein schändlich Herz.
MEDEA: Hasse mich stumm! Dein Schimpfen ekelt mich.
JASON: Und deines mich. Leicht kommen wir zum Schluß.
MEDEA: Was forderst du? Ich käme gern zum Schluß.
JASON: Gib mir die Leichen, daß ich sie bestatte,
Wie sich's gehört, und ihren Tod beweine.
MEDEA: Niemals! Mit eigner Hand bestatt' ich sie
In der akräischen Hera heil'gem Hof,
Damit kein Feind, um ihren Leib zu schänden,
Die Gräber öffnet; und dem Sisyphusland
Stift' ich für alle Zukunft feierlich
Ein Weihefest zur Sühne meiner Mordtat.
Ich geh' in des Erechtheus Land und wohne
Bei König Aigeus, des Pandion Sohn.
Dein aber wartet ein erbärmlich Ende:
Der Argo Wrack zerschmettert dir das Haupt.
So endet uns'rer Lieb' und Eh' Geschichte.

IX
TÖTUNGEN

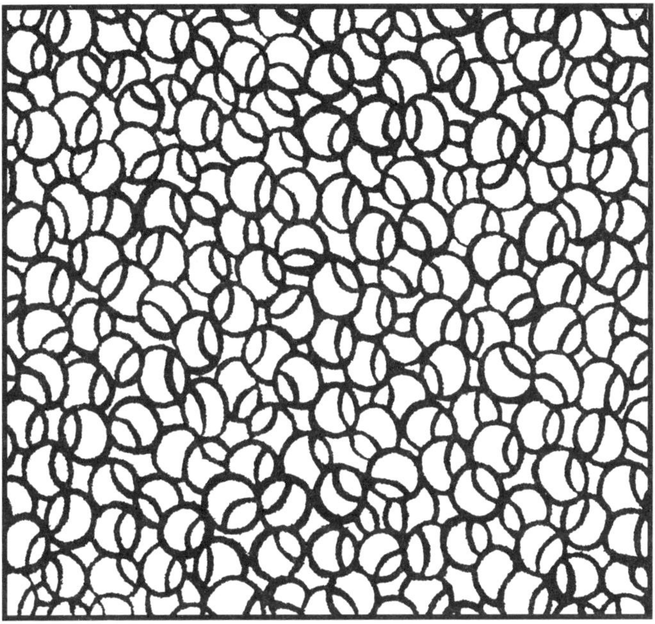

Ingeborg Bachmann PROF. JORDAN BEFESTIGT DIE SCHLÄUCHE

Eines Tags, beim Lüften, diese Rosi lüftete immer, zu einer bestimmten Stunde, da war ich meistens nicht im Haus, aber einmal war ich im Haus, da flogen aus seinem Zimmer die Blätter vom Schreibtisch bis ins Vorzimmer, und die Rosi hob diese Blätter auf und trug sie zum Tisch und [ich] erwischte eines, das bis an die Wohnungstür gekommen war, das trug ich zurück, und im Zurückgehen sah ich darauf. Ich konnte nicht sehr gut Stenographie lesen, aber soviel doch, es reichte gerade aus, um mich aufmerksam [zu] machen, dann ging ich ins Schlafzimmer zurück und blieb mit dem Mantel auf dem Bett sitzen, bis ich zu schwitzen anfing. Du weißt, was ich sagen will?

Ich weiß nicht, ob er damals schon wollte, daß ich das Zeug finde, später aber gewiß, er wollte es. Vielleicht aber auch nur, weil ich einmal zu finden angefangen hatte. Von da an fand ich öfters ein Blatt, manchmal nur mit wenigen Notizen. Ich habe lange gebraucht, um das zu verstehen, es ging so lange, mindestens über ein Jahr, dann verstand ich, daß wirklich ich gemeint war. Er bearbeitete mich, er bereitete mich vor, seinen Fall. Er hetzte mich hinein in einen Fall. Und jedes Blatt, das er mich finden hieß, das hetzte mich weiter. Eines Tags war es dann soweit, ich weiß nicht mehr, wann das angefangen hat. Plötzlich, während eines Abendessens, bei einem Wiener Schnitzel, beim Obst, bei einem Apfel, weißt du, es war wie mit dem Apfelschnitz in dem Märchen, da hatte ich dieses Apfelstück im Mund und fing zu husten an, ich wußte aber, daß ich mich nicht verschluckt hatte, keineswegs, aber plötzlich hustete ich an ihm herum, als wäre es vergiftet, und danach ging das weiter und weiter, ich bekam keine Luft mehr. Ich spuckte das Stück aus, und er stand etwas ungehalten auf und klopfte mir auf den Rücken – ich weiß nie, warum seine Patienten eine so zarte Hand an ihm bemerkt haben, es war eine harte Hand, er klopfte wie ein Teppichklopfer auf meinen Rücken, dann ging mir die Luft ganz aus, und ich fiel auf den Sessel zurück und dachte ich sterbe, ich ließ mich vom Sessel langsam herunterrollen und lag auf dem Teppich. Damals fing er an, mir Tabletten zu geben. Natürlich wußte ich, was er mir gab, manchmal nicht.

*

Was hätte ich sagen können. Mein Mann, verzeih diesen lächerlichen Ausdruck, dem nichts entspricht, ermordet mich. Ich werde ermordet, helft mir. Das hätte ich sagen müssen, aber stell dir vor, in dieser Gesellschaft, wenn einer kommt und sagt: ich werde ermordet. Bitte wie und von wem und warum, bitte Angaben, Beweise. Ich hatte keine Beweise, ich war dem Klerus ausgeliefert, denn ich hatte nicht die sprichwörtliche Angst, sondern die andere, die man niederwürgen kann mit den Psychopharmaka und den Spritzen und dem Stilliegen und die man steigern konnte mit der Angst vor der Angst.

★

Wie habe ich mich benommen, wie ein Tier, das in seinem Käfig auf- und niederrennt, und wenn ich die Stäbe hätte durchrennen können mit meinem Schädel, wäre ich noch im Käfig gewesen, in dem Käfig seiner Notizen, die mich verfolgten, die mir vorausgingen.

★

Heute nacht hab ich geträumt, ich bin in einer Gaskammer, ganz allein, alle Türen sind verschlossen, kein Fenster, und Jordan befestigt die Schläuche und läßt das Gas einströmen und, wie kann ich sowas träumen, wie kann ich nur, gleich möchte man um Verzeihung bitten, er wäre unfähig es zu tun, keiner würde es mehr verabscheuen, aber nun träum ich es doch und drücke es so aus, was tausendmal komplizierter ist. Spätschäden. Ich bin ein einziger Spätschaden, keine Erinnerungsplatte, die ich auflege, die nicht mit einem schrecklichen Nadelgekratze losginge, kein Sommertag, auf den nicht ein Giftsprühregen niederginge, keine Nacht, von der ich nicht zwanghaft denke, er hat sich seine Notiz gemacht, keine Vergeßlichkeit, die nicht in Fehlleistung und Bedeutungswahn begraben worden wäre. Ich war doch nicht krank, ich bin doch nicht als Patient zu ihm gekommen, das hätte ihn gerechtfertigt. Ich bin zu ihm gegangen, habe mich ihm anvertraut, was könnte die Ehe sonst sein als Anvertrauen, es in jemands Hände legen, was man ist, wie wenigs auch sei. F.s Vorliebe für Zungenkuß stop, Gier nicht Sinnlichkeit stop, ich glaube, ich ersticke noch vor Lachen. F. bei Telefongespräch beobachtet. F. vermutlich lesbisch. Ich ersticke, nein vor Lachen, nein, es ist überhaupt nichts, kratzende Erinnerungsnadel. Am nächsten Tag Vortrag über das Personale. Akt der Liebe. Das sind Widersprüche. Davon wird die Welt in die Luft gehen, das Feuer ist nur zuletzt an die Lunte gekommen, das Dynamit war von der ersten Woche an vermehrt worden, das über Jahre. F. zur Rede gestellt. F. bittet um Verzeihung, hätte E. nie getan. Insofern Unterschied. stop.

★

Er hat mir meine Güter genommen. Mein Lachen, meine Zärtlichkeit, mein Freuenkönnen, mein Mitleiden, Helfenkönnen, meine Animalität, mein Strahlen, er hat jedes einzelne Aufkommen von all dem ausgetreten, bis es nicht mehr aufgekommen ist.

Martin Walser GESPREIZTE FINGER

Dr. Benrath hat den Nachmittag mit seiner Geliebten verbracht und kommt nun nach Hause zu seiner Frau:

Während seine Hände das Gartentor öffneten, suchten seine Augen die Vorderseite des Hauses ab, streiften von Fenster zu Fenster, ohne daß er den Kopf sichtbar hinaufgedreht hätte. Er mußte den Anschein erwecken, als suche er nichts, als sei alles nur eine ganz mechanische Bewegung seines Kopfes, eine Bewegung ohne jede Absicht, da ja seine Aufmerksamkeit den Händen zugewandt sei, die das Gartentor öffneten. Aber seine Augen brannten, sein Blut stampfte in den Schläfen, jedes Fenster fixierte er genau: die Vorhänge, die Scheiben, war da ein Schatten, beobachtete Birga seine Ankunft, stand die Tür offen, hatte sie ihn nicht gehört, hatte er den ersten Satz noch im Kopf, den er sich zurechtgelegt hatte, hatte er zu deutlich zum Haus hinaufgeschaut und sich dadurch schon verraten, dann mußte er noch nachlässiger vom Gartentor wegtreten, sich noch bequemer und erschöpfter ins Auto zurückfallen lassen, obwohl alle seine Muskeln starr waren, als bewege er sich im Strahl eines riesigen Scheinwerfers und aus allen Fenstern beugten sich Beobachter! Langsam schob er sich bis zur Garagentür. Hektors Hütte war leer. Die Garagentür öffnen, nicht hastig, allenfalls ein bißchen überdrüssig, weil man das jeden Tag tun muß; aussteigen, aufmachen, wieder einsteigen, reinfahren, aussteigen, zuschließen...

Dr. Benrath pfiff vor sich hin, als er am Haus entlang auf die Treppe zuging. Er pfiff wie ein Kind, das in den Wald hineingeht. Mit ein paar leichten Schritten sprang er die Treppe hinauf, schlenkerte den Schlüsselbund am Zeigefinger der linken Hand, tat, als sei er ganz ohne Gedanken, ganz ohne besondere Erwartungen, nur ein Mann, der abends heimkommt, sehr müde und ein bißchen froh, ein Mann, der den ganzen Tag hindurch so viele Weisungen zu geben hatte, so viel Ordnung aufrechtzuerhalten, der so viel Ruhe und Zuversicht ausströmen mußte und so viel Verantwortung tragen, daß er beanspruchen durfte, am Abend nicht mit allzu vielen Fragen behelligt zu werden, daß er ein Recht hatte, ein bißchen einsilbig zu sein, ein bißchen mürrisch auch und zerstreut. Benrath indes war gar nicht müde, gar nicht überanstrengt, das war er fast nie, aber er hatte sich diese Stimmung immer wieder angeeignet, weil sie es ihm erlaubte, Birga abwartend entgegenzutreten und sie bei der Begrüßung zu beobachten, um zu sehen, ob sie irgendeinen Argwohn hegte, ob ein Anruf gekommen war, ob irgendeine Stelle im Netz seiner Lügen in Gefahr war, brüchig zu werden. Ich bin doch noch ein fast anständiger Mensch, dachte Benrath, sonst wäre ich jetzt nicht so aufgeregt, sonst würde ich mit kalter Frechheit vor Birga hintreten, ohne Skrupel, ohne tiefinneres Zittern und Angst. Daß er seine Augen immer wieder hastig über seine Kleidung hinflattern ließ, ob auch nirgendwo Spuren zurückgeblieben waren – aber Cécile paßte ja so gut auf! –, daß er gar kein Routinier in all den Jahren geworden war und heute ein so schlechtes Gewissen hatte wie eh und je, das beruhigte ihn fast, stimmte ihn ein bißchen zärtlich und mitleidsvoll sich selbst gegenüber, er streichelte sich, tat sich leid und honorierte sich mit Hochachtung und mit dem Zuspruch, daß er eines Tages sich doch noch zum Guten hinwenden werde.

Dicht vor der Wohnzimmertür blieb er stehen und bewegte sein Gesicht grimassierend, um es zu lockern und bereit zu machen, Birga jenen abgespannten Mann vorzuspielen, der ein Recht auf Nachsicht und Schonung hat. Er drückte die Klinke nieder, bemerkte noch, daß aus dem dunklen Gang Hektor aufsprang und hinter ihm durch die Tür schlüpfte, dann blieb er stehen. Birga lag rücklings auf dem Wohnzimmerteppich. Zu einem Halbkreis gekrümmt. Die Hände weit ab auf dem bemusterten Velours. Die Finger auseinandergespreizt. Er konnte nichts dafür, aber eine Sekunde lang dachte er, als er ihre Finger sah: Grünewaldchristus, und: Violinvirtuose. Auf dem Tisch ein Glas. Halb leer. Sie hatte sich also vergiftet. Hilfe war nicht mehr möglich, das sah er sofort. Er fiel in den nächsten Sessel. Sprang noch einmal auf, jagte Hektor weg, der in Birgas Gesicht herumschnüffelte, trieb ihn hinaus und schloß ab. Dann saß er. Wagte nicht mehr, sich zu bewegen. Gedanken hatte er keine. Der Druck der Stille. Das nächste Geräusch mußte ihn zerreißen. Als er sich atmen hörte, hielt er sofort den Atem an, ließ die Luft, die er noch in den Lungen hatte, ganz langsam und unhörbar aus den Mundwinkeln streichen, holte ebenso langsam und unhörbar gerade soviel Luft, als er unbedingt brauchte, um nicht ohnmächtig zu werden. Wenn die Kraft seines Willens ausgereicht hätte, nicht mehr weiterzuatmen, sich selbst an Atemnot sterben zu lassen, er hätte es getan. Aber immer, wenn die letzte Luft aus seinen Lungen gewichen war, wenn er spürte, wie der Druck in seinen Schläfen, in seiner Kehle wuchs, das Blut sich tosend staute, dann verriet ihn sein Mund, ließ ihn im Stich, japste weit auf nach dem nächsten Happen Luft, und die Lungen sogen sich voll bis zum Bersten, wieder und wieder, er konnte nichts dagegen tun.

Luigi Malerba DER MANN IST ZU KURZ

Der kleinwüchsige Govi ist ein geschickter Handwerker, das Reden aber fällt ihm äußerst schwer. Jedesmal wenn die eloquenten Hausfreunde Pinai und Coriolano zu Besuch waren, schimpft seine Frau ihn wegen seiner Unbeholfenheit aus und verlangt für die Zukunft anspruchsvollere Unterhaltung.

Als Pinai und Coriolano gegangen waren, schmollte seine Frau wieder. Govi schwor bei sich, daß er früher oder später einmal Pinai, Coriolano und alle anderen aus der Fassung bringen wollte.

»Dir sind die Worte zu kurz geraten, und wenn ich Worte sage, sage ich noch nicht alles«, meinte die Frau, so als setzte sie einen Streit fort, der schon früher begonnen hatte.

»Ich bin so geboren«, versuchte Govi sich zu entschuldigen, »was kann ich dagegen tun?«

»Das ist ja das Schlimme daran, daß du so geboren bist und daß es keine Abhilfe gibt.«

»Ich weiß«, dachte Govi, während er sich abends auszog, um ins Bett zu gehen, »daß die da ›die Worte‹ sagt und etwas anderes meint.« Aber er gab sich Mühe, den Gedanken zu verscheuchen.

»Bis heute habe ich dir gut getaugt.«

»Und jetzt fängst du an, mir schlecht zu taugen.«

»Verflixt nochmal.«

»Ein Christ hat eine Zunge im Mund, um sich verständlich zu machen, aber daß man von dir einmal ein Gespräch hört, das ein Gespräch ist – da besteht keine Gefahr.«

Wenn sie miteinander gestritten hatten, schämte sich Govi, sich seiner Frau im Bett über die Beine zu nähern. Er blieb mit dem Kopf auf dem Kissen liegen, und dann reichten seine Füße gerade bis zu ihren Knien. Wenn sie miteinander gut waren, rutschte er weiter nach unten, bis ihre Füße auf gleicher Höhe waren, und dann kam er mit dem Kopf auf ihren Busen zu liegen. In dieser Nacht konnte er erst spät einschlafen, als seine Frau längst schnarchte, und er hatte einen unruhigen Schlaf.

Tags darauf hatte es zu regnen begonnen, und Coriolano kam gleich nach dem Essen.

Govi nahm den Schemel, trug ihn in den Stall und arbeitete bis zum Abend daran, Schuhe zu besohlen. Am Spätnachmittag kam auch seine Frau in den Stall.

»Beispielsweise«, sagte sie, »könntest du mit mir über die Priester und die Religion sprechen?«

Govi legte die Ahle auf den Schemel und dachte einen Augenblick nach, bevor er etwas sagte.

»Ich glaube an die Priester.«

»Und was weiter?«

»Die Priester muß es auch geben.«

»Und?«

Govi betrachtete seine Frau bestürzt.

»Ist es denn möglich, daß du über die Priester nichts anderes zu sagen hast? Weißt du, daß man über die Priester monatelang diskutieren könnte?«

»Dann stell du mir Fragen, und ich antworte.«

»Sehen wir also, wozu die Priester da sind.«

Govi blickte seiner Frau ins Gesicht, um zu sehen, ob sie scherzte. Diese Frage erschien ihm so leicht wie die Fragen, die man Kindern stellt, wenn sie zum Katechismusunterricht gehen. Ja, im Katechismus fand sich vielleicht klipp und klar die Antwort. Aber wer erinnert sich noch an den Katechismus? »Das Gedächtnis läßt mich im Stich«, dachte Govi.

»Nun also?« Da war die Frau und wartete auf eine Antwort.

»Die Priester sind dazu da, die Messe zu lesen.«

»Ist das alles, was du mir sagen kannst?«

»Dann ist da noch die Kirche, der Glockenturm, die Glokken«, sagte Govi immer verwirrter.

Die Frau lachte laut auf.

»Du bist also für die Priester?«

Govi nickte bejahend mit dem Kopf.

»Ich aber nicht.«

»Dann bin ich auch gegen sie.«

»Siehst du? Ein Gespräch, das ein Gespräch ist, bringst du mit deinem eigenen Kopf nicht zustande.«

Govi räusperte sich. Er hatte ein ganzes Knäuel von Worten in der Kehle, das nicht hinauf und nicht hinunter wollte. Er räusperte sich noch einmal und fühlte sich besser.

»Also, als mein Vater noch lebte ...«

»Ich weiß nicht, warum du zu einem Gespräch so weit ausholen mußt«, sagte die Frau.

Govi schlug mit der Faust auf den Schemel.

»So laß mich doch reden, verflixt nochmal! Jetzt hast du mich ganz durcheinander gebracht.«

Govi konnte nicht weitersprechen. Er wurde rot im Gesicht, dann begann er zu flennen.

»Lauf mir bitte nicht fort, bleib bei mir.«

»Ich dachte gar nicht daran fortzulaufen, aber jetzt hast du mich auf eine Idee gebracht.«

Govi antwortete nicht.

»Gehen wir essen, es ist Zeit«, sagte die Frau.

Bei Tisch begann Govi still zu essen, und große Tränen rollten ihm über die Wangen und fielen auf seinen Teller.

»Ich mag nicht mehr bei dir bleiben«, sagte sie mit gesenktem Blick.

»Du tust, was du willst«, sagte Govi rasch, »aber überleg es dir gut, denn an dem Tag, an dem du fortgehst, springe ich in den Brunnen.«

»Dann kannst du gleich hineinspringen.«

»Wenn du bei mir bleibst, verspreche ich dir, alles zu tun, was du willst. Ich werde hinter dir herlaufen wie ein Hund.«

»Ich gehe in die Bassa.«

»Dann gehe ich auch in die Bassa.«

Die Frau fing an zu lachen. Sie stand vom Tisch auf und trat an den Herd, dann trug sie die Teller in den Spülstein, nur um sich Bewegung zu machen. Govi stand ebenfalls auf und ging ihr nach.

»Es hat keinen Zweck, daß du so hinter mir herläufst.«

»Ich laufe dir nach wie ein Hund. Behandle mich wie einen Hund, aber geh nicht fort.«

Die Frau blieb stehen und sah ihn an, dann nahm sie den Eimer und ging aus dem Haus, um Wasser zum Geschirrspülen zu holen. Govi folgte ihr.

Die Frau hängte den Eimer ein, warf ihn in den Brunnen und beugte sich über den Rand, um das Seil zu schütteln, damit er sich füllte, bevor sie ihn heraufzog. Govi blieb stehen und betrachtete die Beine, als wären sie die einer anderen und nicht die seiner Frau. Dann machte er vier rasche Schritte, packte sie an den Fesseln und hob sie mit aller Kraft in die Höhe. Man hörte den Schrei der Frau, die in den Brunnen stürzte, dann einen Aufschlag im kalten, schwarzen Wasser. Das Seil fiel hinunter, vom Eimer gezogen, der auf den Grund sank. Ein ersticktes Gurgeln war noch zu vernehmen, dann nichts mehr.

Als Govi erzählte, daß ein Unglück geschehen war, und er erzählte es auch den Carabinieri, weinte er und klagte, denn sein Schmerz war aufrichtig, wie seine Liebe aufrichtig war. Auf dem Grab seiner Frau wuchs nie Unkraut, und die ersten Blumen jedes Frühlings waren für sie.

Natalia Ginzburg SO IST ES GEWESEN

Ich habe zu Abend gegessen und mich ins Bett gelegt. Ich fror und konnte nicht einschlafen. Im Dunkeln schlugen meine Zähne aufeinander. In diesem Bett hatten wir nach unserer Rückkehr von der Hochzeitsreise zum ersten Mal Liebe gemacht. Vierzehn Tage am See. Ich ekelte und schämte mich, wenn er Liebe mit mir machte, dachte aber, es ging in der ersten Zeit vielleicht allen Frauen so. Ich spürte ihn gern, wenn er neben mir schlief. Ich war ruhig. Ich habe ihm gesagt, wie ich mich beim Liebemachen fühlte, und gefragt, ob es allen Frauen so gehe. Er hat mir geantwortet, er wisse nicht, was zum Teufel in den Frauen vorgehe, ich müßte ein Kind kriegen, denn das sei für eine Frau, und auch für einen Mann, das Wichtigste. Und ich solle von dem Laster ablassen, ununterbrochen starr in mich hineinzusehen.

Es war mir nicht in den Sinn gekommen, daß er mich anlügen könnte. Ich hatte ihm beim Kofferpacken geholfen, hatte ihm eine Wolldecke mitgegeben, weil ich dachte, es könne kalt sein in den Bauernhöfen oder den Landgasthäusern, wo sie, wie er sagte, übernachten wollten. Er wollte die Decke nicht, und ich hatte darauf bestanden. Er hatte in großer Eile das Haus verlassen, weil er sagte, Augusto erwarte ihn im Bahnhofscafé.

Ich dachte daran, wie wir Liebe machten, an die zärtlichen, krampfhaften Worte, die er mir sagte. Dann schlief er ein, und ich fühlte seinen ruhigen Atem im Dunkeln neben mir. Ich lag noch lange wach und suchte alle Worte zusammen, die er zu mir gesagt hatte. Ich machte nicht sehr gern Liebe, aber es gefiel mir, im Dunkeln wachzuliegen und mir alle seine Worte wieder vorzusagen.

Er war nicht mit Augusto weggefahren. Er war mit dieser Frau weggefahren. Gewiß log er mich nicht zum erstenmal an, gewiß hatten sie sich schon öfter getroffen, nachdem er beschlossen hatte, mich zu heiraten. Wenn er sagte, er gehe in die Kanzlei, traf er sich vielleicht statt dessen mit ihr. Sie machten Liebe, und er sagte ihr die gleichen krampfhaften Worte, die er auch mir sagte. Dann lag er regungslos an ihrer Seite, und sie seufzten ein wenig vor Schmerz, nicht immer zusammensein zu können. Die Frau stand im Dunkeln regungslos vor mir. Sie trug ein glänzendes Seidenkleid und viel Schmuck. Sie gähnte und streifte sich mit einer lässigen Geste die Strümpfe ab. Dann verschwand sie und kam einen Augenblick später zurück, und diesmal war es eine große männliche Frau mit langen, energischen Schritten und einem Pekinesen auf dem Arm.

Alberto war zehn Tage weg. Eines Abends kam er zurück. Er schien sehr müde und schlechter Laune zu sein. Er sagte, er wolle einen ganz heißen Kaffee. Gemma war schon schlafen gegangen, also habe ich den Kaffee gemacht und ins

Schlafzimmer gebracht. Er trank den Kaffee und sah mich an. Er hatte mich nicht geküßt. Langsam trank er den Kaffee und sah mich unverwandt an. Ich habe zu ihm gesagt: »Du warst nicht mit Augusto weg. Mit wem warst du weg?«

Er hat die Tasse auf den Tisch gestellt und ist aufgestanden, ist sich mit den Fingern durch die Locken gefahren und hat sich kräftig am Kopf gekratzt. Er hat sich die Krawatte und die Jacke ausgezogen und sie über den Stuhl geworfen. Dann hat er gesagt:

»Ich bin müde und will schlafen. Ich habe keine Lust zu reden.«

»Augusto ist hiergeblieben«, habe ich gesagt, »ich habe ihn auf der Straße getroffen. Mit wem warst du weg?«

»Allein«, hat er gesagt, »ich war allein weg.«

Wir haben uns hingelegt, und ich habe das Licht ausgemacht.

»Die Reise war alles andere als schön«, erhob sich seine Stimme unvermittelt im Dunkeln. »Es wäre besser gewesen, ich wäre daheim geblieben.«

Er ist zu mir gerückt und hat sich an meinen Körper geschmiegt.

»Frage mich nichts«, sagte er, »ich bitte dich. Ich bin traurig und sehr müde. Am liebsten wäre mir, du bist ganz still und ruhig. Ich fühle mich so traurig.«

»Ist sie eine böse Frau?« habe ich gefragt.

»Sie ist eine unglückliche Frau«, sagte er zu mir und streichelte ganz sacht meinen Körper. »Sie hat keine Schuld, wenn sie jemandem weh tut.«

Stumme, heiße Tränen rannen über mein Gesicht. Er hat mein Gesicht mit der Hand berührt und sich noch fester an mich gepreßt.

»Eine Höllenfahrt«, sagte er zu mir, und ich hörte ihn leise lachen. »Frag mich nichts. Frag mich nichts, nie, niemals. Du bist das einzige, was ich habe. Denk daran.«

Sein Kopf lag auf meiner Schulter, und ich berührte mit der Hand seine dichten, struppigen Locken und sein hageres, warmes Gesicht. Wir haben uns geliebt, und zum erstenmal habe ich mich nicht vor ihm geekelt.

Einige Monate später ist er wieder weggefahren. Ich habe ihn nichts gefragt. Er packte den Koffer in seinem Arbeitszimmer, und ich sah, wie er einen Band Rilke-Gedichte einsteckte. Mir las er auch manchmal am Abend Rilke vor. Er ist abgereist. Er hat zu mir gesagt: »Ich komme in zwei Wochen zurück.« Die Tür zum Arbeitszimmer hat er wie immer abgeschlossen. Das vergaß er nie. Ich habe ihm zugelächelt, während er fortging.

*

Er hatte mir gesagt, ich solle ihm eine Thermoskanne mit Tee für die Reise vorbereiten. Er sagte, ich könne sehr gut Tee machen. Er sagte, ich könne zwar nicht gut bügeln und auch nicht besonders gut kochen, aber Tee zubereiten könne ich wie sonst niemand. Beim Kofferpacken hatte er sich ein wenig geärgert, weil er fand, daß die Hemden nicht gut gebügelt waren. Vor allem zwischen Kragenansatz und Schulter. Er hat den Koffer allein gepackt und nicht gewollt, daß ich ihm helfe. Er hat auch einige Bücher aus dem Überseekoffer genommen. Als ich ihm die Rilke-Gedichte hingehalten habe, hat er abgelehnt. Er hat gesagt: »Die kann ich fast auswendig.« Ich habe auch einige Bücher in meinen Koffer gelegt. Als er sah, daß ich packte, war er froh. Er sagte, es würde mir guttun, mich in Maona bei meiner Mutter auszuruhen, die mir den Kaffee ans Bett brächte.

Ich habe ihn gefragt, wie er es mit dem Überseekoffer machen würde. »Mit dem Überseekoffer?« hat er gesagt und zu lachen angefangen. »Nein«, hat er gesagt, »ich gehe nicht für immer fort. Glaubst du, ich gehe für immer? Machst du deshalb so ein Gesicht?« Ich bin gegangen und habe mich im Spiegel angeschaut und dann zu ihm gesagt: »Kein besonderes Gesicht. Brav sehe ich aus.« »Ja«, hat er gesagt, »brav.« Er hat mir übers Haar gestreichelt. Dann hat er gesagt, ich solle ihm den Tee machen. Er mochte ihn gern mit viel Zucker und ziemlich stark.

Ich habe zu ihm gesagt: »Sag mir die Wahrheit«, und er hat gesagt: »Welche Wahrheit?« und ich habe gesagt: »Ihr fahrt zusammen weg«, und er hat gesagt: »Wer denn, zusammen«, und hat hinzugesetzt: »*Verità* va cercando, ch'è sí cara – come sa chi per lei vita rifiuta.«

Als ich ins Arbeitszimmer zurückkam, hatte er diese Zeichnung gemacht. Er zeigte sie mir und lachte. Ein langer, langer Zug mit einer großen Rauchsäule. Er hat den Bleistift mit Spucke befeuchtet, um den Rauch dichter zu machen. Ich hielt die Thermoskanne in der Hand und habe sie auf dem Schreibtisch abgestellt. Er lachte und hat sich umgedreht, um zu sehen, ob ich auch lachte.

Ich habe ihm in die Augen geschossen.

Carl Friedrich Pockels

LEBENSÜBERDRUSS EINES BLINDEN PREDIGERS UND AUFWENDIGE TÖTUNG SEINER FRAU

Visitationsschein. Es war der 16te October Morgens nach 2 Uhr 1764 als vom Churfürstl. Sächsis. Amte zu E.. ich Endesbenannter Medicus requirirt wurde, mich eilends nach R.. in das Pfarrhaus zu verfügen, und die Magisterinn, Frau Th. R. C. daselbst, welche von ihrem alten 72jährigen blinden Ehemanne Herrn M.C. Nachts gegen 12 Uhr im Schlafe in ihrem Bette in der Kammer neben der Wohnstube, worin der alte Magister gelegen, mit vielen Wunden sehr gefährlich verlezt worden sey, mit dem geschwornen Amtschirurgo R. allhier zu visitiren, verbinden zu lassen, und nachher mit dienlichen Medicamenten zu versehen. Dem zu Folge begaben wir uns nebst dem Viceactuario Herrn Sch. und Landrichter Herrn S. schleunig dahin, und kamen um 5 Uhr Morgens in der Pfarrwohnung daselbst an, und fanden die Verwundete in der obern Wohnstube, anjezt in dem Bette liegend bereits verbunden von einem Chirurgo K. von B. Die Verblutung hatte bereits cessirt, weil der Körper fast vom Blute entledigt und Patientinn sehr blaß aussahe, auch sehr matt war. Sie schlug oft mit der rechten Hand auf ihre Bettdecke; konnte aber dennoch ziemlich vernehmlich auf die gethane Fragen antworten und sagen, daß ihr Mann sie im Schlaf liegend also verwundet habe, doch wisse sie nicht, wann oder womit es geschehen sey. Es wurde uns ihr angehabtes Hemde gezeigt, welches wie aus Blut gezogen aussahe. Auch fand sich viel Blut in ihren Betten in der Kammer, wo sie verwundet worden war, auch einige blutige Flecken an der Wand des Ofens in der Wohnstube gegen die Stubentür, und hinter dem Ofen eben daselbst an der Wand. Es wurde uns auch von dem Schwiegersohn G. der Patientinn Schlafmütze und Kopftuch voller Blut und Hiebe, benebst einem ziemlich schweren und scharfen Küchenbeil und scharfen mittelmäßigen Messerchen gezeigt, welches die mörderischen Instrumente gewesen seyn sollten, die auch beide noch mit Blut beflekt waren. Wir ließen hierauf von dem noch gegenwärtigen Chirurgo K. die angelegten Bandagen wieder abnehmen, weil die Verblutung stille geworden war, und fanden folgende 13 Wunden an der Patientinn u.s.w. Die Wunden, welche hier weitläuftig beschrieben werden, kann man füglich übergehen.

Weil nun die Empfindsamkeit der Wunden zu groß war, auch leicht neue gefährliche Verblutungen und Ohnmachten bei dem ohnehin schon geschwinden und febrilischen, jedoch schwachen Puls, nicht weniger auch noch künftige Schmerzen beim nöthigen Heften der großen Wunden zu besorgen stunden, so konnte man vorjetzo keine Visitation der sämmtlichen Hauptwunden vornehmen und bemerken, wie tief solche ins Cranium gegangen wären. Man vermuthete aber doch, daß das Cranium und besonders das Gehirn dabei nicht so viel gelitten haben konnte, weil die Patientinn völligen Verstand und gar kein Erbrechen hatte, wie bei verleztem Gehirn und niedergedrukter oder gespaltener Hirnschaale gewöhnlich ist. Man verband demnach die Hauptwunden gehörig, und versahe solche mit warmen spirituösen Aufschlägen und Bandagen, die große Halswunde aber (eine Wunde am Halse bei 3 Zoll quer über durch die *asperam arteriam* oder Luftröhre und *Oesophagum* oder Speiseröhre, aus welch lezterer auch der gereichte Thee und Milch vor und nach dem Verbande herausgeflossen) und die Ellenbogenwunde zog man mit 3 Heften zusammen, bedekte selbige mit Pflastern, Aufschlägen und Bandagen. Nach dem Verbande fand sich Patientinn eben nicht schwächer, sondern nahm auf Anbiethen etwas Milch zu sich, um den Abgang des Blutes und der Kräfte ersetzen zu sollen, die aber der Hefte unerachtet zwischen der Bandage aus der Halswunde wieder herausdrang, mit der Versicherung auf beschehene Frage, daß sie nichts davon in dem Magen habe verspüren können.

Die eine von den Wunden, nehmlich die große Halswunde, wurde von dem Medicus Herrn Hofmann, der vorhergehenden Visitationsschein ausgefertigt, für würklich *töd-*

lich erklärt, wie denn auch die Unglükliche Ermordete den andern Tag darauf bei einem heftigen Blutsturz würklich ihr Leben endigte. Bei der Section wurde die Tödlichkeit der Halswunde bestätigt, und hierauf gründet sich folgendes merkwürdiges Urtheil über den Mörder, welches ich ganz hieher setzen will, um zu sehen, durch welche Veranlassungen der unglükliche Mann zu seiner abscheulichen That verleitet worden ist, und welch eine Menge qualvoller Ideen vorhergehen mußten, ehe er sich dazu entschloß.

Hat ernannter C. als man ihn Artikelsweise vernommen, gestanden und bekannt, daß er den seit vierzehn Tagen, und besonders die lezten 4 Tage davon, gehegten Vorsatz, sein Eheweib, Theodoren Reginen, ums Leben zu bringen, am 15ten October des abgewichenen 1764sten Jahres, Abends gegen 12 Uhr in der ordentlichen obern Wohnstube der R–er Pfarrwohnung, worinnen sein Eheweib so wie er in der daneben befindlichen Cammer zu schlafen pflegte, dergestalt zu Werke gerichtet, daß, da er aus dem Schnauben des Eheweibes, als er die Cammerthür sachte aufgemacht, gemerkt, daß selbige im Schlafe liege, er aus der Cammer in die Stube gegangen, mit der Hand auf des Weibes Kopf gefühlt, sodann nach dem Orte, wo er seine Hand gehabt, mit dem bei sich gehabten Beile den heftigen Hieb gethan, und da hierauf das Eheweib im Bette sich aufgerichtet, und nebst dem bei ihr gelegenen Tochterkinde, dem H–schen Töchterlein heftig geschrien, er mitler Zeit immer mit dem Beile auf das Eheweib weiter zugehauen, so sehr sie sich mit den Füßen gewehrt, und damit sie desto eher sterben sollte, mit dem aus der Tasche und Scheide gezogenen Federmesser in die Kehle, wonach er zuvörderst mit der linken Hand gefühlt, mit der rechten Hand gestochen; selbiger da niemand anders da gewesen, alle die an derselben befundenen Wunden zugefügt, also an dessen, den 16ten October darauf, Nachmittags gegen 3 Uhr erfolgten Tode, weil er die Frau so verwundet, ganz allein Schuld sey, und also eine *prämeditirte* Mordthat begangen habe.

Inquisit gestand in dem Verhör ferner, daß es *keine Bosheit von Seiten seiner gewesen*, die ihn zur Begehung der Mordthat bewogen, sondern daß er dazu durch die Ungenügsamkeit seines Pfarrgehülfen, den man ihm Alters halben gegeben, und welcher nicht mehr mit der ihm bewilligten Hälfte der

Pfarreinkünfte habe zufrieden seyn, sondern Inquisiten nur mit einem gewissen jährlichen Gehalt habe abfinden wollen, und durch die daher entstandenen Zänkereyen mit seinem Eheweibe verleitet worden wäre. Dieses machte dem armen blinden Manne, wie er im Verhör anzeigte, tägliche und sehr bittere Vorwürfe darüber, daß er sich seine Einkünfte durch den Adjunctus so sehr abschneiden ließe, und daß sie ihr ihrem Manne zugebrachtes Vermögen ohnedem schon zugesezt hätten. Du räumst dem Pfarrgehülfen, dies waren ihre täglichen Vorwürfe, zu viel ein, und machest mich unglüklich, und wenn wir einmal betteln gehen müssen; so bist du Schuld daran, desgleichen, wenn er sterbe, und sie solcher Gestalt um ihren Unterhalt kommen werde, *wolle sie auf sein Grab treten und sagen: hier liegt der unbesonnene Rabenvater*, der weder für seine Frau, noch Kinder gesorgt hat. *Item*. Am jüngsten Tage wolle sie sagen: *hier ist der gottlose Rabenvater, richte ihn Gott nach dem strengsten! denn er hat die Hölle an mir verdient;* noch weiter und immer fort plagte sie ihn mit bittern Vorwürfen, daß er ein alter unverständiger Rabenvater, und daß er werth sey, daß man Leute kommen und ihn mit Steknadeln zerkratzen ließe. Aus diesen anhaltenden Zänkereien und Beängstigungen, wovon ihm immer seine Gedanken vergangen und welcher Unfriede mit seinem Eheweibe 4 bis 5 Monat fortgedauert, sey endlich die Verzweiflung und der *Wunsch* entstanden, daß sein Leben ein Ende nehmen möchte. Er wäre bei diesen Plagen denn auch zugleich mißtrauisch auf die göttliche Vorsorge geworden, der Gedanke daß er und sein Weib nicht mehr von den halben Einkünften der Pfarrei hätten leben können, ferner daß nach seinem Tode sein Weib würde Noth und Schimpf leiden müssen, hätte nun vollends alles dazu beigetragen, sich sowohl, als sein Weib aus der Welt hinaus zu schaffen, – sich, um sich von seinen vielen Plagen und bei seiner langen Blindheit ausgestandenen Lebensüberdruß zu befreien, sein Weib, um sie vor aller künftigen Noth zu sichern. Es sey demnach in ihm der veste Vorsatz entstanden, sein Eheweib zu ermorden, und sich den Händen der Obrigkeit zu überliefern, damit auch er von der Welt käme, und aller seiner täglichen Plagen und Noth ein Ende machen möge.

GREIS WOLLTE EHEFRAU TÖTEN

Konstanz. Das Landgericht Konstanz hat einen 89jährigen Rentner aus Radolfzell zu einer Freiheitsstrafe von 16 Monaten verurteilt. Der Mann hatte versucht, seine 75 Jahre alte Ehefrau mit einem Hammer zu töten. Der Mann litt unter der Wahnvorstellung, daß seine Frau ihn vergiften wollte. Das Gericht ordnete zwar seine Einweisung in eine Psychiatrische Klinik an, doch sowohl die Strafe als auch die Einweisung wurden vorerst zur Bewährung ausgesetzt. Der ehemalige Installateur-Meister sei für die Allgemeinheit nicht gefährlich, weil sich der Wahn nicht auf andere Menschen erstrecke, so das Gericht.

Der Vorfall hatte sich im Oktober 1999 in Radolfzell ereignet. Die Ehefrau saß im Wohnzimmer und las dort eine Zeitschrift. Plötzlich versetzte ihr der Mann mit dem Hammer mehrere Schläge auf den Kopf. Als sich die blutüberströmte Frau ins Freie retten wollte, soll der Mann versucht haben, sie daran zu hindern. Schließlich griffen Nachbarn ein; die Frau kam mit schweren Verletzungen ins Krankenhaus.

Eine Gutachterin bescheinigte dem Greis verminderte Schuldfähigkeit. In den letzten fünf Jahren wurde zwischen den beiden nichts mehr gesprochen, weil der Ehemann der Frau den Mund verboten hatte. Diese will sich nach 50 Ehejahren jetzt zwar von ihrem Mann trennen, eine Scheidung kommt für sie aus religiösen Gründen aber nicht infrage.

(Südwestpresse)

Leo N. Tolstoj ANATOMIE EINER TÖTUNG AUS EIFERSUCHT (1)

Posdnyschew kommt unerwartet in der Nacht nach Hause und sieht, daß seine Frau mit dem Musiker-Hausfreund im Speisezimmer sitzt. Da er sie schon lange der Untreue verdächtigt, steigt seine Erregung aufs äußerste:

Das erste, was ich tat, war, daß ich die Stiefel ablegte und in Strümpfen zur Sofawand hinschlich, wo meine Flinten und Dolchmesser hingen; ich nahm eine krumme Damaszenerklinge, die noch nie im Gebrauch gewesen und sehr scharf war. Ich zog sie aus der Scheide. Die Scheide fiel – ich erinnere mich noch – hinter das Sofa, und ich sagte mir, auch dessen erinnere ich mich noch: ich muß sie nachher aufheben, sonst geht sie verloren. Dann legte ich meinen Überrock ab, den ich die ganze Zeit über anbehalten hatte, und ging, leise auftretend, in bloßen Strümpfen hinein.

Ich schlich mich still heran und öffnete plötzlich die Tür. Ich sehe noch den Ausdruck ihrer Gesichter. Ich erinnere mich dieses Ausdrucks, weil er mir eine qualvolle Wonne verursachte. Es war ein Ausdruck des Entsetzens. Das gerade brauchte ich.

Einen Augenblick blieb ich in der Tür stehen und hielt den Dolch auf dem Rücken.

In demselben Augenblick lächelte er und begann mit einem an das Lächerliche grenzenden Ton der Gleichgültigkeit: »Wir haben gerade musiziert.«

»Wie unerwartet«, fiel sie gleichzeitig ein, indem sie seinen Ton nachahmte. Aber weder er, noch sie sprachen weiter. Dieselbe Raserei, die ich vor einer Woche durchgemacht hatte, erfaßte mich. Wieder empfand ich dasselbe Bedürfnis eines gewalttätigen Ausbruchs, die Wollust der Wut, und gab mich ihr ganz hin.

Beide stockten. Es trat das ein, was er gefürchtet hatte, und was mit einem Schlage ihre Worte zu Schanden machte. Ich stürzte mich auf sie, immer noch den Dolche verbergend, damit er mich nicht verhindere, ihr von der Seite einen Streich unter die Brust zu versetzen. Ich hatte mir diese Stelle von Anfang an ausgesucht. In dem Augenblick, als ich auf sie zustürzte, hatte er das bemerkt und fiel mir, was ich nimmer von ihm erwartet hätte, mit dem Ruf in den Arm: »Kommen Sie zu sich, um Gottes Willen! Hilfe!«

Ich riß meinen Arm los und stürzte, ohne ein Wort zu sprechen, auf ihn. Unsere Blicke trafen sich, er wurde plötzlich bleich bis in die Lippen hinein, bleich wie die Wand, seine Augen blitzten seltsam auf, und er huschte, was ich auch nie erwartet hätte, unter dem Klavier hindurch zur Tür. Ich wollte ihm nachstürzen, aber an meiner linken Hand hielt mich eine Last fest. Sie war es. Ich wollte mich losreißen. Sie hängte sich noch schwerer an mich und ließ mich nicht los. Dieses unerwartete Hindernis, ihr Gewicht und ihre Abscheu erregende Berührung fachten meine Glut noch heftiger an. Ich fühlte, daß ich völlig rasend war, und daß ich furchtbar aussehen müsse, und ich freute mich darüber. Ich holte aus allen Kräften mit der linken Hand aus, und mein Ellenbogen traf gerade ihr Gesicht. Sie schrie auf und ließ meine Hand los. Ich wollte ihm nachsetzen; da fiel mir ein, wie lächerlich es wäre, in Strümpfen dem Geliebten seiner Frau nachzurennen, ich wollte aber nicht lächerlich, ich wollte furchtbar erscheinen. Trotz der entsetzlichen Wut, in der ich mich befand, dachte ich jeden Augenblick daran, welchen Eindruck ich auf andere machen würde. Ja, dieser Eindruck bestimmte sogar zum Teil mein Handeln. Ich wandte mich zu ihr zurück. Sie war auf das Sofa gesunken, hielt die Hand vor die blaugeschlagenen Augen und sah mich an. In ihrem Blick lag Furcht und Haß gegen mich, ihren Feind, wie bei einer Ratte, wenn man die Falle hochhebt, in die sie gegangen ist. Ich wenigstens las in ihren Zügen nichts anderes, als diese Furcht und diesen Haß gegen mich. Es war dieselbe Furcht, derselbe Haß, den die Liebe zu einem anderen hervorrufen mußte. Aber auch jetzt noch, jetzt, hätte ich mich vielleicht bezwungen und nicht getan, was ich getan habe, wenn sie geschwiegen hätte. Sie begann aber plötzlich zu sprechen und griff mit einer Hand nach meiner Hand, in der ich den Dolch hielt: »Komme zu dir! Was willst du tun? Was geht mit dir vor? Es ist nichts geschehen, nichts, nichts, ich schwöre es dir!«

Ich hätte noch gezögert, aber ihre letzten Worte, aus denen ich das Gegenteil schloß, d.h. daß alles geschehen ist, forderten eine Antwort heraus. Und die Antwort mußte der Stimmung entsprechen, in die ich mich selbst versetzt hatte, die sich *crescendo* steigerte, und die im Verlauf nur noch anwachsen konnte. Auch die Wut hat ihre Gesetze.

»Lüge nicht, Dirne!« schrie ich schmerzerfüllt auf und ergriff mit der linken Hand ihren Arm; aber sie riß sich los. Da packte ich sie, immer den Dolch in der Hand, mit der Linken an der Kehle, riß sie zu Boden, und begann sie zu würgen. War das ein feister Hals ... Sie suchte mit beiden Händen meine Hände zu erfassen und sie von ihrer Kehle loszureißen; nun stieß ich, als ob ich gerade darauf gewartet hätte, ihr den Dolch in die linke Seite unterhalb der Rippen.

Wenn die Menschen behaupten, daß sie in einem Anfalle von Wut ohne Bewußtsein handeln, so ist das Unsinn, Lüge. Ich handelte mit klarem Bewußtsein, ja, das Bewußtsein verließ mich keinen Augenblick. Je stärker ich selbst die Glut meiner Wut schürte, desto heller leuchtete in mir das Licht des Bewußtseins, das mich ganz deutlich erkennen ließ, was ich tat. In jeder Sekunde wußte ich, was ich tat. Ich kann nicht sagen, daß ich vorher gewußt hätte, was ich tun werde, aber in dem Augenblick, in dem ich es tat – ja ich glaube sogar einen Augenblick vorher –, wußte ich, daß ich handle von dem Gedanken geleitet, die Möglichkeit einer Reue offen zu halten, um mir sagen zu können, daß ich jeden Augenblick hätte einhalten können. Ich wußte, daß ich sie unterhalb der Rippe treffe, und daß der Dolch eindringen muß. In der Minute, in der ich es tat, wußte ich, daß ich etwas Entsetzliches tue, etwas, was ich nie getan habe und was entsetzliche Folgen haben wird. Aber dies Bewußtsein flammte auf wie ein Blitz, und dem Bewußtsein folgte ungesäumt die Tat. Ich war mir der Tat mit außerordentlicher Klarheit bewußt. Ich fühlte – der Augenblick steht mir deutlich vor den Augen – den Widerstand des Korsetts und eines anderen Gegenstands, dann das Eindringen in weiches Fleisch. Sie wollte mit den Händen nach dem Dolche greifen, aber sie verwundete sich und hielt ihn nicht auf.

Lange darauf im Gefängnis, nachdem sich in mir eine sittliche Umwandlung vollzogen hatte, dachte ich an diesen Augenblick zurück, ich überlegte, was ich hätte tun können, und dachte lange darüber nach. Ich weiß noch den Augenblick, nur den Augenblick, der der Tat unmittelbar vorausging, das schreckliche Bewußtsein, daß ich töte, daß ich eine Frau getötet habe, eine schutzlose Frau, die eigene Gattin! Das Schaudervolle dieses Bewußtseins steht mir vor der Seele, und darum schließe ich, ja, erinnere ich mich dunkel, daß ich den Dolch, nachdem ich ihn hineingestoßen hatte, gleich wieder herauszog, um das Geschehene gut zu machen und einzuhalten. Einen Augenblick stand ich unbeweglich da, ich wartete ab, was kommen würde, ob ich es noch gut machen könnte.

Sie sprang auf und schrie: »Amme, er hat mich getötet!«

Julian Barnes ANATOMIE EINER TÖTUNG AUS EIFERSUCHT (2)

Graham Hendrick ist in zweiter Ehe mit der ehemaligen Schauspielerin Ann verheiratet. Er entdeckt, daß Ann »vor seiner Zeit« ein Verhältnis mit seinem Freund Jack, einem Schriftsteller, hatte und in Jacks Romanen als Figur auftaucht. In »retrospektiver Eifersucht« beschließt er, Jack zu töten. Der empfängt ihn arglos und bietet ihm eine Tasse Kaffee an:

Eine der widerwärtigeren Eigenheiten der Filme, die sich Graham während der letzten Monate angesehen hatte, war die selbstgefällige Konvention, mit der die Figuren genötigt wurden, ihre Motive zu erklären. »Ich habe dich umgebracht, weil ich dich zu sehr geliebt habe«, flennte der Holzfäller mit der triefenden Kettensäge. »Mann, ich fühlte, wie dieses Meer von Haß in mir hochkochte, und da mußte ich ganz einfach *explodieren*«, rätselte der gewalttätige, doch sympathische schwarze Brandstifter im Teenageralter. »Vermutlich bin ich Daddy nie ganz losgeworden, deshalb habe ich mich in dich verknallt«, gab die jetzt unzufriedene Braut freimütig zu. In solchen Momenten hatte Graham gezuckt, war zusammengezuckt wegen der stolzen Kluft zwischen Leben und dramatischer Konvention. Im Leben mußte man nichts erklären, wenn man nicht wollte. Nicht, weil es dort keine Zuschauer gab: es gab Zuschauer, und zwar solche, die notorisch nach Motiven lechzten. Bloß hatten sie eben keinen Anspruch darauf, sie hatten an der Kasse keine Eintrittskarte für dein Leben gelöst.

Also muß ich gar nichts sagen. Es ist sogar unerhört wichtig, daß ich nichts sage. Jack könnte mir kameradschaftlich kommen, und wo käme ich dann hin? Wahrscheinlich immer noch nicht weiter, aber ich wäre in der Zwickmühle: halb als Fall diagnostiziert, halb ach so gut verstanden.

»Stimmt was nicht, Kumpel?«

Jack musterte ihn mit gütiger Verärgerung.

Graham warf ihm einen Blick zu und lächelte dünn. Er packte seinen Becher unnötig heftig und trank einen Schluck.

»Kaffee konveniert *Sir*?« erkundigte sich Jack.

Immer noch nichts.

Plötzlich griff sich Jack seinen Becher und ging zum anderen Ende des langen Zimmers. Er setzte sich auf den Klavierhocker, schob einen Teil des Krempels beiseite, zündete sich eine Zigarette an und schaltete die Schreibmaschine ein. Graham lauschte dem leisen elektrischen Summen, dann dem raschen Klappern der Tasten. Sie klang für ihn nicht wie eine richtige Schreibmaschine, mehr wie eins von diesen Dingern, die im Fernsehen die Sportergebnisse lieferten – wie hieß das doch, Fernschreiber? Na, das war nicht unzutreffend: heutzutage wurde Jacks Prosa mehr oder weniger automatisch produziert. Vielleicht gab es an seiner Maschine ja einen speziellen Schalter, so was wie die automatische Steueranlage in einem Flugzeug: Jack brauchte bloß draufzudrücken, und schon spuckte sein Fernschreiber ganz automatisch Schund aus.

»Kümmere dich nicht um mich«, rief Jack über das Summen hinweg. »Bleib so lange, wie du willst.«

Graham schaute durch das Wohnzimmer. Der Romancier saß mit dem Rücken zu ihm; Graham konnte gerade noch seine rechte Gesichtshälfte und ein Stück des struppigen braunen Bartes sehen. Er konnte beinahe die Stelle erkennen, wo Jack auf diese ruchlose, doch ach-so-reizende Art seine Zigaretten deponierte. »Riecht's hier nicht irgendwie angebrannt?« sagte er dann, ohne mit der Wimper zu zucken, und das jeweilige Jagdobjekt dieses Abends wieherte sogleich ganz hingerissen von dieser sonderbaren geistesabwesenden, selbstzerstörerischen, aber eindeutig kreativen Persönlichkeit. Graham wünschte, er könnte einigen von ihnen von dem Schund-Automatik-Schalter an der Schreibmaschine erzählen.

»Nimm dir noch Kaffee, wenn du magst«, rief Jack herüber. »Falls du ein paar Tage zu bleiben beabsichtigst, die Tiefkühltruhe ist randvoll. Das Gästebett ist gemacht.«

Na klar. Man konnte ja nie wissen, wann man es mal brauchen konnte. Was aber keinesfalls hieß, daß Jack etwa Skrupel haben würde, das Ehebett vollzusauen.

Auf sonderbare Art mochte Graham Jack immer noch so gern wie früher. Aber das hatte mit der Sache nichts zu tun. Er stellte seinen Kaffee auf dem Fußboden ab und stand leise auf. Dann ging er langsam zum Schreibtisch hinüber. Das

Summen und das gelegentlich losbrechende Tastengeklapper übertönten seine Schritte. Er fragte sich, welchen Satz Jack im Moment wohl tippte; er hoffte ganz sentimental, daß er nicht mitten in einem Klischee zustieße.

Es war sein Lieblingsstück: das mit dem schwarzen Horngriff und der 15-Zentimeter-Klinge, die von einer Breite von drei Zentimetern in eine nadelscharfe Spitze auslief. Als er es aus der Tasche zog, drehte er es seitwärts, damit es leichter zwischen die Rippen glitt. Er lief die letzten paar Schritte und schien dann, anstatt zuzustechen, einfach in Jack hineinzulaufen, das Messer vor sich ausgestreckt. Er zielte ungefähr auf die rechte Rückenmitte. Das Messer traf auf etwas Hartes, rutschte eine Idee nach unten ab, fuhr dann plötzlich etwa bis zur halben Länge hinein.

Jack gab einen eigentümlichen, pfeifenden Falsetton von sich, und eine Hand fiel auf die Tastatur. Die Maschine ratterte los, dann verhakten sich ein Dutzend Typen, und das Geräusch verstummte. Graham senkte den Blick und sah, daß er sich beim sperrigen Eindringen der Klinge in die Kuppe des Zeigefingers geschnitten hatte. Er zog das Messer heraus und schaute rasch weg, als es zum Vorschein kam.

Jack krümmte sich auf dem Hocker, sein linker Ellbogen furchte die Tastatur der Schreibmaschine und vergrößerte dadurch den verklumpten Batzen der Typen, die immer noch krampfhaft das Papier zu erreichen strebten. Als das bärtige Gesicht dann langsam nach hinten rutschte, verlor Graham schließlich die Kontrolle. Er stach mehrmals in Jacks Unterleib, in den Bereich, der zwischen Herz und Genitalien lag. Nach etlichen Stichen rollte Jack lautlos vom Klavierhocker auf den Teppich; doch das besänftigte Graham nicht. Er faßte das Messer anders, damit er nach unten stechen konnte, und bearbeitete verbissen denselben Bereich. Zwischen Herz und Genitalien, das wollte er. Zwischen Herz und Genitalien.

Graham hatte keine Ahnung, wie oft er auf Jack eingestochen hatte. Als das Messer müheloser einzudringen schien, als der Widerstand, nicht Jacks, sondern der seines Körpers, geendet zu haben schien, hörte er einfach auf. Er zog zum letzten Mal das Messer heraus und wischte es an Jacks Pullover ab. Dann legte er es seinem Freund flach auf die Brust, ging in die Küche und spülte sich die Hand ab. Er fand etwas Hansaplast und knaupelte es sich unbeholfen um das erste

Glied seines Fingers. Danach ging er zu seinem Sessel zurück, nahm Platz, beugte sich über die Lehne und langte sich seinen Becher vom Fußboden hoch. Er war noch halb voll mit Kaffee, und er war immer noch warm. Er würde ihn jetzt trinken.

Aischylos KLYTAIMESTRAS RACHE

Klytaimestra: Ich weiß, ich habe viel gesagt,
Wie es der Augenblick verlangte.
Jetzt aber sage ich das Gegenteil –
Und keine Scham deshalb!
Wie könnte man den Feinden,
Diesen falschen Freunden,
Feindliches antun,
Wenn nicht durch List,
Durchs Flechten eines Leidensnetzes,
Das zu dicht ist
Und zu hochgespannt,
Als daß ein Fuß
Sich aus dem Hanf
– Dem Fangseil, mein ich –
Je befreien könnte?
Ich habe diesen Kampf von langer Hand bereitet, denn
Ich wußte, daß er kommen würde.
Reif war die Zeit. O, großer Sieg!
Ich hab's getan. Ich leugne es nicht ab.
Mit diesem unermeßlich großen Fischernetz
Hab ich ihn ringsum eingegarnt, mit diesem kostbar-bösen Tuch.
Dann ... schlug ich zweimal zu, und zweimal schrie er auf,
Und seine Glieder wurden schlaff, und als er schon gefallen war,
Gab ich ihm einen dritten Stoß, als Dank
Für jene Götter,
Die die Toten schirmen.
Röchelnd schlug er hin und spie den Strahl des Blutes aus
Und traf mich, hier, mit einem roten Tropfen auf der Stirn.
Da hab ich mich gefreut, gefreut wie sich die Saaten freun,

Im Mutterschoß, wenn sie der Segen Gottes trifft.
So ist es nun, ihr Ältesten der Stadt.
Ihr mögt euch freun, wenn ihr euch freuen könnt.
Ich aber jauchze laut.
Bestünde ein Gesetz, den Toten Opferspenden darzubringen...
Dann wär es hier gerecht, ja mehr noch als gerecht wär's hier.
So große Becher, Leidensbecher, hat der Mann
Sein Leben lang gefüllt.
Jetzt trank er selbst davon. Jetzt ist er tot.

CHOR: Du frech-verwegnes Weib,
Mit solchen dreisten Worten wagst du – du! –
Von deinem Mann zu sprechen?

KLYTAIMESTRA: Ich weiß, ihr denkt, ich sei ein Weib voll Unverstand.
Doch sprech ich ohne Zittern, so wie ihr mich kennt, es offen aus:
Das hier ist Agamemnon, mein Gemahl.
Von dieser meiner Hand getötet.
Meisterlich gelang das Werk, und auch gerecht.

CHOR: Was für ein Gift, Weib,
Gift, das die Erde nährt,
Gift, das das Meer erzeugt,
– Todesspeise! Todestrank! –
Nahmst du zu dir?
Verjagen wird dich das Volk,
Verbannt wirst du sein,
Rechtlos, ehrlos, städtelos sein,
Auf immer verflucht.

KLYTAIMESTRA: Jetzt willst du mich verbannen,
Willst die Bürgerflüche auf mich häufen, –
Doch damals hast du nichts getan,
Als Agamemnon meine Tochter opferte,
Wie ein Stück Vieh, die liebste Tochter, Iphigenie,
Die er zum Altar schleifte... und warum?
Damit das Heer mit beßrem Wind nach Troja segelte!
Ihn hast du nicht des Lands verwiesen und
Er brauchte nicht die Schuld zu sühnen.
Mir jedoch bist du ein strenger Richter. Aber drohe nur,
Ich bin bereit, mit dir ins Feld zu ziehn.

Gewinnst du – kannst du herrschen über mich.
Doch siege ich, wirst du im Alter noch
Vernunft dir angewöhnen müssen.
CHOR: Allzu stolz ist dein Herz, Klytaimestra,
Im Übermaß tönt dir dein Mund.
Dein Sinn ist verwirrt durch den Mord.
Über den Brauen noch klebt dir das Blut.
Bald bist du allein. Bald wirst du den Schlag
Mit neuem Schlage büßen.
KLYTAIMESTRA: Sei still·und achte wohl auf meinen Schwur.
Bei der Gerechtigkeit, in deren Namen ich
Mein Kind gesühnt, und bei der Rachegöttin, die
Mir half, den Mann zu töten;
Niemals wird die Furcht
Die Stufen des Palasts erklimmen,
Nie, solang Aigisth die Flamme meines Herdes schürt,
Denn stets und immerdar war er mein Freund,
Mein Helfer und mein Schild.
Tot aber ist der Mann hier, der es wagte,
Mit einer Dirne Schimpf mir anzutun.
Tot ist auch sie, Kassandra, seine Beute,
Seine Seherin, die Bettgenossin,
Die auf dem Schiff mit ihm die Planken rieb.
Hier, seht sie an! Jetzt haben sie den Lohn, denn er ist tot,
Und sie hat sich den letzten, ihren Todesgesang gesungen, liegt
Bei ihm, die Hure, die er nahm,
Damit sie meinem Bett als Beigab,
Meiner Lust als Zukost dienen sollte.
CHOR: Weh!
Käme doch der Tod
Ohne Schmerz,
Ohne Krankheit,
Schnell –
Käme,
Niemals endend,
Der Schlaf.

DANKSAGUNG

Mit dem Thema SCHLIMME EHEN lassen sich Bibliotheken füllen. Um so herzlicher danken die Herausgeber all denen, die unerschrocken bei der Suche nach wahren Szenen geholfen haben. Es sind:

Gerhard Adler (Baden-Baden), *Renate Böschenstein* (Genf), *Knud Eike Buchmann* (Villingen-Schwenningen), *Hans Magnus Enzensberger* (München), *Ekkehard Faude* (Lengwil), *Elsbeth Gut-Bozzetti* (Tübingen), *Friederike Herrmann* (Tübingen), *Dieter Lohmann* (Tübingen), *Ute Oelmann* (Stuttgart), *Silvia Overath* (Tübingen), *Christina Rösler* (Tübingen), *Marie-Luise Scherer* (Damnatz), *Barbara Spengler-Axiopoulos* (Heidelberg), Heimo Strempel (Klagenfurt), *Gregor Wittkop* (Tübingen), *Hans Woller* (Paris).

Besonderer Dank gilt dem Lektor *Rainer Wieland*.

QUELLENVERZEICHNIS

*Kürzere Auslassungen in den abgedruckten Texten sind nicht markiert, längere Auslassungen werden durch ⋆ angegeben. Die meisten Titel stammen von den Herausgebern, nur bei mit * versehenen Titeln wurden die originalen Verfassertitel übernommen. Ortographie und Zeichensetzung folgen der jeweiligen Quelle.*

I. HOCHZEITEN

Jurek Becker: Amandas Ja. Aus: *Amanda herzlos.* Frankfurt am Main: Suhrkamp 1992, S. 376f. © Suhrkamp Verlag Frankfurt am Main.

Magnus Hirschfeld, Eine Herrenhochzeit des Fin de siècle. Aus: *Sind sexuelle Zwischenstufen zur Ehe geeignet?* In: *Jahrbuch für sexuelle Zwischenstufen* III, Jg. 1901, S. 69f.

Italo Svevo: Augusta wird geheiratet. Aus: *Zeno Cosini.* Übers. v. Piero Rismondo. Reinbek bei Hamburg: Rowohlt 1988, S. 212–214. Copyright der deutschen Übersetzung © 1987 Rowohlt Verlag GmbH, Reinbek.

Clemens Brentano: Auguste setzt sich durch. Aus: *Achim von Arnim / Clemens Brentano: Freundschaftsbriefe.* Kritische Edition, hg. von Hartwig Schultz. Bd. 2. Frankfurt am Main: Eichborn 1998 (Die Andere Bibliothek 158), S. 465f. © Eichborn AG, Frankfurt am Main.

Katrin Seebacher: Alba lacht. Aus: *Morgen oder Abend.* Lengwil am Bodensee: Libelle 1996, S. 181–185. © 1996 Libelle Verlag, CH-Lengwil am Bodensee.

Guy de Maupassant: Entjungferung der Braut (1). Aus: *Ein Leben.* Übers. v. Josef Halperin. Zürich: Artemis 1962, S. 62–67. © Patmos Verlag GmbH & Co. KG, Artemis & Winkler Verlag, Düsseldorf und Zürich 1959.

Laura Waco: Entjungferung der Braut (2). Aus: *Good Girl.* München: P. Kirchheim 1999, S. 183f. © 1999 P. Kirchheim Verlag, München.

Mordecai Richler: Hochzeit mit der falschen Braut. Aus: *Wie Barney es sieht.* Übers. v. Anette Grube. München, Wien: Hanser 2000, S. 239 bis 243. © 2000 Carl Hanser Verlag, München–Wien.

Brüder Grimm: Die Hochzeit der Frau Füchsin.* Aus: *Kinder- und Hausmärchen gesammelt durch die Brüder Grimm.* 3 Bde. Frankfurt am Main: Insel 1984. Bd. 1, S. 236–238. © N.G. Elwert Verlag Marburg.

II. PERSONENSTANDSWECHSEL

Martin Luther: Junge Ehe. Aus: *Martin Luthers Werke*. Kritische Gesamtausgabe. Tischreden Bd. 3. Weimar: Böhlau 1914, S. 211.

Javier Marías: Beginn der Ehe zweier Simultandolmetscher. Aus: *Mein Herz so weiß*. Übers. v. Elke Wehr. Stuttgart: Klett-Cotta 1996, S. 18–20. © 1992 Javier Marías. Klett-Cotta, Stuttgart 1996.

August Strindberg: Beginn einer Schriftsteller-Ehe. Aus: *Ersatz*. In: *Heiraten. Zwanzig Ehegeschichten*. Übers. v. Emil Schering. München u. Leipzig: Georg Müller 1916, S. 93–96.

Sigmund Freud: Die Sprache der Eheringe. Aus: *Zur Psychopathologie des Alltagslebens*. Gesammelte Werke, Bd. IV. Frankfurt am Main: Fischer 1979, S. 162–165. © 1941 Imago Publishing Co., Ltd., London. Alle Rechte vorbehalten. S. Fischer Verlag GmbH, Frankfurt am Main.

Vitaliano Brancati: Die Not des schönen Antonio. Aus: *Der schöne Antonio*. Übers. v. Arianna Giachi. Nördlingen: Greno 1985 (Die Andere Bibliothek 7), S. 209–211. © Mondadori.

Magnus Hirschfeld: Ehewünsche eines Homosexuellen. Aus: *Sind sexuelle Zwischenstufen zur Ehe geeignet?* In: *Jahrbuch für sexuelle Zwischenstufen* III, Jg. 1901, S. 39–42.

Gustave Flaubert: Der Gatte, der nichts wußte und wünschte. Aus: *Madame Bovary*. Übers. v. Walter Widmer. München: dtv 1980, S. 55 bis 59. © Patmos Verlag GmbH & Co KG. Artemis & Winkler Verlag, Düsseldorf und Zürich 1959.

Elias Canetti: Die unermüdliche Wächterin. Aus: *Die Blendung*. Frankfurt am Main: Fischer 1983, S. 73 f. © 1935, 1963, by Elias Canetti, Carl Hanser Verlag, München–Wien.

Vladimir Nabokov: Die mitleidige Marthe. Aus: *Einladung zur Enthauptung*. Übers. v. Dieter E. Zimmer. Reinbek bei Hamburg: Rowohlt 1990, S. 33. © 1970 Rowohlt Verlag GmbH, Reinbek.

III. KINDER

Christian Morgenstern: Der Nachtschelm und das Siebenschwein.* Aus: *Alle Galgenlieder*. Frankfurt am Main: Insel 1974, S. 52.

Das Alte Testament: Jacobs Kinder. Aus: D. Martin Luther: *Biblia. Das ist die gantze Heilige Schrifft Deudsch aufs new zugericht*. Wittenberg 1545. Nachdruck hg. v. Hans Volz. München: dtv 1974 (1. Mose 30, 1 bis 24).

Kammerrat Tiemann / Karl Philipp Moritz: Ein physiologisch-psychologisches Eheproblem. Aus: *Magazin zur Erfahrungsseelenkunde als ein Lesebuch für Gelehrte und Ungelehrte*. Hg. v. Karl Philipp Moritz. Bei August Mylius in Berlin. 4. Band 1786, 3. Stück, S. 45–47.

Martin Luther: Unlust und Beschwerung im Ehestande. Aus: *Martin Luthers Werke*. Kritische Gesamtausgabe. Tischreden Bd. 3. Weimar: Böhlau 1914, S. 41.

Axel Hacke: Junge Ehe mit erstem Kind (1). Aus: *Kostverächter.* In: *Der kleine Erziehungsberater.* München: Antje Kunstmann 1992, S. 41–43. © 1992 Antje Kunstmann Verlag, München.

Jurek Becker: Junge Ehe mit erstem Kind (2). Aus: *Amanda herzlos.* Frankfurt am Main: Suhrkamp 1992, S. 41–43. © Suhrkamp Verlag Frankfurt am Main 1992.

Bettina und Achim v. Arnim: Ein romantischer Briefwechsel. Aus: *Briefwechsel Achim von Arnim und Bettina Brentano.* Hg. v. Werner Vordtriede. 2 Bde. Frankfurt am Main: Suhrkamp 1961.

Moritz Theodor W. Bromme: Ein sächsischer Fabrikarbeiter erzählt. Aus: *Lebensgeschichte eines modernen Fabrikarbeiters.* Hg. v. Paul Göhre. Jena u. Leipzig: Diederichs 1905, S. 224 f./240 f.

Leo N. Tolstoj: Geburt des ersten Kindes. Aus: *Tagebücher 1847–1910.* Übers. v. Günter Dalitz. München: Winkler 1979, S. 226–229. © Patmos Verlag GmbH & Co. KG. Artemis & Winkler Verlag, Düsseldorf und Zürich 1979.

Sonja Tolstaja: Geburt des zwölften Kindes. Aus: Sofia Andrejewna Tolstaja: *Tagebücher 1862–1910.* Übers. v. J. Renate Döring-Smirnov u. Rosemarie Tietze. Königstein/Ts.: Athenäum 1982/83. Bd. 1, S. 303 f. © 1983 Athenäum Verlag GmbH, Königstein/Ts.

Andre Dubus: Sag, er ist hingefallen! Aus: *Sie leben jetzt in Texas.* Übers. v. Benjamin Schwarz. Reinbek bei Hamburg: Rowohlt 1996, S. 192–204. © 1991 Rowohlt Verlag GmbH, Reinbek.

Zahlreiche Tote bei Familiendramen.* In: *Süddt. Zeitung* 23.12.1998.

Arno Holz/Johannes Schlaf: Papa Hamlet.* Aus: *Papa Hamlet.* Stuttgart: Reclam 1978, S. 58–62.

IV. UNGEHEURER ALLTAG

William Carlos Williams: Danse Russe.* Aus: *Die Worte, die Worte, die Worte.* Gedichte. Übers. v. Hans Magnus Enzensberger. Frankfurt am Main: Suhrkamp 1962, S. 43. © Suhrkamp Verlag Frankfurt am Main 1962.

Gabriele Wohmann: Die Hausfrau.* Aus: *Grund zur Aufregung.* Darmstadt/Neuwied: Luchterhand 1978, S. 52. © Gabriele Wohmann.

Marie-Luise Scherer: Ungeheurer Alltag.* Aus: *Der unheimliche Ort Berlin.* In: *Ungeheurer Alltag.* Reinbek bei Hamburg: Rowohlt 1988, S. 99. © 1988 Rowohlt Verlag GmbH, Reinbek.

Jean-Claude Kaufmann: Schmutzige Wäsche.* Aus: *Schmutzige Wäsche. Zur ehelichen Konstruktion von Alltag.* Konstanz: Universitäts-Verlag 1994, S. 133–135/218–220/241–244. © der Originalausgabe: Édition Nathan, Paris 1992. © der deutschen Ausgabe: UVK Universitätsverlag Konstanz GmbH, Konstanz 1994.

Urs Widmer: Dialog über das Glück. Aus: *Vom Fenster meines Herzens aus.* Zürich: Diogenes 1977, S. 215 f. © 1977 Diogenes Verlag AG, Zürich.

John Irving: Schlaflos. Aus: *Eine Mittelgewichts-Ehe*. Übers. v. Nikolaus Stingl. Zürich: Diogenes 1988, S. 205–208. © 1986 Diogenes Verlag AG, Zürich.

Wilhelm von Humboldt: Ein glücklicher Ehemann schreibt an seine frühere Geliebte. Aus: *Wilhelm von Humboldt und Ernst Moritz Arndt: Briefe an Johanna Motherby*. Hg. v. Heinrich Meisner. Leipzig: Brockhaus 1893, S. 54 f.

Botho Strauß: Die Bibliothek wuchs. Aus: *Wohnen Dämmern Lügen*. München: dtv 1996, S. 144–146. © 1994 Carl Hanser Verlag, München–Wien.

Wisława Szymborska: Goldene Hochzeit. Aus: *Hundert Freuden. Gedichte*. Übers. v. Karl Dedecius. Frankfurt am Main: Suhrkamp 1986, S. 145. © Suhrkamp Verlag Frankfurt am Main 1986.

Wolfgang Koeppen: Wenn sie trinkt. Aus: *Tauben im Gras*. Frankfurt am Main: Suhrkamp 1980, S. 159–161/201–203. © Suhrkamp Verlag Frankfurt am Main 1974.

Raymond Chandler: Kindchen, ich bin doch dein Mann! Aus: *Der lange Abschied*. Übers. v. Hans Wollschläger. Zürich: Diogenes 1975, S. 184f. © 1975 Diogenes Verlag AG, Zürich.

Theodor Fontane: Rr oder Gefährdet Glück.* Aus: Theodor Fontane: *Werke, Schriften und Briefe*. Hg. v. Walter Keitel u. Helmuth Nürnberger. München, Wien: Hanser 1962ff. I. Abt., Bd. 7, S. 447f./481f./484–487. © Carl Hanser Verlag, München–Wien.

Friedrich Dürrenmatt: Unbarmherzige Beobachtung. Aus: *Der Auftrag*. In: Ges. Werke in 7 Bänden. Hg. v. Franz Josef Görtz. Zürich: Diogenes 1988, Bd. 5, S. 457f. © 1986 Diogenes Verlag AG, Zürich.

Fred Hildenbrandt: Drei Stunden Ehescheidungstermine.* In: *Berliner Tageblatt* 28. Feb. 1922.

Leo N. Tolstoj/Sonja Tolstaja: Ehejahre in Tagebüchern. Aus: Leo Tolstoj: *Tagebücher,* a.a.O., S. 288/300/470f./475f. © Patmos Verlag GmbH & Co. KG. Artemis & Winkler Verlag, Düsseldorf und Zürich 1979. Sonja Tolstaja: *Tagebücher,* a.a.O., Bd. 1, S. 144f./152/221f. © 1983 Athenäum Verlag GmbH, Königstein/Ts.

Marlen Haushofer: Was tun wir heute? Aus: *Die Mansarde* (Kap. 1: Sonntag). München: dtv 1999, S. 9–11/14–16/23. © 1984 Claassen Verlag Düsseldorf, jetzt München.

Franz Kafka: Anwerbung eines Ehetherapeuten. Aus: *Hochzeitsvorbereitungen auf dem Lande und andere Prosa aus dem Nachlaß*. Hg. v. Max Brod. Frankfurt am Main: Fischer 1986, S. 222-225.

Mit Küchenmesser erstochen.* In: *Schwäbisches Tagblatt* 30.11.1996.

V. KARRIEREN

Brüder Grimm: Von dem Fischer un syner Fru.* Aus: *Kinder- und Hausmärchen gesammelt durch die Brüder Grimm*. 3 Bde. Frankfurt am Main: Insel 1984. Bd. 1, S. 134–143. © N.G. Elwert Verlag, Marburg.

Botho Strauß: Zu Besuch bei der Aufsteigerin. Aus: *Niemand anderes*. München: dtv 1990, S. 82–85. © Carl Hanser Verlag München–Wien.

Cheryl Bernard / Edit Schlaffer: Die Dual-career-family. Aus: *Laßt endlich die Männer in Ruhe*. Reinbek bei Hamburg: Rowohlt 1990, S. 118 bis 128. © 1990 Rowohlt Verlag GmbH, Reinbek.

Friedrich Schiller: Die berühmte Frau.* Aus: *Sämtliche Werke*. Hg. v. Gerhard Fricke und Herbert G. Göpfert. Bd. 1. München, Wien: Hanser 1960, S. 153 ff. © 1960 Carl Hanser Verlag, München–Wien.

Martin Walser: Der Mann, der nicht vorwärts kommt. Aus: *Ehen in Philippsburg*. Frankfurt am Main: Suhrkamp 1985, S. 294–296. © Suhrkamp Verlag Frankfurt am Main 1985.

Edward Albee: Er ist nicht Seminardirektor. Aus: *Wer hat Angst vor Virginia Woolf…?* Übers. v. Pinkas Braun. Frankfurt am Main: Fischer 1963, S. 33 f. © by Edward Albee 1962.

Alberto Moravia: Wiederherstellung des Gleichgewichts. Aus: *Das Gleichgewicht*. In: *Ein anderes Leben*. Übers. v. Piero u. Peter A. Rismondo. Reinbek bei Hamburg: Rowohlt 1974, S. 60–62. © Eulama.

Doris Dörrie: Ehen zerbrechen live. Aus: *Die Handtasche*. In: *Für immer und ewig*. Zürich: Diogenes 1991, S. 197–199. © 1991 Diogenes Verlag AG, Zürich.

Honoré de Balzac: Geld und Geschlecht. Aus: *Der Ehekontrakt*. Übers. v. Ernst Sander. Die menschliche Komödie. Gesamtausgabe in 12 Bänden. Hg. v. E. Sander. München: Bertelsmann btb 1998, Bd. III, S. 901 f./905/908–911 © an der dt. Übersetzung Wilhelm Goldmann Verlag, in der Verlagsgruppe Bertelsmann GmbH, München 1998.

Hans Holzhaider: Das Objekt der Fürsorge tötet. In: *Süddeutsche Zeitung* 30.7.1999.

VI. DER EHELICHE KÖRPER

Robert Musil: Sie tun stumm ihr Werk. Aus: *Tagebücher*. Hg. v. Adolf Frisé. Reinbek bei Hamburg: Rowohlt 1983, Bd. 1, S. 282 f. © 1978 Rowohlt Verlag GmbH, Reinbek.

Joyce Carol Oates: Die Schwangere. Aus: *Bellefleur*. Übers. v. Elisabeth Schnack. München: dtv 1985, S. 89–92. © 1992 Deutsche Verlags-Anstalt GmbH, Stuttgart.

Jean-Paul Sartre: Intimität.* Aus: *Intimität*. Übers. von Heinrich Wallfisch. In: *Gesammelte Erzählungen*. Reinbek bei Hamburg: Rowohlt 1962, S. 117–122. © 1988 Rowohlt Verlag GmbH, Reinbek.

John Cheever: Melissa. Aus: *Die Wapshots*. Übers. v. Arno Dohrn. Reinbek bei Hamburg: Rowohlt 1962, S. 303–306. © 1994 Rowohlt Verlag GmbH, Reinbek.

Robert Gernhardt: Die Angst vor der Nacht. Aus: *Komodo oder Erloschene Konten*. In: *Lug und Trug*. München: Heyne 2000, S. 151. © 1997 by Haffmans Verlag AG, Zürich.

Eva Jaeggi/Walter Hallstein: Rebeccas Interview. Aus: *Wenn Ehen älter werden*. München: Piper 1989, S. 109–112. © Piper Verlag GmbH, München 1985.

Dieter Wellershoff: Kein Entkommen. Aus: *Die Fähre nach England*. In: *Die Körper und die Träume*. Köln: Kiepenheuer & Witsch 1986, S. 239–241. © 1986, 1994 by Verlag Kiepenheuer & Witsch Köln.

Joseph Roth: Das Auge oder Das Ende der ehelichen Lust. Aus: *Hiob*. Werke Bd. 5. Hg. v. Fritz Hackert. Köln: Kiepenheuer & Witsch 1990, S. 14f. © 1974, 1982, 1992, 1999 by Verlag Kiepenheuer & Witsch Köln und Verlag Allert de Lange Amsterdam.

Herbert Rosendorfer: Im Flanellnachthemd. Aus: *Ballmanns Leiden oder Lehrbuch für Konkursrecht*. München: Nymphenburger Verlagsbuchhandlung 1981, S. 11f. © 1981 nymphenburger in der F. A. Herbig Verlagsbuchhandlung GmbH, München.

James Joyce: Mollys Nachtgedanken. Aus: *Ulysses*. Übers. v. Hans Wollschläger. Frankfurt am Main: Suhrkamp 1979, S. 996–999. © Suhrkamp Verlag Frankfurt am Main, 1979.

Edna O'Brien: Vor dem Hochzeitsphoto. Aus: *Plötzlich im schönsten Frieden*. Übers. v. Margaret Carroux. Zürich: Diogenes 1974, S. 19–21. © 1974, 1983 Diogenes Verlag AG, Zürich.

John Updike: Die Badende. Aus: *Ehepaare*. Übers. v. Maria Carlsson. Reinbek bei Hamburg: Rowohlt 1969, S. 430–433. © 1969 Rowohlt Verlag GmbH, Reinbek.

Charles Simic: Babylon.* Aus: *Ein Buch von Göttern und Teufeln*. Übers. v. Hans Magnus Enzensberger. München, Wien: Hanser 1993, S. 54. © 1993 Carl Hanser Verlag, München–Wien.

Dacia Maraini: Heimliche Waschung. Aus: *Ehetagebuch*. In: *Winterschlaf. Zwölf Erzählungen*. Übers. v. Gudrun Jäger. Reinbek bei Hamburg: Rowohlt 1996, S. 22–30. © Bompiani, R.C.S. Libri SpA. © der deutschen Übersetzung Rotbuch Verlag 1984.

António Lobo Antunes: Der Stier verwest im Bett. Aus: *Reigen der Verdammten*. Übers. v. Maralde Meyer-Minnemann. München: dtv 1997, S. 113–118. © 1991 Carl Hanser Verlag, München–Wien.

Boris Vian: Sie hat genug. Aus: *Der Herzausreißer*. Übers. v. Wolfgang Sebastian Bauer. Berlin: Wagenbach 1996, S. 15f. © 1962 Jean-Jacques Pauvert Èditeur Paris / © 1979 by www.Zweitausendeins.de.

Goffredo Parise: Die Frau im Sattel. Aus: *Versuchungen*. Übers. von Marianne Schneider. Berlin: Wagenbach 1998, S. 46/49/50f. © Verlag Klaus Wagenbach, Berlin.

Herta Müller: Eheliche Überprüfung eines Offiziers. Aus: *Der Fuchs war damals schon der Jäger*. Reinbek bei Hamburg: Rowohlt 1992, S. 33f. © 1992 Rowohlt Verlag GmbH, Reinbek.

Philip Roth: Der Mann, der markiert. Aus: *Mein Leben als Mann*. Übers. v. Günter Panske u. a. Reinbek bei Hamburg: Rowohlt 1993, S. 221–225. Für die Übersetzung © 1988 by Rowohlt Taschenbuch Verlag GmbH, Reinbek. Für die Originalrechte © Philip Roth.

VII. GEMISCHTES DOPPEL

Maria Riva: Sonntagmorgen bei Marlene Dietrich. Aus: *Meine Mutter Marlene*. Übers. v. Julia Beise, Andrea Galler, Reiner Pfleiderer. München: Bertelsmann 1992, S. 322 f. © 1992 Bertelsmann, München.

Wenn der Partner bi ist... Talkshow *Ilona Christen* RTL 10.9.1996, 15 bis 16 Uhr (ungeschnittene Fassung, von den Herausgebern leicht redigiert).

Magnus Hirschfeld: Mit dem Oberkellner. Aus: *Jahrbuch für sexuelle Zwischenstufen* III, Jg. 1901, S. 32 f.

Franz Kafka: Emil auf der Brüstung. Aus: *Hochzeitsvorbereitungen auf dem Lande und andere Prosa aus dem Nachlaß*. Hg. v. Max Brod. Frankfurt am Main: Fischer 1986, S. 225 f.

Johann Wolfgang Goethe: Wahlverwandtschaften (1). Aus: *Die Wahlverwandtschaften*. Hamburger Ausgabe in 14 Bänden. Bd. 6. München: Beck 1981, S. 319–321/420 f.

Andre Dubus: Wahlverwandtschaften (2). Aus: *Wir leben nicht mehr hier*. In: *Ehebruch und anderes*. Übers. v. Benjamin Schwarz. Reinbek bei Hamburg: Rowohlt 1988, S. 166–169. © 1988 Rowohlt Verlag GmbH, Reinbek.

Wolfgang Schmidbauer: Das Spermiogramm. Aus: *Du verstehst mich nicht*. Reinbek bei Hamburg: Rowohlt 1991, S. 165–169. © 1991 Rowohlt Verlag GmbH, Reinbek.

Anne Sexton: Für meinen Liebhaber, der zu seiner Frau zurückkehrt.* Aus: *Liebesgedichte/Verwandlungen*. Übers. v. Silvia Morawetz. Frankfurt am Main: Fischer 1995, S. 87 f. © 1981 by Linda Gray Sexton and Loring Conant, Jr., executors of the will of Anne Sexton. Deutsche Ausgabe: © S. Fischer Verlag GmbH, Frankfurt am Main.

Lars Gustafsson: Von meinen Müttern. Aus: *Der Tod eines Bienenzüchters*. Übers. v. Verena Reichel. München: Hanser 1978, S. 68–72/74. © 1978 Carl Hanser Verlag, München–Wien.

Marie Luise Kaschnitz: Der Brief der anderen. Aus: *Der Strohhalm*. In: *Lange Schatten. Erzählungen*. München: dtv 1998, S. 26–44. © 1993 Claassen Verlag Hildesheim, jetzt München.

Uve Schmidt: Ende einer Ehe (1). Aus: *Ende einer Ehe*. Jossa: März-Verlag 1978, S. 8 f./37/46–49/65 f./70/94 f./99 f./150 ff. © bei Uve Schmidt.

Giovanni Verga: Ende einer Ehe (2). Aus: *Ihr Gatte*. Von den Herausgebern überarbeitete Übers. v. Isolde Kurz. Stuttgart: Engelhorn 1885. S. 140–142.

VIII. STREIT

Cesare Pavese: Trouble in Paradise. Aus: *Si parva licet*. In: *Die Nacht von San Rocco. Sämtliche Erzählungen*. Bd. 1. Übers. v. Charlotte Birnbaum. Hildesheim: Claassen 1992, S. 230–232. © 1992 Claassen Verlag, Hildesheim, jetzt München.

Homer: Familie Zeus. Aus: *Homers Ilias*. Übers. v. Johann Heinrich Voß. Stuttgart: Cotta 1866, I. Gesang, V. 531 ff.

Friedrich Schiller: Frau Herder besiegt ihren göttlichen Gatten. Aus: Friedrich Schiller: *Briefe*. Hg. v. Erwin Streitfeld und Viktor Žmegač. Königstein/Ts.: Athenäum 1983, S. 111 (29. Aug. 1787).

F. Scott Fitzgerald: Im Schatten der trunkenen Köchin. Aus: *Zärtlich ist die Nacht*. Übers. v. Walter E. Richartz u. Hanna Neves. Zürich: Diogenes 1982, S. 326–329. © 1982 Diogenes Verlag AG, Zürich.

Hans Magnus Enzensberger: Die Scheidung.* Aus: *Die Furie des Verschwindens*. Frankfurt am Main: Suhrkamp 1980, S. 16. © Suhrkamp Verlag Frankfurt am Main 1980.

Saul Bellow: Madeleine wird es ihm beibringen. Aus: *Herzog*. Übers. v. Walter Hasenclever. München: dtv 1978, S. 135–137. © 1976, 1997 by Verlag Kiepenheuer & Witsch, Köln.

Heinrich Heine: Prügel für den Träumenden. Aus: *Aus den Memoiren des Herren von Schnabelewopski*. Sämtliche Schriften in 12 Bänden. Hg. v. Klaus Briegleb. Bd. 1. München: Hanser 1976, S. 543 f./547 f. © 1976, Carl Hanser Verlag, München–Wien.

Georges Simenon: Die Autofahrt. Aus: *Schlußlichter*. Übers. v. Stefanie Weiss. Zürich: Diogenes 1999, S. 17–23. © 1982, 1999 Diogenes Verlag AG, Zürich.

Rasende Frau hatte Mann auf der Motorhaube.* In: *Südwestpresse* Ulm, 11. 3. 2000.

Amos Oz: Lebenslänglich. Aus: *Black Box*. Übers. v. Ruth Achlama. Frankfurt am Main: Suhrkamp 1991, S. 9–17. © Suhrkamp Verlag Frankfurt am Main 1991.

Thea Sternheim: Ehegift. Aus: *Erinnerungen*. Freiburg: Kore 1995, S. 180/243 f./257/362 f. © Kore Verlag, Freiburg 1993.

Joyce Carol Oates: Abendessen mit Glynnis. Aus: *Amerikanische Begierden*. Übers. v. Renate Orth-Guttmann. Stuttgart: Deutsche Verlags-Anstalt 1993, S. 103–114. © 1993 Deutsche Verlags-Anstalt GmbH Stuttgart.

Ehedrama: Rentner (70) zu fünf Jahren Haft verurteilt.* In: *Die Welt online* 17. 12. 1999.

Botho Strauß: Das tust du mir nicht an! Aus: *Wohnen Dämmern Lügen*. München: dtv 1996, S. 33 f. © Carl Hanser Verlag, München–Wien.

Euripides: Waffe Kind. Aus: *Medea*. In: *Tragödien*. Übers. v. Hans von Arnim. Zürich u. München: dtv 1990, S. 101–104. © deutsche Übersetzung Artemis & Winkler Verlag Düsseldorf und Zürich 1996.

IX. TÖTUNGEN

Ingeborg Bachmann: Prof. Jordan befestigt die Schläuche. Aus: *Der Fall Franza*. Werke Bd. 3. München: Piper 1979, S. 404 ff. © Piper Verlag GmbH München 1998.

Martin Walser: Gespreizte Finger. Aus: Martin Walser: *Ehen in Philippsburg*. Frankfurt am Main: Suhrkamp 1985, S. 158–163 ff. © Suhrkamp Verlag Frankfurt am Main 1985. S. 194 f.

Luigi Malerba: Der Mann ist zu kurz. Aus: *Die Entdeckung des Alphabets*. Berlin: Wagenbach 1993, S. 48–52. © Verlag Klaus Wagenbach, Berlin 1993.

Natalia Ginzburg: So ist es gewesen.* Aus: *So ist es gewesen*. Übers. v. Maja Pflug. Verlag Klaus Wagenbach, Berlin 1992, S. 30–33/92. © Verlag Klaus Wagenbach, Berlin 1992.

Carl Friedrich Pockels: Lebensüberdruß eines blinden Predigers und aufwendige Tötung seiner Frau. Aus: *Magazin zur Erfahrungsseelenkunde*. 6. Band 1788, 3. Stück, S. 24–31.

Greis wollte Ehefrau töten.* In: *Südwestpresse* Ulm, 31.3.2000.

Leo N. Tolstoj: Anatomie einer Tötung aus Eifersucht (1). Aus: *Die Kreutzersonate*. Übers. von Raphael Löwenfeld. Jena: Diederichs 1914, S. 146–152.

Julian Barnes: Anatomie einer Tötung aus Eifersucht (2). Aus: Julian Barnes: *Vor meiner Zeit*. Übers. von Michael Walter. Reinbek bei Hamburg: Rowohlt 1998, S. 178–182. © 1988 by Haffmans Verlag AG, Zürich.

Aischylos: Klytaimestras Rache. Aus: Agamemnon. In: *Die Orestie*. Eine freie Übertragung von Walter Jens. München: dtv 1981, S. 61–64. Copyright der deutschen Übertragung von Walter Jens © 1979 by Kindler Verlag GmbH, München.

Wir danken allen Rechteinhabern für die freundliche Abdruckgenehmigung. Einige konnten nicht ermittelt werden. Wir bitten sie, sich gegebenenfalls mit der Eichborn AG in Verbindung zu setzen.

SCHLIMME EHEN, EIN HOCHZEITSBUCH, aus vielen Quellen zusammengetragen von Manfred Koch und Angelika Overath, ist im September 2000 als hundertneunundachtzigster Band der *Anderen Bibliothek* im Eichborn Verlag, Frankfurt am Main, erschienen. Das Lektorat lag in den Händen von Rainer Wieland.

Dieses Buch wurde in der Korpus Bembo Antiqua von Wilfried Schmidberger in Nördlingen gesetzt und bei der Fuldaer Verlagsagentur auf Munken Book gedruckt und gebunden. Ausstattung und Typographie von Franz Greno.